普通高等学校会计与财税系列教材

纳税筹划

Tax Planning

陈 舒 主 编
覃月明 张敏翔 副主编

中国财经出版传媒集团
经济科学出版社
Economic Science Press
·北京·

图书在版编目（CIP）数据

纳税筹划 / 陈舒主编；覃月明，张敏翔副主编．--
北京：经济科学出版社，2024.1
普通高等学校会计与财税系列教材
ISBN 978-7-5218-5624-8

Ⅰ.①纳… Ⅱ.①陈… ②覃… ③张… Ⅲ.①税收筹划-高等学校-教材 Ⅳ.①F810.423

中国国家版本馆 CIP 数据核字（2024）第 044487 号

责任编辑：杜 鹏 常家凤
责任校对：孙 晨
责任印制：邱 天

纳税筹划
陈 舒 主 编
覃月明 张敏翔 副主编
经济科学出版社出版、发行 新华书店经销
社址：北京市海淀区阜成路甲 28 号 邮编：100142
编辑部电话：010-88191441 发行部电话：010-88191522
网址：www.esp.com.cn
电子邮箱：esp_bj@163.com
天猫网店：经济科学出版社旗舰店
网址：http://jjkxcbs.tmall.com
固安华明印业有限公司印装
787×1092 16 开 19.25 印张 400000 字
2024 年 1 月第 1 版 2024 年 1 月第 1 次印刷
ISBN 978-7-5218-5624-8 定价：49.00 元
（图书出现印装问题，本社负责调换。电话：010-88191545）

编委会名单

主　　编　陈　舒

副 主 编　覃月明　张敏翔

编写人员　陈　舒　覃月明　张敏翔　刘丽梅

　　　　　姚　丽　皮小玲　胡林丽

前　言

党的二十大报告明确提出：中国共产党的中心任务就是团结带领全国各族人民全面建成社会主义现代化强国、实现第二个百年奋斗目标，以中国式现代化全面推进中华民族伟大复兴。中国式现代化建设必须坚持把发展经济的着力点放在实体经济上，2023 年，全国新增减税降费及退税缓费超 2.2 万亿元，对助力稳住宏观经济大盘发挥了关键作用。因此，实现中国式现代化需在财政、税收、人才等方面加大对国家战略科技力量的支持力度，进一步实施鼓励创新的精准减税政策和人才汇聚政策。

《纳税筹划》课程是应用型高校财经类专业必修课程，服务于会计学、财务管理、审计学等财经类专业人才培养目标，培养具有一定企业纳税筹划知识，岗位能力强，具备设计筹划体系、实施纳税筹划方案和防范涉税风险等工作能力的高素质应用型人才。本教材以纳税筹划能力的培养为主线，培养学生从事纳税筹划工作应具备的基本知识、基本技能和核算操作能力服务。本教材内容包括纳税筹划的基本理论、增值税的纳税筹划、消费税的纳税筹划、企业所得税的纳税筹划、个人所得税的纳税筹划、其他税种的纳税筹划和综合纳税筹划案例共七章，涉及 100 多个纳税筹划案例。既呈现了最新内容，又突出了学生未来从事财税工作所具备的基本技能和核算操作能力的培养，反映了教育教学规律，在独创性、可理解性、可操作性、可应用性方面有所突破，对提高教学水平和教育质量、实现培养目标具有现实意义。

《纳税筹划》是在借鉴大量优秀教材的基础上，结合编者多年来在“税法”“纳税筹划”教学过程中积累的经验和想法编写而成，具有以下特点。

1. 坚守会计诚信。2023 年，财政部制定印发了《会计人员职业道德规范》，以推进会计诚信体系建设、提高会计人员职业道德水平，这是我国首次制定全国性的会计人员职业道德规范。由于《纳税筹划》本身自带课程思政素材，教学案例中课程思政融入点较多，将会计人员职业道德规范中的“诚信”融入其中。教师在讲授时，应引导学生坚持诚实守信，提高纳税筹划技能，合理合法进行纳税筹划，不偷税漏税，坚守会计人员职业道德规范中的会计诚信。

2. 注重“专创融合”。本教材在编写过程中基于湛江科技学院“五创融合”的人才培养模式，结合专业知识、创新创业理念、实用性和互动性，注重“专创融合”，以满足纳税筹划领域的需求。在编写教材时，结合以上要点，引入前沿的纳税筹划理念和实践案例，以激发读者的创新思维和创业理念，培养读者的创新精神、创业意识和创新创业能力，帮助他们更好地理解和应用专业知识，促进读者的学习和提升。

3. 教材内容“新”。本教材按照最新会计、税法的政策内容而编写，体现最新纳税筹划内容。本教材引用的法律法规包括增值税、消费税、资源税、印花税法等近几年陆续改革的最新内容，还包括新个人所得税法及配套法规规章内容、企业所得税方面减税降费相关政策，以及车船税法、城镇土地使用税法、契税等最新出台法规的内容，突出了内容上的时效性。

4. 教材内容设计逻辑“新”。本教材从税法概述、筹划案例、筹划要求、筹划思路、筹划过程、筹划结论进行编写逻辑设计，让读者在了解本章税法知识的基础上对纳税筹划案例进行分析，突出纳税筹划的实用性和应用性，让学生在学习纳税筹划理论知识的同时，提升纳税筹划的应用能力。

5. 教材案例“新”。本教材在每章内容中都穿插最新政策下的纳税筹划案例，并结合最新的实践案例以及参考业界纳税筹划专家编写的教材真题精选改编，有一定的广度、深度和综合性，将理论知识与实务操作有效结合，让读者能较快地把握纳税筹划内容的精髓，较好地掌握纳税筹划知识，突出纳税筹划的实用性和应用性，让学生在学习纳税筹划理论知识的同时，提升纳税筹划的应用能力，符合财经类高校师生和财经从业人员的需求。

本教材由湛江科技学院陈舒担任主编，湛江科技学院覃月明、河南财政金融学院张敏翔担任副主编。全书共涉及七章，具体编写分工如下：第一章由河南财政金融学院张敏翔和湛江科技学院陈舒编写；第二章由湛江科技学院皮小玲、胡林丽编写；第三章由湛江科技学院姚丽编写；第四章由湛江科技学院陈舒编写；第五章由湛江科技学院刘丽梅、陈舒编写；第六章、第七章由湛江科技学院覃月明编写。以上教师均为高校多年从事税法、纳税筹划等教学一线教师，教学经验丰富。本教材由陈舒、覃月明、张敏翔确定编写结构与体例，提供写作大纲，最后统稿完成。

本教材为湛江科技学院2020年度本科质量工程项目：特色教材《纳税筹划》（ZLGC202009）、2023年度广东省本科高校教学质量与教学改革工程建设项目《新商科背景下会计类专业创新创业教育改革的实施路径研究》（粤教高函〔2024〕9号，序号1198）和2023年度校级本科教学质量与教学改革工程项目《地方高校“三核心、八融入”专创融合人才培养模式创新与实践》（ZLGC－202306）的研究成果。

在编写过程中，编者参考、引用和借鉴了大量的相关文献资料及网络资源，包括但不限于学科相关的著作、教材、论文，在此向相关作者表示由衷的感谢！同时感谢湛江科技学院领导和会计学院领导的大力协助和支持。限于编者能力有限，加之财税政策不断修订变化，本教材可能存在不当之处，读者在实际应用时请以最新的法律、法规、政策为准。同时，竭诚欢迎广大读者朋友们批评指正。

本教材可以作为应用型本科院校和高等职业院校的教材，也可以作为培训机构的教材，还适合广大会计工作者用于自学。

编者

2024年1月

目　录

第一章　纳税筹划的相关理论及概述

学习目标

1. 了解纳税筹划以及纳税筹划的发展和意义。

2. 理解税务风险的目标和原则、纳税筹划产生的原因以及实施流程。

3. 掌握纳税筹划的基本手段和方法、纳税筹划的特征、纳税筹划的风险防范。

导读

在当今社会经济发展的大环境下，企业合理进行纳税筹划变得越来越重要。企业纳税筹划不仅能够让企业达到减少纳税负担的目的，而且能够使企业的经济利益达到最大化，并帮助企业有效规避税务风险。正确认识和运用纳税筹划显得尤为重要。

第一节　纳税筹划的概念与意义

在19世纪中叶的意大利，就有税务专家对企业和个人开展税务咨询，而税务咨询大多是有关纳税筹划的内容。但在一个相当长的历史时期，纳税筹划只能说是原始意义上的纳税筹划。它从企业计划中独立出来，并逐步形成一套较为完整的理论与实务体系，应该自20世纪50年代起。

在当今社会经济发展的大环境下，企业合理进行纳税筹划变得越来越重要。一方面，企业纳税筹划不仅能够让企业达到减少纳税负担的目的，而且能够使企业的经济利益达到最大化，并帮助企业有效规避税务风险；另一方面，由于纳税筹划需要对企业经济活动的各个方面进行事先科学安排，因而有助于企业经营管理水平的提高。那么，纳税筹划究竟是怎么一回事呢？

一、纳税筹划的概念

什么是纳税筹划呢？其实针对纳税筹划的定义目前尚未有统一的概念，名称也不尽相同。

本教材认为，纳税筹划（tax planning）是指，纳税人在符合国家法律及税收法规的前提下，按照税收政策法规的导向，事前选择税收利益最大化的纳税方案处理自己的生产、经营和投资、理财活动的一种企业筹划行为。包括税负最轻、税后利润最大化、企业价值最大化等内涵，而不仅是指的税负最轻。纳税筹划是在法律法规的许可范围内进行的，是纳税人在遵守国家法律及税收法规的前提下，在多种纳税方案中，做出选择税收利益最大化方案的决策，具有合法性。

同时，根据不同的标准，纳税筹划可以划分为以下不同类别。

（一）按纳税筹划需求主体的不同分类

按纳税筹划需求主体的不同，纳税筹划可分为法人纳税筹划和自然人纳税筹划两大类。法人纳税筹划主要是对法人的组建，分支机构的设立、筹资、投资、运营、核算、分配等活动进行的纳税筹划。由于我国现阶段的税制模式是以商品劳务税和所得税为主，企业是商品劳务税和所得税的纳税主体，是税收的主要缴纳者，因此，在法人纳税筹划中，企业纳税筹划是主体部分，需求量最大。

自然人纳税筹划主要是在个人投资理财领域进行的。自然人数量众多，西方许多国家以个人所得税或财产税为主体税种，而且税制设计复杂，因而自然人纳税筹划的需求量也有相当规模。目前我国税制模式决定了自然人不是税收的主要缴纳者，虽然涉及自然人的税种不少，但纳税总量并不大，因而自然人的纳税筹划需求规模相对企业纳税筹划要小一些。随着经济的发展、个人收入水平的提高、个人收入渠道的增多以及我国税制改革的完善，我国自然人纳税筹划的需求会有一定的增长。

（二）按纳税筹划所涉及的区域分类

按纳税筹划所涉及的区域，可分为国内（境内）纳税筹划和国际（境外）纳税筹划。国内（境内）纳税筹划是指从事生产经营、投资理财活动的非跨国（境）纳税人在国（境）内进行的纳税筹划。国（境）内纳税筹划主要依据的是国内的税收法律法规，为企业谋取正当合法的税收利益。

国际（境外）纳税筹划是跨国（境）纳税主体利用国家（地区）与国家（地区）之间的税收政策差异和国际税收协定的条款进行的纳税筹划。随着我国对外开放的扩大，我国纳税人所涉及的国际（境外）纳税筹划需求也越来越多，目前主要是在对外贸易和对外投资活动领域。可以预见，随着我国企业“走出去”战略的实施，我国将会出现更多真正的国际化企业，它们在境外从事的投资和贸易活动日益频繁，会真正需要国际纳税筹划。这也将是税务师事务所的重要业务领域。

（三）按纳税筹划所适用的企业生产经营的不同阶段分类

根据纳税筹划适用于企业生产经营的不同阶段来划分，可分为企业投资决策中的纳税筹划、企业生产经营中的纳税筹划、企业成本核算中的纳税筹划和企业成果分配中的纳税筹划。

1. 企业投资决策中的纳税筹划。企业投资决策中的纳税筹划是指企业将税收作为投资决策中的一个重要因素，在投资活动中充分考虑税收影响，从而选择税负最合理的投资方案的行为。企业为了获得更多的利润，总会不断地扩大再生产，进行投资。投资影响因素的复杂多样决定了投资方案的非唯一性，而不同的投资方案显然有不同的税收待遇。因此，企业就有衡量税负轻重、选择最优纳税方案的机会。

2. 企业生产经营中的纳税筹划。企业生产经营中的纳税筹划是指企业在生产经营过程中充分考虑税收因素，从而选择最有利于自己的生产经营方案的行为。企业生产经营中的纳税筹划主要是通过企业从事产业的选择、产品价格的确定、生产经营方式的选择来达到生产经营效果最理想的状态。应纳税额的一般计算公式是：应纳税额 = 计税依据（税基）× 税率。当税基一定时，税率越低，应纳税额就越少，税率越高，应纳税额就越多。因此，在进行纳税筹划时，要周密计算因产业选择、经营方式选择产生的税率变化或税基的调整而产生的税负变化，再作出生产经营决策。

3. 企业成本核算中的纳税筹划。企业成本核算中的纳税筹划是指企业通过对经济形势的预测及其他因素的综合考虑，选择恰当的会计处理方式以获得税收利益的行为。在能对税收缴纳产生重要影响的会计方法中，主要有固定资产折旧方法和存货计价方法。就存货计价方法而言，目前主要有先进先出法、加权平均法和个别计价法等，企业可以自行选择，但一经选定后不得随意变更。先进先出法以存货流出与流入的时间同向为前提，若在存货价格紧缩时，采用这一方法可使前期耗用存货的成本增大，使所得税税款减少，从而少缴税款。

4. 企业成果分配中的纳税筹划。企业成果分配中的纳税筹划是指企业在分配经营成果时充分考虑各种方案的税收影响，选择税负最轻的分配方案的行为。它主要通过合理归属所得年度来进行。合理归属所得年度是指利用合理手段将所得归属在税负最低的年度里。其途径是合理提前所得年度或合理推迟所得年度，从而起到减轻税负或延期纳税的作用。另外，通过调整收入实现时间有助于调节当期应纳税所得额，从而影响应纳所得税税额。

（四）按纳税筹划涉及的不同税种分类

一般将各种税种按照不同的征税对象分为商品劳务税、所得税、财产税、资源税、行为目的税等几大类。与之相对应，以纳税筹划涉及税种的不同类别为分类标准，纳税筹划可分为商品劳务税的纳税筹划、所得税的纳税筹划、财产税的纳税筹划、资源税的纳税筹划、行为目的税的纳税筹划等。商品劳务税和所得税是我国目前税制结构中最主要的两大税类，因而其也是纳税人纳税筹划需求最大的两个税类。

商品劳务税纳税筹划主要是围绕纳税人身份、销售方式、货款结算方式、销售额、适用税率、税收优惠等纳税相关项目进行的纳税筹划。虽然商品劳务税是企业缴纳最多的税，但由于其是可以转嫁的间接税，加之商品劳务税的税收弹性相对较小，因而纳税筹划的空间相对于所得税也比较小。

所得税纳税筹划主要是围绕收入实现、经营方式、成本核算、费用列支、折旧方法、捐赠、筹资方式、投资方向、设备购置、机构设置等涉税项目的纳税筹划。所得税的税收弹性相对较大，其纳税筹划的空间也相对比较大，效果往往比较明显。目前这类纳税筹划的需求较大。

（五）按纳税筹划供给主体的不同分类

按纳税筹划供给主体的不同进行分类，纳税筹划可以分为自行纳税筹划和委托纳税筹划两大类。

自行纳税筹划是指由纳税筹划需求主体自身为实现纳税筹划目标所进行的纳税筹划。

自行纳税筹划要求需求主体拥有掌握纳税筹划业务技能、具备纳税筹划能力的专业人员，能够满足自行纳税筹划的要求。对于企业而言，自行纳税筹划的供给主体一般是以财务部门及财务人员为主。在我国，目前由于税收法规和税收政策的复杂性，需求主体很难精通和准确把握税法规定，自行纳税筹划的成本与风险是比较大的，而且成本与风险自担，因而自行纳税筹划的效果不是很理想，一般采用得比较少，主要适用于较为简单和可以直接运用税收优惠的纳税筹划项目。

委托纳税筹划是指需求主体委托税务代理人或纳税筹划专家进行的纳税筹划。由于税务代理人或纳税筹划专家具有丰富的税收专业知识和较强的纳税筹划技能，制订的纳税筹划方案的成功率相对较高。虽然委托纳税筹划需要支付一定的费用，承担一定的风险，但成本与风险相对自行纳税筹划要低，并且即使有风险，也能通过事前约定由委托方与受托方共同分担，因此，委托纳税筹划是效率比较高、效果比较好的一种纳税筹划形式。这种形式主要适用于企业大型纳税筹划项目和业务复杂、难度较大的纳税筹划专门项目。目前我国受托提供纳税筹划服务的主要是税务师事务所、会计师事务所以及提供税务代理服务的其他中介机构。

（六）按纳税筹划所采用的减轻纳税人税负的手段分类

根据纳税筹划所采用的减轻纳税人税负的手段进行分类，纳税筹划可分为政策派纳税筹划与漏洞派纳税筹划。就目前的情况而言，现在世界各国通过逃税手段来减少纳税人税负的情况较以往大为减少，一般都会通过合法手段进行纳税筹划。

政策派纳税筹划又被称为节税派纳税筹划，该纳税筹划学派认为，纳税筹划必须在遵循税法的前提下合理地运用国家政策，其实质是通过节税手段减少纳税人的总纳税义务。漏洞派纳税筹划也被称为避税派纳税筹划，该纳税筹划学派认为，利用税法漏洞进行纳税筹划，进而谋取税收利益不违法。既然进行纳税筹划不违法，那么企业的这种经济行为也就合法。按照这个逻辑，纳税筹划是纳税人与政府之间的博弈，政府可以通过立法堵塞这个税收漏洞，纳税人可以通过纳税筹划钻那个税收漏洞。从根本上看，纳税人就是要通过节税和避税两种手段来减少纳税人的总纳税义务。

二、纳税筹划的发展

其实，纳税人在不违反法律、政策规定的前提下，通过对经营、投资、理财活动的安排和筹划，尽可能减轻税收负担，以获取“节税（tax savings）”的税收利益的行为很早就存在。而“纳税筹划”真正为社会所关注和为法律所认可，从时间上最早可以追溯到 20 世纪 30 年代。

随着社会经济的发展，纳税筹划日益成为纳税人理财或企业经营管理整体中不可缺少的一个重要组成部分。最近 30 多年以来，纳税筹划在许多国家更是蓬勃发展。社会中介组织，包括会计师事务所、审计师事务所、律师事务所和税务师事务所业务收入中的很大一部分来自为客户提供纳税筹划。即便是税务机关，对纳税筹划的研究也非常重视，因为从纳税人的纳税筹划活动中可以掌握多种税收信息，使税收法制与征收管理的建设日臻完善。

同时，纳税筹划的理论研究文章、刊物、书籍也应运而生，新作不断，这进一步推动了纳税筹划研究向纵深发展。例如，一家以提供税收信息驰名于世的公司——美国国家事务出版公司（The Bureau of National Affairs Inc.），除了出书以外，还定期出版两本知名的国际税收专业杂志：一本是《税收管理国际论坛》，另一本是《纳税筹划国际评论》。两本杂志中有相当多的篇幅讲的是纳税筹划，如 1993 年 6 月刊的一篇学术论文便是关于国际不动产专题的纳税筹划，涉及比利时、加拿大、丹麦、法国、德国、爱尔兰、意大利、日本、荷兰、英国、美国等 13 个国家。伍德赫得·费尔勒国际出版公司（在纽约、伦敦、多伦多、悉尼、东京等地设有机构）于 1989 年出版过一本名为《跨国公司的纳税筹划》（*Tax Planning for*

Multinational Companies）的专著，书中提出的论点及纳税筹划的技术在一些跨国公司中颇有影响。有的专著虽不以“纳税筹划”为名，如霍瓦斯公司出版的《国际税收（1997）》，全书共有894页，但讲述的多是国际纳税筹划。书中旁征博引了包括我国在内的38个国家和地区的相关资料。

纳税筹划在发达国家十分普遍，已经成为企业，尤其是跨国公司制定经营和发展战略的一个重要组成部分。在我国，纳税筹划开展得较晚，发展较为缓慢。存在的主要问题如下。

1. 纳税筹划意识不强。随着我国市场经济体制的完善和对外开放水平的提高，纳税筹划日益得到我国企业和个人的普遍接受，但由于纳税筹划在我国起步较晚，加上税务机关的依法治税水平和全社会的纳税意识与发达国家尚有差距，导致征纳双方对各自的权利和义务了解得不够，很长一段时期内纳税筹划往往被视为偷税的近义词，社会大众认为纳税筹划就是偷税、漏税。这些都使得纳税筹划虽然较以往在我国取得了很大发展和进步，但不管是从广度还是从深度来看，仍然存在着巨大的提升空间。除此之外，理论界对纳税筹划的重视程度不够也是制约我国纳税筹划广泛开展的一个重要原因。

2. 税务代理服务水平还有待提高。纳税筹划要求有熟悉我国税收制度、了解我国立法意图的高素质的专门人才。但很多企业和个人并不具备这一关键条件，只有通过成熟的中介机构代理税务，才能有效地进行纳税筹划，达到节税的目的。我国的税收代理制度在20世纪80年代才开始出现，目前仍处于发展阶段，并且代理业务也多局限于纳税申报等经常发生的常规性纳税事项，较少涉及纳税筹划。可喜的是，近几年这种情况已有所改变。企业发展如希望在证券交易所上市所需的合规性要求，以及企业扩张过程中涉及的较多的税务事项，促使企业更加关注税收因素的影响。税务师事务所除了提供涉税鉴证业务和一般性服务咨询项目外，也开始重视纳税筹划业务的拓展，从而促进了税务服务业的发展。

3. 我国税收制度不够完善。由于货物和劳务税等间接税的纳税人可以通过提高商品或服务的销售价格或降低原材料等的购买价格将税款转嫁给购买者或供应商，因此，纳税筹划主要是针对税款难以转嫁的所得税等直接税。我国的税收制度过分倚重增值税、消费税等间接税税种，尚未开征目前国际上通行的社会保障税、遗产税、赠与税等直接税税种，所得税和财产税体系简单且不完备，这使得纳税筹划的适用范围受到很大的限制。

4. 税法存在一定模糊性和宣传滞后。我国税法的立法层次正在加速，但由于我国幅员辽阔，各地情况不一，统一制定的税法在具体执行中不仅需要实施细则的配合，每一年税收征管部门还下发了大量文件对税法进行补充和调整。一方面，这种状况容易造成征纳双方就某一具体概念或问题形成争议。另一方面，这种状况容易造成我国税法的透明度偏低。除了部分专业的税务杂志会定期刊出有关税法的文件外，纳税人难以从大众传媒处获知税法的全貌和调整情况，无法进行相应的纳税筹划。

5. 征管水平仍有待提高。由于征管意识、技术和人员素质等多方面原因，我国的税收征管水平与发达国家有一定差距，加上过往我国税收收入主要是由企业缴纳，征管重心在于间接税而非直接税，使得个人所得税等直接税税种的征管水平低造成的税源或税基流失问题严重。如果偷税的获益远远大于纳税筹划的收益和偷税的风险，那么纳税人显然不会再去劳神费力地从事合法的纳税筹划。

可喜的是，近几年来纳税筹划已经渐渐为人们所认识、了解和付诸实践。目前，我国图书市场上已有不少关于避税和纳税筹划的书籍。大多数财经类高校的财经管理类专业本科生已开始开设“纳税筹划”课程。随着我国经济日益融入全球化进程，以及公司向海外投资进程的不断加快，纳税筹划必将在我国获得新的发展，这也对纳税筹划的教学和研究提出了新的要求。

三、纳税筹划的意义

正确地进行纳税筹划，无论是在微观上还是在宏观上，无论是对纳税人还是对社会、国家及金融中介机构，都有其积极意义。

（一）纳税筹划的积极意义与建议

1. 从个人层面来看，纳税筹划有益于法人、自然人纳税人增强对税收知识的学习和了解，逐步理解和掌握税收的基本原理和纳税方法。自然人作为市场经济活动的主体，在产权界定清晰的前提下，追求自身利益最大化符合经济人特征。在总收入一定的情况下，要实现财务利益最大化，就必须使总成本最小化。在税收契约执行过程中，理性的纳税人就会充分利用其与征税方信息不对称以及契约的不完备性，对涉税会计事项进行管理控制，以谋求自身税收利益最大化。从这个意义上说，纳税筹划的最大功效是满足纳税人降低纳税成本的需要，也是国家会计政策和税收法规完善的市场动力。纳税筹划不仅可以降低纳税人的纳税费用，还可以防止纳税人陷入税法陷阱（tax trap）。税法陷阱是税法漏洞的别称。税法漏洞的存在给纳税人提供了避税的机会；而税法陷阱的存在又让纳税人不得不非常小心，否则会落入看似漏洞或优惠、实为陷阱的圈套。纳税人一旦陷入税法陷阱，就要缴纳更多的税款，影响自身财务利益。纳税筹划可以防止纳税人陷入税法陷阱，不缴不该缴纳的税款，有利于纳税人财务利益最大化。

2. 从企业层面来看，纳税筹划有助于企业降低税收成本，增加税后利益，实现经济利益最大化；有助于提高企业的经营管理水平和财务管理水平，提高企业竞争力；有助于提高企业的财务与会计管理水平。资金、成本、利润是企业经营管理和会计管理的三大要素。纳税筹划有利于规范企业的行为，作出正确的财务决策，使企业的财务活动健康有序运行，即实现资金、成本和利润的最优效果，从而提高企业的经营管理水平。企业进行纳税筹划离不开会计，会计人员既要熟知会计准则、会计制度，正确编报财务报表；更要熟知现行税法，要按照税法要求设账、计税和填报纳税申报表及其附表，有利于提高企业的财务与会计管理水平。随着我国法制建设的不断健全和完善，社会成员法律意识、平等竞争意识日益增强，逃税等违法行为不仅会受到法律的惩处，还会因其破坏平等竞争环境而受到社会的谴责，使其名誉受损。在社会主义市场经济条件下，失去信誉的企业将无法在竞争中生存。因此，企业既要努力保持其在社会上的良好纳税形象，又要最大限度地增加自身税收利益，纳税筹划就是必然的选择。

3. 从政府层面来看，纳税筹划有利于减少偷税、漏税、抗税，全面提高纳税意识；有助于涵养税源，促进国民经济稳定和持续增长。纳税筹划有利于贯彻国家的宏观调控政策。纳税人根据税法中税基与税率的差别，考虑税收的各项优惠政策，进行投资决策、产品结构调整等，尽管在主观上是为了减轻税负，但在客观上却是在国家税收的经济杠杆作用下，逐步走向了优化产业结构和生产力合理布局的道路，体现了国家的产业政策，有利于促进资本的流动和资源的合理配置，纳税筹划的研究拓展了我国税收理论研究的广度与深度；从纳税筹划的角度审视税法，有利于税收法律法规以及政府税收政策的不断改进和完善。

4. 我们应正确认识和对待纳税人的纳税筹划。

首先，纳税筹划以遵守税法为前提，税务机关应坚决打击以纳税筹划为名行偷税之实。对于避税筹划，税务机关应给予关注。对纳税人实施不具有合理商业目的的安排而减少的税收，依照税法的明文规定，可进行适当的特别纳税调整；税法中没有明文规定的，应向上级反映并提出完善税法建议。

其次，任何真理都具有相对性和绝对性，这就要求我们在科学把握规律的前提下，在正确认识和利用客观规律的前提下，充分发挥人的主观能动性，对待纳税筹划既要反对绝对主义又要反对相对主义，辩证客观地对待纳税筹划。

再次，对于合理的纳税筹划，税务主管部门应当积极地予以鼓励，必要时给予充分且科学的指导，地方政府进行税收竞争时，应采取纳税筹划方式，不宜擅自出台纳税筹划政策。

最后，纳税筹划的一些方法和技术，税务机关在加强税收征管时也值得借鉴，活学活用，坚持在实践中出真知，不断拓展和完善税收法律法规，在不断修补税法漏洞的同时，也要注意给予纳税合理的筹划区间。

（二）客观认识纳税筹划

1. 纳税筹划的风险。在市场经济条件下，企业的任何经济活动都存在一定的风险，都需要一定的成本费用支出，企业纳税和纳税筹划也不例外，可能给企业带来相应的风险。

首先，投资扭曲风险。建立现代税制的一个主要原则是税收的中立性，即中性原则。纳税人不应因国家征税而改变其既定的投资方向。但事实并不是这样，纳税人可能会因税收因素而放弃最优的甲投资方案而改为次优的乙投资方案，这种因课税而使纳税人被迫改变投资行为从而给企业带来机会损失的可能性，即为投资扭曲风险，这种风险源于税收的非中立性。可以说，税收非中立性越强，投资扭曲风险程度越高，相应的扭曲成本也就越大。

其次，经营损益风险。政府课税（尤其是企业所得税）体现为对企业既得利益的分享，但并未承诺承担相应比例经营损失风险的责任。尽管税法规定企业在限定期限内可以用以后实现的利润（税前利润）弥补前期发生的经营亏损，但这种风险是以企业在以后限定期间内拥有充分获利能力为假定前提的，否则一切风险损失将完全由企业自己承担（税后利润弥补亏损）。抵补损失的来源并非来自企业以前年度盈利时已缴税款的返还（我国税法不允许亏损前溯），而是企业以后年度实现的利润，这说明国家税收的立法意识在总体上是倾斜于政府的。已纳税款不能返还，意味着税款是提前缴付，也就意味着企业税负的相对加重。弥补前期亏损的结果，企业承担了大部分损失（若按现行 25% 的企业所得税税率，企业承担的则是 75%）。

最后，税款支付风险。纳税作为企业对政府“负债”的偿还，具有单向、强制、完全现金支付的刚性约束。它不同于企业其他一般性债务的偿还。其他债务的偿还具有非完全现金支出的特点，有时不动用现金即可结清所欠债务，如双方互为债权债务、新旧债务调换、债务重组等。而企业所负的税收债务不可能采取与政府间债权债务互抵的途径予以结清，企业必须无条件用现金履行纳税义务，按期申报缴纳税款，非经特别批准，不得展期缴纳，即便对已获纳税申报延期的企业，也必须按照税务机关核定的数额缴纳税款，企业一旦现金不足而又无法融通时，不但要接受税务机关的经济惩罚（滞纳金、罚款，实行纳税抵押或提供纳税担保限制条件的纳税成本增加），而且要承受因企业信誉的降低而可能导致其市场价值潜在的有形、无形损失。

2. 纳税筹划成本。纳税筹划成本是企业因进行纳税筹划而增加的成本。纳税筹划成本可分为显性成本和隐性成本。显性成本是指在纳税筹划中实际发生的相关费用，隐性成本是指纳税人因采用某一纳税筹划方案而放弃的潜在利益，是一种机会成本。企业要在有关法律的约束下，通过内在经营机制的优化而谋取最大限度的利益增值，这是企业经营理财（含纳税筹划）的行为准则和根本出发点。纳税筹划作为企业维护自身利益的必要手段，不能仅考虑税负的减轻，还应将减轻税负置于企业的整体理财目标中，为此，要充分考虑以下问题：企业采取怎样的行为方式才能达到最佳的纳税筹划效果，即有利于企业财务目标的最大化；纳税筹划的实施对企业当前和未来发展是否会产生相应的成本。

企业取得的纳税筹划效应与机会成本配比的结果是否真正有利于企业内在经营机制的优化和良性循环；企业纳税筹划行为的总体实施是否具有顺应动态市场的应变能力，即具有怎样的结构弹性、可能的结构调整成本及风险程度；企业进行的纳税筹划是否存在受法律惩处的可能性，将给企业带来什么后果等。

如果单纯为筹划而筹划，就可能降低筹划的效果，甚至可能出现以下负效应：

（1）筹划的显性收益不能弥补筹划的显性成本（筹划费用过大，收不抵支）。

（2）筹划的显性收益虽然大于相应的显性成本，但其显性净收益低于机会成本。

（3）筹划的显性净收益虽然超过了机会成本（损失），但因片面筹划动机导致筹资、投资或经营行为短期化，使企业资金营运的内在秩序受到干扰，影响企业资金未来的获利能力，形成潜在损失。存在触犯法律的可能性，形成有形或无形的机会损失（隐性成本）。

第二节　纳税筹划的目标与原则

纳税筹划首先要帮助纳税人减轻税负，这是纳税筹划方案的最高目标。直接减轻税收负担是企业纳税筹划所要实现的目标之一，实现涉税零风险。所谓涉税零风险，是指纳税人账目清楚，纳税申报正确，缴纳税款及时、足额，不会出现任何关于税收方面的处罚，即在税收方面没有任何风险，或风险极小甚至可以忽略不计的一种状态。资金是有时间价值的，纳税人通过一定的手段，将当期应该缴纳的税款延缓到以后年度的缴纳，从而获得资金的时间价值，这是纳税筹划目标体系的有机组成部分之一。企业从事经济活动的最终目的，是使总体的经济效益最大化，而不只是少缴税款。经济效益的最大化应该从长远来看。企业进行纳税筹划，应服从企业的长远目标，以实现可持续发展，从而在相当长的时段内实现利润最大化目标。

一、纳税筹划的目标

纳税筹划的基本目标就是减轻税收负担，实现税后利润最大化。其外在表现是纳税最少，纳税期限最长，纳税最晚，即实现“经济纳税”。根据我国的实际情况，纳税筹划的目标可以分为三个层次：基础目标、中间目标、最终目标。

1. 基础目标：避免多纳税、避免纳税风险。以下情况都会导致多纳税：由于纳税人对公式不理解，出现计算错误，导致多申报；纳税人符合税收优惠条件，因没有申请，而不能享受；对于准予扣除项目，因没有申报，而不得税前扣除；等等。为了避免多纳税，纳税人必须通晓税法和税收政策。另外，征税人为完成税收任务或者因为其他原因，也可能造成多收税。这就要求纳税人运用法律手段，维护自身合法权益。

法网恢恢疏而不漏，偷逃税款存在法律风险，轻则受到行政处罚，重则受到刑事制裁。纳税人应严格遵守税法，认真履行纳税义务，这样可以做到纳税风险最小化，实现涉税零风险。

纳税人最常见的误区是：纳税人一方面偷逃税，另一方面却多纳税。当前，我国纳税人税法意识不强，多纳税与少纳税（偷逃税款）并存是客观事实。多纳税与少纳税是将纳税人缴纳的税款与税法规定的税款进行对比，多缴还是少缴了。因此，纳税人进行纳税筹划的初级目标是：依法纳税，诚信纳税，不少纳税。也就是说，纳税人不缴纳比税法规定更多的税款，也不缴纳比税法规定更少的税款。

2. 中间目标：纳税最小化、纳税最迟化、筹划收益大于筹划成本。纳税最小化，是指在遵守税法的前提下，在税法允许的范围内，通过合理安排，选择纳税最小的方案，从而减轻税收负担。纳税最小化，不是少纳税，不是逃税。少纳税违反税法规定，与税法规定相比少缴税款；而纳税最小化则是遵守税法，在多个纳税方案中选择纳税成本最小的方案。

纳税筹划最常见的误区是：一种税减少了，其他税却增加了。纳税最小化，不能仅看个别税负的高低。一种税少缴了，另一种税可能要多缴。因此，纳税最小化，是指企业整体税负最低。

纳税最迟化，是在税法允许的范围内，通过合理安排，选择纳税最迟的方案尽量推迟缴纳税款。纳税最迟化，不是欠税。欠税是违反税法规定，拖欠税款；而纳税最迟化是遵守税法，在多个纳税方案中选择纳税迟的方案。虽然这笔税款迟早是要缴纳的，但现在无偿占用这笔资金，就相当于从政府财税部门获得了一笔无息贷款，获取资金时间价值。

纳税最小化是绝对节税，而纳税最迟化是相对节税，都只考虑了纳税筹划收益没有涉及纳税筹划成本。纳税筹划收益是指通过纳税筹划而减少的税收，或者说获得的税收利益，纳税筹划成本是指为获得筹划收益而发生的耗费。纳税筹划应坚持成本效益原则。

纳税筹划常见的误区是：只考虑纳税筹划收益，不考虑纳税筹划成本，筹划取得了收益，但付出的成本更大。纳税人进行纳税筹划时，要运用成本效益分析方法，只有在筹划收益大于筹划成本时，纳税筹划才是可取的。

3. 最终目标：企业价值最大化。避免多纳税和纳税风险，纳税最小化和最迟化，筹划收益大于筹划成本，一言以蔽之，都是实现税收利益的最大化。因此，纳税筹划的基础目标和中间目标可归纳为税收利益最大化。其实，税收利益只是经济利益的一种。在市场经济下，企业作为独立的经济主体其总目标是经济利益最大化，即企业价值最大化。纳税筹划目标应服从和服务于企业总目标。纳税人的经济利益除了税收利益之外，还有非税利益，用数学公式表示如下：

$$经济利益 = 非税利益 + 税收利益$$

经济利益是扣除税收之后的经济利益，即税后利益。非税利益是不考虑纳税而获得的经济利益，即税前利益；税收利益是只考虑纳税而获得的经济利益，是负的税收总额。因此，上述公式也可表示为：

$$税后利益 = 税前利益 - 税收总额$$

而税收总额与税前利益之间又具有相关性。纳税人进行纳税筹划，在追求纳税最小化的过程中，可能出现下列几种情况，如表1－1所示。

表1－1　　纳税筹划的可行性

序列	税收利益	非税利益	经济利益	纳税筹划
1	增加	增加	增加	可行
2	增加	不变	增加	可行
3	增加	税收利益增长幅度大于非税利益减少幅度	增加	可行
4	增加	税收利益增长幅度等于非税利益减少幅度	不变	没必要
5	增加	税收利益增长幅度小于非税利益减少幅度	减少	不可行

纳税筹划常见的误区是：只考虑纳税人的税收利益，不考虑纳税人的非税利益，税收减少了，税后利益也减少了。如果片面强调税收利益，不重视非税利益和整体经济利益，当税收总额减少的幅度小于税前利益减少的幅度时，是“捡了芝麻，丢了西瓜”。纳税筹划是减轻税收负担，但不能减少税后利益。

总之，纳税最小化与税后利益最大化，前者是中间目标，后者是最终目标；纳税最小化与税后利益最大化是一个有机整体。纳税筹划的目标可归纳为通过税收利益最大化实现经济利益最大化，或者说通过纳税最小化实现税后利益最大化。

二、纳税筹划的原则

企业在进行纳税筹划时，应遵循一定的原则，主要有以下几个方面。

1. 守法性原则。税务筹划最基本的原则是符合税法或者不违反税法，即一定要守法，不能公然挑战税法，这是其与逃、欠、抗、骗税的本质区别。纳税筹划应该以现行税法及相关法律、国际惯例等为依据，在熟知税法规定和国际税收协定的前提下，利用税制构成要素中的税负弹性和不同税收环境，制定并选择合理的纳税方案。

2. 保护性原则。保护性原则即要体现自我保护。因此，企业的会计凭证要真实、完整，税务会计要符合税法要求。例如，我国大部分税种的税率、征收率不是单一税率，有的税种还有不同的扣除率、出口退税率，纳税人要避免多缴税款，在兼营不同税种、不同税率的货物、服务时，在出口货物时，在同时经营应税与免税货物时，要按不同税率（退税率）分别设账、分别核算（它与财务会计的记账原则不同）；在有混合销售行为时，要掌握计税原则。另外，由于增值税实行发票抵扣制，依法取得并比对认证、妥善保管发票是至关重要的。对纳税人来说，这都是保护性举措，否则不但不能减轻负担，还可能会加重税负。

3. 时效性原则。时效性原则体现在充分利用资金的时间价值上，如销售收入的确认、准予扣除项目和金额的确认、增值税抵扣凭证的比对认证、销项税额的确认、出口退税的申报、税收优惠政策等，都有时效性问题。

4. 整体性原则。在进行一种税的纳税筹划时，还要考虑与之相关的其他税种的税负效应，进行整体筹划、综合衡量，以求整体税负最轻、长期税负最轻，防止顾此失彼、前轻后重。要综合衡量，眼睛不能只盯在个别税种的税负高低上，一种税少缴了，另一种税有可能多缴。因而要着眼于整体税负的轻重。另外，税金支付的减少不一定就是资本总体收益的增加。如果有多种税收政策或多种经营方式选择，那么，总体收益最多但纳税并非最少的方案就应视为最优方案。也就是说，纳税筹划要算大账，不能仅考虑税收因素对收益的影响，应着眼企业的整体利益。

5. 系统性原则。从企业纳税和企业生产经营关系来看，尽管企业纳税的多少由税制决定，但企业在什么时候纳税、纳什么税、纳税额多少，实质上都取决于企业生产经营的实际状况。企业纳税活动与其生产经营过程存在因果联系，不能脱离经营活动孤立存在，因而企业纳税筹划只有自觉纳入企业管理大系统，渗透在企业生产经营活动的各个方面，与其他各项管理活动紧密结合，才能取得成效。根据系统性原则，纳税筹划不能仅着眼于法律上的思考，更重要的是，应该着眼于企业总体的管理决策，在进行纳税筹划的时候，要同时注意税收因素和非税收因素的影响，如企业的整体目标、企业所处外部条件的变迁、未来经济环境的发展趋势、国家政策的变动、税法和税率的可能变化以及国家规定的非税收奖励等。

从纳税筹划和财务管理的关系来看，纳税筹划作为企业投资和生产经营决策中的重要部分，必须服从、服务于企业财务管理的总体目标，必须注重综合平衡。

国家实施税收优惠是通过给纳税人提供一定税收利益而实现的，但并不等于纳税人可以自然地得到这种优惠政策，因为税收优惠往往都是与纳税人的投资风险并存的，因此，纳税筹划必须注意收益与风险的综合平衡。对于不同纳税方案的选择，风险与收益的权衡同样需要慎之又慎。

纳税是一个过程，企业纳税筹划不能只注重于某一纳税环节中个别税种的税负高低，而要着眼于整体税负的轻重，因而要认真衡量纳税筹划中节税与增税的综合效果。

需要特别指出的是，有时纳税筹划的节税目标与企业整体理财目标也会出现矛盾。一是税收支出与其他成本支出的矛盾。税收支出少，但如果其他成本高，节税就不能带来资本总体收益的增加。二是节税与现金流量的矛盾。如果一个企业的现金前松后紧，滞延纳税时间将不利于企业资金收支的管理，会加剧后期现金流动的紧张，造成企业资金运动困难。三是如果企业在实施纳税筹划过程中片面地追求节税及自身效益的提高，就会扰乱正常的经营理财秩序，导致企业内在经营机制的紊乱，并最终招致企业更大的潜在损失。这些情况的出现和发生都有违于纳税筹划的初衷。因此，将纳税筹划看作一种单纯的节税行为是不可取的。

第三节　纳税筹划产生的原因与实施条件

一、纳税筹划产生的基本前提

1. 市场经济体制。从根本上讲，企业之所以开展纳税筹划活动，首先是出于对其自身经济利益的追逐。这是符合理性经济人假设的，而这种假设的前提在于完备的市场经济体制。在计划经济体制下，企业吃国家的大锅饭，实现的利润大部分上缴财政，几乎没有自身利益可言。企业即使通过纳税筹划减轻了税负，也只不过是将税收转化为利润上交国家。因此，纳税筹划没有存在的必要。只有在市场经济体制下，企业真正成为市场的主体，享受独立的经济利益，同时在激烈的竞争中产生对成本控制的需求，纳税筹划才有存在及发展的空间。

2. 税收制度的非中性和真空地带的存在。税收中性是指国家征税时应避免对经济主体根据市场机制独立进行经济决策的过程进行干扰。然而，税收中性只是税制设计的一般原则，在实践中，各国政府在制定税收制度时，为了实现不同的目标，都会设计许多差异化的政策，如差别税率，以及不同经济事项的差异化处理方法。这使得税收制度在执行过程中呈现出非中性，从而企业的经营活动面对税收契约呈现差异化的反应，理性的企业自然会选择符合自己最大化利益的方案，并有意识地事先安排与筹划。企业的实际情况多种多样，交易和事项形形色色，而且社会经济环境不断发展变化，随时都可能发生新的情况，与此同时，作为税收政策的制定者，政府不可能获取完整信息。因此，任何税收政策都不可能是尽善尽美的，既不可能对现实的所有情况、所有交易和所有事项均产生约束，也难以对将要出现的所有情况、所有交易和所有事项均作出规范，从而必然留下真空地带，形成税法空白。利用税法空白进行纳税筹划，是许多纳税人最为本能的一种纳税筹划方式。

3. 完善的税收监管体系。税收契约双方具有信息不对称性，尤其是在对会计信息的掌控方面，企业自身占据强势地位，然而，绝大多数税收的计量又是以会计信息为基础的，为了弥补在会计信息方面的缺陷，政府必然要求对企业进行税收监管，并对违规行为进行处罚。税收监管的存在增加了企业进行税收欺诈的成本，从而会在一定程度上抑制企业利用税收欺诈降低税员的纳税筹划行为。如果整个社会税收监管水平较高，形成良好的税收执法环境，纳税人要想获得税收收益，只能通过纳税筹划方式进行，而一般不会、不易或不敢作出违反税法等有关法律之事。反之，如果税收监管力度较弱，执法空间弹性较大，纳税人采取风险和成本都比较低的税收欺诈行为即可以实现企业目标，自然无须进行纳税筹划。

因此，完善的税收监管体系是纳税筹划的前提。但是，必须指出，由于监管人员的有限理性以及监管成本可能过高，现实的税收监管存在着期望差距，这种差距可能使得企业放弃纳税筹划，铤而走险采取欺诈方式。

二、纳税筹划是纳税人应有的权利

现代企业一般有四大基本权利，即生存权、发展权、自主权和自保权，其中自保权就包含了企业对自己经济利益的保护。纳税是有关企业的重大利益之事，享受法律的保护并进行合理合法的纳税筹划是企业的正当权利之一。

纳税筹划是纳税人的一项基本权利，纳税人在法律允许或不违反税法的前提下，有从事经济活动获取收益的权利，有选择生存与发展、兼并与破产的权利，纳税筹划所取得的收益应属合法权益。

纳税筹划是纳税人对其资产、收益的正当维护，属于纳税人应有的经济权利。纳税人对经济利益的追求可以说是一种本能，具有明显的排他性和利己的特征，最大限度地维护自己的利益是十分正常的。纳税筹划应在纳税人权利的边界内或边界线上开展，超越企业权利的范围和边界，必然构成对纳税人义务的违背、践踏，而超越纳税人义务的范围和边界，必然构成对纳税人权利的破坏和侵犯。对纳税人来说，遵守权利的界限是其应承担的义务，坚守义务的界限又是其应有的权利。纳税筹划没有超越纳税人权利的范围，应属于纳税人的正当权利。

纳税筹划是纳税人对社会赋予其权利的具体运用，属于纳税人应有的社会权利。纳税人的社会权利是指法律规定并允许的受社会保障的权利，它不应因企业的所有制性质、经营状况、贡献大小不同而不同。在纳税筹划上，政府不能以外商投资企业与内资企业划界，对前者采取默许或认同态度，对后者则反对和制止。其实，对企业正当的纳税筹划活动进行打压，恰恰助长了偷税、逃税及抗税现象的滋生。因此，鼓励纳税人依法纳税、遵守税法的最明智的办法是让纳税人充分享受其应有的权利，其中包括纳税筹划，而不是剥夺其权利，促使其走违法之道。

企业纳税筹划的权利与企业的其他权利一样，都具有特定的界限，超越这个界限就不再是企业的权利，而是违背了企业的义务，就不再是合法的，而是违法的。企业的权利与义务不仅互为条件、相辅相成，而且可以相互转化。在纳税上其转化的条件如下。

1. 当税法中存在的缺陷被纠正或税法中不明确的地方被明确后，企业相应的筹划权利就会转化成纳税义务，如某种税由超额累进税率改为固定比例税率后，纳税人利用累进级距的不同税率而实施的筹划就不存在了。

2. 当国家或政府对税法或条例中的某项（些）条款或内容重新解释并明确其适用范围时，纳税人原有的权利就可能转变成义务。由于税法或条例中的某项（些）条款或内容规定不明确或不适当，纳税人就有了纳税筹划的权利。如果国家或政府发现后予以新解释或明确其适用范围，那么，有些纳税人就可能不再享有纳税筹划的权利了，而且再发生这种经济行为就可能变为纳税义务了。

3. 当税法或条例中的某项（些）特定内容被取消后，纳税筹划的条件随之消失，企业的纳税筹划权利就会转化为纳税义务。例如，某项税收优惠政策（对某一地区或某一行业）被取消后，纳税人就不能再利用这项优惠政策实施纳税筹划，而只能履行正常的纳税义务了。

4. 当企业因实施纳税筹划而对其他纳税人（法人、自然人）的正常权利构成侵害时，企业的纳税筹划权利就会转化成纳税义务。企业纳税筹划权利的行使以不伤害、不妨碍他人的权利为前提。

三、纳税筹划产生的客观原因

（一）国内纳税筹划产生的客观原因

经济活动是复杂多变的，纳税人的经营方式也是多种多样的。国家要对纳税人的经营活动征税，就要制定能够应对复杂经济活动的税收制度，这就要求税收制度具有一定的弹性，这种弹性给纳税人的纳税筹划提供了可能性。

1. 税种的税负弹性。所谓税负弹性是指某一具体税种的税负伸缩性大小。一般而言，某种税税负弹性的大小取决于两个方面。一方面取决于税源的大小，即税源大的税种，其税负弹性也大。另一方面取决于该税种的要素构成，这主要包括计税基数、扣除项目、扣除标准和税率，即税基越宽，税率越高，税负就越重；或者说税收扣除额越大，则税负就越轻。各税种内在各要素弹性的大小决定了各税种的税负弹性，或者说某一税种的税负弹性是构成该税种各要素的弹性的综合体现。企业所得税和个人所得税的税负弹性较大，这是因为不论税基宽窄、税率高低和扣除项目多少或数额多少，所得税总有一定的弹性幅度。

2. 纳税人定义上的可变通性。任何一种税都要对其特定的纳税人给予法律的界定，特定的纳税人交纳特定的税，这种界定在理论上包括的对象和实际包括的对象差别极大。如果能不使自己成为该税的纳税人或成为该税的减免征税的对象，那么自然也就不必成为该税的纳税人或能够成为负担较轻的纳税人。原因是现实生活的多样性及经济发展的不平衡性是税法不能完全包容的。这里一般有三种情况：一是该纳税人确实转变了经营内容，过去是某税的纳税人，现在成为另一种税的纳税人；二是内容与形式脱离，纳税人通过某种非法手段使其在形式上不属于某税的纳税义务人，而实际上并非如此；三是该纳税人通过合法手段转变了内容和形式，使纳税人无须缴纳该种税。

例如，纳税人面临不同的税收环境条件，如我国改革开放初期，经济特区的纳税人就比内陆城市的纳税人在企业所得税的税收负担上轻很多。在这种情况下，税负重的纳税人就应设法改变自身的条件。改变自身的条件有三种情况：一是该企业去经济特区投资；二是在经济特区设置子公司转移利润以减少纳税或不纳税；三是将企业的经营活动从形式上而不是从实质上转移到低税负的特区，充分享受低税的好处。

在纳税人方面，还有一个税种或适用税率（征收率）的选择问题。一般来讲，企业生产或经营什么项目，处于什么行业，就应该缴纳相应的货物劳务税，如营改增以前的增值税或营业税，这是没有选择余地的，但有时也可以例外。例如，增值税与营业税的可选择性，为某些行业的纳税人进行纳税筹划提供了可能，凡企业涉及混合销售业务和兼营业务的，都有可能在缴纳增值税还是缴纳营业税上作出选择；营改增以后，则涉及在不同适用税率或征收率之间作出选择。

3. 课税对象金额上的可调整性。税额的计算关键取决于两个因素：一是课税对象金额，二是适用税率。纳税人在既定税率前提下，由课税对象金额派生的计税依据越小，税收负担就越轻。为此，纳税人想方设法尽量调整课税对象金额使税基变小。另外，不同的课税对象负担着不等的纳税义务。对多数企业和个体纳税人而言，财产收益与经营利润是可以互相转化的，对个体纳税人来说更是如此。因而纳税人就可以把属于自己的全部所得进行最佳分割，使自身承担的法人税与个人税之和最小。

从通过降低税基进行纳税筹划的角度看，所得税的余地要大于流转税。所得税节税的具体方式在论述纳税筹划操作的后续章节再详细讨论。

4. 税率上的差异性。除了计税依据，纳税的多少还和税率有关。当课税对象金额一定时，税率越高，税额越多；税率越低，税额越少。税率与税额的这种密切关系诱发纳税人尽可能地避开高税率，寻求低税率。税制中不同税种有不同税率，同一税种中不同税项也有不同税率，“一税一率”和“一目一率”的差异性，是纳税筹划的又一绝好机遇。

所得税的累进税率能大大激发人们进行纳税筹划的动机。高边际税率常常使人们望而生畏，低边际税率对人具有磁石般的吸引力。因为高、低边际税率一般相差好几倍，有的甚至十几倍，它对税负的影响实在让人心动。人们最关心的是，每当他们新增一元钱，政府会从中拿走多少。当边际税率是50%时，纳税人与政府平分新增的收益，或许纳税人对此尚可接受。若边际税率高于50%，纳税人就会因新增收益的“大头”被政府拿走而极易滋生不满情绪，并想方设法去减轻税负，最佳方法就是避税。有些国家的边际税率很高，为此有些人不惜为避税而移居国外，或对生活方式和企业决策作出重大改变。

5. 税收优惠。税收优惠是国家税制的一个组成部分，是政府为达到一定的政治、社会和经济目的对纳税人实行的税收鼓励。税收鼓励反映了政府行为，它是通过政策导向影响人们的生产与消费偏好来实现的，因而也是国家调控经济的重要杠杆。税收优惠对节税潜力的影响表现为：税收优惠的范围越广、差别越大、方式越多、内容越丰富，则纳税人纳税筹划的活动空间越广阔，节税的潜力也就越大。因此，纳税人进行纳税筹划时必须考虑有没有地区性的税收优惠；是否有行业性税收倾斜政策；减免税期如何规定；对纳税人在境外缴纳的税款是否采取避免双重征税的措施，采取什么样的方式给予抵扣等。各国税制中都有较多的减免税优惠，这对人们进行纳税筹划既是条件，又是激励。

它的形式包括税收减免、税收扣除、税率降低、起征点、免征额、加速折旧等，这些都对纳税筹划具有诱导作用。

以起征点避税为例。我国税法规定对个体户每月销售收入或服务收入达不到规定的起征点的，可免于征收增值税。那么经营规模较小（收入额在起征点上下）的纳税人就会尽可能通过合法形式使其收入额低于起征点，以便避税。

（二）国际纳税筹划产生的客观原因

1. 国家间税收管辖权的差异。税收管辖权，是指一国政府在征税方面所实行的管理权力。税收管辖权有三种，即居民管辖权、公民管辖权和地域管辖权。在实践中，世界上没有哪个国家单纯地行使一种税收管辖权，大多数国家以一种税收管辖权为主，以另一种税收管辖权为补充，只是各国的侧重点不同。

在税收的管理上，各国对税收管辖权的规定往往有所差别。因为国与国之间存在差异，在国家之间的衔接上，就可能形成某种重叠和漏洞，从事国际贸易或在不同国家开办跨国公司，就可以利用这些差别和漏洞，将自己的税收负担降到最低水平。基于这个角度，可以从以下三个方面进行纳税筹划。

一是两个国家实行不同税收管辖权所造成的跨国纳税筹划。例如，A国实行地域税收管辖权，B国实行居民税收管辖权，那么A国的居民从B国获得的所得就可以躲避所有纳税义务。同样，对于两个国家实行不同的税收管辖权的其他情况，纳税人也可以找出类似的其他办法来避免自己的税收负担。

二是两个国家同时实行所得来源管辖权所造成的跨国纳税筹划。各国确定所得来源的标准不同，有的国家根据所得支付者的来源确定，若所得支付者是本国自然人或法人，则该所得来源于本国，否则该所得并非来源于本国；有的国家则根据其他标准来断定一项所得是否来源于本国。这样，对待涉及两个国家的同一笔所得，当这两国认为这笔所得的支付者与获得者不属于本国自然人或法人时，该笔所得就可以躲避纳税义务。

三是两国同时行使居民管辖权所造成的跨国纳税筹划。各个实行居民管辖权的国家对自然人和法人是否为本国居民有不同的确认标准。例如，当确定一自然人是否为本国居民时，有的国家采用住所标准，有的国家采用时间标准（即以居住时期超过一定期限为准），还有的国家采用意愿标准，即询问自然人是否愿意成为本国居民；当确定一法人是否为本国居民时，有的国家采取登记注册标准，有的国家采取机构所在地标准。因此，跨国纳税人有可能同时避开在两个有关国家的纳税义务。当两个国家同时以住所标准确定自然人的居民身份时，跨国纳税人若在两个国家均无住所，就可以同时躲避在两国的纳税义务；当一国以时间标准确定自然人的居民身份，而另一国以意愿标准确定居民身份时，纳税人可采取不使自己在前者逗留超过一定时间，而又根据自己的需要选择纳税地点的方式躲避税收；当一国实行注册标准，而另一国实行总机构标准确定一法人是否为本国居民法人时，跨国纳税人可以根据有关国家的标准设置总机构和登记注册，以达到国际避税之目的。

在实行居民税收管辖权的国家里，会因为各国确定居民身份的标准不同而产生税收管辖权的真空地带，这些真空地带的存在为跨国避税大开方便之门。

2. 税收执法效果的差别。一部十分完善的税收法律，如果在征管过程中得不到严格贯彻，其效果也会大打折扣。由于不能有效地对税收征管加以稽核，司法部门未能及时依法惩处，偷漏税犯罪的成本相对较低。针对这种情况，征管部门要严格执法，使有违法企图的纳税人建立一个预期，那就是偷逃税款所得利益不如老老实实纳税所得利益大。为了使税款应征尽征，国家有关部门要做两件事情：一是通过立法程序逐步降低税收负担，按照税收法定主义原则，完善税法并严格执法，这两年我国已经推出了系统的结构性减税政策，使企业得到了实惠。二是增大财政支出的透明度，使纳税人清清楚楚地知道自己所纳税款确实已十分必要地用于与纳税人有关的社会公共需要，养成纳税人自觉纳税的意识。从长远看，这也是建设社会主义法治国家的需要。

世界上有的国家虽然在税法中也规定有较重的纳税义务，但是由于征管不力，工作中漏洞百出，给逃税、避税造成许多可乘之机，从而造成税负的名高实低。对国际避税者来说，这些差别正是他们实施国际避税的空间。一个明显的例子就是：在执行国际税收条约规定的情报交换条款时，不同国家或地区的税务当局在管理效率上存在较大的差别。如果某一缔约国的管理水平不佳，就会导致该条款的效力大打折扣，造成更优良的国际避税条件。

3. 税制因素。由于各国的自然资源禀赋不同，生产力发展水平差异较大，不同的国家必将采取相应的财政经济措施和办法，反映在有关税收法规上，也会出现明显的差异。这样的差异主要表现在以下几个方面。一是税种的差异，有的国家征收甲税，有的国家征收乙税，而有的国家则除了征收甲、乙税以外，还征收丙税等。二是税基的差异和税种类型的差异。虽然多数国家都开征了某种税，但其税基和类型都有所区别。例如，许多国家都开征了增值税，但是在增值税的具体设计和管理环节上，各国的情况却各不相同。增值税的发源地法国在流转环节实现普遍征收，而我国从 1994 年 1 月才开始在较大的范围内推广增值税，营改增前在流转环节实行增值税与营业税互不交叉征收，另外通过消费税进行配合，对某些特殊消费品进行重点调节；而在增值税的类型上，西方多数国家实行消费型增值税，与销售产品有关的一切购进都允许抵扣，而我国在 2009 年之前则是采用生产型增值税，购进的与销售产品有关的原辅材料、低值易耗品、水、电等可以抵扣，而购入的用于消费等方面的固定资产则不允许抵扣等。当然，我国通过营改增改革，目前已经实现了增值税在全社会领域的普遍征收，原营业税征收范围已经被增值税全面覆盖。三是税率的差异。四是征税对象的差异。五是纳税人的差异。六是税收征收管理方式的差异。七是税收优惠内容与形式的差异。由此，通过税收进行策划和运作的可能性也就产生了。

4. 其他因素。

（1）各国对避税的认可程度及反避税方法上的差异。一般而言，没有一个国家不反对大张旗鼓地宣扬避税。但是既然国家以税收为杠杆调节经济，以税收政策综合地反映一个国家的产业政策，体现国家的产业导向，任何国家又不得不鼓励纳税人学习和研究其税收政策及有关法规，在不违背有关法律规定的前提下，采取适当的方法，趋利避害，使自己的税收负担降到最小。

另外，由于国际税收差异的存在，各国也在强化国际税收衔接，如扩大纳税义务、税法中行使公民税收管辖权以及各种国内和国际反避税措施等。反避税是一项非常复杂的工程，各国对反避税的重视程度、反避税的具体实施方法等都大相径庭。跨国纳税人可以通过研究各国不同的反避税方案来制定自己的国际避税策略。

（2）关境与国境的差异。一般而言，关境与国境范围相同，但是当国家在本国设置自由港、自由贸易区和海关保税仓库时，关境就小于国境。对跨国纳税人来说，自由港，自由贸易区是最理想的避税地，也是当今跨国避税的活动中心。自由港、自由贸易区不仅提供关税方面的减免，其他各种税在这里也享受到不同程度的减免，它是现存税收制度中的一个“真空地带”。

（3）技术进步。科学技术的发展、管理水平的提高、现代化管理工具的运用，都有利于纳税人避税。它一方面使避税手段更为高明，避税更易成功；另一方面也促使政府更有效地反避税。避税与反避税在更高水平上的较量，其结果是推进了避税向更高和更深的层次发展。例如，随着国际互联网的广泛使用，网上交易使传统的税收征管手段面临着较大的局限性，使避税在更广泛的意义上开展，但各国政府及有关的国际组织也在积极研究对策。

（4）资本流动。随着经济活动的全球化，跨国投资与跨国经营活动的程度也越来越高。当今的资本流动性越来越大，资本流动的结果是造成相当部分的纳税自然人和法人以各种名义携带资本在国与国之间流动，这种流动通过有效的财务和税收策划，最终达到实现少纳税的目的。资本的频繁流动会造成纳税自然人和法人借以减少纳税义务，随着国际经济交往和跨国投资活动的日益发展，这种现象也呈迅速扩大之势。

（5）外汇管制与住所的影响。外汇管制是一个国家以财政手段控制国际避税的替代或补充，有助于加强对避税的控制。外汇管制的主要内容是禁止外汇的自由交易。对纳税人住所的有效控制，意味着纳税人处于有关税收管辖权的牢牢控制之下。纳税人若能改变住所或消除某一管辖权范围的住所，就会扩大避税的范围；反之，则会缩小避税的范围。

（6）通货膨胀。在当今的世界经济中，通货膨胀是许多国家面临的一个非常棘手的问题，通货膨胀一般对跨国纳税人产生两个方面的影响：一是通货膨胀使跨国纳税人的名义收入增加；二是实行累进所得税时，名义收入的增加会把纳税人适用的税率推向更高的档次，即所谓的“档次爬升”。如果不进行税收指数化，即不对收入或资本进行价格指数调整，无疑会使纳税人收入的更大部分被政府取走。许多国家为了消除通货膨胀造成的档次爬升效应，弥补纳税人的损失，对纳税人应纳税额规定了扣除额。

但是，从另一个方面来看，通货膨胀也给纳税人造成了一定的正面影响，这是因为取得应税所得与实际缴纳税款并不同步，存在一个时间差，通货膨胀会使经过一段延迟之后的应付税金的真实价值降低。例如，在通货膨胀率为 30% 的条件下，一个美国纳税人在 4 月份收入 1 万美元，应缴纳 1 000 美元所得税，但到下一年实际缴纳 1 000 美元时，税务当局最终收到的税款实际上只相当于 1 000 美元的 70%（扣除通货膨胀率 30%），即只有 700 美元，另外 300 美元被躲避掉了。除了上例中正常情况下纳税人取得税收利益外，纳税人还可以在法律许可的范围内通过实施固定资产的加速折旧等办法来延迟缴纳税款，从而更充分地利用通货膨胀节税。

由此，通货膨胀会对应纳税额产生两个方面的影响，一方面对纳税人有利，而另一方面对纳税人不利，纳税人可以利用通货膨胀的机理进行国际避税。

四、纳税筹划产生的主观原因

任何纳税筹划行为的主观原因都可以归结为一条，那就是利益的驱使。纳税筹划是企业对其资产、收益的正当维护，属于企业应有的经济权利。纳税人对经济利益的追求可以说是一种本能，是最大限度地维护自己利益的行为，具有明显的排他性和利己性。我们知道，税收是构成企业经营成本的重要组成部分，在价格和成本不变的前提下，利润和税收就是一种此消彼长的关系，上缴的税金多了，企业留利就会减少，反之，上缴的税金少了，企业留利就会增多。因此，研究税法，调查税收环境，在不违反税法的前提下尽可能减轻税负不仅是合法的，而且是必要的，否则就有可能造成不必要的重大损失。

不论法人还是自然人，也不论税收制度如何公平合理，征税都意味着纳税人直接经济利益的一种损失。所以在这种经济利益的刺激下，一些企业在努力增加收入和降低成本、费用的同时，也在考虑减轻税收负担的问题，以达到利益最大化。这是纳税人进行合法的纳税筹划的内在动力和原因。发达国家的企业都非常重视纳税筹划问题，大中型企业一般都聘用了税务专家，前来我国洽谈投资项目的外国代表团中，几乎无一例外地有税务专家。我国的一些大中型企业近年来也逐步意识到了纳税筹划的重要性，并逐步将纳税筹划提上了议事日程。

五、纳税筹划的实施条件

纳税筹划作为纳税人所制定的、法律允许的、能使其税收负担最小化的计划，确实能给纳税人带来额外的税收利益。因此，纳税人有着进行纳税筹划的强烈愿望。然而，纳税人具有纳税筹划愿望，并不意味着就能成功地实施纳税筹划。纳税人成功地实施纳税筹划需要具备以下特定的条件。

1. 具备必要的法律知识。

纳税人进行的纳税筹划是以合法为前提的、选择少缴或免缴税款的行为，因而必须了解并熟练掌握税法规定。如果纳税人不了解税法的规定而企图运用纳税筹划策略，无异于缘木求鱼。况且，税法规定的内容相当复杂又经常修正，而纳税人自身条件不断发生变化，纳税人要有效地运用纳税筹划策略，既要了解和掌握税法，又要研究税法。纳税人除对税法熟练掌握、灵活自如地运用外，还要具备投资、生产、销售以及财务和会计等方面的法律知识。只有这样，才能懂得什么是合法的，什么是非法的，以及合法与非法的临界点，在总体上确保自己的纳税筹划行为的合法性。应该指出，与其他法律法规相比，税法有其一定的特殊性。在实施纳税筹划时，纳税人应知晓税法的适用性，在法律效力的判定上，有哪些特有的原则，如层次高的法律优先于层次低的法律、特别法优先于普通法、国际法优先于国内法等。

需要强调的是，作为纳税人，要特别了解国家的税收优惠政策。在现实经济生活中，许多人对身边的税收优惠政策不了解，无端多缴了税款，造成自己利益的损失。例如，我国现行税法规定：企业事业单位进行技术转让，以及在技术转让过程中发生的与之有关的技术咨询、服务、培训的所得，年净收入不超过 500 万元的，免征企业所得税；超过 500 万元的部分，减半征收企业所得税。同时，在实行营改增之后，我国税法还规定：对单位和个人（包括外商投资企业、外商投资设立的研究开发中心、外籍企业和外籍个人）从事技术转让、技术开发业务和与之相关的技术咨询、技术服务业务取得的收入，免征增值税。这是我国支持高新技术企业、鼓励企业和个人进行技术创新的重要举措。但是，有很多企业不知道、不了解这些政策，发生了应享受税收优惠的经济行为，但没有办理相关的审批手续，也没有进行相关的税收申报，因而没有享受到税收优惠政策，白白丧失了大量的税收利益。

2. 具备相当的收入规模。

从理论上讲，任何企业都有纳税筹划的权利和机会。但是，纳税筹划作为一种理财活动，与其他财务管理活动一样，风险与收益并存，成本与收益并存。如果企业规模过小，缴纳税种可能有限，经营业务比较简单，可以选择的处理方法不多，因而筹划的空间就比较狭窄。即使通过筹划获取了一定的收益，也可能因为筹划成本较高而得不偿失。相反，大企业缴纳税种繁多，经营业务和会计处理都比较复杂，并且有可能形成集团公司或者产生国际业务，此时筹划空间就相对较大。例如，很多跨国公司的财务机构中都设置有税务部，聘任税务经理来专门从事纳税筹划的实际操作。

3. 具备纳税筹划意识。

纳税筹划的直接动力就是纳税人强烈的纳税筹划意识。只有纳税人具备了一定的法律常识，意识到纳税筹划的重要作用，才能产生直接的纳税筹划行为。如果纳税人的纳税筹划意识薄弱，即使有再好的外部条件，也不可能付诸行动。

六、影响纳税筹划的因素

1. 纳税人的风险类型。不可否认，纳税人的诸多涉税行为是要冒一定的风险或者要付出一定的代价的。因此，纳税人对于风险的态度和心理准备，会影响纳税人可能做什么以及以什么样的方式来做。具有风险偏好的纳税人会多做一些所谓越轨的事，而厌恶风险的纳税人则是在有十足把握的情况下才出手。

2. 纳税人自身状况。纳税人自身状况主要包括纳税人的经营规模、业务范围、组织机构、经营方式等。一般来说，企业的经营规模越大，组织机构越复杂，业务范围越广，纳税筹划的空间就越大；而一些规模比较小的企业的纳税筹划空间相对来说就比较小。

3. 企业行为决策程序。我国的税收政策基本上是随着经济环境的变化而适时地进行调整的。企业如不能及时迅速地抓住这些税收政策调整所带来的机遇，就很可能会丧失纳税筹划的机会，因此，企业行为决策程序的简化有利于进行纳税筹划。如果企业的行为决策程序比较复杂，如纳税筹划方案需要经财务经理、财务总监、负责财务的总经理、董事会、上级主管部门等进行研究，此时纳税筹划决策涉及的部门或人员的审核层次较多，纳税筹划方案的落实就会比较困难。

4. 税制因素。税制因素对纳税筹划的影响比较大，也是纳税人无法控制的客观因素。税收制度刚性越大，弹性越小，或者税收优惠越少，纳税人进行纳税筹划的可能性和空间就越小。因此，一个国家税制弹性的大小和优惠政策的多少，决定了纳税人纳税筹划的可能性和可操作空间。

5. 企业纳税筹划需要多方合力。会计人员常常认为他们的工作职责主要是做好会计核算，提供准确、及时和系统的会计信息，而缴纳多少税款则是由税务局最终确定的。至于项目立项前税收成本的比较及之后的相关决策，那是企业领导的事，因为比起会计人员来，企业领导对纳税筹划要积极得多。可是在企业领导的心目中，纳税筹划是会计部门和会计人员分内的事，他们在抱怨税负过重的同时，往往迁怒于会计人员，这样纳税筹划工作就陷入无人去管、无人去做的境况。那么由谁来负责最为合适呢？分析起来，企业的会计部门、企业领导和相关中介机构与纳税筹划工作密切相关。

首先，企业会计部门的业务工作性质与纳税筹划工作最为接近，纳税筹划与会计具有最为天然的联系，因为高品质而又合理合法的纳税筹划依赖于高质量的会计信息。会计人员做纳税筹划的优势是他们具有扎实的会计功底，不足是他们难以参与企业的高层决策。而且，会计工作往往是对企业经济活动事后的核算和监督，而纳税筹划是企业经营决策事前、事中、事后全方位的策划，包括许多企业战略上的决策，这基本上超出了会计人员的工作职责和决策权限。其次，会计人员往往觉得纳税筹划工作具有风险，作为会计人员，没有冒风险的动机。

企业领导负有使企业发展增值的主要责任，同时具有最高的决策权，但若由企业领导充当纳税筹划的执行主体，则是不适宜的。因为他们无法透彻地了解会计业务，而且难以及时全面地收集信息，同时对税法也缺乏专业知识，因而由其做纳税筹划工作既缺乏必要的业务能力，也没有太多精力。

既然企业会计部门和企业领导都不能独立承担纳税筹划工作，那么可以选择的道路就只能是两者有机结合、分工负责，最后由领导决策。但这样是否就高枕无忧了？回答是否定的，还得有社会中介机构的介入。

目前中介机构已在逐步开展纳税筹划业务，它们的优点在于其具有较强的专业业务能力、广泛的信息沟通渠道和独立公正的中介身份等，不足之处在于其远不如企业会计部门和企业领导了解企业业务流程、经营特点、发展方向等关键信息。因此，企业纳税筹划需要会计部门、企业领导和中介机构三者的全力配合。

值得关注的是，随着税务合规性要求的提高，税收在企业决策中的地位在提升，我国有些大企业尤其是国际化程度比较高的企业，已经开始专门设置税务部，聘用税务专门人才处理企业涉税事项，有的还设立了首席税务官（chief tax officer，CTO）。

七、纳税筹划的实施流程

纳税筹划的实施流程一般可以分为以下几个阶段。

（一）主体选择

企业既可以由企业内部人员自行制定纳税筹划策略，也可以将纳税筹划工作外包给专业机构，即社会中介组织。在制定纳税筹划策略之前，企业必须首先确定设计主体。在进行设计主体决策之前，企业需要对两种设计方式进行比较。

（二）收集信息与目标确定

收集信息是纳税筹划的基础，只有充分掌握了信息，才能进一步确定目标并制定纳税筹划策略。

1. 外部信息。外部信息包括税收环境信息和政府涉税行为信息两个方面。税收环境信息主要包括以下几项内容：（1）企业涉及的税种及各税种的具体规定，特别是税收优惠规定；（2）各税种之间的相关性；（3）税收征纳程序和税务行政制度；（4）税收环境的变化趋势、内容。在纳税筹划博弈中，企业先行动，因此，在行动之前，企业必须预测政府可能对自身行动做出的反应，因而要了解政府涉税行为信息。政府涉税行为信息主要包括：（1）政府对纳税筹划的态度；（2）政府的主要反避税法规和措施；（3）政府反避税的运作规程。

2. 内部信息。内部信息包括实施主体信息和反馈信息。任何纳税筹划策略都必须基于企业自身的实际经营情况。因此，在制定策略时，必须充分了解企业自身的相关信息，即实施主体信息。这些信息包括：（1）企业理财目标；（2）企业经营状况；（3）企业财务状况；（4）企业对风险的态度。

企业在实施纳税筹划策略的过程中会不断获取企业内部新的信息情况；同时，实施结果需要被及时反馈给相应部门，以便对纳税筹划方案进行调整和完善，即反馈信息。

3. 目标的确定。企业在制定具体战略时，必须在既定信息的基础上，分析企业的真正需求，确立筹划策略的具体目标。这些具体目标可能是：

选择低税负点，包括税基最小化、适用税率最低化、减税最大化等具体内容。

选择零税负点，包括纳税义务的免除和避免成为纳税人。

选择递延纳税。递延纳税存在机会成本的选择问题。例如，在减免税期间，企业可能因递延纳税而减少了应当享受的减免税的利益。

（三）方案列示、分析与选择

在掌握相关信息和确立目标之后，策略制定者可以着手设计纳税筹划的具体方案，关注角度不同，具体方案就可能存在差异，因此，策略制定者需要将方案逐一列示，并在后续过程中进行选择。筹划方案是多种筹划技术的组合运用，同时需要考虑风险因素。方案列示以后，必须进行一系列分析，主要包括以下几个方面。

1. 合法性分析。纳税筹划策略的首要原则是法定主义原则，任何纳税筹划方案都必须从属于法定主义原则，因此，对设计方案首先要进行合法性分析，控制法律风险。

2. 可行性分析。纳税筹划的实施需要多方面的条件，企业必须对方案的可行性作出评估，这种评估包括实施时间的选择、人员素质以及未来的趋势预测。

3. 目标分析。每种设计方案都会产生不同的纳税结果，这种纳税结果是否符合企业既定的目标，是筹划策略选择的基本依据。因此，必须对方案进行目标符合性分析，同时优选最佳方案。目标分析还包括评价税收策略的合理性，防止税收策略“喧宾夺主”，影响企业整体竞争策略。

对列示方案逐项分析之后，设计者可能获取新的信息，并以此对原有的纳税筹划方案进行调整，同时继续规范分析过程。

（四）实施与反馈

筹划方案选定之后，经管理机关批准，即进入实施阶段。企业应当按照选定的纳税筹划方案，对自己的纳税人身份、组织形式、注册地点、所从事的产业、经济活动以及会计处理等作出相应的处理或改变，同时记录筹划方案的收益。

在实施过程中，可能会因为执行偏差、环境改变或者由于原有方案的设计存在缺陷，从而与预期结果产生差异。这些差异要及时反馈给策略设计者，并对方案进行修正或者重新设计。

第四节　纳税筹划的基本手段与方法

本教材将纳税筹划界定为广义的纳税筹划，包括节税、避税与税负转嫁。在每类纳税筹划手段下，又有各自的具体筹划方法。在纳税筹划事务中，这些手段与方法可能是交叉运用或综合运用。

一、纳税筹划的基本手段

纳税筹划的基本手段就是节税、避税与税负转嫁。

（一）节税手段

节税（tax saving）是在税法规定的范围内，当存在多种税收政策、计税方法可供选择时，纳税人以税负最低为目的，对企业经营、投资、筹资等经济活动进行的涉税选择行为。

节税具有合法性，是在符合税法规定的前提下，在税法允许甚至鼓励的范围内进行的纳税优化选择；节税符合政府的政策导向。税收作为有力的宏观调控手段，各国政府都会根据纳税人谋求利润最大化的心态，有意识地通过税收优惠、政策鼓励，引导投资、引导消费。纳税人在实现节税目的的同时，也顺应了政府的政策导向。

节税具有普遍性。各国的税收制度都强调中性原则，但在不同纳税人、征收对象、征收期限、地点、环节等方面总是存在差别，这就使纳税人的节税具有普遍性；节税还具有多样性，各国的税法不同，会计准则也不尽一致，甚至在每个国家的不同时期，其税法、会计准则还会有变动，而且不同地区、不同行业之间也存在差异。差异越大、变动越多，纳税人节税的余地越大、形式越多。

可通过利用税收照顾性政策、鼓励性政策进行节税，这是最基本的节税方法；在税法规定的范围内，选择不同的会计政策、会计方法以求节税；在企业组建、经营、投资与筹资过程中进行的旨在节税的选择。具体方法包括免税方法、减税方法、税率差异方法、分割方法、扣除方法、抵免税方法、延期纳税方法、退税方法等。

（二）避税手段

避税是指纳税人在不违反税法规定的前提下，将纳税义务减至最低限度的行为。西方经济学者一般认为，避税与逃税存在原则差别，即后者属于非法行为，而前者并不违法，前者只是最大限度地利用税法中的漏洞，少纳或不纳税款而已。避税方式可分为两大层次：低层次的避税可以是选用合法手段减少或避开纳税，如利用税法允许的另一种税率或另一种估算应税所得的方法；或者是拒绝购买含税的商品等。

避税应是纳税人在熟知相关税收法规的基础上，在不触犯税法的前提下，利用税法等有关法律法规的疏漏、模糊之处，通过对筹资活动、投资活动、经营活动等涉税事项的精心安排，达到规避或减轻税负目的的行为。

研究避税最初产生的缘起，不难发现，当初纳税人是因抵制政府过重的税政，维护自身利益而进行各种逃税、抗税等受到政府的严厉制裁后，为寻求更为有效的规避办法的结果。纳税人常常会发现，有些逃避纳税义务的纳税人受到政府的严厉制裁，损失惨重，而有些纳税人则坦然、轻松地面对政府的各项税收检查，顺利过关，不受任何损失或惩罚。究其原因，不外乎这些聪明的纳税人常常能够卓有成效地利用税法本身的纰漏和缺陷，轻松顺利地规避纳税义务而又未触犯法律，这就使越来越多的纳税人想要避税，政府也不得不将其注意力集中到完善健全税制和加强监管上。这种对税法的避与堵，大大加快了税收法制建设，使税制不断健全完善，税收征管水平逐步提高，因而有助于社会经济的进步与发展。避税是市场经济的必然产物，是历史发展的趋势，是早已存在、实际存在而且将继续存在的经济行为。避税的基本方法有以下 4 种。

1. 税境移动法。凡主权独立国家都有其税收管辖权，即对本国居民、非本国居民，仅就其发生或来源于该国境内的收入征税；或者行使收入来源地管辖权与居民收入管辖权，即除了对非本国居民仅就其来源或发生于该国境内的收入征税，也对本国居民来源于境内外的收入征税。前者的法律依据是涉税事项的发生地，后者则是纳税人的身份。因此，跨国经营企业可以通过对生产经营活动和居留时限的安排，回避税收管辖权。

2. 价格转让法。又称转让价格法、转移定价法。它是指两个或两个以上有经济利益联系的经济实体（关联企业）为共同获取更多利润和更多地满足整体经济利益的需要，以内部价格进行的销售（转让）活动，这是避税实践中最基本的方法。内部价格即转让定价，是关联各方之间在交易往来中人为确定的价格。

企业之间的经济往来有两种情况：一是没有经济利益联系的企业之间的经济往来；二是有经济利益联系的企业之间的经济往来。前者在购销活动中不易在价格方面做文章（一般由市场供求关系决定其价格），而对后者之间经常发生的大量交易往来，为保证集团（公司）的整体利润最大化，其价格会有扭曲现象，可能高于或低于正常成本，甚至根本不考虑成本，这种价格一般称为非正常交易价格、非竞争价格或非独立企业价格，局外人很难获得这种定价的全部真实资料。价格转让法一般都是在后者之间的业务往来中采用。经济合作与发展组织的《转让定价指南》明确规定，转让定价对纳税人和税务部门均具有重要意义，因为它们在很大程度上决定了在不同税制国家中各关联企业的收入、支出以及应纳税利润。关联企业之间转让定价的动机有税务动机和非税务动机。前者包括减轻公司所得税、预提税、关税和增加外国税收抵免额等动机，后者包括进入和控制市场、调节利润、转移资金、避免外汇奉献、加速成本回收和利润汇回、侵占合资方利益等动机。在不同情况下采用转让定价法，可以实现特定目的，发挥特定作用。不论是集团公司还是非集团公司，只要它们之间有经济利益关系，并且是非单一利润中心，也就是说它们之间有互补性、合法性，既保持独立又进行联合，就能以转让定价方式进行避税。

3. 利用国际税收协定。国际税收协定一般都规定缔约国只能对常设机构的经常所得征税，在某些协定条款中，其原则的确定及其运用存在差异，税收协定会有一些税收庇护等。因此，跨国公司可通过设置直接的传输公司、踏脚石式的传输公司、外国低股权的控股公司进行避税。

4. 成本（费用）调整法。成本（费用）调整是通过对成本（费用）的合理调整或分配（摊销），抵销收益，减少利润，以达到规避纳税义务的避税方法。应该指出，合理的成本（费用）调整和分摊应是根据现行税收法规制度、会计准则等，在允许的范围内所做的一些技术处理，它既不违反有关法规制度，也不是乱摊成本、乱计费用。企业会计人员、管理人员业务素质的高低决定财务、会计管理水平的高低，衡量水平高低的一个重要标志就是如何最大限度地维护企业的利益，这是作为独立经济实体的必然要求。

（三）税负转嫁手段

税负转嫁（tax translation）既可以视为避税方法的一种特殊类型（税负转移避税），又可以作为独立的纳税筹划方法。税负转嫁主要是针对流转税，因为流转税在一般情况下都具有税负转嫁的特点，纳税人可能不是或不完全是该税的实际负税人。这种行为不是对缴税的回避，也不是对税法不完善和缺陷的利用，而是在纳税人直接缴纳税款后，再将其税负转移给他人，最终由他人负担。这种转移税负方式成功与否的关键在于价格，而价格的高低则受市场的竞争环境和产品供求弹性的影响。按照税负转嫁的不同途径，税负转嫁方法（方式）主要分为以下4种。

（1）前转（forward shifting），又称顺转、下转，即纳税人将其所纳税款，通过提高商品或生产要素价格的方法，向前转移给商品或生产要素的购买者或最终消费者负担的一种形式。一般来说，前转是税负转嫁的最典型和最普遍的形式，多发生在商品和服务的应税上。

（2）后转（backward shifting），又称逆转、上转，即纳税人将其所纳税款，通过压低生产要素进价的方法，向后转移给生产要素的提供者负担的一种形式。后转一般是在市场供求条件不允许纳税人以提高商品销售价格的办法向前转移税收负担时发生的，而且大多发生在生产要素的应税上。

（3）消转（diffused shifting），又称税收转化，即纳税人对其所纳税款，既不向前转嫁，也不向后转嫁，而是通过改善经营管理、改进生产技术、延长劳动时间、压低工薪的方法，自己消化税收负担。因为消转并没有把税负转移给他人，也没有特定的负税人，因而严格地说，消转是一种特殊的税负转嫁形式。

（4）税收资本化（capitalization of taxation），又称资本还原，即生产要素购买者将所购生产要素的未来应纳税款，通过从购入价格中预先扣除的方法，向后转嫁给生产要素的出售者的一种形式。税收资本化主要发生在某些资本品的交易中。最突出的例子就是对土地交易的征税。政府征收土地税，土地购买者便会将预期应纳的土地税折入资本，将税负转嫁给土地出售者，从而表现为地价下降。此后，名义上虽由土地购买者按期纳税，但实际上税款是由土地出售者负担的。

因此，土地税和土地价格的关系经常表现为：土地税增加，地价必将下降；土地税减少，地价必将上升。

二、纳税筹划的基本方法

（一）税制要素筹划方法

税制要素是各税种的细胞，纳税筹划只有深入税制要素，才能取得实际效果。税制要素包括纳税主体、课税对象、税率、纳税环节、纳税期限、纳税地点和税收优惠等，它与纳税筹划密切相关，直接影响纳税人的税负。因此，有必要对每个税种的税制要素进行分析和研究，以达到为纳税人减轻税负的目的。

1. 纳税人筹划方法。实质上是进行纳税人身份的合理界定或转化，使纳税人承担的税收负担尽量减少或降低到最低限度。纳税人筹划可以合理降低税收负担，且方法简单，易于操作。纳税人筹划方法的关键是准确把握纳税人的内涵和外延，合理确定纳税人的范围。

2. 税基筹划方法。税基就是计税依据，是计算税金的基本依据。不同税种其税基计算方法不同。税基筹划法是指纳税人通过控制计税依据的方式来减轻税收负担的一种筹划方法。大部分税种都采用税基与适用税率的乘积来计算应纳税额。在税率一定的情况下，应纳税额的大小与税基的大小成正比，即税基越小，纳税人负担的纳税义务越轻。因此，如果能够控制税基，也就控制了应纳税额。

3. 税率筹划方法。税率是决定纳税人税负高低的主要因素之一。各税种的税率大多存在一定的差异，一般情况下，税率低，应纳税额少，税后利益就多。但是，税率低不一定等于税后利益最大化。因此，对税率进行筹划，可以寻求税后利益最大化的最低税负点或者最佳税负点。不同的税种适用不同的税率，纳税人可以利用课税对象界定上的含糊性进行筹划。即使是同一税种，适用的税率也会因税基或其他假设条件不同而发生相应的变化，纳税人可以通过改变税基分布调整适用的税率，从而达到降低税收负担的目的。

4. 税收优惠筹划方法。税收优惠是指国家为了支持某个行业或针对某一特殊时期，出台一些包括减免税在内的优惠性规定或条款。税收优惠体现了一定时期国家的税收导向，纳税人可以充分利用这些税收优惠政策，依法节税。

5. 免税筹划方法。免税是国家对特定的地区、行业、企业或特定的纳税人、应税项目等给予纳税人完全免税的照顾或奖励措施。免税属于国家的税收照顾方式，也是国家出于政策需要的一种税收奖励方式。我国对从事农、林、牧、渔业生产经营的企业给予免税待遇，就属于一种行业性照顾或激励。各国税法中的免税鼓励规定随处可见，它是各国税收制度的组成部分，是采用免税政策依法节税的法律依据。对于免税优惠，纳税人应考虑以下操作技巧：（1）在合法、合理的前提下，尽量争取多的免税待遇。与缴纳的税收相比，免征的税收就是节减的税收，免征的税收越多，节减的税收也越多。（2）在合法、合理的情况下，尽量使免税期最长。许多免税都有期限规定，免税期越长，节减的税收越多。

6. 减税筹划方法。减税是对某些纳税人或课税对象给予鼓励或照顾的一种特殊措施。减税与免税类似，实质上也相当于一种财政补贴。政府主要给予纳税人两类减税办法：一类是出于税收照顾目的的减税。例如，国家对遭受自然灾害地区的企业、残疾人企业等的减税，就是一种税收照顾，是国家对纳税人因各种不可抗力造成的损失进行财务补偿。另一类是出于税收奖励目的的减税。例如，对产品出口企业、高科技企业、环境保护项目等的减税，就是一种税收奖励，是政府对纳税人贯彻国家政策的财务奖励。

7. 免征额筹划方法。又称扣除额，是指在征税对象全部数额中免于征税的数额。它是按照一定标准，从征税对象全部数额中预先扣除的数额。免征额部分不征税，只对超过免征额的部分征税。例如，工资薪金所得允许每月扣除的免征额为5 000元。

8. 起征点筹划方法。又称征税起点，是根据征税对象的数量，规定一个标准，达到这个标准的就征税，未达到这个标准就不征税。

9. 退税筹划方法。退税是指可以直接减轻纳税人税收负担的那一部分退税。在国际贸易中，退税是鼓励出口的一种有效措施。

10. 优惠税率筹划方法。对符合条件的产业、企业或项目课以较低的税率。优惠税率有利于吸引外部投资、加快该产业的发展。

11. 税收抵免筹划方法。对纳税人的境内、境外全部所得计征所得税时，准予在税法规定的限度内以其国外已纳税款抵减其应纳税款，以避免重复课税。

（二）差异运用筹划方法

现实经济生活中存在着各种各样的差异性，税制也反映和认同这种差异性的存在，并规定了各种差异性的政策和制度，这便为纳税筹划提供了广阔的空间。纳税人可以积极主动地运用差异，在合法的范围内达到为自己减轻税负的目的。具体地说，可以从地域差异、行业差异、企业性质差异和各国税制差异四个角度进行纳税筹划。

1. 税制设计充分考虑地域差异。目前，中国税制涉及的特殊地域主要有：经济特区、沿海经济开放区、经济技术开发区、边境对外开放城市、沿江开放城市、中西部地区、高新技术产业开发区、保税区、贫困地区、少数民族地区等。纳税人在投资、经营及筹资时要利用地域间税负差异，合理筹划。

2. 国家基于宏观经济发展的需要，在不同的时期对不同的行业有不同的政策，对一些事关国计民生的基础产业和能够带动经济发展的主导产业有一定的政策倾斜导致这些行业的税负较低，如改革开放以来国家对教育产业、信息产业、高新技术产业、环保产业等实施的低税负政策。纳税人在自身条件许可的条件下可以通过战略转移经营调整等手段进入这些行业，充分享受税收优惠。

3. 企业性质差异，主要指国家对不同性质的企业往往有不同的税收政策，由此导致税负的不同。纳税人通过利用企业性质差异进行筹划，可以享受更多的税收优惠政策。

4. 由于不同国家对税收管辖权、税收构成要素和税源等税收经济活动所作的制度安排和法律规定不同，税制差异非常明显，纳税人可以利用税制差异实现国际纳税筹划。纳税人对这些差异的运用，不但维护了自己的经济利益，而且为减轻跨国纳税找到了强有力的制度及法律保障，其具体的筹划方法层出不穷。

（三）税负转嫁筹划方法

在市场经济环境中，受利益机制的驱使，纳税人会通过各种途径和方式将税收负担部分或全部转移给他人。因此，可以将税负转嫁行为视为市场主体之间的一种博弈行为。税负转嫁是一种纳税技巧，在悄无声息中实现税负降低。税负转嫁筹划的操作平台是价格，其基本操作原理是利用价格浮动、价格分解来转移或规避税收。税负转嫁筹划能否通过价格浮动实现，关键取决于商品的供给弹性与需求弹性的大小，而价格分解的手法更为巧妙。

税负转嫁应明确三项原则：第一，税负转嫁和商品价格是直接联系的，和价格无关的因素是不能纳入税负转嫁范畴的；第二，税负转嫁是一个客观过程，没有税收价值的转移过程不能视为税负转嫁；第三，税负转嫁应理解为纳税人的主动行为，与纳税人主动行为无关的价格再分配性质的价值转移不能视为税负转嫁。税负转嫁意味着税负的实际承担者不是直接缴纳税款的人，而是背后的隐匿者或潜在的替代者。税款的直接纳税人将税负转移给他人，自己并不承担纳税义务，仅仅充当了税务部门与实际纳税人之间的中介桥梁。由于税负转嫁没有损害国家利益，也不违法，因此，税负转嫁筹划受到纳税人的普遍重视，利用税负转嫁筹划减轻纳税人的税收负担已成为普遍的经济现象。

1. 税负前转筹划法。税负前转筹划法是纳税人将其所负担的税款，通过提高商品或生产要素价格的方法，转移给购买者或最终消费者。这是最为典型、最具普遍意义的税负转嫁形式。例如，在生产环节课征的税收，生产企业就可以通过提高商品出厂价格而把税负转嫁给批发商，批发商再以类似的方式把税负转嫁给零售商，零售商最终将税负转嫁给消费者。税负前转筹划法一般适用于市场紧俏的生产要素或知名品牌的商品。

税负前转筹划法的基础是价格平台，如果将该方法与转让定价策略及集团经济结合起来，会显示出更大的威力。税负前转筹划法运用灵活，有时能够收到“四两拨千斤”的显著效果。但是，税负前转筹划法很难将企业所有税负都实现转嫁。从实践情况来看，能够进行前转的，主要是那些难以查定税源的商品，即那些征税时无法确定其最终负担者的税种。例如，对香烟征收消费税，香烟的消费者实际上是香烟消费税的承担者，但由于预先并不能确定每包香烟的消费者（或购买者），因而只能以香烟为标准，以其制造者和贩卖者为纳税人，由制造者和贩卖者将税负转移给消费者和购买者。类似香烟消费税的还有其他消费税、关税等税种，它们的共同点在于，税款可以加在商品价格中，通过提高产品售价的方法将税负转移给消费者，实现税负转嫁。

2. 税负后转筹划法。税负后转筹划法多与商品流转有关，纳税人通过降低生产要素购进价格、压低工资或其他转嫁方式将其负担的税收转移给提供生产要素的企业。纳税人已纳税款因种种原因不能转嫁给购买者和消费者，而是转嫁给货物的供给者和生产者。例如，一个批发商纳税后，因为商品价格下降，已纳税款难以加在商品价格之中转移给零售商，于是批发商就要求厂家退货或要求厂家承担全部或部分已纳税款，这时就会发生税负后转。税负后转筹划法一般适用于生产要素或商品积压时的买方市场。

（四）组织形式筹划方法

组织形式及产权关系决定着企业边界及资源配置方式，对不同组织形式及产权关系的选择，将极大地影响企业的经营、理财与税收。因此，适时改变组织形式，适应税制变化和税收政策的调整，可以合理降低税收负担。组织形式和产权关系对税收的影响主要表现在改变了一些税收环境与税收要素如纳税地点、纳税时间、纳税环节、纳税主体等。在有些情况下，产权关系和企业边界的改变，会造成税收待遇的差别，尤其是税收优惠政策与产权关系的变更密切相关。许多企业通过外部扩张，进入新的行业、新的领域，税收待遇自然不同；许多企业兼并重组的根本目的在于利用亏损弥补政策；许多企业实施并购的目的是改变身份或行业类别，从而享受一定的税收优惠。从一定意义上说，纳税筹划的一部分功能其实是在寻找产权关系和企业边界对税收的影响，并尽力打破这种边界的“束缚”，寻找税负最小化的“安全”边界，以形成最佳的产权关系。

1. 延伸筹划方法。企业通过设立分支机构对外扩张延伸时，是采取总分机构形式，还是母子公司形式，在很大程度上会影响企业的税收负担。分公司不是独立的法人实体，在设立公司的所在国被视为非居民企业纳税人，其所发生的利润和亏损与总公司合并，即通常所说的“合并财务报表”。至于分公司所在的东道国，依然会对归属于分公司的收入课税，这就是所谓的“收入来源地管辖权”。实行法人企业所得税制度的国家，与总公司处于同一国家或地区的分公司，可以将其利润与总公司的利润合并纳税。而子公司是独立的法人实体，在设立公司的所在国被视为居民纳税人，通常要承担与该国其他居民企业一样的全面纳税义务。因此，子公司一般必须依法独立纳税。延伸筹划主要考虑以下三个方面因素。

一是分支机构初期经营盈亏情况，是否需要与总部合并纳税。如果分支机构初期亏损，需要和总部合并纳税，则一般先设立分公司。二是分支机构税率的高低及税收待遇情况。如果分支机构所处区域税率较低或有较多的税收优惠，则一般采取子公司的形式。三是分支机构的利润分配形式及风险责任划分。一般而言，子公司利润分配较易操作，而分公司的利润通常和总部合并后再进行分配。子公司以其出资额承担有限责任，而分公司在出现债务纠纷时可能会对总部造成影响。

2. 合并筹划方法。合并筹划方法是指企业利用并购及资产重组手段，改变其组织形式及股权关系，从而实现税负降低的目的。不论企业的合并行为出于何种动机，纳税筹划不仅影响企业的并购成本与纳税额，甚至决定企业的兴衰存亡。合并筹划方法一般应用于以下四个方面。

一是并购、重组后的企业可以进入新的领域、新的行业，税收待遇自然不同；二是并购有大量亏损的企业，可以盈亏抵补，实现低成本扩张；三是企业合并可以实现关联型企业或上下游企业流通环节的减少，合理规避流转税和印花税；四是企业合并可能改变纳税主体性质，如企业可能因为合并而由小规模纳税人变为一般纳税人，或由内资企业变为中外合资企业。

3. 分立筹划方法。企业利用分拆手段，可以有效改变组织形式、降低整体税负。企业分立实现财产和所得在两个或多个纳税主体之间进行分割，一方面可以发挥专业分工的优势，促进生产能力的提高；另一方面可以有效开展纳税筹划，减轻企业税负。分立筹划方法一般应用于四个方面：一是企业分立为多个纳税主体，可以形成有关联关系的企业群，实施集团化管理和系统化筹划；二是企业分立可以将兼营或混合销售中的低税率业务或零税率业务独立出来，合理节税；三是企业分立使适用累进税率的纳税主体分化成两个或多个适用低税率的纳税主体；四是企业分立可以增加一道流通环节，有利于流转税抵扣及转让定价策略的运用。

（五）会计政策筹划方法

会计政策是会计核算时所遵循的基本原则以及所采纳的具体处理方法和程序。会计政策在形式上表现为会计过程的一种技术规范，但其本质上是一项社会经济和政治利益的博弈规则和制度安排。企业选择不同的会计政策会导致不同的财务结果和纳税结果，同时也会对利益相关者产生不同的影响。会计政策是会计的生命，因为企业存在会计政策选择的空间，才使企业的涉税活动变幻无穷、丰富多彩。当企业存在多种可供选择的会计政策时，择定有利于税后收益最大化的会计政策也是纳税筹划的基本方法。

1. 分摊筹划方法。对于一项费用，如果涉及多个分摊对象，分摊依据的不同会造成分摊结果的不同；对于一项拟摊销的费用，如果摊销期限和摊销方法不同，摊销结果也就不同。分摊的处理会影响企业损益计量和资产计价，进而影响企业的实际税负。分摊筹划法涉及的主要会计事项有无形资产摊销、待摊费用摊销、固定资产折旧、存活计价方法选择以及间接费用的分配等。

2. 会计估计筹划方法。由于企业生产经营中存在诸多不确定因素，一些项目不能精确计量，而只能加以估计，因此，在会计校算中，对尚在延续中、其结果尚未确定的交易或事项需要估计入账。这种会计估计会影响计入特定会计期间的收益或费用的数额，进而影响企业的税收负担。会计估计筹划法涉及的主要会计事项有坏账估计、存货跌价估计、折旧年限估计、固定资产净残值估计、无形资产受益期限估计等。

（六）会计核算筹划方法

税法中存在大量的关于临界点的规定，当突破这些临界点时，该税种所适用的税率和优惠政策等就会发生改变，从而为纳税人进行纳税筹划提供了空间。临界点筹划方法的关键在于寻找临界点来控制税负。一般而言，临界点的变化会引起税负的巨大差别。在我国现行税制中，税基、税率和税收优惠政策等都存在临界点的规定，因此，临界点筹划方法也得到了广泛的应用。

1. 税基临界点筹划法。主要是寻找关键点税基。税基临界点主要有起征点、扣除限额、税率跳跃临界点。由于税基相对于临界点的变化会引起税负的巨大差别，即临界点的边际税率出现递增或递减的变化态势，因而要特别关注税基临界点进行纳税筹划。纳税筹划的聚焦点在于临界点，要关注临界点、把握临界点、利用临界点。如个人所得税的税率跳跃临界点、企业所得税的税前扣除限额等，都是典型的税基临界点，对其进行合理筹划，可以降低税负。

此外，公益性捐赠支出、业务招待费、广告费及业务宣传费等扣除项目都有税前扣除限额，都属于税基临界点。企业所得税法及其实施条例规定，企业发生的公益性捐赠支出，在年度利润总额 12% 以内的部分，准予在计算应纳税所得额时扣除；企业发生的与生产经营活动有关的业务招待费，按照实际发生额的 60% 扣除，最高不超过销售额的 5‰；企业发生的符合条件的广告费和业务宣传费，在不超过销售额 15% 的范围内扣除。

2. 优惠临界点筹划法。优惠临界点筹划法主要着眼于优惠政策所适用的前提条件，只有满足前提条件才能适用于税收优惠政策。一般而言，优惠临界点包括以下三种情况：一是绝对数额临界点；二是相对比例临界点；三是时间期限临界点。由于临界点筹划方法利用的是临界点量变引起质变的突破，但如果距离优惠临界点太远，那么要突破它，就得有足够的量变，其中可能会损耗一些成本，因此，在利用优惠临界点筹划法时应避免舍本逐末、本末倒置的做法。

（七）税收递延筹划方法

通过纳税筹划获取税收利益的另一种基本方法是税收递延。税收递延也称为延期纳税或纳税期的递延，即允许企业在规定的期限内分期或延迟缴纳税款。纳税期的递延给纳税人带来的好处是不言而喻的。《国际税收辞汇》中对延期纳税条目的注释做了精辟的阐述："延期纳税的好处有：有利于资金周转，节省利息支出，以及由于通货膨胀的影响，延期以后缴纳的税款币值下降，从而降低了实际纳税额。"

由于纳税筹划的重点是货物和劳务税、所得税，而货物和劳务税的计税依据是货物销售收入或劳务收入，所得税的计税依据是应纳税所得额，它是纳税人的收入减去费用后的余额，所以推迟税款缴纳的方法尽管有很多，但基本思路可以归结为：一是推迟收入的确认，二是费用应当尽早确认。

1. 推迟收入的确认。收入既涉及货物和劳务税，又涉及所得税。从税收的角度看，收入的确认总是越晚越好。关于推迟收入的确认，有以下两种基本方法。

一是合理安排生产经营活动。企业通过对其生产经营活动的合理安排，如合理地安排交货时间、结算时间、销售方式等，推迟营业收入实现的时间，从而推迟税收的缴纳。

（1）交货时间。在一般情况下，推迟交货时间就意味着推迟收入实现的时间，相应地也就推迟了纳税时间。有些企业将交货时间由年底推迟到第二年年初，就有这方面的考虑。

（2）结算时间。在有些销售方式下，结算就意味着收入的实现，因而推迟结算时间，相应地也就推迟了纳税时间。

（3）销售方式。不同的销售方式，其收入实现的时间是不同的，企业通过选择合适的销售方式即可推迟收入的实现，相应地也就推迟了纳税时间。当然，在大多数情况下，企业总是希望尽快收回货款，以加速资金周转，提高资金使用效率，因而通过这种方法来推迟税款缴纳经常受到各种限制。

二是合理安排公司财务。这主要是指在会计上通过合理安排营业收入的实现时间来推迟税款的缴纳，或者说通过合理安排营业收入的入账时间来推迟税款的缴纳。在会计上，商品销售收入的确认方法有收款法、销售法和生产法。收款法是指在收到商品价款时确认营业收入；销售法是指在货物发出时确认营业收入实现；生产法是指在产品生产完成时即确认营业收入实现。在一般情况下，从生产完成、产品发出到收到货款，中间都有一定的时间间隔。显然，与销售法和生产法相比，收款法不仅更符合谨慎性原则，而且推迟了营业收入的确认。

2. 尽早确认费用。费用不涉及货物和劳务税，只涉及所得税。从税收的角度看，费用确认的基本原则是就早不就晚。具体而言，对于费用的确认，应当遵循如下原则：凡是能直接进营业成本、期间费用和损失的不进生产成本，凡是能进成本的不进资产，凡是能预提的不待摊，凡是能多提的就多提，凡是能快摊的就快摊。

（1）尽量不进生产成本。企业的营业成本（指企业当期已销售商品的成本、已提供劳务的成本）、期间费用（指企业当期发生的管理费用、销售费用和财务费用）和损失（营业外支出、投资损失等）可直接冲减企业的当期收入，减少企业的当期利润，从而减少企业的应纳税所得额和应纳所得税税额；而产品的生产成本在产品完工前构成在产品成本，生产完工后构成库存产品成本，只有产品销售出去后才能转化为营业成本，从而冲减企业利润，减少企业应纳税所得额。因此，从相对节税的角度来说，凡是能直接进营业成本、期间费用和损失的，不进生产成本。

（2）能进成本的不进资产。企业为购置或开发、建造各种资产（指固定资产、无形资产等）所发生的费用，形成资产的成本，这部分资产成本需要通过资产的销售、消费使用才能转化为企业的费用，从而冲减利润，减少应纳税所得额。例如，企业购建一项固定资产，其发生的费用形成固定资产成本，在固定资产使用年限内通过折旧分摊计入企业管理费用等各项费用，而固定资产使用年限短则三年、五年，长则十年、二十年，甚至更长。而进入生产成本的费用，一旦产品完工，如果适销对路，若干天或者一两个月内产品就能销售出去，其生产成本就会转化为营业成本。因此，从相对节税的角度来说，凡是能进成本（生产成本）的不进资产。

（3）能预提的不待摊，能多提的就多提，能快摊的就快摊。预提和待摊是会计上两种相对的费用确认方法。预提是指在费用支付以前按一定比例提前计入成本费用；待摊则是在费用支付后按一定比例分摊计入成本费用。预提费用涉及一个预提数额问题。按照会计制度的规定，预提数额应当根据预计可能发生的数额确定。既然是预计就意味着有一定的弹性空间。从相对节税的角度来说，能多预提就尽量多预提，当然必须在一个合理的范围内。待摊费用涉及一个摊销速度问题。按照会计制度的规定，摊销速度取决于摊销期间的长短。待摊费用应当根据受益期限确定，在许多情况下这个受益期限也是预计的。从相对节税的角度来说，能快摊就尽量快摊，当然也必须在一个合理的范围内。

例如，企业购入一台设备，每隔两年需大修一次，每次大修费用预计为240 000元。采用预提方法，则从购入后每月预提修理费10 000元，计入相关成本费用，这就意味着从购入开始，企业每月减少利润10 000元，两年后实际进行大修时一次性支付修理费240 000元。采用摊销法，设备购入后不做处理，两年后进行大修，实际支付大修费240 000元，从大修当月开始，按月分摊10 000元，计入有关成本费用，再经过两年后分摊完毕。显然，预提能提前将有关费用计入成本，因此，从相对节税的角度来说，预提优于待摊，能预提的不待摊。

（八）投资结构的优化组合筹划方法

所谓投资结构，就是指社会投资（或企业投资）通过分配过程而在各种特定使用系统中形成的数量比例关系。投资结构决定企业的应税收益构成，从而最终影响企业的纳税负担。投资结构对企业税负以及税后利润的影响有机地体现在三个方面因素的变动之中：有效税基的综合比例、税率的总体水平和纳税综合成本的高低。这三个方面的变化必然会对企业最终的税后利润金额及水平产生直接的影响，因而由投资结构所形成的应税收益来源的构成及其变动是决定企业纳税筹划效果的重要因素。

投资结构可以有不同的表现形式，包括：（1）投资地区结构，指投资在不同地区进行分配后形成的数量比例关系。（2）投资产业结构，指投资在不同部门、行业之间进行分配后形成的数量比例关系。（3）投资用途结构，指投资在不同用途（如直接投资与间接投资、固定资产投资与流动资产投资）之间进行分配后形成的数量比例关系。（4）投资来源结构，指不同的投资来源（如自有资金与借入资金）在投资总额中所占的比重。（5）投资项目性质结构，指投资在竞争性、公益性、基础性项目之间进行分配后形成的数量比例关系。

任何经济、社会发展目标的实现，都必须依赖于投资的支持，企业管理目标的实现也同样依赖于投资的支持。实现最大限度的投资收益，则是企业经营理财的直接目标。然而，社会和企业用于投资的资源都是有限的。要使一定时期内的有限资源得到合理、有效利用，体现收益最大化这一投资的总体功能特征，就必须在不同的经济空间和地理空间之间运用不同的方式对其进行选择性分配，即要进行投资资源的合理配置，选择确定合理的投资结构。

第五节　纳税筹划的特征与风险防范

一、纳税筹划的特征

1. 合法性。合法性是纳税筹划的最本质特征，也是纳税筹划区别于逃税、避税行为的基本标志。纳税筹划的合法性体现在其行为是在尊重法律、不违反国家税收法规的前提下进行的。在合法的前提下，当存在多种可选择的纳税方案时，纳税人就可以利用熟练掌握的税法专业知识和实践技术，选择低税负的方案，这种纳税人对税收政策的能动反应也正是税收政策能够引导经济、调节纳税人经营行为的重要前提。

2. 筹划性。筹划性有事先规划、设计、安排的含义，这是纳税筹划的本质特征之一。在经济活动中产生的纳税义务通常具有滞后性，对企业而言，通常是在企业交易行为发生之后才产生了增值税、消费税等纳税义务，这在客观上为纳税人提供了在纳税前事先作出策划的可能性。另外，税收规定是有针对性的，因纳税人和征税对象的性质不同，税收待遇也往往不同，这也为纳税人提供了可选择低税负的机会。

3. 风险性。风险性是指纳税人在进行纳税筹划时因各种因素的存在，无法取得预期的筹划结果，并且付出远大于收益的各种可能性。因为纳税筹划是一种事前行为，具有长期性和预见性的特点，所以纳税筹划与任何一种谋求经济利益的管理活动一样，也存在风险，特别是当纳税筹划的基本条件发生变化，或筹划的方法选择不当，或筹划主体专业水平有限时，纳税筹划的风险不可避免。

4. 多样性。多样性是指纳税筹划从内容、方式、方法等方面看均不是单一的。各种税在规定的纳税人、征税对象、纳税地点、税目、税率及纳税期限等方面都存在着差异，尤其是各国税法、会计核算制度、投资优惠政策等方面的差异，这就给纳税提供了寻求低税负的众多机会，也决定了纳税筹划在全球范围内的普遍存在和形式的多样性。

5. 综合性。综合性是指纳税筹划应着眼于纳税人资本总收益的长期稳定的增长，而不是着眼于个别税种税负的高低。这是因为，一种税少缴了，另一种税有可能要多缴，整体税负不一定减轻。另外，纳税支出最小化的方案不一定等于资本收益最大化的方案。进行投资、经营决策时，除了考虑税收因素外，还应该考虑其他多种因素，趋利避害，综合决策，以达到总体收益最大化的目的。

6. 专业性。专业性是指纳税筹划已经形成一项专门的服务，需要由专业人员来进行。面临社会大生产，全球经济日趋一体化，国际经贸业务日益频繁，规模也越来越大，而各国税制也越来越复杂，仅靠纳税人自身进行纳税筹划已经显得力不从心，作为第三产业的税务代理、税务咨询便应运而生。现在，世界各国，尤其是发达国家的会计师事务所、律师事务所纷纷开辟和发展有关纳税筹划的咨询业务，说明纳税筹划具有了向专业化发展的特点。

二、纳税筹划相关风险分析

古今中外，每个纳税人都会试图尽量少纳税。纳税筹划的基本特点之一是合法性，而偷税、逃税、抗税、骗税、欠税等则是违反税法的。由于一些纳税人对纳税筹划与偷税、逃税等概念的理解模糊，界限掌握不清楚，致使其在所谓的纳税筹划时因筹划不当而构成偷税、逃税，被税务机关按规定调整其应纳税额。纳税人不仅不能达到节税的目的，可能还会被要求缴纳滞纳金，甚至会受到行政处罚，情节严重者触犯刑律的还将被追究刑事责任。因此，我们很有必要熟悉与纳税筹划相关的概念，减少纳税筹划给纳税人带来的风险。

1. 偷税。偷税是指在纳税人的纳税义务已经发生且能够确定的情况下，采取不正当或不合法的手段以逃脱其纳税义务的行为。偷税与纳税筹划有明显的差别，偷税是采取伪造、变造、隐匿、擅自销毁账簿、记账凭证，在账簿上多列支出或者不列、少列收入，经税务机关通知申报而拒不申报或者进行虚假的纳税申报的手段，不缴或者少缴应纳税款。偷税具有故意性、欺诈性，是一种违法行为，应该受到处罚。

2. 逃税。逃税是指纳税人欠缴应纳税款，采取转移或者隐匿财产的手段，妨碍税务机关追缴欠缴税款的行为。《税收征管法》规定，由税务机关追缴欠缴的税款、滞纳金，并处欠缴税款50%以上5倍以下的罚款；构成犯罪的，依法追究刑事责任。逃税与纳税筹划有以下几点区别。

（1）性质不同。逃税是违法的，严重的逃税行为还要被追究刑事责任；而纳税筹划是非违法行为，是被社会和法律接受的。

（2）手段不同。逃税是指纳税人采取转移或者隐匿财产的手段，妨碍税务机关追缴欠缴税款；而纳税筹划是在充分地掌握税收法律、法规和规章的基础上，运用一些不违法的方法来达到使企业价值最大化的目的。

（3）发生的时间不同。逃税是在税收义务发生之后；而纳税筹划具有明显的前瞻性，即发生在纳税义务发生之前。

（4）目的不同。逃税的目的是减轻税收负担而不顾及后果和影响；而纳税筹划的目的是实现企业价值的最大化。

逃税与偷税有共性，即都有欺诈性、隐蔽性，都是违反税法的行为，但逃税在操作上更具有直接性，是企图将应税行为变为非应税行为，从而达到逃避纳税，即不纳税的目的，各国对逃税一般都没有单独的处罚规定，而是归入偷税行为，按偷税处罚，我国也不例外。

3. 骗税。骗税是指采取弄虚作假和欺骗手段，将本来没有发生的应税（应退税）行为虚构成发生了的应税行为，将小额的应税（应退税）行为伪造成大额的应税（应退税）行为，即事先并未向国家缴过税或未缴足声称已纳的税款，而从国库中骗取了退税款。这是一种非常恶劣的违法行为。

《税收征收管理法》第六十六条规定，以假报出口或者其他欺骗手段，骗取国家出口退税款的，由税务机关追缴其骗取的退税款，并处骗取税款1倍以上5倍以下的罚款；构成犯罪的，依法追究刑事责任。对骗取国家出口退税款的，税务机关可以在规定期间内停止为其办理出口退税。

4. 欠税。欠税是指纳税人、扣缴义务人超过税收法律、法规规定或税务机关依照税收法律、法规规定的纳税期限，未缴或少缴税款的行为。

例如，根据《中华人民共和国增值税暂行条例》的规定，增值税的纳税期限分别为1日、3日、5日、10日、15日、1个月或者1个季度。纳税人的具体纳税期限由主管税务机关根据纳税人应纳税额的大小分别核定；不能按照固定期限纳税的，可以按次纳税。纳税人以1个月或者1个季度为1期纳税的，自期满之日起15日内申报纳税；以1日、3日、5日、10日或者15日为1期纳税的，自期满之日起5日内预缴税款，于次月1日起15日内申报纳税并结清上月应纳税款。假设某纳税人被主管税务机关核定的增值税纳税期限为1个月，则该纳税人必须在次月15日内申报纳税，缴纳增值税税款。如果该纳税人15日内尚未缴纳或未足额缴纳税款，则构成欠税行为。

5. 避税。避税是指纳税人利用我国税法制度的疏漏，以及不同国家、地区的税收制度差异等，通过对自身的经营、投资等活动进行刻意安排，以达到纳税义务最小化的一种经济行为。避税的最大特点是非违法性，它包括利用合法手段，如各种特定税收条款或税法中缺乏的某些条款（即税法漏洞），而引起的应税义务的减少。

纳税筹划与避税的区别在于：纳税筹划充分利用国家的各种税收优惠政策以及不同涉税行为的税法规定，通过事先的筹划安排，以达到减轻税负之目的。由于纳税筹划以遵守税法规定为前提，因而具有合法性；由于纳税筹划多以选择最优方案的方式来实现税后利益最大化，因而又具有合理性。而大量的避税行为则是纳税人利用税收法律的疏忽、漏洞，采取一定的技术手段，设法使其经济活动或经济行为绕过或避过法律政策的规定，达到少纳税甚至不纳税的目的。

偷税、逃税、骗税、欠税、避税与纳税筹划的比较如表1-2所示。

表1-2　　偷税、逃税、骗税、欠税、避税与纳税筹划的比较

对比点	性质	手段	风险程度
偷税	违法	采取一切不正当或不合法的手段	风险高
逃税	违法	采取转移或者隐匿财产等手段，妨碍税务机关追缴欠缴税款	风险高
骗税	违法	采取弄虚作假和欺骗手段，骗取国家退税	风险高
欠税	违法	已经发生了应税义务而未按期限履行缴纳税款	风险高
避税	不违法	利用税法的疏漏，以及不同国家、地区的税收制度差异	风险较高
纳税筹划	合法	利用国家的各种税收优惠政策，事先进行筹划	风险低

三、纳税筹划的风险防范

纳税筹划风险防范的目标是通过采取合理的措施对风险加以控制，规避和降低风险损失。针对风险的类型和产生原因，可以采取以下风险防范方法。

1. 树立依法纳税意识，完善会计核算工作。企业经营决策层必须树立依法纳税的理念，这是成功开展纳税筹划的前提。纳税筹划可以在一定程度上提高企业的经营利润，但它只是全面提高企业财务管理水平的一个环节，不能将企业利润的提高过多地寄希望于纳税筹划。依法设立完整规范的财务核算资料和正确进行会计核算是企业进行纳税筹划的基本前提。纳税筹划是否合法，首先必须通过税务检查，而检查的依据就是企业的财务核算资料。因此，企业应依法取得和保全会计核算资料，规范会计基础工作，为提高纳税筹划效果提供可靠的依据。

2. 准确把握税法政策，密切关注税法变动。税法是处理国家与企业税收分配关系的主要法律规范，纳税筹划方案主要来自税法政策中对计税依据、税率等的不同规定，对相关税收规定的全面了解，就成为纳税筹划的基础环节。有了这种全面了解，才能预测出不同的纳税方案，并进行比较、优化选择，进而作出对企业最有利的税收决策。反之，如果对有关政策、法规不了解，就无法筹划多种纳税方案，纳税筹划活动就无法进行。税法常常随经济情况变化或为配合政策的需要而不断修正和完善。因此，企业在进行纳税筹划时，必须密切关注并适时调整自己的筹划方案，以使自己的行为符合法律规范。

3. 增强风险意识，提升自身素质。防范企业纳税筹划风险是一项具有高度科学性、综合性、技术性的经济活动，因而对具体操作人员有着较高的要求，纳税筹划人员不仅要精通税收法律法规、财务会计和企业管理等方面的知识，而且还应具备经济前景预测能力、项目统筹谋划能力以及与各部门合作配合的协作能力等素质，为企业出具防范纳税筹划风险的方案或建议。纳税筹划人员素质的提高一方面依赖于个人的发展，另一方面也依赖于整个行业素质的提高。只有整个行业素质提高了，才能充分进行企业纳税筹划。

4. 加强与税务部门联系，搞好税企关系。企业要想进行纳税筹划，必须取得当地税务机关的支持，以确保合法性。进行纳税筹划时，由于许多活动是在法律的边界运作，纳税筹划人员很难准确把握其确切的界限，有些问题在概念的界定上本来就很模糊，如纳税筹划与避税的区别等，况且各地具体的税收征管方式有所不同，税收执法部门拥有较大的自由裁量权。这就要求从事纳税筹划者在正确理解税收的政策、正确应用财务知识的同时，随时关注当地税务机关税收征管的特点和具体方法。经常与税务机关保持友好联系，使纳税筹划活动适应主管税务机关的管理特点，或者使企业纳税筹划方案得到当地主管税务部门的认可，从而避免纳税筹划风险，取得应有的收益。

5. 顾全企业整体利益，注重纳税筹划方案的综合性。从根本上讲，纳税筹划归结于企业财务管理的范畴。它的目标是由企业财务管理的目标——企业价值最大化所决定的。纳税筹划必须围绕这一总体目标进行综合策划，将其纳入企业的整体投资和经营战略，不能局限于个别税种，也不能仅着眼于节税。单纯地看，纳税筹划是分税种进行的，是对每个具体的税种进行的筹划，但实际上企业纳税筹划是一项系统工程，企业的经济活动要涉及多种税，即便一项具体业务也可能要涉及若干税。例如，一笔销售收入是否确认、何时确认，可能会影响增值税、所得税、城市维护建设税、教育费附加等。针对众多的征税对象、税率、减免税等，纳税筹划不能仅盯住个别税种的税负高低，而要着眼于整体税负的轻重。另外，如果单纯追求最大的扣除项目、最小的计税收入，会掩盖企业真实的经营成果和获利能力，影响企业的筹资和投资能力，进而影响企业财务目标的实现。因此，不能以税负轻重作为选择筹划方案的唯一标准，而应确保企业财务目标实现下的纳税筹划方案要具有可操作性。

随着纳税筹划活动在企业经营活动中价值的体现，企业纳税筹划风险也该受到更多的关注，由于纳税筹划主要侧重于事前的筹划，因而不可能完全消除纳税筹划的风险，但尽量降低或分散涉税风险是企业纳税筹划的重要内容。成功的纳税筹划方案应该是风险最小收益最大的方案。

本章小结

本章主要学习纳税筹划的概念与意义；纳税筹划的目标与原则；纳税筹划产生的原因与实施条件；纳税筹划的基本手段与方法；纳税筹划的特征与风险防范。企业在进行纳税筹划时，要时刻关注税收法律的变化，正视纳税筹划的风险。

课后练习题

一、单选题

1. 纳税筹划的主体是（　　）。

A. 计税依据　　B. 税务机关　　C. 纳税人　　D. 征税对象

2. 纳税筹划与逃税、抗税、骗税等行为的根本区别是具有（　　）。

A. 违法性　　B. 可行性　　C. 非违法性　　D. 合法性

3. 纳税人的下列行为中，属于合法行为的是（　　）。

A. 自然人的纳税筹划　　B. 企业法人逃避缴纳税款

C. 国际避税　　D. 非暴力抗税

4. 纳税筹划的最终目标是（　　）。

A. 纳税最小化　　B. 纳税最迟化

C. 筹划收益大于筹划成本　　D. 企业价值最大化

5. 纳税人利用税法漏洞或者缺陷，通过对经营及财务活动的精心安排，以期达到纳税负担最小的经济行为是（　　）。

A. 偷税　　B. 欠税　　C. 骗税　　D. 避税

6. 纳税筹划的基本目标是（　　）。

A. 纳税最小化　　B. 纳税最迟化

C. 避免多纳税、避免纳税风险　　D. 价值最大化

7. 企业在进行纳税筹划时，应遵循一定的原则，其应遵守的基本原则是（　　）。

A. 守法性原则　B. 保护性原则　C. 时效性原则　D. 整体性原则

8. 避税最大的特点是（　　）。

A. 违法性　B. 可行性　C. 非违法性　D. 合法性

9. 哪种选项不属于税负转嫁的一般方法（　　）。

A. 税负前转　B. 税负后转　C. 税负消转　D. 纳税人身份互转

10. 以下不符合纳税筹划描述的是（　　）。

A. 纳税人为节约纳税支出进行业务的计划和安排

B. 纳税人依照所设计的现行法规，在遵守税法、尊重税法的前提下通过对涉税业务进行筹划，制作一整套完整的纳税操作方案，从而达到减少税负、实现更好的财务目的

C. 纳税筹划的内容包括避税、节税、规避“税收陷阱”、转嫁筹划和涉税零风险等方面

D. 纳税筹划是相对于逃税而言的一个概念，是指纳税人采用不违法的手段，利用税法中的漏洞和空白获取税收利益

二、多选题

1. 纳税筹划的原则包括（　　）。

A. 守法性原则　B. 整体性原则　C. 时效性原则　D. 系统性原则

2. 纳税筹划的基本手段有（　　）。

A. 节税手段　B. 避税手段　C. 税负转嫁手段　D. 逃税手段

3. 纳税筹划的基本方法包括（　　）。

A. 税制要素筹划方法　B. 差异运用筹划方法

C. 税负转嫁筹划方法　D. 会计核算筹划方法

4. 纳税筹划的特征有（　　）。

A. 合法性　B. 风险性　C. 筹划性　D. 专业性

5. 纳税筹划的合法性要求是与（　　）存在本质区别。

A. 逃税　B. 偷税　C. 骗税　D. 避税

6. 下列关于纳税筹划、偷税、逃税、抗税、骗税等的法律性质的说法中，正确的有（　　）。

A. 纳税筹划的基本特点之一是合法性，而偷税、逃税、抗税、骗税等则是违反税法的

B. 偷税具有故意性、欺诈性，是一种违法行为，应该受到处罚

C. 抗税是指纳税人以暴力、威胁方法拒不缴纳税款的行为，与之不同的是，纳税筹划采取的手段是非暴力性的

D. 骗税是指纳税人利用税法漏洞或者缺陷钻空取巧，通过对经营及财务活动的精心安排，以期达到纳税负担最小的经济行为

7. 以税负转嫁的不同途径为前提，税负转嫁的一般方法包括（　　）。

A. 税负前转　　B. 税负后转　　C. 税负消转　　D. 税收资本化

8. 税法的要素包括（　　）。

A. 纳税人　　B. 征税对象　　C. 税率　　D. 纳税期限

9. 以下属于税制要素的有（　　）。

A. 纳税主体　　B. 课税对象　　C. 纳税期限　　D. 纳税环节

10. 纳税筹划的意义有（　　）。

A. 纳税筹划有利于提高纳税人的纳税意识

B. 纳税筹划有助于纳税人实现财务利益最大化

C. 纳税筹划有助于促进纳税人的财务和会计管理水平

D. 纳税筹划有利于提高企业的竞争力

三、判断题

1. 企业纳税筹划必须在纳税义务发生之后，通过对企业生产经营活动过程的规划与控制来进行。（　　）

2. 进行纳税筹划完全没有风险。（　　）

3. 从长远和整体来看，纳税人纳税筹划势必会减少国家的税收收入，但从政策来讲，国家正是通过这种税收利益让渡的方式来促进企业依法纳税水平的提高。（　　）

4. 纳税筹划的主体是税务机关。（　　）

5. 税收筹划与纳税意识的增强一般具有客观一致性的关系。税收筹划是企业纳税意识提高到一定程度的体现。（　　）

6. 纳税筹划就是设法利用税收政策漏洞和税收征管漏洞。（　　）

7. 只要企业认为纳税筹划方案设计可行，就没有必要就相关税收政策向税务部门咨询落实。（　　）

8. 纳税筹划是纳税人的一系列综合谋划活动。（　　）

9. 纳税人可以是法人，也可以是自然人。（　　）

10. 税率常被称为“税收之魂”。（　　）

四、简答题

1. 什么是纳税筹划？

2. 纳税筹划的特征有哪些？

3. 纳税筹划与偷税有何区别？纳税筹划与避税有什么关系？

第二章　增值税的纳税筹划

学习目标

1. 掌握：增值税筹划的主要领域。
2. 理解：增值税筹划的基本思路。
3. 了解：增值税的概念、特点、纳税人和征税对象、计税依据与税率。

第一节　增值税概述

一、增值税的概念

增值税是以商品和劳务在流转过程中产生的增值额作为征税对象而征收的一种流转税。按照我国增值税法的规定，增值税是对在我国境内销售货物或者加工、修理修配劳务（以下简称劳务），销售服务、无形资产、不动产以及进口货物的单位和个人，就其销售货物、劳务、服务、无形资产、不动产（以下统称应税销售行为）的增值额和货物进口金额为计税依据而课征的一种流转税。增值税法是指国家制定的用以调整增值税征收与缴纳之间权利和义务关系的法律规范。

增值税之所以能够在众多国家推广，是因为其可以有效地防止商品在流转过程中的重复征税问题，并使其具备保持税收中性、普遍征收、税收负担由最终消费者承担、实行税款抵扣制度、实行比例税率、实行价外税制度等特点。

我国从1979年开始在部分城市试行生产型增值税。1994年在生产和流通领域全面实施生产型增值税。2008年，国务院决定全面实施增值税改革，即将生产型增值税转为消费型增值税。2011年底，国家决定在上海试点营业税改征增值税（以下简称“营改增”），并逐步将试点地区扩展到全国。2016年3月23日，经国务院批准，财政部和国家税务总局发布了《关于全面推开营业税改征增值税试点的通知》（以下简称“营改增通知”），决定自2016年5月1日起，在全国范围内全面推开“营改增”试点，将建筑业、房地产业、金融业、生活服务业等全部营业税纳税人纳入试点范围，由缴纳营业税改为缴纳增值税。2017

年11月19日，国务院发布了《关于废止〈中华人民共和国营业税暂行条例〉和修改〈中华人民共和国增值税暂行条例〉的决定》，正式结束了营业税的历史使命。之后又逐步发布了诸多“营改增”的具体实施办法和措施。

我国现行增值税的基本规范是国务院于2017年11月19日公布的《中华人民共和国增值税暂行条例》（以下简称《增值税暂行条例》）和2016年3月财政部和国家税务总局发布的“营改增通知”，以及2008年12月财政部和国家税务总局发布的《中华人民共和国增值税暂行条例实施细则》（以下简称《增值税暂行条例实施细则》）。

二、增值税的特点

与其他税种相比，增值税具有以下几个显著特点。

1. 不重复征税。具有中性税收的特征。所谓中性税收是指税收对经济行为包括企业生产决策、生产组织形式等，不产生影响，由市场对资源配置发挥基础性、主导性作用。

2. 逐环节征税，逐环节扣税。最终消费者是全部税款的承担者。作为一种新型的流转税，增值税保留了传统间接税按流转额全值计税和道道征税的特点，同时还实行税款抵扣制度，即在逐环节征税的同时，还实行逐环节扣税。

3. 税基广阔，具有征收的普遍性和连续性。无论是从横向看还是从纵向看，都有着广阔的税基。从生产经营的横向关系看，无论工业、商业或者劳务服务活动，只要有增值收入就要纳税；从生产经营的纵向关系看，每一货物无论经过多少生产经营环节，都要按各道环节上发生的增值额逐次征税。

三、增值税的征税范围和纳税义务人

（一）征税范围

增值税的征税范围包括在境内发生应税销售行为以及进口货物等。根据《增值税暂行条例》《增值税暂行条例实施细则》和“营改增通知”的规定，我们将增值税的征税范围分为一般规定和特殊规定。

1. 征税范围的一般规定。

（1）销售或者进口的货物。货物是指有形动产，包括电力、热力、气体在内。销售货物是指有偿转让货物的所有权。

（2）销售劳务。劳务是指纳税人提供的加工、修理修配劳务。加工是指受托加工货物，即委托方提供原料及主要材料，受托方按照委托方的要求制造货物并收取加工费的业务；修理修配是指受托对损伤和丧失功能的货物进行修复，使其恢复原状和功能的业务。

销售劳务又称为提供劳务，是指有偿提供劳务。单位或者个体工商户聘用的员工为本单位或者雇主提供劳务不包括在内。

（3）销售服务。服务包括交通运输服务、邮政服务、电信服务、建筑服务、金融服务、现代服务、生活服务。具体征税范围如下。

第一，交通运输服务，包括陆路运输服务、水路运输服务、航空运输服务和管道运输服务。纳税人发生下列服务时的征税范围界定如下。

①陆路运输服务，包括铁路运输服务和其他陆路运输服务。其他陆路运输服务包括公路运输、缆车运输、索道运输、地铁运输、城市轻轨运输等。

②出租车公司向使用本公司自有出租车的出租车司机收取的管理费用，按照“陆路运输服务”缴纳增值税。

③水路运输的程租、期租业务，属于水路运输服务。程租业务是指运输企业为租船人完成某一特定航次的运输任务并收取租赁费的业务。期租业务是指运输企业将配备有操作人员的船舶承租给他人使用一定期限，承租期内听候承租方调遣，不论是否经营，均按天向承租方收取租赁费，发生的固定费用均由船东负担的业务。

④航空运输的湿租业务属于航空运输服务。湿租业务是指航空运输企业将配备有机组人员的飞机承租给他人使用一定期限，承租期内听候承租方调遣，不论是否经营，均按一定标准向承租方收取租赁费，发生的固定费用均由承租方承担的业务。

⑤航天运输服务按照“航空运输服务”缴纳增值税。

⑥纳税人已售票但客户逾期未消费取得的运输逾期票证收入，按照“交通运输服务”缴纳增值税。

⑦在运输工具舱位承包业务中，发包方以其向承包方收取的全部价款和价外费用为销售额，按照“交通运输服务”缴纳增值税。承包方以其向托运人收取的全部价款和价外费用为销售额，按照“交通运输服务”缴纳增值税。运输工具舱位承包业务是指承包方以承运人身份与托运人签订运输服务合同，收取运费并承担承运人责任，然后以承包他人运输工具舱位的方式，委托发包方实际完成相关运输服务的经营活动。

⑧在运输工具舱位互换业务中，互换运输工具舱位的双方均以各自换出运输工具舱位确认的全部价款和价外费用为销售额，按照“交通运输服务”缴纳增值税。运输工具舱位互换业务是指纳税人之间签订运输协议，在各自以承运人身份承揽的运输业务中，互相利用对方交通运输工具的舱位完成相关运输服务的经营活动。

⑨无运输工具承运业务按照“交通运输服务”缴纳增值税。无运输工具承运业务是指经营者以承运人身份与托运人签订运输服务合同，收取运费并承担承

运人责任，然后委托实际承运人完成运输服务的经营活动。

第二，邮政服务，包括邮政普遍服务、邮政特殊服务和其他邮政服务。

①邮政普遍服务是指函件、包裹等邮件寄递，以及邮票发行、报刊发行和邮政汇兑等业务活动。

②邮政特殊服务是指义务兵平常信函、机要通信、盲人读物和革命烈士遗物的寄递等业务活动。

③其他邮政服务是指邮册等邮品销售、邮政代理等业务活动。

第三，电信服务，包括基础电信服务和增值电信服务。

①基础电信服务是指利用固网、移动网、卫星、互联网提供语音通话服务的业务活动，以及出租或者出售带宽、波长等网络元素的业务活动。

②增值电信服务是指利用固网、移动网、卫星、互联网、有线电视网络，提供短信和彩信服务、电子数据和信息的传输及应用服务、互联网接入服务等业务活动。卫星电视信号落地转接服务，按照“增值电信服务”缴纳增值税。

第四，建筑服务，包括工程服务、安装服务、修缮服务、装饰服务和其他建筑服务。纳税人发生下列服务时的征税范围界定如下。

①工程服务包括与建筑物相连的各种设备或者支柱、操作平台的安装或者装设工程作业，以及各种窑炉和金属结构工程作业。

②安装服务包括与被安装设备相连的工作台、梯子、栏杆的装设工程作业，以及被安装设备的绝缘、防腐、保温、油漆等工程作业。

③固定电话、有线电视、宽带、水、电、燃气、暖气等经营者向用户收取的安装费、初装费、开户费、扩容费以及类似收费，按照“安装服务”缴纳增值税。

④物业服务企业为业主提供的装修服务，按照“建筑服务”缴纳增值税。

⑤其他建筑服务是指上述工程作业之外的各种工程作业服务，如钻井（打井）、拆除建筑物或者构筑物、平整土地、园林绿化、疏浚（不包括航道疏浚）、建筑物平移、搭脚手架、爆破、矿山穿孔、表面附着物（包括岩层、土层、沙层等）剥离和清理等工程作业。

⑥纳税人将建筑施工设备出租给他人使用并配备操作人员的，按照“建筑服务”缴纳增值税。

第五，金融服务，包括贷款服务、直接收费金融服务、保险服务和金融商品转让。纳税人发生下列服务时的征税范围界定如下：

①各种占用、拆借资金取得的收入，包括金融商品持有期间（含到期）利息（保本收益、报酬、资金占用费、补偿金等）收入、信用卡透支利息收入、买入返售金融商品利息收入、融资融券收取的利息收入，以及融资性售后回租、押汇、罚息、票据贴现、转贷等业务取得的利息及利息性质的收入，按照“贷款

服务”缴纳增值税。

【注释1】保本收益、报酬、资金占用费、补偿金是指合同中明确承诺到期本金可全部收回的投资收益。金融商品持有期间（含到期）取得的非保本的上述收益，不属于利息或利息性质的收入，不征收增值税。

【注释2】融资性售后回租是指承租方以融资为目的，将资产出售给从事融资性售后回租业务的企业后，从事融资性售后回租业务的企业将该资产出租给资产出售方的业务活动。

②以货币资金投资收取的固定利润或者保底利润，按照“贷款服务”缴纳增值税。

③直接收费金融服务，包括提供货币兑换、账户管理、电子银行、信用卡、信用证、财务担保、资产管理、信托管理、基金管理、金融交易场所（平台）管理、资金结算、资金清算、金融支付等服务。

④保险服务包括人身保险服务和财产保险服务。

⑤金融商品转让是指转让外汇、有价证券、非货物期货和其他金融商品所有权的业务活动。其他金融商品转让包括基金、信托、理财产品等各类资产管理产品和各种金融衍生品的转让。纳税人购入基金、信托、理财产品等各类资产管理产品持有至到期，不属于金融商品转让。

⑥纳税人转让因同时实施股权分置改革和重大资产重组而首次公开发行股票并上市形成的限售股，以及上市首日至解禁日期间由上述股份孳生的送、转股，以该上市公司股票上市首日开盘价为买入价，按照“金融商品转让”缴纳增值税。

第六，现代服务，包括研发和技术服务、信息技术服务、文化创意服务、物流辅助服务、租赁服务、鉴证咨询服务、广播影视服务、商务辅助服务和其他现代服务。纳税人发生下列服务时的征税范围界定如下。

①研发和技术服务包括研发服务、合同能源管理服务、工程勘察勘探服务、专业技术服务。

②信息技术服务包括软件服务、电路设计及测试服务、信息系统服务、业务流程管理服务和信息系统增值服务。

③文化创意服务包括设计服务、知识产权服务、广告服务和会议展览服务。宾馆、旅馆、旅社、度假村和其他经营性住宿场所提供会议场地及配套服务的活动，按照“会议展览服务”缴纳增值税。

④物流辅助服务包括航空服务、港口码头服务、货运客运场站服务、打捞救助服务、装卸搬运服务、仓储服务和收派服务。

⑤租赁服务包括融资租赁服务和经营租赁服务。纳税人发生下列服务时的征税范围界定如下。

A. 融资性售后回租不按照“租赁服务”缴纳增值税。

B. 将建筑物、构筑物等不动产或者飞机、车辆等有形动产的广告位出租给其他单位或者个人用于发布广告，按照“经营租赁服务”缴纳增值税。

C. 车辆停放服务、道路通行服务（包括过路费、过桥费，过用费等）等按照“不动产经营租赁服务”缴纳增值税。

D. 水路运输的光租业务、航空运输的干租业务，属于经营租赁。

【注释 1】融资租赁服务是指具有融资性质和所有权转移特点的租赁活动，即出租人根据承租人所要求的规格、型号、性能等条件购入有形动产或者不动产租赁给承租人，合同期内租赁物所有权属于出租人，承用人只拥有使用权，合同期满付清租金后，承租人有权按照残值购入租货物，以拥有其所有权。不论出租人是否将租赁物销售给承租人，均属于融资租赁。按照标的物的不同，融资租赁服务可分为有形动产融资租赁服务和不动产融资租赁服务。

【注释 2】经营租赁服务是指在约定时间内将有形动产或者不动产转让他人使用且租赁物所有权不变更的业务活动。按照标的物的不同，可分为有形动产经营租赁服务和不动产经营租赁服务。

【注释 3】光租业务是指运输企业将船舶在约定的时间内出租给他人使用，不配备操作人员，不承担运输过程中发生的各项费用，只收取固定租赁费的业务活动。

【注释 4】干租业务是指航空运输企业将飞机在约定的时间内出租给他人使用，不配备机组人员，不承担运输过程中发生的各项费用，只收取固定租赁费的业务活动。

⑥鉴证咨询服务包括认证服务、鉴证服务和咨询服务。注意翻译服务和市场调查服务按照“咨询服务”缴纳增值税。

⑦广播影视服务包括广播影视节目（作品）的制作服务、发行服务和播映（含放映，下同）服务。

⑧商务辅助服务包括企业管理服务、经纪代理服务、人力资源服务、安全保护服务。纳税人发生下列服务时的征税范围界定如下。

A. 拍卖行受托拍卖取得的手续费或佣金收入，按照“经纪代理服务”缴纳增值税。

B. 纳税人提供的安全保护服务，属于人力资源服务，比照劳务派遣服务政策执行。

C. 纳税人提供武装守护押运服务，按照“安全保护服务”缴纳增值税。

⑨其他现代服务是指除研发和技术服务、信息技术服务、文化创意服务、物流辅助服务、租赁服务、鉴证咨询服务、广播影视服务和商务辅助服务以外的现代服务。纳税人发生下列服务时的征税范围界定如下。

A. 纳税人为客户办理退票而向客户收取的退票费、手续费等收入，按照

“其他现代服务”缴纳增值税。

B. 纳税人对安装运行后的机器设备提供的维护保养服务，按照“其他现代服务”缴纳增值税。

第七，生活服务，包括文化体育服务、教育医疗服务、旅游娱乐服务、餐饮住宿服务、居民日常服务和其他生活服务。纳税人发生下列服务时的征税范围界定如下。

①提供餐饮服务的纳税人销售的外卖食品，按照“餐饮服务”缴纳增值税。

②纳税人在游览场所经营索道、摆渡车、电瓶车、游船等取得的收入，按照“文化体育服务”缴纳增值税。

③纳税人现场制作食品并直接销售给消费者，按照“餐饮服务”缴纳增值税。

④纳税人提供植物养护服务，按照“其他生活服务”缴纳增值税。

（4）销售无形资产。销售无形资产是指转让无形资产所有权或者使用权的业务活动。其中，无形资产包括技术、商标、著作权、商誉、自然资源使用权和其他权益性无形资产。其他权益性无形资产包括基础设施资产经营权、公共事业特许权、配额、经营权（包括特许经营权、连锁经营权、其他经营权）、经销权、分销权、代理权、会员权、席位权、网络游戏虚拟道具、域名、名称权、肖像权、冠名权、转会费等。

（5）销售不动产。销售不动产是指转让不动产（包括建筑物、构筑物等）所有权的业务活动。转让建筑物有限产权或者永久使用权的，转让在建的建筑物或者构筑物所有权的，以及在转让建筑物或者构筑物时一并转让其所占土地的使用权的，按照“销售不动产”缴纳增值税。

（6）缴纳增值税的经济行为需具备的条件。根据“营改增通知”，除另有规定外，一般应同时具备 4 个条件：①应税行为发生在中华人民共和国境内；②应税行为是属于《销售服务、无形资产、不动产注释》范围内的业务活动；③应税服务是为他人提供的；④应税行为是有偿的。

有偿的两类例外情形如下。

第一类情形是满足上述 4 个增值税征税条件但不需要缴纳增值税的情形，主要包括：①行政单位收取的、同时满足条件的政府性基金或者行政事业性收费；②存款利息；③被保险人获得的保险赔付；④房地产主管部门或者其指定机构、公积金管理中心、开发企业以及物业管理单位代收的住宅专项维修资金；⑤在资产重组过程中，通过合并、分立、出售、置换等方式，将全部或者部分实物资产以及与其相关联的债权、负债和劳动力一并转让给其他单位和个人，其中涉及不动产、土地使用权转让行为。

第二类情形是不同时满足上述 4 个增值税征税条件但需要缴纳增值税的情形，主要包括某些无偿的应税行为需要缴纳增值税，即“营改增通知”规定的 3

种视同销售服务、无形资产或者不动产情形：①单位或者个体工商户向其他单位或者个人无偿提供服务，但用于公益事业或者以社会公众为对象的除外；②单位或者个人向其他单位或者个人无偿转让无形资产或者不动产，但用于公益事业或者以社会公众为对象的除外；③财政部和国家税务总局规定的其他情形。按照此项规定，向其他单位或者个人无偿提供服务、无偿转让无形资产或者不动产，除用于公益事业或者以社会公众为对象，应视同发生应税行为，照章缴纳增值税。

（7）非经营活动的确认。

销售服务、无形资产或者不动产，是指有偿提供服务、有偿转让无形资产或者不动产，但下列非经营活动情形除外：

①行政单位收取的同时满足以下条件的政府性基金或者行政事业性收费：

A. 由国务院或者财政部批准设立的政府性基金，由国务院或者省级人民政府及其财政、价格主管部门批准设立的行政事业性收费。

B. 收取时开具省级以上（含省级）财政部门监（印）制的财政票据。

C. 所收款项全额上缴财政。

②单位或者个体工商户聘用的员工为本单位或者雇主提供取得工资的服务。

③单位或者个体工商户为聘用的员工提供服务。

④财政部和国家税务总局规定的其他情形。

（8）境内销售服务、无形资产或者不动产的界定。

在境内销售服务、无形资产或者不动产，是指：

①服务（租赁不动产除外）或者无形资产（自然资源使用权除外）的销售方或者购买方在境内。

②所销售或者租赁的不动产在境内。

③所销售自然资源使用权的自然资源在境内。

④财政部和国家税务总局规定的其他情形。

下列情形不属于在境内销售服务或者无形资产：

①境外单位或者个人向境内单位或者个人销售完全在境外发生的服务。

②境外单位或者个人向境内单位或者个人销售完全在境外使用的无形资产。

③境外单位或者个人向境内单位或者个人出租完全在境外使用的有形动产。

④财政部和国家税务总局规定的其他情形：

A. 为出境的函件、包裹在境外提供的邮政服务、收派服务。

B. 向境内单位或者个人提供的工程施工地点在境外的建筑服务、工程监理服务。

C. 向境内单位或者个人提供的工程、矿产资源在境外的工程勘察勘探服务。

D. 向境内单位或者个人提供的会议展览地点在境外的会议展览服务。

境外单位或者个人销售的服务（不含租赁不动产）在以下两种情况下属于

在我国境内销售服务，应照章缴纳增值税：

①境外单位或者个人向境内单位或者个人销售的完全在境内发生的服务，属于在境内销售服务。例如，境外 A 工程公司到境内给境内 B 单位提供工程勘察勘探服务。

②境外单位或者个人向境内单位或者个人销售的未完全在境外发生的服务，属于在境内销售服务。例如，境外 C 咨询公司与境内 D 公司签订咨询合同，就境内公司开拓境内、境外市场进行实地调研并提出合理化管理建议，境外 C 咨询公司提供的咨询服务同时在境内和境外发生，属于在境内销售服务。

境外单位或者个人销售的无形资产在以下两种情况下属于在我国境内销售无形资产，应该照章缴纳增值税：

①境外单位或者个人向境内单位或者个人销售的完全在境内使用的无形资产，属于在境内销售无形资产。例如，境外 A 公司向境内 B 公司转让 A 公司在境内的连锁经营权。

②境外单位或者个人向境内单位或者个人销售的未完全在境外使用的无形资产，属于在境内销售无形资产。例如，境外 C 公司向境内 D 公司转让一项专利技术，该技术同时用于 D 公司在境内和境外的生产线。

上述一般规定中所说的有偿，是指从购买方取得货币、货物或者其他经济利益。其他经济利益是指非货币、货物形式的收益，包括固定资产（不含货物）、生物资产（不含货物）、无形资产（包括特许权）、股权投资、存货、不准备持有至到期的债券投资、服务以及有关权益等。

2. 征税范围的特殊规定。

增值税的征税范围除了上述的一般规定外，还对经济实务中某些特殊项目或行为是否属于增值税的征税范围作出了具体界定。

（1）增值税征税范围的特殊项目界定。

①罚没物品征与不征增值税的处理。

A. 执罚部门和单位查处的属于一般商业部门经营的商品，具备拍卖条件的，由执罚部门或单位商同级财政部门同意后，公开拍卖。其拍卖收入作为罚没收入由执罚部门和单位如数上缴财政，不予征收增值税。对经营单位购入拍卖物品再销售的应照章征收增值税。

B. 执罚部门和单位查处的属于一般商业部门经营的商品，不具备拍卖条件的，由执罚部门、财政部门、国家指定销售单位会同有关部门按质论价，交由国家指定销售单位纳入正常销售渠道变价处理。执罚部门按商定价格所取得的变价收入作为罚没收入如数上缴财政，不予征收增值税。国家指定销售单位将罚没物品纳入正常销售渠道销售的，应照章征收增值税。

C. 执罚部门和单位查处的属于专管机关管理或专管企业经营的财物，如金银（不包括金银首饰）、外币、有价证券、非禁止出口文物，应交由专管机关或专营企业收兑或收购。执罚部门和单位按收兑或收购价所取得的收入作为罚没收入如数上缴财政，不予征收增值税。专管机关或专营企业经营上述物品中属于应征增值税的货物，应照章征收增值税。

②航空运输企业已售票但未提供航空运输服务取得的逾期票证收入，按照“航空运输服务”征收增值税。

③纳税人取得的财政补贴收入，与其销售货物、劳务、服务、无形资产、不动产的收入或者数量直接挂钩的，应按规定计算缴纳增值税。纳税人取得的其他情形的财政补贴收入，不属于增值税应税收入，不征收增值税。

④融资性售后回租业务中，承租方出售资产的行为不属于增值税的征税范围，不征收增值税。

⑤药品生产企业销售自产创新药的销售额，为向购买方收取的全部价款和价外费用，其提供给患者后续免费使用的相同创新药，不属于增值税视同销售范围。创新药是指经国家食品药品监督管理部门批准注册、获批前未曾在中国境内外上市销售，通过合成或者半合成方法制得的原料药及其制剂。

⑥根据国家指令无偿提供的铁路运输服务、航空运输服务，属于用于公益事业的服务，不征收增值税。

⑦存款利息不征收增值税。

⑧被保险人获得的保险赔付不征收增值税。

⑨房地产主管部门或者其指定机构、公积金管理中心、开发企业以及物业管理单位代收的住宅专项维修资金，不征收增值税。

⑩纳税人在资产重组过程中，通过合并、分立、出售、置换等方式，将全部或者部分实物资产以及与其相关联的债权、负债和劳动力一并转让给其他单位和个人，不属于增值税的征税范围。

⑪单用途商业预付卡（以下简称单用途卡）业务按照以下规定执行：

A. 单用途卡发卡企业或者售卡企业（以下统称售卡方）销售单用途卡，或者接受单用途卡持卡人充值取得的预收资金，不缴纳增值税。售卡方可按照规定，向购卡人、充值人开具增值税普通发票，不得开具增值税专用发票。

B. 售卡方因发行或者销售单用途卡并办理相关资金收付结算业务取得的手续费、结算费、服务费、管理费等收入，应按照现行规定缴纳增值税。

C. 持卡人使用单用途卡购买货物或服务时，货物或者服务的销售方应按照现行规定缴纳增值税，且不得向持卡人开具增值税发票。

D. 销售方与售卡方不是同一个纳税人的，销售方在收到售卡方结算的销售款时，应向售卡方开具增值税普通发票，并在备注栏注明“收到预付卡结算款”，不得开具增值税专用发票。售卡方从销售方取得的增值税普通发票，作为其销售单用途卡或接受单用途卡充值取得预收资金不缴纳增值税的凭证，留存备查。

⑫支付机构预付卡（以下称多用途卡）业务按照以下规定执行：

A. 支付机构销售多用途卡取得的等值人民币资金，或者接受多用途卡持卡人充值取得的充值资金，不缴纳增值税。支付机构可按照上述第⑪项的规定，向购卡人、充值人开具增值税普通发票，不得开具增值税专用发票。

B. 支付机构因发行或者受理多用途卡并办理相关资金收付结算业务取得的手续费、结算费、服务费、管理费等收入，应按照现行规定缴纳增值税。

C. 持卡人使用多用途卡，向与支付机构签署合作协议的特约商户购买货物或服务，特约商户应按照现行规定缴纳增值税，且不得向持卡人开具增值税发票。

D. 特约商户收到支付机构结算的销售款时，应向支付机构开具增值税普通发票，并在备注栏注明“收到预付卡结算款”，不得开具增值税专用发票。支付机构从特约商户取得的增值税普通发票，作为其销售多用途卡或接受多用途卡充值取得预收资金不缴纳增值税的凭证，留存备查。

（2）增值税征税范围的特殊行为界定。

①视同发生应税销售行为。单位或者个体工商户的下列行为，视同发生应税销售行为：

A. 将货物交付其他单位或者个人代销。

B. 销售代销货物。

C. 设有两个以上机构并实行统一核算的纳税人，将货物从一个机构移送至其他机构用于销售，但相关机构设在同一县（市）的除外。

“用于销售”是指售货机构发生两项情形之一的经营行为：一是向购货方开具发票；二是向购货方收取货款。

售货机构的货物移送行为有上述两项情形之一的，应当向所在地税务机关缴纳增值税；未发生上述两项情形的，则应由总机构统一缴纳增值税。

如果售货机构只就部分货物向购买方开具发票或收取货款，则应当区分不同情况计算并分别向总机构所在地或分支机构所在地缴纳税款。

D. 将自产或者委托加工的货物用于非应税项目。

E. 将自产或者委托加工的货物用于集体福利或者个人消费。

F. 将自产、委托加工或者购进的货物作为投资，提供给其他单位或者个体工商户。

G. 将自产、委托加工或者购进的货物分配给股东或者投资者。

H. 将自产、委托加工或者购进的货物无偿赠送给其他单位或者个人。

I. 单位或者个体工商户向其他单位或者个人无偿销售应税服务、无偿转让无形资产或者不动产，但用于公益事业或者以社会公众为对象的除外。

J. 财政部和国家税务总局规定的其他情形。

上述 10 种情况应该确定为视同发生应税销售行为，均要征收增值税。其确定的目的主要有以下三个。一是保证增值税税款抵扣制度的实施，不致因发生上述行为而造成各相关环节税款抵扣链条的中断，如前两种情况就是这种原因；如果不将之视同发生应税销售行为从而出现销售代销货物方仅有销项税额而无进项税额，而将货物交付其他单位或者个人代销方仅有进项税额而无销项税额的情况，就会出现增值税抵扣链条不完整。二是避免因发生上述行为而造成应税销售行为之间税收负担不平衡的矛盾，防止以上述行为逃避纳税的现象。三是体现增值税计算的配比原则，即购进货物、劳务、服务、无形资产、不动产已经在购进环节实施了进项税额抵扣，这些购进货物、劳务、服务、无形资产、不动产应该产生相应的销售额，同时应该产生相应的销项税额，否则就会产生不配比情况。如上述第 D ~ I 项中的几种情况就属于此种原因。

②混合销售。一项销售行为如果既涉及货物又涉及服务，称为混合销售。从事货物的生产、批发或者零售的单位和个体工商户的混合销售，按照销售货物缴纳增值税；其他单位和个体工商户的混合销售，按照销售服务缴纳增值税。

【注释】上述从事货物的生产、批发或者零售的单位和个体工商户，包括以从事货物的生产、批发或者零售为主，并兼营销售服务的单位和个体工商户在内。

混合销售行为成立的行为标准有两点：一是其销售行为必须是一项；二是该项行为必须既涉及货物销售又涉及应税行为。在确定混合销售是否成立时，其行为标准中的上述两点须同时满足，如果一项销售行为只涉及销售服务，不涉及货物，这种行为就不是混合销售行为；反之，如果涉及销售服务和涉及货物的行为，不是存在于一项销售行为之中，这种行为也不是混合销售行为。

（二）纳税义务人和扣缴义务人

1. 纳税义务人。

在中华人民共和国境内（以下简称境内）销售货物、劳务、服务、无形资产、不动产的单位和个人，为增值税纳税人。纳税人应当按照国家统一的会计制度进行增值税会计核算。

单位是指企业、行政单位、事业单位、军事单位、社会团体及其他单位。

个人是指个体工商户和其他个人。

单位以承包、承租、挂靠方式经营的，承包人、承租人、挂靠人（以下统称承包人）以发包人、出租人、被挂靠人（以下统称发包人）的名义对外经营并由发包人承担相关法律责任的，以该发包人为纳税人；否则，以承包人为纳税人。采用承包、承租、挂靠经营方式的，区分以下两种情况界定纳税人：

（1）同时满足以下两个条件的，以发包人为纳税人：A. 以发包人名义对外经营；B. 由发包人承担相关法律责任。

（2）不同时满足上述两个条件的，以承包人为纳税人。

资管产品运营过程中发生的增值税应税销售行为，以资管产品管理人为增值税纳税人。

2. 扣缴义务人。

中华人民共和国境外（以下简称境外）的单位或者个人在境内销售劳务，在境内未设有经营机构的，以其境内代理人为扣缴义务人；在境内没有代理人的，以购买方为扣缴义务人。

四、一般纳税人和小规模纳税人的登记

增值税实行凭增值税专用发票（不限于增值税专用发票）抵扣税款的制度，客观上要求纳税人具备健全的会计核算制度和能力。在实际经济生活中我国增值税纳税人众多，会计核算水平参差不齐，大量的小企业和个人还不具备使用专用发票抵扣税款的条件，为了既简化增值税的计算和征收，也有利于减少税收征管漏洞，税法将增值税纳税人按会计核算水平和经营规模分为一般纳税人和小规模纳税人，分别采取不同的登记管理办法。

（一）一般纳税人的登记

1. 一般纳税人的登记条件。

根据《增值税一般纳税人登记管理办法》的规定，增值税纳税人（以下简称纳税人）年应税销售额超过财政部、国家税务总局规定的小规模纳税人标准（以下简称规定标准）的，除按规定选择按照小规模纳税人纳税的以外，应当向主管税务机关办理一般纳税人登记。

年应税销售额是指纳税人在连续不超过12个月或4个季度的经营期内累计应征增值税销售额，包括纳税申报销售额、稽查查补销售额、纳税评估调整销售额。

销售服务、无形资产或者不动产（以下简称应税行为）有扣除项目的纳税人，其应税行为年应税销售额按未扣除之前的销售额计算。纳税人偶然发生的销售无形资产、转让不动产的销售额，不计入应税行为年应税销售额。

年应税销售额未超过规定标准的纳税人，会计核算健全，能够提供准确税务资料的，可以向主管税务机关办理一般纳税人登记。

会计核算健全是指能够按照国家统一的会计制度规定设置账簿，根据合法、有效凭证进行核算。

纳税人应当向其机构所在地主管税务机关办理一般纳税人登记手续。纳税人登记为一般纳税人后，不得转为小规模纳税人，国家税务总局另有规定的除外。

2. 不得办理一般纳税人登记的情况。

（1）根据政策规定，选择按照小规模纳税人纳税的（应当向主管税务机关提交书面说明）。

（2）年应税销售额超过规定标准的其他个人。

3. 办理一般纳税人登记的程序。

（1）纳税人向主管税务机关填报《增值税一般纳税人登记表》，如实填写固定生产经营场所等信息，并提供税务登记证件。

（2）纳税人填报内容与税务登记信息一致的，主管税务机关当场登记。

（3）纳税人填报内容与税务登记信息不一致，或者不符合填列要求的，税务机关应当场告知纳税人需要补正的内容。

4. 登记的时限。

纳税人应在年应税销售额超过规定标准的月份（或季度）的所属申报期结束后15日内按照规定办理相关手续；未按规定时限办理的，主管税务机关应当在规定时限结束后5日内制作《税务事项通知书》，告知纳税人应当在5日内向主管税务机关办理相关手续；逾期仍不办理的，次月起按销售额依照增值税税率计算应纳税额，不得抵扣进项税额，直至纳税人办理相关手续为止。

纳税人自一般纳税人生效之日起，按照增值税一般计税方法计算应纳税额，并可以按照规定领用增值税专用发票，财政部、国家税务总局另有规定的除外。生效之日是指纳税人办理登记的当月1日或者次月1日，由纳税人在办理登记手续时自行选择。

（二）小规模纳税人的登记

小规模纳税人是指年销售额在规定标准以下，并且会计核算不健全，不能按规定报送有关税务资料的增值税纳税人。小规模纳税人的具体认定标准为年应征增值税销售额500万元及以下。

已登记为增值税一般纳税人的单位和个人，转登记日前连续12个月（以1个月为1个纳税期）或者连续4个季度（以1个季度为1个纳税期）累计销售额未超过500万元的一般纳税人，在2020年12月31日前，可选择转登记为小规模纳税人。转登记纳税人按规定再次登记为一般纳税人后，不得再转登记为小规模纳税人。

五、税率与征收率

增值税的税率分别为13%、9%、6%和零税率。每种税率适用的应税销售行为的具体情况如下。

1. 适用13%税率的情况。纳税人销售货物、劳务、有形动产租赁服务或者进口货物，除下列第2、第4、第5项另有规定外，税率为13%。

采取填埋、焚烧等方式进行专业化处理后产生货物，且货物归属委托方的，受托方属于提供“加工劳务”，其收取的处理费用适用13%的增值税税率。

2. 适用9%税率的情况。纳税人销售交通运输、邮政、基础电信、建筑、不动产租赁服务，销售不动产，转让土地使用权，销售或者进口下列货物，税率为9%：

（1）粮食等农产品、食用植物油、食用盐。

（2）自来水、暖气、冷气、热水、煤气、石油液化气、天然气、二甲醚、沼气、居民用煤炭制品。

（3）图书、报纸、杂志、音像制品、电子出版物。

（4）饲料、化肥、农药、农机、农膜。

【注释1】适用9%增值税税率的具体货物范围：

①农产品，是指种植业、养殖业、林业、牧业、水产业生产的各种植物、动物的初级产品。具体征税范围暂继续按照《农业产品征税范围注释》及现行相关规定执行，包括挂面、干姜、姜黄、玉米胚芽、动物骨粒、按照《食品安全国家标准——巴氏杀菌乳》生产的巴氏杀菌乳、按照《食品安全国家标准——灭菌乳》生产的灭菌乳。

②食用植物油、自来水、暖气、冷气、热水、煤气、石油液化气、天然气、沼气、居民用煤炭制品、图书、报纸、杂志、化肥、农药、农机、农膜。

上述货物的具体征税范围暂继续按照《增值税部分货物征税范围注释》及现行相关规定执行，并包括棕榈油、棉籽油、茴油、毛椰子油、核桃油、橄榄油、花椒油、杏仁油、葡萄籽油、牡丹籽油、由石油伴生气加工压缩而成的石油液化气、西气东输项目上游中外合作开采天然气、中小学课本配套产品（包括各种纸制品或图片）、国内印刷企业承印的经新闻出版主管部门批准印刷且采用国际标准书号编序的境外图书、农用水泵、农用柴油机、不带动力的手扶拖拉机、三轮农用运输车、密集型烤房设备、频振式杀虫灯、自动虫情测报灯、黏虫板、卷帘机、农用挖掘机、养鸡设备系列、养猪设备系列产品、动物尸体降解处理机、蔬菜清洗机。

③饲料，是指用于动物饲养的产品或其加工品。包括豆粕、宠物饲料、饲用鱼油、矿物质微量元素舔砖、饲料级磷酸二氢钙产品。

④音像制品，是指正式出版的录有内容的录音带、录像带、唱片、激光唱盘和激光视盘。

⑤电子出版物。

⑥二甲醚。

⑦食用盐。

【**注释 2**】以下是国务院规定的其他货物的税率界定：

①干姜、姜黄的增值税适用税率为 9%。

②花椒油、橄榄油、核桃油、杏仁油、葡萄籽油和牡丹籽油按照食用植物油 9% 的税率征收增值税。环氧大豆油、氢化植物油不属于食用植物油征收范围，适用 13% 的增值税税率。

③麦芽、复合胶、人发不属于《农业产品征税范围注释》中规定的农业产品范围，适用 13% 的增值税税率。

④按照《食品安全国家标准——巴氏杀菌乳》生产的巴氏杀菌乳和按照《食品安全国家标准——灭菌乳》生产的灭菌乳，均属于初级农业产品，可依照《农业产品征收范围注释》中的鲜奶按 9% 的税率征收增值税；按照《食品安全国家标准——调制乳》生产的调制乳，不属于初级农业产品，应按照 13% 的税率征收增值税。

⑤肉桂油、桉油、香茅油不属于《农业产品征税范围注释》中规定的农业产品范围，其增值税适用税率为 13%。

⑥淀粉不属于农业产品的范围，应按照 13% 的税率征收增值税。

⑦密集型烤房设备、频振式杀虫灯、自动虫情测报灯、黏虫板、卷帘机属于《增值税部分货物征税范围注释》规定的农机范围，适用 9% 的增值税税率。

⑧农用挖掘机、养鸡设备系列、养猪设备系列产品属于农机，适用 9% 的增值税税率。

⑨国内印刷企业承印的经新闻出版主管部门批准印刷且采用国际标准书号编序的境外图书，属于《增值税暂行条例》第二条规定的“图书”，适用 9% 的增值税税率。

⑩动物骨粒属于《农业产品征税范围注释》规定的动物类“其他动物组织”，其适用的增值税税率为 9%。

3. 适用 6% 税率的情况。纳税人销售服务、无形资产，除第 1、第 3、第 5 项另有规定外，税率为 6%。下列情况也按 6% 的税率征收增值税：

（1）纳税人通过省级土地行政主管部门设立的交易平台转让补充耕地指标，按照“销售无形资产”缴纳增值税，税率为 6%。

（2）采取填埋、焚烧等方式进行专业化处理后未产生货物的，受托方属于提供“现代服务”中的“专业技术服务”，其收取的处理费用适用 6% 的增值税税率。

（3）采取填埋、焚烧等方式进行专业化处理后产生货物，且货物归属受托方的，受托方属于提供“专业技术服务”，其收取的处理费用适用 6% 的增值税税率。受托方将产生的货物用于销售时，适用货物的增值税税率。

4. 适用出口货物零税率的情况。纳税人出口货物，税率为零；但是，国务院另有规定的除外。

5. 适用跨境销售服务、无形资产零税率的情况。境内单位和个人跨境销售国务院规定范围内的服务、无形资产，税率为零。根据“营改增通知”的相关规定，服务、无形资产的零税率政策如下：

（1）中华人民共和国境内（以下简称境内）的单位和个人销售的下列服务和无形资产，适用增值税零税率。

①国际运输服务。国际运输服务是指：在境内载运旅客或者货物出境；在境外载运旅客或者货物入境；在境外载运旅客或者货物。

②航天运输服务。

③向境外单位提供的完全在境外消费的下列服务：研发服务；合同能源管理服务；设计服务；广播影视节目（作品）的制作和发行服务；软件服务；电路设计及测试服务；信息系统服务；业务流程管理服务；离岸服务外包业务，包括信息技术外包服务（ITO）、技术性业务流程外包服务（BPO）、技术性知识流程外包服务（KPO），其所涉及的具体业务活动，按照《销售服务、无形资产、不动产注释》相对应的业务活动执行；转让技术。

④财政部和国家税务总局规定的其他服务。

（2）其他零税率政策。

①按照国家有关规定应取得相关资质的国际运输服务项目，纳税人取得相关资质的，适用增值税零税率政策；未取得的，适用增值税免税政策。

②境内的单位或个人提供程租服务，如果租赁的交通工具用于国际运输服务和港、澳、台运输服务，由出租方按规定申请适用增值税零税率。

③境内的单位和个人向境内单位或个人提供期租、湿租服务，如果承租方利用租赁的交通工具向其他单位或个人提供国际运输服务和港澳台运输服务，由承租方适用增值税零税率。境内的单位或个人向境外单位或个人提供期租、湿租服务，由出租方适用增值税零税率。

④境内单位和个人以无运输工具承运方式提供的国际运输服务，由境内实际承运人适用增值税零税率；无运输工具承运业务的经营者适用增值税免税政策。

（3）境内单位和个人发生的与香港、澳门、台湾有关的应税行为，除另有规定外，参照上述规定执行。

第二节 增值税筹划的主要领域

一、纳税人身份的筹划

我国增值税的纳税人分为一般纳税人和小规模纳税人两类，并实行不同的征收和管理方式。对一般纳税人实行凭增值税专用发票抵扣税款的制度，对其会计核算水平要求较高，管理也较为严格；对小规模纳税人实行简易征收办法，对纳税人的管理水平要求不高。一般纳税人所适用的增值税税率为13%、9%和6%三档税率，小规模纳税人所适用的征收率为3%（2020年度和2021年度适用的优惠征收率为1%，2022年4月1日至2022年12月31日，增值税小规模纳税人适用3%征收率的应税销售收入，免征增值税）。一般纳税人的进项税额可以抵扣，而小规模纳税人的进项税额不可以抵扣。

由于一般纳税人和小规模纳税人所使用的征税方法不同，因而就有可能导致二者的税收负担存在一定的差异。在一定情况下，小规模纳税人可以向一般纳税人转化，这就为具备相关条件的小规模纳税人提供了纳税筹划的空间。小规模纳税人向一般纳税人转化，除了必须考虑税收负担以外，还必须考虑会计成本，因为税法对一般纳税人的会计制度要求比较严格，小规模纳税人向一般纳税人转化会增加会计成本。例如，企业需要增设会计账簿、培养或聘请会计人员等。

企业为了减轻增值税税负，就需要综合考虑各种因素，从而决定如何在一般纳税人和小规模纳税人之间做出选择。一般来讲，企业可以根据三个标准来判断一般纳税人和小规模纳税人之间增值税税收负担的差异，即增值率判别法；可抵扣购货金额占不含税销售金额比重判别法；含税销售额与含税购货额比较法。

（一）增值率判别法

【案例2－1】假设甲工业企业某年度不含税的销售额为S，不含税购进额为P，增值率为A。如果该企业为一般纳税人，其应纳增值税为$S\times13\%-P\times13\%$；引入增值率计算，则为$S\times A\times13\%$；如果是小规模纳税人，应纳增值税为$S\times3\%$。令两类纳税人的税负相等，则有：

$S\times A\times13\%=S\times3\%$

$A=23.08\%$

【筹划要求】增值率是增值额占不含税销售额的比例。根据增值率判别法，分析一般纳税人和小规模纳税人的税负情况。

【筹划思路】根据增值率判别法，令增值税一般纳税人适用于13%的税率，小规模纳税人适用于3%的征收率，当两类纳税人的税负相等时，企业增值率为23.8%，企业无论是选择成为一般纳税人还是小规模纳税人，增值税的税收负担是相等的。

【筹划过程】

（1）增值率小于23.8%的增值税纳税筹划。

方案一：假设甲工业企业为一般纳税人，令销售额6 000万元，购进额5 000万元，增值税税率13%。

增值率$=(6\ 000-5\ 000)\div6\ 000\times100\%=16.67\%$

应交纳增值税 =（6 000 − 5 000）× 13% = 130（万元）

方案二：假设甲工业企业为小规模纳税人，令销售额 6 000 万元，购进额 5 000 万元，增值税征收率 3%。

应交纳增值税 = 6 000 × 3% = 180（万元）

（2）增值率大于 23.8% 的增值税纳税筹划。

方案一：假设甲工业企业为一般纳税人，令销售额 6 000 万元，购进额 4 500 万元，增值税税率 13%。

增值率 =（6 000 − 4 500）÷ 6 000 × 100% = 25%

应交纳增值税 =（6 000 − 4 500）× 13% = 195（万元）

方案二：假设甲工业企业为小规模纳税人，令销售额 6 000 万元，购进额 4 500 万元，增值税征收率 3%。

应交纳增值税 = 6 000 × 3% = 180（万元）

【筹划结论】通过以上分析可知，当增值率为 23.08% 时，企业无论是选择成为一般纳税人还是小规模纳税人，增值税的税收负担是相等的；当增值率小于 23.08% 时，企业作为一般纳税人的税负小于作为小规模纳税人的税负，这时选择一般纳税人身份是有利的；当增值率大于 23.08% 时，企业作为一般纳税人的税负大于作为小规模纳税人的税负，这时选择小规模纳税人身份是更有利的。

【任务点评】需要指出的是，这里所考虑的只是企业的增值税税收负担，而不包括其他因素。因此，在决定是选择一般纳税人还是小规模纳税人身份时，不能仅以增值率为标准，还要考虑企业对外经济活动的难易程度以及一般纳税人的会计成本等。由于后者难以量化，因此，纳税筹划更多地体现了一种创造性的智力活动，而不是简单的计算或数字操作。

（二）可抵扣购货金额占不含税销售金额比重判别法

由于增值税税率和征收率存在多种税率，这里仅仅考虑一般情况，其他情况的计算方法与这里的计算方法是一致的。在一般情况下，一般纳税人适用 13% 的税率，小规模纳税人适用 3% 的税率。

【案例 2－2】假定甲工业企业不含税的销售金额为 A，购货金额占销售金额的比重为 B，则购入货物的金额为 AB。如果该企业为一般纳税人，应纳增值税为 A × 13% − AB × 13%；如果是小规模纳税人，应纳增值税为 A × 3%。令两类纳税人的税负相等，则有：

$$A \times 13\% - AB \times 13\% = A \times 3\%$$

$$B = 76.92\%$$

【筹划要求】根据可抵扣购进金额与不含税销售额比重判别，分析一般纳税人和小规模纳税人的税负情况。

【筹划思路】根据可抵扣购进金额与不含税销售额比重判别法，令增值税一般纳税人适用于13%的税率，小规模纳税人适用于3%的征收率，当企业购货金额占销售金额的比重为76.92%时，两种纳税人的增值税税收负担完全相同；当比重大于76.92%时，一般纳税人的增值税税收负担轻于小规模纳税人；当比重小于76.92%时，一般纳税人的增值税税收负担重于小规模纳税人。

【筹划过程】

（1）当可抵扣购进金额与不含税销售额比重大于76.92%时：

方案一：假设甲工业企业为一般纳税人，令销售额6 000万元，购进额5 000万元，增值税税率13%。

购货金额与销售额比重＝5 000÷6 000×100%＝83.83%

应交纳增值税＝(6 000－5 000)×13%＝130（万元）

方案二：假设甲工业企业为小规模纳税人，令销售额6 000万元，购进额5 000万元，增值税征收率3%。

应交纳增值税＝6 000×3%＝180（万元）

（2）当可抵扣购进金额与不含税销售额比重小于76.92%时：

方案一：假设甲工业企业为一般纳税人，令销售额6 000万元，购进额4 500万元，增值税税率13%。

购货金额与销售额比重＝4 500÷6 000×100%＝75%

应交纳增值税＝(6 000－4 500)×13%＝195（万元）

方案二：假设甲工业企业为小规模纳税人，令销售额6 000万元，购进额4 500万元，增值税征收率3%。

应交纳增值税＝6 000×3%＝180（万元）

【筹划结论】通过以上分析可知，可抵扣购进金额与不含税销售额比重大于76.92%时，一般纳税人的增值税税收负担轻于小规模纳税人；当比重小于76.92%时，一般纳税人的增值税税收负担重于小规模纳税人。

（三）含税销售额与含税购货额比较法

【案例2－3】假设Y为含增值税的销售额，X为含增值税的购货额，且两者均为同期。令两类纳税人的税负相等，则有：

$$[Y\div(1+13\%)-X\div(1+13\%)]\times13\%=Y\div(1+3\%)\times3\%$$

$$X\div Y\times100\%=74.68\%$$

【筹划要求】根据含税销售额与含税购货额比较法，分析一般纳税人和小规模纳税人税负情况。

【筹划思路】根据含税销售额与含税购货额比较法，令增值税一般纳税人适用于13%的税率，小规模纳税人适用于3%的征收率，当企业的含税购货额为同期销售额的74.68%时，两种纳税人的增值税税收负担相同；当企业的含税购货额大于同期销售额的74.68%时，一般纳税人增值税税收负担轻于小规模纳税人；当企业含税购货额小于同期销售额的74.68%时，一般纳税人增值税税收负担重于小规模纳税人。

【筹划过程】

（1）当购货含税额与销售含税额比重大于74.68%时：

方案一：假设甲工业企业为一般纳税人，令销售额价税合计6 000万元，购进金额价税合计5 000万元，增值税税率13%。

购货含税金额与销售含税金额比重 $=5\ 000 \div 6\ 000 \times 100\% = 83.83\%$

应交纳增值税 $= (6\ 000 - 5\ 000) \div (1 + 13\%) \times 13\% = 115.04$（万元）

方案二：假设甲工业企业为小规模纳税人，令销售额6 000万元，购进额5 000万元，增值税征收率3%。

应交纳增值税 $= 6\ 000 \div (1 + 3\%) \times 3\% = 174.76$（万元）

（2）购货含税额与销售含税额比重小于74.68%时：

方案一：假设甲工业企业为一般纳税人，令销售额价税合计6 500万元，购进金额价税合计4 500万元，增值税税率13%。

购货含税金额与销售含税金额比重 $=4\ 500 \div 6\ 500 \times 100\% = 69.23\%$

应交纳增值税 $= (6\ 500 - 4\ 500) \div (1 + 13\%) \times 13\% = 115.04$（万元）

方案二：假设甲工业企业为小规模纳税人，令销售额6 500万元，购进额4 500万元，增值税征收率3%。

应交纳增值税 $= 6\ 500 \div (1 + 3\%) \times 3\% = 29.13$（万元）

【筹划结论】通过以上分析可知，当企业的含税购货额为同期含税销售额的74.68%时，两种纳税人的增值税税收负担相同；当企业的含税购货额大于同期销售额的74.68%时，一般纳税人增值税税收负担轻于小规模纳税人；当企业含税购货额小于同期销售额的74.68%时，一般纳税人增值税税收负担重于小规模纳税人。

企业在设立时，可以根据上述三个标准来判断其自身所负担的增值税，并根据对各种因素的综合考量，进行合理的纳税筹划。由于企业在成立之前就需要进行纳税筹划，因而企业对各种情况的估计存在很大的不确定性，这种纳税筹划结果的确定性就比较小。对此，小型企业一般可以先选择小规模纳税人的身份，在生产经营过程中积累本企业的各项指标数据，然后再进行增值税的纳税筹划，这样，纳税筹划的结果就比较确定了。

二、通过合并转换增值税纳税人身份的纳税筹划

【案例2-4】A公司是一家商业企业，为增值税小规模纳税人，适用3%的增值税征收率，年应税销售额为350万元，该公司购货金额为325万元。另有B

公司也是一家商业企业，为增值税小规模纳税人，适用3%的增值税征收率，年应税销售额为250万元，该公司购货金额为225万元。以上金额均不含增值税。此时，假设A公司有机会合并B公司，且是否合并B公司对自身经营基本没有影响。合并之后的公司可以登记为增值税一般纳税人，适用的增值税税率为13%。

【筹划要求】请对上述业务进行纳税筹划。

【筹划思路】一般纳税人在一般计税方法下进项税额可以抵扣，因而小规模纳税人的税负可能会重于一般纳税人。若小规模纳税人自身不具备转化为一般纳税人的条件（年应税销售额未达标准或者其他原因），则可以考虑合并其他小规模纳税人的方式来转化为一般纳税人，从而享有一般纳税人可以抵扣进项税额的税收待遇。

【筹划过程】

方案一：A公司不合并B公司。

A公司应纳增值税 = 350 × 3% = 10.5（万元）

B公司应纳增值税 = 250 × 3% = 7.5（万元）

A公司与B公司应纳增值税 = 10.5 + 7.5 = 18（万元）

方案二：A公司合并B公司，并申请转为一般纳税人。

合并后的集团公司应纳增值税 =（350 + 250）× 13% –（325 + 225）× 13% = 6.5（万元）

【筹划结论】通过以上分析可知，方案二比方案一少缴纳增值税11.5万元（18 – 6.5），因而选择方案二更节省增值税。

【任务点评】需要指出的是，除国家除税务总局另有规定外，纳税人一经登记为一般纳税人后，不得再转为小规模纳税人。如果企业销售客户大多是小规模纳税人，则企业本身是不适合作为一般纳税人的。因此，通过合并“小规模纳税人”为“一般纳税人”，不能单纯考虑税负因素。

三、通过合理选择供应商的纳税筹划

企业在采购商品或服务的过程中，税负是应当考虑的重要因素。作为一般纳税人，企业在采购时要考虑增值税进项税额能否抵扣的问题。如果采购对象是一般纳税人，则通常可以取得增值税专用发票并进行税款的抵扣；如果采购对象是小规模纳税人，要区分情况对待。小规模纳税人自愿使用增值税发票系统开具或申请税务机关代开增值税专用发票的，企业可以凭专用发票进行税额的抵扣；小规模纳税人无法提供增值税专用发票的，企业应考虑对自身税负的影响。由此看来，选择不同的供应商，企业的税负是不同的。这就为通过供应商身份的选择进行纳税筹划提供了空间。

【案例2-5】荣华厨具有限公司坐落在开发区，是增值税一般纳税人，适用的增值税税率为13%，主要生产家用高压锅、蒸锅、炒锅等不锈钢厨房用品，本年初预计年销售额为1 000万元（含税价），需要采购不锈钢原材料200吨。现有甲、乙、丙三家供货商可以选择。甲为一般纳税人，每吨不锈钢含税价为3 390元，能够开具增值税专用发票，税率为13%；乙为小规模纳税人，每吨含税价为3 090元，可以自行开具增值税专用发票，征收率为3%；丙为小规模纳税人，每吨含税价为2 900元，只能开具增值税普通发票。这三家供货商的产品质量均满足永辉厨具对原材料的要求。公司本年其他可以抵扣的增值税进项税额约为15万元。那么，在确定采购对象时，公司该如何进行选择呢？

【筹划要求】合理确定采购对象，切实降低采购成本。

【筹划思路】一般纳税人采购货物时，供应商有以下三种类型：

（1）一般纳税人，可以自行开具增值税专用发票；

（2）小规模纳税人，可以自行开具或由主管税务机关代开3%或5%的增值税专用发票；

（3）小规模纳税人，只能提供增值税普通发票。

一般情况下，从一般纳税人处采购原材料的含税价要比从小规模纳税人处采购的含税价高，但企业不能简单地通过比较含税价就作出判断，需要进行价税分离，计算出原材料的采购成本和增值税税负。

【筹划过程】

（1）选择一般纳税人——甲公司作为供应商。

每吨钢材增值税进项税额 $=3\,390\div(1+13\%)\times13\%=390$（元）

每吨钢材采购成本 $=3\,390-390=3\,000$（元）

本期应纳增值税 $=[1\,000\div(1+13\%)]\times13\%-200\times390\div10\,000-15=92.24$（万元）

（2）选择小规模纳税人——乙公司作为供应商。

每吨钢材增值税进项税额 $=3\,090\div(1+3\%)\times3\%=90$（元）

每吨钢材采购成本 $=3\,090-90=3\,000$（元）

本期应纳增值税 $=[1\,000\div(1+13\%)]\times13\%-200\times90\div10\,000-15=98.24$（万元）

（3）选择小规模纳税人——丙公司作为供应商。

每吨钢材增值税进项税额 $=0$

每吨钢材采购成本 $=2\,900$ 元

本期应纳增值税 $=[1\,000\div(1+13\%)]\times13\%-15=100.04$（万元）

通过计算可知，从甲供货商处采购原材料的增值税税负最低，但采购成本并非最低，这时应如何决策呢？此时，我们应计算出企业税后利润，以税后利润最

大化作为决策依据。

假设企业所购原材料均被耗用，所生产产品均已出售，除原材料成本以外的其他成本费用为 500 万元（属于决策无关成本，也可以忽略），城建税税率为 7%，教育费附加为 3%，地方教育附加为 2%，企业所得税税率为 25%，则：

税后利润 =（销售收入 – 销售成本 – 当期费用 – 税金及附加）×（1 – 25%）

（1）选择甲的税后利润 = [1 000 ÷ (1 + 13%) – 200 × 3 000 ÷ 10 000 – 500 – 92.24 × 12%] × (1 – 25%) = 235.42（万元）

（2）选择乙的税后利润 = [1 000 ÷ (1 + 13%) – 200 × 3 000 ÷ 10 000 – 500 – 98.24 × 12%] × (1 – 25%) = 234.88（万元）

（3）选择丙的税后利润 = [1 000 ÷ (1 + 13%) – 200 × 2 900 ÷ 10 000 – 500 – 100.04 × 12%] × (1 – 25%) = 236.22（万元）

【筹划结论】通过以上分析可知，从计算结果来看，从丙供货商处购入原材料，企业能够获得的税后利润最大，应该选择该方案。从案例的计算过程可以看出，如果企业在决策时仅以税负的高低作为决策依据，有可能会作出不恰当的选择。比较科学、合理的决策依据是企业的税后利润即净利润，它直接反映了企业当期经营业绩的好坏和成果的大小。

【任务点评】需要指出的是，以上是在"购买方以利润最大化为目标"的前提下进行讨论的。事实上企业选择供应商时除了需要考虑净利润大小以外，还应当考虑诸如现金净流量、信用关系、售后服务、产品质量等其他因素，以便作出全面、合理的决策。

【知识拓展】

与一般纳税人采购货物计税不同的是，小规模纳税人在采购货物时，无论从增值税一般纳税人处购进，还是从小规模纳税人处购进，所支付的价税款均计入货物采购成本，都不能作为进项税额抵扣，也就是说，其增值税税负的高低只与销售额有关，与采购对象无关。所以，小规模纳税人在选择采购对象时，选择含税价格最低的供货商就可以了，此时其采购成本最低、利润最高。

四、通过快递行业分环节纳税筹划

【案例 2 – 6】甲公司是一家快递公司，已取得一般纳税人资格。2020 年 1 月的应纳税收入为 100 万元，其中收件收入 60 万元、运输收入 30 万元、仓库出租收入 10 万元（出租 2016 年 4 月 30 日以后取得的不动产）。本月甲公司未取得相应的进项发票。问：B 公司的增值税该如何筹划？

【筹划要求】请对上述业务进行纳税筹划。

【筹划思路】利用快递收件、运输收入、仓库出租收入增值税税率不同采取分开核算，从而减少快递公司税负。

【筹划过程】

方案一：区分不同收入分别核算。

①收件收入应缴纳的增值税：60 ÷ (1 + 6%) × 6% = 3.40（万元）

②运输业务收入应缴纳的增值税：30 ÷ (1 + 9%) × 9% = 2.48（万元）

③出租仓库收入应缴纳的增值税：10 ÷ (1 + 9%) × 9% = 0.83（万元）

④总共应缴纳的增值税：3.40 + 2.48 + 0.83 = 6.71（万元）

如果不分开核算，税率应遵循从高原则，即按照 9% 的税率缴纳增值税。不分开核算应交增值税：100 ÷ (1 + 9%) = 8.26（万元）。分别核算可节约税款：8.26 − 6.71 = 1.55（万元）

方案二：收件服务、运输服务申请享受简易计税。

①收件收入应缴纳的增值税：60 ÷ (1 + 3%) × 3% = 1.75（万元）

②运输业务收入应缴纳的增值税：30 ÷ (1 + 3%) × 3% = 0.87（万元）

③出租仓库收入应缴纳的增值税：10 ÷ (1 + 9%) × 9% = 0.83（万元）

④总共应缴纳的增值税：1.75 + 0.87 + 0.83 = 3.45（万元）

节约税款 8.26 − 3.45 = 4.81（万元）。

方案三：仓库出租转型仓储服务。

①收件收入应缴纳的增值税：60 ÷ (1 + 3%) × 3% = 1.75（万元）

②运输业务收入应缴纳的增值税：30 ÷ (1 + 3%) × 3% = 0.87（万元）

③仓储服务收入应缴纳的增值税：10 ÷ (1 + 6%) × 6% = 0.57（万元）

④总共应缴纳的增值税：1.75 + 0.87 + 0.57 = 3.19（万元）

节约税款 8.26 − 3.19 = 5.07（万元）

【筹划结论】经过上述分析可知，税率降低了 61.38% [(8.26 − 3.19) ÷ 8.26 × 100%]。收入 100 万元的企业，节约税款 5.07 万元，可以直接增加企业利润或者让利客户，增强企业市场竞争力。

【知识拓展】

现在我国快递行业蓬勃发展，快递人员包括快递员、网点经营者、物流运输员等，快递环节包括收件、派件、物流、租赁、运输等。一般纳税人与小规模纳税人快递行业各环节增值税税率比较如表 2 − 1 所示。各环节的税率有所不同，纳税人可从此切入，进行增值税税务筹划。

表 2 − 1　一般纳税人与小规模纳税人快递行业各环节增值税税率比较

业务类型	工作内容	一般纳税人	小规模纳税人
收件	揽收快递	6%	6%
派件	派送快递	6%	6%

续表

业务类型	工作内容	一般纳税人	小规模纳税人
仓储服务	出租仓库、厂房并配备相应的人员提供仓储管理服务	6%	6%
租赁服务	仅出租仓库、厂房，但不配备相应的人员提供仓库或厂房管理服务	9%（出租2016年4月30日以后取得的不动产）、5%（2016年4月30日以前取得的不动产）	5%
运输服务	提供陆地运输、航空运输、水路运输等服务	9%	5%

不同征收方式下，增值税税率也有所不同。一般计税方式和简易计税方式增值税税率比较如表2－2所示。

表2－2　　一般计税方式和简易计税方式增值税税率比较

业务类型	一般计税方式	简易计税方式
收件	6%	3%
派件	6%	3%
运输服务	9%	3%

另外，从事国际货物运输代理的可以享受零税率优惠政策。

五、通过分立转换增值税纳税人身份的税务筹划

【案例2－7】荣华公司是一家工业公司，已取得一般纳税人资格，年销售收入不含税为5 000万元，销售货物适用的增值税税率是13%，可抵扣购进金额不含税价250万元，购进货物适用的增值税税率为13%，且能取得增值税专用专票。荣华公司销售过程中既有开具增值税专用发票的业务，又有开具增值税普通发票的业务，其中，开具增值税普通发票的业务不含税收入为580万元。

【筹划要求】请对上述业务进行纳税筹划。

【筹划思路】企业如果具有较高的销项税额和较低的进项税额，会使得增值税税负较重。这种情况下，若作为小规模纳税人，则征收率一般为3%，虽不能抵扣进项税额，但整体增值税税负较低。因此，对于未达到一般纳税人标准的此类企业可以继续选择作为小规模纳税人；而对于达到一般纳税人标准的此类企业，由于其具备一般纳税人资格，可以考虑成立一个小规模纳税人，对于与其他小规模纳税人发生的业务由此分立出的小规模纳税人进行交易，这样便可以在一定程度上降低增值税税负。

【筹划过程】

方案一：继续维持增值税一般纳税人身份。

荣华公司应纳增值税 =5 000 ×13% −250 ×13% =617.5（万元）

方案二：将开具增值税普通发票的业务分立出去，另注册一个 A 公司，并将不含税销售收入控制在 580 万元。此时，荣华公司仍为一般纳税人，A 公司为小规模纳税人。

荣华公司应纳增值税 =（5 000 −580）×13% −250 ×（5 000 −580）÷5 000 ×13% =545.87（万元）

A 公司应纳增值税 =580 ×3% =17.4（万元）

应纳增值税合计 =545.87 +17.4 =563.27（万元）

【筹划结论】方案二比方案一少缴纳增值税 54.23 万元（617.5 −563.27），因此，应当选择方案二。如果企业的销售客户大多是一般纳税人，则企业本身不适合作为小规模纳税人。因此，通过分立进行增值税纳税人身份转化的纳税筹划要具体情况具体分析。

六、通过固定资产的购进时间进行纳税筹划

【案例 2 −8】A 公司为增值税小规模纳税人，预计本年 11 月年应税销售额（连续不超过 12 个月的经营期内累计应征增值税销售额）将超过 500 万元。A 公司本年 11 月初准备购买价格为 113 万元（含增值税）的设备来扩大生产，且取得增值税专用发票，该设备的增值税税率为 13%。假设甲公司本年 12 月登记为一般纳税人，且 A 公司选择的一般纳税人资格生效之日为本年 12 月 1 日。

【筹划要求】请对上述业务进行纳税筹划。

【筹划思路】小规模纳税人实行简易计税办税，进项税额不能抵扣。经税务机关审核登记的一般纳税人，可按规定领购和使用增值税专用发票，按增值税条例规定计算缴纳增值税，可以抵扣进项税额。

纳税人年应税销售超过规定标准的，且不符合可以选择小规模纳税人纳税的有关政策规定，应当在年应税销售额超过规定标准的月份（或季度）的所属申报期结束后 15 日内按照上述规定办理一般纳税人登记手续；未按规定时限办理的，主管税务机关应当在规定期限结束后 5 个工作日内制作“税务事项通知书”，告知纳税人应当在 5 个工作日内向主管税务机关办理一般纳税人登记手续。逾期仍不办理的，次月起按销售额依照增值税税率计算应纳税额，不得抵扣进项税额，直到纳税人办理一般纳税人登记手续为止。

纳税人自一般纳税人生效之日起，按照增值税一般计税方法计算应纳税额，并可以按照规定领用增值税专用发票，财政部、国家税务总局另有规定的除外。生效之日，是指纳税人办理登记的当月 1 日或者次月 1 日，由纳税人在办理登记

手续时自行选择。

企业在即将转化为一般纳税人之前应当尽量推迟原材料、固定资产等的购买时间，等到成为一般纳税人之后再进行购买，可以少缴纳增值税。

【筹划过程】

方案一：如果 A 公司在本年 11 月购进设备。购置设备的进项税额不能抵扣，而是计入固定资产原值。

方案二：如果 A 公司在本年 12 月购进设备。购进设备的进项税能够抵扣销项税额。

与购置设备相关的进项税额 = 113 ÷（1 + 13%）× 13% = 13（万元）

【筹划结论】方案二比方案一多缴纳增值税 13 万元，因此，应当选择方案二。若增值税小规模纳税人即将转化为增值税一般纳税人，并且在转化为增值税一般纳税人之前因为生产急需，已经购置了相关原材料或固定资产，如果购置金额比较大且购货方同意，经购货方同意后，企业可以采取退货后重购的方式，以便能增加进项税额。但需慎重考虑的是，退货重购会产生一定的费用，可能还会有风险。因此，企业应当综合考虑。

七、兼营行为的税务筹划

【案例 2-9】A 公司是一个服装生产企业，为增值税一般纳税人。A 公司除了生产销售服装之外，还将空置的仓库用于提供仓储服务。A 公司取得的服装销售收入为 1 500 万元，仓储服务收入为 600 万元。当年可抵扣的增值税进项税额为 180 万元。根据相关规定，销售服装适用的税率为 13%，仓储服务适用的税率为 6%。假设上述收入均不含税，如何核算才能减轻税负？

【筹划要求】请对上述业务进行纳税筹划。

【筹划思路】根据《增值税暂行条例》及其实施细则和“营改增”政策法规，纳税人销售货物，提供加工、修理修配劳务，销售服务，无形资产或不动产适用不同税率或征收率的，应当分别核算适用不同税率或征收率的销售额；未分别核算销售额的，按照以下方法适用税率或征收率：

第一，兼营不同税率的应税项目，从高适用税率。

第二，兼营不同征收率的应税项目，从高适用征收率。

第三，兼营不同税率和征收率的应税项目，从高适用税率。

为了避免从高适用税率或征收率而加重企业税收负担的情况，兼营不同税率或征收率的货物、应税劳务或应税服务的企业，应将各自的销售额分别核算。例如，某处于城乡接合部的商店既销售各类日用百货，又销售农药、农具、农膜等农业生产用品。如果该商店将这两类商品的销售额分别核算，则日用百货的销售额按 13% 的税率计税，农药、农具、农膜等农业生产用品的销售额按 9% 的税率计税；如果不能分别核算，后者也会一并按 13% 的税率计税。

【筹划过程】

方案一：未对这两类收入分别核算。

应纳增值税税额 = (1 500 + 600) × 13% − 180 = 93（万元）

方案二：对这两类收入分别核算。

应纳增值税税额 = 1 500 × 13% + 600 × 6% − 180 = 51（万元）

【筹划结论】 A 甲公司分别核算两类收入要比未分别核算两类收入少交增值税 42 万元（93 − 51）。因此，当纳税人兼有不同税率或征收率的销售货物、提供应税劳务或应税服务时，要完善自己的财务核算，对不同收入分类核算，避免从高适用税率或征收率而给企业增加不必要的税收负担。

八、混合销售行为的税务筹划

【案例 2 − 10】 A 公司下设两个非独立核算的业务经营部门：供电器材加工工厂和工程安装施工队。供电器材加工工厂主要生产和销售货物（适用税率为 13%），工程安装施工队主要提供输电设备的安装服务（适用税率为 9%）。A 公司销售收入为 3 300 万元（不含税），销售货物的同时取得安装服务收入为 2 398 万元（含税），购买生产用原材料 2 000 万元（不含税），可抵扣的进项税额为 260 万元。A 公司为一般纳税人，因为 A 公司货物销售额达到总销售额的 50%，目前按照销售货物缴纳增值税。

【筹划要求】 请对上述业务进行纳税筹划。

【筹划思路】 全面“营改增”后，一项销售行为如果既涉及货物又涉及服务，为混合销售。从事货物的生产、批发或零售的单位和个体工商户的混合销售行为，按照销售货物缴纳增值税；其他单位和个体工商户的混合销售行为，按照销售服务缴纳增值税。上述从事货物的生产、批发或零售的单位和个体工商户，包括以从事货物的生产、批发或零售为主（纳税人每年的货物销售额与服务销售额合计数中，货物的销售额超过 50%）并兼营销售服务的单位和个体工商户。

应注意，纳税人销售活动板房、机器设备、钢结构件等自产货物的同时提供建筑、安装服务，不属于《营业税改征增值税试点实施办法》第四十条规定的混合销售，应分别核算货物和建筑服务的销售额，分别适用不同的税率或征收率。一般纳税人销售自产机器设备的同时提供安装服务，应分别核算机器设备和安装服务的销售额，安装服务可以按照甲供工程选择适用简易计税方法计税。

【筹划过程】

方案一：供电器材加工工厂和工程安装施工队未分开成立公司之前，A 公司应缴增值税情况如下：

增值税销项税额 = (3 300 + 2 398 ÷ 1.13) × 13% = 704.88（万元）

增值税进项税额 = 260 万元

应纳税额 = 704.88 − 260 = 444.88（万元）

方案二：供电器材加工工厂和工程安装施工队分开成立公司。

A 公司的安装服务收入比例较高，但没有相应的进项税额可以抵扣。在进行纳税筹划后，A 公司可以将工程安装施工队单独组建成一个独立核算的乙公司，将供电器材加工工厂组建为甲公司，各自独立纳税，工程安装施工队适用 9% 的税率。纳税筹划后纳税情况如下：

甲公司应纳增值税 = 3 300 × 13% − 260 = 169（万元）

乙公司应纳增值税 = 2 398 ÷（1 + 9%）× 9% = 198（万元）

合计应纳税额 = 169 + 198 = 367（万元）

少缴纳增值税款 = 444.88 − 367 = 77.88（万元）

【筹划结论】 A 公司下设的两个非独立核算的业务经营部门供电器材加工工厂和工程安装施工队，分别成立甲、乙公司，各公司收入分开按照销售货物 13% 税率、工程安装服务 9% 税率后，少缴纳增值税款 77.88 万元。

九、巧用起征点的税务筹划

【案例 2 − 11】 小李自己开了一家水果蔬菜零售店，登记为个体工商户，零售店每月含税销售额为 154 600 元，相关部门规定的增值税起征点为 150 000 元。请问小李如何进行税务筹划能使收益最大？

【筹划要求】 请对上述业务进行纳税筹划。

【筹划思路】 根据我国税法的相关规定，个人发生应税行为的销售额未达到增值税起征点的，免征增值税；达到起征点的，全额计算缴纳增值税（增值税起征点不适用于登记为一般纳税人的个体工商户）。

【筹划过程】

方案一：保持当前每月 154 600 元的含税销售额。

每月不含税销售额 = 154 600 ÷（1 + 3%）= 150 097.08（元）

达到增值税起征点，每月应纳增值税额 = 150 097.08 × 3% = 4 502.91（元）

如不考虑其他税费，小张每月收入 = 150 097.08 − 4 502.91 = 145 594.17（元）

方案二：将每月含税销售额降低为 154 400 元。

每月不含税销售额 = 154 400 ÷（1 + 3%）= 149 902.91（元）

方案二没有达到增值税起征点，不需缴纳增值税。

方案二的销售额降低，但收入反而增加了 149 902.91 − 145 594.17 = 4 308.74（元）。

【筹划结论】 方案一不含税销售额超过 150 000 元，所以应按照 3% 的税率缴纳增值税；方案二没有达到增值税起征点，不需缴纳增值税。方案二通过降低销售价格（不含增值税价）至起征点以下，小李的月收入反而上升，所以方案二优于方案一。

十、收购农产品的税务筹划

【案例2-12】 甲公司是食品生产企业，为增值税一般纳税人，本年8月从农民手中收购经农民加工过的鱼干1 200万元，并于当月全部领用用于罐头等，假设农民加工这1 200万元鱼干的成本为800万元。甲公司本年8月销售罐头，取得不含税销售收入4 000万元，销售食品用的增值税税率为13%，其他可抵扣的进项税额为150万元。

【筹划要求】 请对上述业务进行纳税筹划。

【筹划思路】 纳税人购进农产品既用于生产销售或委托加工13%税率货物，又用于生产销售其他货物服务的，应当分别核算用于生产销售或委托加工13%税率货物和其他货物服务的农产品进项税额。未分别核算的，统一以增值税专用发票或海关进口增值税专用缴款书上注明的增值税为进项税额，或以农产品收购发票或销售发票上注明的农产品买价和9%的扣除率计算进项税额。

农产品，是指种植业、养殖业、林业、牧业、水产业生产的各种植物、动植物的初级产品。前面税法中的初级产品是没有经过任何加工的农产品，初级产品一旦经过加工，哪怕是最简单的加工，也失去了税法规定的初级产品的特点，就不能按照扣除率计算进项税额。因此，企业应该直接收购没有经过加工的农产品，以充分享受优惠政策，从而减轻税负。

【筹划过程】

方案一：食品生产企业从养殖户手中收购经过养殖户加工过的鱼干。

应纳增值税 = 4 000 × 13% - 150 = 370（万元）

方案二：食品生产企业直接从养殖户手中收购鲜鱼，然后雇用养殖户加工成鱼干。

自2019年4月1日起，纳税人购进用于生产销售或委托加工13%税率货物的农产品，按照10%的扣除率计算进项税额。

应纳增值税 = 4 000 × 13% - 800 × 10% - 150 = 290（万元）

【筹划结论】 经过以上分析，方案二比方案一少80万元（370 - 290），所以，应当选择方案二。

十一、通过分立农业生产部门的纳税筹划

【案例2-13】 A棉质纺织厂为增值税一般纳税人，以棉花为原材料生产棉织品的增值税税率为13%，生产所用原材料棉花主要由本厂的种植园提供，A棉质纺织厂预计本年7月至12月棉织品实现销售收入6 300万元，种植园棉花的成

本为2 000万元，种植园购置原材料等可抵扣的进项税额很少，仅有10万元，另外A棉质纺织外购其他原材料等可抵扣的进项税额为100万元。

【筹划要求】请对上述业务进行纳税筹划。

【筹划思路】新型农业经营主体主要有专业大户、家庭农场、农民合作社、农业企业。新型农业经营主体销售自产农产品免征增值税。对农业生产者销售的自产农产品免征增值税，但以自产家产品为原材料加工后的产品并不属于农产品免税范围。企业要想享受销售自产农产品免税的政策，可以考虑把种植园和纺织厂分为两个独立法人，采取纺织厂购买种植园棉花的经营模式。一方面，种植园可以享受销售自产农产品免征增值税的政策；另一方面，纺织厂还可以按采购棉花金额乘以扣除率计算抵扣进项税额。

【筹划过程】

方案一：将种植园和棉质纺织厂作为一个独立法人。

本年7月至12月应纳增值税 $=6\ 300\times13\%-10-100=709$（万元）

方案二：将种植园和纺织分为两个独立法人种植园将自己生产的亚麻以2 400万元的市场价格直接销售给纺织厂。

（1）本年7月至12月种植园实现销售收入2 400万元，因为其自产自销未经加工的棉花符合农业生产者自产自销农产品的条件，所以可以享受免税待遇，税负为零，相应的进项税额10万元也不予抵扣。

（2）纺织厂购进棉花。自2019年4月1日起纳税人购进用于生产销售或委托加工13%税率货物的农产品按照10%的扣除率计算进项税额。

本年7月至12月应纳增值税 $=6\ 300\times13\%-2\ 400\times10\%-100=479$（万元）

【筹划结论】经过以上分析，方案二比方案一少缴纳增值税230万元（709－479），若以实现税负最小化为纳税筹划目标，则应当选择方案二。

十二、分立免税项目的纳税筹划

【案例2－14】A制药有限公司主要生产抗菌类药物，也生产避孕药品。2019年A制药有限公司抗菌类药物的销售收入为4 500万元，避孕药品的销售收入为1 500万元。全年购进货物的增值税进项税额为500万元。

【筹划要求】请对上述业务进行纳税筹划。

【筹划思路】企业分立中的纳税筹划主要包括：将特定产品的生产部门分立为独立的企业，以获得流转税的税负降低；在企业所得税采用累进税率的情况下，通过分立使原来适用高税率的一个企业分化成两个或两个以上适用低税率的企业，使其总体税负得以减轻；在混合销售行为中，可通过分立实现纳税筹划等。

用于免税项目的购进货物或应税劳务的增值税进项税额不能从销项税额中抵

扣。如果纳税人既经营免税项目的产品，又经营应税项目的产品，就必须准确划分不得抵扣的增值税进项税额。如果不能准确划分，按下列公式计算不得抵扣的增值税进项税额：

$$\text{不得抵扣的增值税进项税额}=\text{当月无法划分的全部增值税进项税额}\times\left(\text{当月免税项目销售额}+\text{非应税项目营业额}\right)\div(\text{当月全部销售额}+\text{营业额})$$

企业分立并不能单纯地以追求税收利益为目的，还应综合考虑分立的成本和收益、市场、财务、经营等多个方面的因素，只有全面分析后，才能作出对企业最有利的选择。

【筹划过程】

方案一：A 制药有限公司是否应单独设立一个制药厂，合并经营时因避孕药品为《增值税暂行条例》规定的免税项目，税法规定当纳税人购进的货物或接受的应税劳务不是用于增值税项目，而是用于非应税项目、免税项目或用于集体福利、个人消费等情况时，其支付的进项税额就不能从销项税额中抵扣。因此，进项税也不能全额抵扣，要从进项税额中扣除用于计生避孕药品部分。应体现增值税的配比原则，即购进项目金额与销售产品销售额之间配比性。

$500-500\times1\,500\div(4\,500+1\,500)=375$（万元）

方案二：另外设立一个制药厂。

如果避孕药品的进项税额为 60 万元，则 A 制药有限公司可抵扣的增值税进项税额为 500 万元减去 60 万元，结果为 440 万元，大于合并经营时可抵扣的 375 万元，可多抵扣 65 万元。此时，分设另外一个制药厂对 A 制药有限公司有利。

如果避孕药品的增值税进项税额为 150 万元，则 A 制药有限公司可抵扣的进项税额为 500 万元减去 150 万元，结果为 350 万元，小于合并经营时可抵扣的 375 万元，则采用合并经营较为有利。

如果避孕药品的进项税额为 125 万元，则 A 制药有限公司可抵扣的进项税额为 500 万元减去 125 万元，结果为 375 万元，与合并经营时可抵扣的 375 万元相等，则分立经营与合并经营在纳税上并无区别。

【筹划结论】经过以上分析，是否采取分立关键看免税商品进项税额占其销售收入比重的大小。如果免税商品进项税额占其销售收入比重小，则另外设立一个制药厂对某制药有限公司有利；如果免税商品进项税额占其销售收入比重大，则采用合并经营。

十三、一般纳税人选择简易计税方法的纳税筹划

【案例 2－15】乙公司为经过认定的动漫企业，除开发动漫产品以外，还为

其他企业的动漫产品提供形象设计、动画设计等服务，偶尔也会转让动漫版权。乙公司为增值税一般纳税人，适用税率为6%，由于进项税额较少，增值税税收负担率为4.8%。乙公司预计2020年度的不含税销售额为5 000万元。

【筹划要求】 请对上述业务进行纳税筹划。

【筹划思路】《财政部 国家税务总局关于全面推开营业税改征增值税试点的通知》的附件2《营业税改征增值税试点有关事项的规定》规定：经认定的动漫企业为开发动漫产品提供的动漫脚本编撰、形象设计、背景设计、动画设计、分镜、动画制作、摄制、描线、上色、画面合成、配音、配乐、音效合成、剪辑、字幕制作、压缩转码（面向网络动漫、手机动漫格式适配）服务，以及在境内转让动漫版（包括动漫品牌、形象或者内容的授权及再授权）。

动漫企业和自主开发、生产动漫产品的认定标准和认定程序，按照《文化部 财政部 国家税务总局关于印发〈动漫企业认定管理办法（试行）〉的通知》的规定执行。由于乙公司是动漫公司，进项税额较少，如果将乙公司改为简易计税方法计税会减少增值税税收负担率。

【筹划过程】

方案一：如乙公司保持现状，按照一般计税方法计税。

乙公司2020年度需缴纳增值税 = 5 000 × 4.8% = 240（万元）

方案二：甲公司选择简易计税方法，按照3%的征收率计算缴纳增值税纳税筹划方案纳税金额计算。

乙公司2020年度需缴纳增值税 = 5 000 × 3% = 150（万元）

【筹划结论】 经过以上分析，方案二比方案一少缴纳增值税90万元（240 - 150），因此，应当选择方案二。

十四、通过招聘退役士兵的纳税筹划

【案例2-16】 北京某押运公司截至2019年年初共拥有100名员工、20辆押运现钞车。每辆车配备4人（含司机），由于市场不断扩展，企业准备扩编队伍，欲增加10辆押运车，同时增加50名押运员工，预计公司2019年营运收入较上年增长50%，达到3 000万元，增值税税率为6%。招收新员工扩大经营的同时能否利用国家的税收优惠政策，是摆在企业面前的一个课题，运用得好则名利双收，反之将导致交“冤枉税”。

【筹划要求】 请对上述业务进行纳税筹划。

【筹划思路】《财政部 税务总局 退役军人部关于进一步扶持自主就业退役士兵创业就业有关税收政策的通知》第二条规定：企业招用自主就业退役士兵，与其签订1年以上期限劳动合同并依法缴纳社会保险费的，自签订劳动合同并缴纳社会保险当月起，在3年内按实际招用人数予以定额依次扣减增值税、城市维护建设税、教育费附加、地方教育附加和企业所得税优惠。定额标准为每人每年6 000元，最高可上浮50%，各省、自治区、直辖市人民政府可根据本地区实际情况在此幅度内确定具体定额标准。

《北京市关于进一步提高我市自主就业退役士兵创业就业有关税收扣减限额标准的通知》第二条规定：企业招用就业退役士兵，与其签订1年以上期限用工合同并依法缴纳社会保险费的，自签订劳动合同并缴纳社会保险当月起，在3年内按实际招用人数予以定额依次扣减增值税、城建税、教育附加税和企业所得税优惠。定额标准为每人每年9 000元。

【筹划过程】

方案一：不招聘退役士兵做押运员工：不享受税收优惠。

方案二：招聘退役士兵做押运员工。

该押运公司根据国家税务优惠政策和北京关于安置退役士兵的有关规定，决定此次招聘50名退役军人。

每年可减税 =（9 000 ×50 ÷10 000）=45（万元）

3年将享受税款的优惠 =45 ×3 =135（万元）

【筹划结论】经过以上分析，方案二比方案一少缴纳税135万元，所以，应当选择方案二。

十五、一般纳税人选择简易计税方法的纳税筹划

【案例2 –17】某房地产开发公司为增值税一般纳税人，本年11月采用以下方式促销：凡一次性购买房产达到1 000万元的（含增值税）给予价格上10%的折扣。假设当月有5名业主一次性购买房产达到1 000万元（含增值税）共计5 000万元（含增值税），可抵扣的相关进项税额为200万元。

【筹划要求】请对上述业务进行纳税筹划。

【筹划思路】纳税人采取折扣方式销售货物，销售额和折扣额在同一张发票上分别注明的，以折扣后的价款为销售额计算增值税；未在同一张发票的金额栏处分别注明的，以价款为销售额，不得扣减折扣额。

【筹划过程】

方案一：销售额和折扣额未在同一张发票上分别注明或者仅在发票的“备注”栏注明折扣额。

应纳增值税 =5 000 ÷（1 +9%）×9% –200 =212.84（万元）

方案二：销售额和折扣额在同一张发票上的“金额”栏分别注明。

应纳增值税 =5 000 ×（1 –10%）÷（1 +9%）×9% –200 =171.56（万元）

【筹划结论】经过以上分析，方案二比方案一少缴纳税41.28万元，因此，应当选择方案二。

十六、折扣销售的纳税筹划

【案例2－18】企业与客户签订的合同约定不含税销售额为100 000元，合同中约定的付款期为40天。如果对方可以在20天内付款，将给予对方3%的销售折扣，即3 000元。由于企业采取的是销售折扣方式，折扣额不能从销售额中扣除，企业应按照100 000元的销售额计算增值税销项税额。这样，增值税销项税额为：100 000×13%＝13 000（元）。请提出该企业的纳税筹划方案。

【筹划要求】请对上述业务进行纳税筹划。

【筹划思路】销售折扣，是指企业在销售货物或提供应税劳务的行为发生后，为了尽快收回资金而给予债务方一定的价格上的优惠的形式。销售折扣通常采用3/10、1/20、N/30等符号。这三种符号的含义是：如果债务方在10天内付清款项，则折扣额为3%；如果在20天内付清款项，则折扣额为1%；如果在30天内付清款项，则应全额支付。由于销售折扣发生在销售货物之后，本身并不属于销售行为，而为一种融资性的理财行为，因而销售折扣不得从销售额中减除，企业应当按照全部销售额计缴增值税。销售折扣在实际发生时计入财务费用。

从企业税负角度考虑，折扣销售方式优于销售折扣方式。如果企业面对的是一个信誉良好的客户，销售货款回收的风险较小，那么企业可以考虑通过修改合同，将销售折扣方式改为折扣销售方式。

法律政策依据：

（1）《中华人民共和国增值税暂行条例》（1993年12月13日公布，2008年11月5日国务院第34次常务会议修订通过，根据2016年2月6日《国务院关于修改部分行政法规的决定》第一次修订，根据2017年11月19日《国务院关于废止〈中华人民共和国营业税暂行条例〉和修改〈中华人民共和国增值税暂行条例〉的决定》第二次修订）。

（2）《中华人民共和国增值税暂行条例实施细则》（根据2011年10月28日《关于修改〈中华人民共和国增值税暂行条例实施细则〉和〈中华人民共和国营业税暂行条例实施细则〉的决定》修订）。

【筹划过程】

方案一：企业采取的是销售折扣方式销售。

折扣额不能从销售额中扣除，企业应按照100 000元的销售额计算增值税销项税额。

增值税销项税额＝100 000×13%＝13 000（元）

方案二：折扣销售方式销售。

企业主动压低该批货物的价格，将合同金额降低为97 000元，相当于给予对方3%折扣之后的金额。同时在合同中约定，对方企业超过20天付款加收3 390元滞纳金（相当于3 000元销售额和390元增值税）。这样，企业的收入并没有受到实质影响。如果对方在20天之内付款，可以按照97 000元的价款给对方开具增值税专用发票，并计算12 610元的增值税销项税额。如果对方没有在20天之内付款，企业可向对方收取3 000元滞纳金和390元增值税，并以“全部价款和价外费用”100 000元计算增值税销项税额，也符合税法的要求。

【筹划结论】经过以上分析，方案二更优于方案一，所以应当选择方案一销售货物。

十七、分别纳税与汇总纳税选择的纳税筹划

【案例2－19】A家居连锁经营企业在某省设立了十几家连锁经管的零售门店（年销售额均为500万元以上），在正常情况下，各零售门店应在所在地主管税务机关办理税务登记，申请认定为一般纳税人，分别申报缴纳增值税。

【筹划要求】请对上述业务进行纳税筹划。

【筹划思路】固定业户应当向其机构所在地的主管税务机关申报纳税。总机构和分支机构不在同一县（市）的，应当分别向各自所在地的主管税务机关申报纳税；经国务院财政、税务机关主管部门或者其授权的财政、税务机关批准，可以由总机构汇总向总机构所在地主管税务机关申报纳税。从长远的角度来看，连锁经营企业在存货采购及销售总额一定的前提下，无论是由总公司汇总申报纳税还是由零售门店分别申报纳税，其应缴纳的增值税总额是相等，但汇总缴纳可以减少办税成本，降低纳税风险。

【筹划过程】

方案一：各零售门店分别缴纳增值税。各零售门店分别缴纳增值税存在较多不利因素：

1. 总机构统一从供应商采购家居用品，再调拨给各分支机构即零售门店，这一调拨过程在会计核算中并不属于销售行为，但根据《中华人民共和国增值税暂行条例实施细则》第四条的规定，需要视同销售，缴纳增值税。

2. 企业需为每一零售门店专门配备办税人员，购置税控装置，进行增值税发票管理。而且零售门店作为独立的增值税纳税义务人，必须进行准确的增值税核算，这样便会加大核算成本。

3. 由于零售门店众多，办税人员素质参差不齐，容易产生少报、漏报、错报增值税税额等风险。

4. 每一零售门店作为一个独立的增值税纳税义务人，必须应对主管税务机关的日常管理和税务检查，从而产生一定的成本与风险。

5.《中华人民共和国企业所得税法》第五十条规定：居民企业在中国境内

设立不具有法人资格的营业机构的，应当汇总并缴纳企业所得税。但如果对于增值税实行总分机构各自分别纳税，则不同税种纳税方式不同，容易给零售门店造成认识和行为上的混淆。

方案二：A家居连锁经营企业经过努力，根据税法及当地主管税务机关的要求，在会计核算、发票管理、内部控制、人员配置等方面做了必要的调整，最后经当地财政、税务主管部门批准，各零售门店实行汇总缴纳增值税。

企业将各零售门店的增值税税款汇总起来，统一缴纳，可大大节约办税成本，避免了方案一带来的诸多麻烦。

【筹划结论】经过以上分析，方案二比方案一减少了办税成本，降低了纳税风险，因此，应当选择方案二。

十八、代销方式

【案例2－20】A造纸厂在2020年6月向B纸张供应站（以下简称B供应站）销售120万元白板纸，货款结算方式采用售后付款的方式。2021年1月，B供应站向A造纸厂汇来货款40万元。

【筹划要求】该项业务在缴纳税款时，是按照代销方式处理有利，还是按照自行销售的方式处理有利？

【筹划思路】我国税法对代销方式作出了明确规定：委托方与受托方须签订代销协议；受托方不垫付资金；受托方按照委托方确定的价格进行销售，并向委托方收取代销手续费等。若不满足上述条件，则按赊销或经销处理。销售代销货物视同销售。

委托代销有两种形式：一是买断；二是收取手续费。

委托代销与直接销售相比，委托代销的销售收入的确认和纳税义务的发生时间都会滞后，从而可使企业获得一定延期纳税利益。此外，企业支付的代销手续费还可以在销售费用中列支，并在所得税税前扣除。随着电子商务的广泛应用，实体代销与网络代销互相渗透。如很多网站代销商也存储实物，而负责实物代批发和零售的商家也自建网站分销平台。

【筹划过程】

该案例中，首先，货款结算方式采用售后付款的方式，从这点上看，与代销方式的结算方式比较相似。其次，B供应站性质为商业企业，所以可按照代销方式来核算。在这种情况下，2020年6月可不计算销项税额，2021年1月按规定向代销单位索取销货清单并计算销售额，计提销项税额。那么，A造纸厂需缴纳的增值税 $=40\div(1+13\%)\times13\%=4.60$（万元）。

对于尚未收到销货清单的货物，可暂缓申报计算销项税额。

假如不按照代销方式申报纳税，而是按照自行销售方式，那么，A造纸厂需

缴纳的增值税 $=120\div(1+13\%)\times13\%=13.81$（万元）。

【筹划结论】经过以上分析可知，A造纸厂采用代销方式更为有利。

十九、合理促销方式的纳税筹划

【案例2-21】某大型商场商品销售利润率为40%，销售1000元商品，其成本为600元，商场是增值税一般纳税人，购货均能取得增值税专用发票，为促销欲采用三种方式：一是商品8折销售；二是购物满800元赠送价值200元的商品（成本120元，均为含税价）；三是购物满1000元返还200元现金。

【筹划要求】请对上述业务进行纳税筹划。

【筹划思路】1. 折扣销售。经营者在商品原价的基础上实行一定折扣后销售，如服饰商品常用的“全场七折”“新款八折”等促销方式。在增值税的核算上，只需要将折扣额和销售额开在一张购物小票上，即可按折后价计算增值税。也就是说，税法认可企业的让利行为，企业虽然因为打折销售损失了一部分销售额，但对应的增值税的税赋也相应减轻。这也就是税法上所说的折扣销售，税法规定，纳税人采取折扣方式销售货物，如果销售额和折扣额在同一张发票上分别注明的，可按折扣的销售额征收增值税。未在同一张发票“金额”栏内注明折扣额，而仅在发票的“备注”栏内注明折扣额的，折扣额不得从销售额中减除。

2. 特价销售。这种方式下，只要发票上注明为特价销售，就可以按特价后的销售价格计税。如消费者购买的原价为200元的商品，商家现在以80元降价销售优惠，并在发票上分别注明原价及降价后的实际价格，就可以按照实际的80元来计算增值税。从税务筹划的角度来看，直接的降价销售是有利于企业纳税筹划的，只要企业按照税法规定将降价后的实际销售额和原价在同一张购物发票上注明即可。

3. 购买馈赠。购物返券是目前大型商业零售企业应用广泛的一种变相打折方式，即消费者购买到一定金额的商品，即可获得相应的返券，凭该返券可在商场内等同现金消费。还有价外馈赠即购买一定数量的商品，即可获得商家相应的商品赠送，主要用于家用电器、化妆品等高价商品的促销。在税法中，价外馈赠的商品同样应视同销售，按所赠物品的市场销售价格来计税。这种促销方式本质上与购物返券达到相同的税务结果。

顾客购买价值1 000元的商品，商家同样是让利300元，但对于商家来说税负和利润却大不相同。因此，在制订每一项经营决策时，先要进行相关的税务问题筹划，以便降低税收成本，获取最大的经济效益。

【筹划过程】

假定消费者同样是购买一件价值1 000元的商品，对于商家来说以上三种方式的应纳税情况及利润情况如下所示。

方案一：八折销售，价值1000元的商品售价800元。

应缴增值税额 $=800\div(1+13\%)\times13\%-600\div(1+13\%)\times13\%$

$=23.01$（元）

应纳城建及教育附加 $=23.01\times(7\%+3\%)=2.301$（元）

合计：$23.01+2.301=25.311$（元）

方案二：购物满800元，赠送价值200元的商品。

应缴增值税税额 $=800\div(1+13\%)\times13\%-480\div(1+13\%)\times13\%$

$=36.81$（元）

赠送200元商品视同销售：

应缴增值税 $=200\div(1+13\%)\times13\%-120\div(1+13\%)\times13\%=9.2$（元）。合计应缴增值税 $=36.81+9.2=46.01$（元）

应纳城建及教育附加 $=46.01\times(7\%+3\%)=4.601$（元）

合计：$46.01+4.601=50.611$（元）

方案三：购物满1000元返还现金200元。

应缴增值税税额 $=[1\,000\div(1+13\%)-600\div(1+13\%)]\times13\%$

$=46.02$（元）

应纳城建及教育附加 $=46.02\times(7\%+3\%)=4.602$（元）

因此，赠送该商品时商场需代顾客付偶然所得缴纳的个人所得税额为：$200\div(1-20\%)\times20\%=50$（元）。

合计：$46.02+4.602+50=100.62$（元）

【筹划结论】经过以上分析，上述三方案中，方案一最优，方案二次之，方案三最差。但如果前提条件发生变化，则方案的优劣也会随之改变。

二十、合理分配出差住宿与餐饮服务分开开票的纳税筹划

【案例2-22】某单位派出多名考古队员到三星堆遗址考古，出差时间为两周，出差的餐饮和住宿预算支出500 000元（含增值税），其中，餐饮预算支出为300 000元，住宿预算支出为200 000元。

【筹划要求】请对上述业务进行纳税筹划。

【筹划思路】购进的货款服务、餐饮服务、居民日常服务和娱乐服务的进项税额不得从销项税额中抵扣。购进的餐饮服务的进项税额不得从销项税额中抵扣，但购进的住宿服务的进项税额可以从销项税额中抵扣。企业应当合理分配购进的餐饮服务和住宿服务的支出，在合理的情况下增加可抵扣的进项税额。

【筹划过程】

方案一：购进餐饮服务300 000元，购进住宿服务200 000元。

可抵扣的进项税额 $=2\,000\,000\div(1+6\%)\times6=11\,320.75$（元）

方案二：购进餐饮服务和住宿服务全部开具餐饮发票。

如果购进餐饮服务和住宿服务全部开具餐饮发票，餐饮服务进项税额不得抵扣销项税。

【筹划结论】 经过以上分析，方案一比方案二节省增值税，因此，出差人员应合理分配住宿费和餐饮服务。

二十一、利用环保优惠政策纳税筹划

【案例 2－23】 某钢铁企业拥有固定资产 7 亿元，员工 4 000 多人，主要生产钢材。该企业处于该市区郊区，在生产钢材的过程中，每天产生近 40 吨的废煤渣（炉底渣），随之也出现了较大的污染问题。煤渣的排放使周围的水质受到很大的影响，导致附近居民严重不满。环保部门也多次对其警告和罚款，累计罚款 30 多万元。该厂要想维持正常生产，树立良好的社会形象，必须下决心治污。该厂根据有关专家的建议，拟订了以下两个方案。方案一：把煤渣的排放交给当地村民委员会处理，但每年要支付给村民委员会 20 万元的处理费用。方案二：投资 100 万元兴建墙体材料厂，利用排放的废煤渣生产防火材料。

【筹划要求】 请对钢铁企业的经营业务进行纳税筹划。

【筹划思路】 税法规定，建材产品生产，如果其原材料中掺有不少于 30% 的粉煤灰、煤矸石、烧煤锅炉的炉底渣（不包括高炉低渣），则可以免缴增值税。这是国家利用税收杠杆手段鼓励企业对“三废”进行的综合利用，在减轻纳税人税负的同时，有利于环保。

《财政部、国家税务总局关于印发〈资源综合利用产品和劳务增值税优惠目录〉的通知》，自 2015 年 7 月 1 日起，纳税人销售自产的资源综合利用产品和提供资源综合利用劳务，可以享受增值税即征即退政策。

建材企业应充分利用环保税收优惠政策，对资源进行综合利用，充分利用废渣生产，并参考《资源综合利用产品和劳务增值税优惠目录》，实现企业与社会的共赢。

【筹划过程】

方案一：把企业每年排放的煤渣交给当地村民委员会处理，尽管能够解决污染问题，但是企业每年都必须支付 20 万元给当地村民委员会，这是一笔不小的开支，且每年都要支付。这是传统的“就事论事”思维，没有考虑企业的税收问题，不会产生节税的效果，相应会增加企业每年的经营成本。

方案二：投资 100 万元兴建墙体材料厂，利用排放的废煤渣生产防火材料，但必须使用钢铁企业生产排放的废煤渣生产的防火材料中的废煤渣的比例不能低于 70%。这样既解决了污染问题，又追求了企业价值最大化，降低了企业的增值税税负。

【筹划结论】经过以上分析，方案二较方案一更优，因此，钢铁企业应选择方案二。

二十二、结算方式的纳税筹划

【案例2－24】某企业属于增值税一般纳税人，当月发生销售业务五笔，共计应收货款为1 800万元（含税价）。其中，前三笔销售业务共计1 000万元，货款两清；第四笔销售业务为300万元，两年后一次付清；第五笔销售业务为500万元，一年后付250万元，一年半后付150万元，余款100万元两年后结清。该企业是应采取直接收款方式还是应采取赊销和分期收款方式？

【筹划要求】请对钢铁企业的经营业务进行纳税筹划。

【筹划思路】企业产品的具体销售形式是多种多样的，但总体上有两种类型：现销方式和赊销方式。不同结算方式的纳税义务的发生时间是不同的，不仅会涉及税款的时间价值，还会对企业的现金流产生影响。增值税法规定，企业采取直接收款方式销售的，不论货物是否发出，均为收到销售款项或取得索取销售款项凭据的当天；先开具发票的，为开具发票的当天。这意味着在销售货物时，如果卖方与买方办理了货款结算手续，或者为对方开具了增值税专用发票，无论对方是否提货，都要计算缴纳增值税。如果企业在销售货物时改变了结算方式，用赊销或分期收款的方式，则可在合同约定的收款日期开具增值税专用发票，这样可以避免提前纳税，获得该税款的时间价值。同时，对于买方来说，其只能在合同约定的收款日期得到增值税专用发票的抵扣，因而可以促使买方及时付款。

若采取委托代销方式，委托方先将商品交付给受托方，受托方应根据合同要求，将商品出售后给委托方开具代销清单。此时，委托方才可以确认销售收入的实现。按照这一原理，如果企业的产品销售对象是商业企业，并且产品以销售后付款结算方式销售，企业可以采用委托代销结算方式，根据实际收到的货款分期计算销项税额，从而延缓纳税时间。

相反，如果销货方采取托收承付和委托银行收款方式销售货物，根据税法的规定，其纳税义务发生时间为发出货物并办妥托收手续的当天，这样就会出现销货方在还没有收到货款的情况下需要提前垫付税款的情况。

【筹划过程】

方案一：该企业若采取直接收款方式，则应在当月全部计算销售。

计提的销项税额 $=1\ 800\div(1+13\%)\times13\%=207.08$（万元）

该企业若对未收到的销售业务不记账，则违反了税法规定。

少计的销项税额 $=800\div(1+13\%)\times13\%=92.04$（万元）

这种行为属于偷税行为。

方案二：货款结算中采取赊销和分期收款方式，就可以延缓纳税。

该企业若对未收到的300万元和500万元应收账款分别在货款结算中采取赊销和分期收款方式，就可以延缓纳税。

因为这两种结算方式都是以合同约定日期为纳税义务发生时间。

第四笔和第五笔两年后付清货款的销项税额

=(300+100)÷(1+13%)×13%=46.02（万元）

第五笔一年后付清货款的销项税额=250÷(1+13%)×13%=28.76（万元）

第五笔一年半后付清货款的销项税额=150÷(1+13%)×13%=17.26（万元）

由此可以看出，采用赊销和分期收款方式，可以为企业获得资金的时间价值，并为企业节约大量的流动资金。

【筹划结论】经过以上分析，方案二比方案一更优，因此，在销售货物货款结算中采取赊销和分期收款方式，可以为企业获得资金的时间价值，并为企业节约大量的流动资金。

二十三、存货非正常损失的纳税筹划

【案例2－25】A公司为增值税一般纳税人，适用13%的增值税税率。本年7月A公司购入一批原材料，不含税价格为200万元，取得的增值税专用发票注明的增值税税额为26万元，该进项税额已经于本年7月从销项税额中抵扣。本年12月该批原材料由于仓库发生火灾（因管理不善）导致发生损失，甲公司对其进行盘存清理，发现有不含增值税价格35万元的原材料经过一定处理仍能使用，为回笼资金决定将其变价卖出。本年12月A公司其他业务增值税销项税额为100万元，可抵扣的进项税额为60万元。

【筹划要求】请对上述业务进行纳税筹划。

【筹划思路】尽量降低非正常损失存货的会计核算额的前提在于合理且精确地将报废的存货和仍能使用的存货分开，并在会计核算上能按照数量、单价和金额正确体现。

【筹划过程】

方案一：会计核算上按照200万元作为非正常损失。

进项税转出额=200×13%=26（万元）

35万元的原材料变价销售的销项税额=35×13%=4.55（万元）

应纳增值税=100+4.55－(60－26)=70.55（万元）

方案二：会计核算上非正常损失=200－35=165（万元）。

进项税转出额=165×13%=21.45（万元）

35万元的原材料变价销售的销项税额=35×13%=4.55（万元）

应纳增值税=100+4.55－(60－21.45)=66（万元）

【筹划结论】经过以上分析，方案二比方案一更少缴增值税 4.55 万元（70.5 - 66），因此，应当选择方案二。

二十四、劳务派遣公司的纳税选择

【案例 2 - 26】成都某人力资源服务公司为增值税一般纳税人，提供劳务派遣服务。2019 年 5 月提供劳务派遣服务的含税营业额为 60 万元，其中代用工单位支付给劳务派遣员工的工资、福利和为其办理社保和住房公积金合计 40 万元，购买办公用品等取得的增值税专用发票注明价款为 20 000 元、税款为 3 200 元。

注：劳务派遣服务是指劳务派遣公司为了满足用工单位对于各类灵活用工的需求，将员工派遣至用工单位，接受用工单位管理并为其工作的服务。一般来说，派遣员工的工资等由劳务派遣公司发放，用工单位支付约定的费用给劳务派遣公司。

【筹划要求】请对上述业务进行纳税筹划。

【筹划思路】一般纳税人提供劳务派遣服务，可以按照《财政部 国家税务总局关于全面推开营业税改征增值税试点的通知》的规定，以取得的全部价款和价外费用为销售额，按照一般计税方法计算缴纳增值税；也可以选择差额计税，以取得的全部价款和价外费用，扣除代用工单位支付给劳务派遣员工的工资、福利和为其办理社会保险及住房公积金后的余额为销售额，按照简易计税方法依 5% 的征收率计算缴纳增值税。

【筹划过程】

方案一：选择一般计税方法。

劳务派遣服务属于现代服务业中的“商务辅助服务”，按照 6% 的税率计算缴纳增值税：

应纳增值税 = 600 000 ÷ (1 + 6%) × 6% - 3 200 = 30 762.26（元）

方案二：选择差额计税方法。

应纳增值税 = (600 000 - 400 000) ÷ (1 + 5%) × 5% = 9 523.81（元）

【筹划结论】经过以上分析，方案二比方案一更优，该公司采用差额计税方法税负较低。企业在进行纳税筹划时，应仔细分析业务特点和进项税额的多少，再决定采用何种计税方法。

二十五、不动产进项税额抵扣的纳税筹划

【案例 2 - 27】重庆某家电制造企业成立于 2008 年，自创办以来，企业行政办公大楼一直未重新装修，部分电子设备、固定设施陈旧落后，无法满足现代化办公的需求。经董事会批准，企业于 2020 年 3 月开始对办公楼进行大装修。企业办公楼的账面原值为 800 万元，装修预算为 420 万元（不含税），其中，采购

办公设备、电子设备、装修材料等预计花费260万元，聘请装潢设计公司进行装修设计的费用为600万元，装修公司装修费1 000万元。在高层会议上，财务总监提出，企业可以适当压缩一下预算，将总预算控制在400万元以内，这样可以尽早抵扣增值税进项税额，对于缓解资金紧张的局面比较有利。董事会听取了财务总监的建议，采用招投标的方式，将采购成本压缩至240万元，总预算控制在400万元以内。该公司为增值税一般纳税人，货物或服务的供应商均为一般纳税人，所购货物或服务都可以取得增值税专用发票。

【筹划要求】请对上述业务进行纳税筹划。

【筹划思路】按照国家税务总局2016年第15号公告，纳税人2016年5月1日后购进货物和设计服务、建筑服务，用于新建不动产，或者用于改建、扩建、修缮、装饰不动产并增加不动产原值超过50%的，其进项税额应自取得之日起分2年从销项税额中抵扣，第1年抵扣比例为60%，第2年抵扣比例为40%。按照税法规定，如果装饰不动产增加不动产原值未超过50%的，进项税额可以一次性抵扣，不必分两年抵扣。公司财务总监提出的建议是尽早将进项税额抵扣完毕。

【筹划过程】

方案一：不修改预算。

由于装修支出超过了原值的50%，因此需要将对应的进项税额分两年抵扣，即2018年抵扣60%，2019年抵扣40%。公司采购设备等适用13%的增值税税率，购进的设计服务按照现代服务业适用6%的增值税税率，购进的装修服务属于建筑服务，适用9%的增值税税率。

2018年可抵扣进项税额 = (260 × 13% + 60 × 6% + 100 × 9%) × 60%
= 27.84（万元）

2019年可抵扣进项税额 = (260 × 13% + 60 × 6% + 100 × 9%) × 40%
= 18.56（万元）

方案二：修改预算。

2018年可抵扣进项税额 = 240 × 13% + 60 × 6% + 100 × 9% = 43.8（万元）

【筹划结论】经过以上分析，方案二比方案一更优，方案二可以提前抵扣进项税额43.8万元，可以为企业获得资金的时间价值，并为企业节约大量的流动资金。

二十六、通过直销方式进行纳税筹划

【案例2－28】某利公司是一家化妆品公司，为增值税一般纳税人。某利公司采用直销方式推销产品，由业务员为其推销，其业务员并非本公司雇用的员工，而是一些兼职人员，所签合同并非劳动合同，而是业务或劳务合同。合同中有如下条款：“业务员从某利公司的提货价必须要与卖给客户的零售价一致，然后根据销售额的5%从甲公司获取提成。”本年7月甲公司直销收入总额为10 000万元（不含增值税），进项税额为500万元。该产品的增值税税率为13%。

【筹划要求】请对上述业务进行纳税筹划。

【筹划思路】一般纳税人采用一般计税方法的应纳增值税税额 = 本期销项税额 - 本期准予抵扣进项税额。小规模纳税人应纳增值税税额 = 不含税销售额 × 征收率。

《关于直销方式销售货物增值税销售额确定有关问题公告》规定：根据《中华人民共和国增值税暂行条例》及其实施细则规定，现将直销企业采取直销方式销售货物增值税销售额确定有关问题的公告如下。

1. 直销企业先将货物销售给直销员，直销员再将货物销售给消费者的，直销企业的销售额为其向直销员收取的全部价款和价外费用。直销员将货物销售给消费者时，应按照现行规定缴纳增值税。

2. 直销企业通过直销员向消费者销售货物，直接向消费者收取货款，直销企业的销售额为其向消费者收取的全部价款和价外费用。

一般纳税人采用一般计税方法销售货物、劳务、服务、无形资产或者不动产，只要其采购时取得增值税专用发票等扣税凭证，则可以抵扣进项税额，即相当于按增值税额来缴纳增值税；但小规模纳税人的应纳增值税与增值额无关，仅与销售额有关。我们应当尽量避免小规模纳税人从一般纳税人购进货物、劳务、服务、无形资产的情况，在小规模纳税人（含个人，下同）作为一般纳税人直销企业业务员的直销业务员中，应当避免出现“一般纳税人直销企业先将产品卖给小规模纳税人，小规模纳税人再对外销售”的合同条款。

【筹划过程】

方案一：仍采用原合同的条款。

须分为两道销售环节：第一道是某利公司将商品按照提货价卖给业务员，

某利公司应纳增值税 = 10 000 × 13% - 500 = 800（万元）；

第二道是业务员将商品按照零售价卖给客户，

业务员应纳增值税 = 10 000 × 3% = 300（万元）（这300万元的增值税一般由某利公司通过其他方式补偿给业务员）

方案二：修改合同条款为：“业务员以某利公司的名义对外销售，按照某利公司统一定价卖给客户，然后根据销售额的5%从某利公司获取提成。”

则只有一道销售环节，即某利公司销售给客户。

某利公司应纳增值税 = 10 000 × 13% - 500 = 800（万元）

少缴纳增值税 = 800 + 300 - 800 = 300（万元）

【筹划结论】经过以上分析，方案二比方案一更优，方案二比方案一少缴纳增值税300万元，因此，应当选择方案二。

二十七、简易计税方法与一般计税方法选择的纳税筹划

【案例2－29】重庆某公交交通运输公司为增值税一般纳税人，预计本年度实现收1 000万元（不含增值税），可抵扣的进项税额为15万元。

【筹划要求】请对上述业务进行纳税筹划。

【筹划思路】对于可以选择适用简易计税方法计税的情况，纳税人应当比较一般计税方法和简易计税方法下税负的大小，选择税负小的方案。

一般纳税人发生下列应税行为可以选择适用简易计税方法计税：

1. 公共交通运输企业服务。公共交通运输服务，包括轮客渡、公交客运、地铁、城市轻轨、出租车、长途客运、班车。

班车，指按照固定路线、固定时间运营并在固定站点停靠的运送旅客的陆路运输服务。

2. 经认定的动漫企业为开发动漫产品提供的动漫脚本编撰、形象设计、背景设计分镜、动画制作、摄制、描线、上色、画面合成、配音、配乐、音效合成、剪辑、字幕制作、压缩转码（面向网络动漫、手机动漫格式适配）服务，以及在境内转让动漫版权（包括动漫品牌、形象或者内容的授权及再授权）。

3. 电影放映服务、仓储服务、装卸搬运服务、收派服务和文化体育服事务。

【筹划过程】

方案一：选择一般计税方法。

应纳增值税＝1 000×9%－15＝75（万元）

方案二：选择简易计税方法。

应纳增值税＝1 000×3%＝30（万元）

方案二比方案一少缴纳增值税＝75－30＝45（万元）

【筹划结论】经过以上分析，方案二比方案一少缴纳增值税45万元，因此，应当选择方案二。

二十八、程租、期租与光租选择的纳税筹划

【案例2－30】A公司为增值税一般纳税人，是水路运输公司，拟定10月对B公司提供一次光租业务，收费200万元（含增值税），相关可抵扣进项税额15万元，相关成本费用100万元（不含增值税）。若提供期租业务，自身多支出成本费用50万元（不含增值税），需要收费250万元（含增值税），相关可抵扣进项税额20万元。提供程租业务，自身多支出成本费用100万元（不含增值税），需要收费300万元（含增值税），相关可抵扣进项税额22万元。A公司不适用加计抵减政策。

【筹划要求】请对上述业务进行纳税筹划。

【筹划思路】水路运输的程租、期租业务，属于水路运输服务，按照交通运输服务缴纳增值税，适用9%的增值税税率。期租业务，是指运输企业将配备有操作人员的船舶承租他人使用一定期限，承租期内听候承租方调遣，不论是否经营，均按天向承租方收取租赁费的业务，发生的固定费用均由船东负担的业务。程租业务，是指运输企业为租船人完成某一次特定航次的运输任务并收取租赁费的业务。

水路运输的光租业务，属于经营租赁，按照有形动产经营租赁服务缴纳增值税，适用13%的增值税税率。光租业务，是指运输企业将船舶在约定的时间内出租给他人使用，不配备操作人员，不承担运输过程中发生的各项费用，只收取固定租赁费的业务活动。

水路运输的程租、期租业务，属于水路运输服务，按照交通运输服务缴纳增值税，适用9%的增值税税率；水路运输的光租业务适用13%的增值税税率。因此，企业应当尽量提供程租、期租业务，以适用较低的增值税税率。

【筹划过程】

方案一：提供光租业务。

应纳增值税 $=200\div(1+13\%)\times13\%-15-8.01$（万元）

应纳城市维护建设税和教育费附加 $=8.01\times(7\%+3\%)=0.80$（万元）

税后利润 $=[200\div(1+13\%)-100-0.80]\times(1-25\%)=57.14$（万元）

方案二：提供期租业务。

应纳增值税 $=250\div(1+9\%)\times9\%-20=0.64$（万元）

应纳城市维护建设税和教育费附加 $=0.64\times(7\%+3\%)=0.06$（万元）

税后利润 $=[250\div(1+9\%)-100-50-0.06]\times(1-25\%)=59.47$（万元）

方案三：提供程租业务。

应纳增值税 $=300\div(1+9\%)\times9\%-22=2.77$（万元）

应纳城市维护建设税和教育费附加 $=2.77\times(7\%+3\%)=0.28$（万元）

税后利润 $=[300\div(1+9\%)-100-100-0.28]\times(1-25\%)=56.21$（万元）

【筹划结论】

方案二比方案一多获取税后利润2.33万元（59.47－57.14），方案二比方案三多获取税后利润3.26万元（59.47－56.21），若以实现税后利润最大化为纳税筹划目标，则应当选择方案二。

【案例2－31】雷某于20×7年3月1日在广东佛山老家购买了一套100平方米的普通住宅，该住宅为雷某的第2套住宅，买价为700 000元（含增值税）。雷某准备于20×9年3月前对外售出，预计市场价格为900 000元（含增值税）。

【筹划要求】请对上述业务进行纳税筹划。

【筹划思路】个人将购买不足2年的住房对外销售的，按照5%的征收率全额缴纳增值税；个人将购买 2 年以上（含 2 年）的住房对外销售的，免征增值税。上述政策适用于北京市、上海市、广州市和深圳市之外的地区。

个人将购买不足 2 年的住房对外销售的，按照 5% 的征收率全额缴纳增值税；个人将购买 2 年以上（含 2 年）的非普通住房对外销售的，以销售收入减去购买住房价款后的差额按照 5% 的征收率缴纳增值税；个人将购买 2 年以上（含 2 年）的普通住房对外销售的免征增值税。上述政策仅适用于北京市、上海市、广州市和深圳市。

个人在转让住房时，应当把握上述时间限定因素，以尽量避免纳税义务。尽量在购买住房满 2 年后对外销，以享受减免税款的优惠政策。

【筹划过程】

方案一：雷某于 20×7 年 2 月对外销售。个人将购买不足 2 年的住房对外销售的，按照 5% 的征收率全额缴纳增值税。

应纳增值税 = 900 000 ÷ (1 + 5%) × 5% = 42 857.14（元）

方案二：雷某于 20×9 年 3 月对外销售。个人将购买 2 年以上（含 2 年）的住房对外销售的，免征增值税。

【筹划结论】 方案二比方案一少缴纳增值税 42 857.14 元，若以实现税负最小化为纳税筹划目标，则应当选择方案二。

二十九、通过建立内部管控制度进行纳税筹划

【案例 2-32】 某龙公司拟送各大客户相关人员一批台历座，上面有公司名称、产品介绍、公司文化等宣传内容，制作费用 100 000 元（不含增值税）。某龙公司认为是宣传行为，这批台历座是向大客户宣传介绍公司，但税务人员可能认为这是送礼行为，因为台历座是礼品。若为送礼要征 13% 增值税，同时还要扣缴 20% 的个人所得税。

【筹划要求】 请对上述业务进行纳税筹划。

【筹划思路】 税法规定视同销售货物或视同提供应税行为，需征收增值税。企业可通过建立内部管控制度避免出现视同销售行为。

【筹划过程】

方案一：如果制作台历送各大客户按自产、委托加工或购买的货物无偿赠送给其他单位或者个人需视同销售要缴纳增值税。

应缴纳增值税 = 100 000 × 13% = 13 000（元）

方案二：如果某龙公司通过建立内部宣传品管理办法，制定此批台历座是向大客户宣传介绍公司，属宣传行为，相当于公司购买广告位，随时想收回展位随时都可以收回。这样可节省增值税和个人所得税。

【筹划结论】 方案二比方案一少缴纳增值税 13 000 元，因此，应当选择方案二。

三十、房地产公司老项目通过简易征税纳税筹划

【案例 2-33】 某川房地产公司是一般纳税人，销售自行开发的位于某县城的房产，房产项目是 2016 年 4 月 30 日前房地产项目，预计总售价 10 000 万元，当期允许扣除的土地价款 3 000 万元。

【筹划要求】 请对上述业务进行纳税筹划。

【筹划思路】《国家税务总局关于发布〈房地产开发企业销售自行开发的房地产项目增值税征收管理暂行办法〉的公告》规定如下：房地产开发企业中的一般纳税人（以下简称一般纳税人）销售自行开发的房地产项目，适用一般计税方法计税，按照取得的全部价款和价外费用，扣除当期销售房地产项目对应的土地价款后的余额计算销售额。一般纳税人销售自行开发的房地产老项目，可以选择适用简易计税方法按照 5% 的征收率计税。一经选择简易计税方法计税，36 个月内不得变更为一般计税方法计税。

因此，房地产公司可通过老项目选择简易征税进行纳税筹划。房地产开发企业中的一般纳入销售自行开发的房地产老项目，可以选择适用一般计税方法计税，也可以选择简易计税方法按照 5% 的征收率计税。企业应当比较不同计税方法下增值税税负的大小，选择税负小的方案。

【筹划过程】

方案一：选择一般计税方法计税。

销售额 =（全部价款和价外费用 - 当期允许扣除的土地价款）÷（1 + 9%）

= (10 000 - 3 000)三(1 + 9%) = 6 422.02（万元）

应纳增值税 = 6 422.02 × 9% - 50 = 527.98（万元）

方案二：选择简易计税按照 5% 的征收率计税。

销售额 = 全部价款和价外费用 ÷（1 + 5%）= 10 000 ÷（1 + 5%）

= 9 523.81（万元）

应纳增值税 = 9 523.81 × 5% = 476.19（万元）

【筹划结论】 方案二比方案一少缴纳增值税 51.79 万元（527.98 - 476.19），因此，应当选择方案二。

三十一、通过适用低税率策略纳税筹划

【案例 2-34】 广东某湖公司是一家集餐饮、会议和度假休闲于一体的公司，该公司 2020 年度餐饮服务取得含税收入 500 万元，销售烟、酒等百货取得收入 200 万元，允许抵扣的增值税进项税额为 30 万元。请计算该公司应当缴纳的增值税，并提出税务筹划方案。

【筹划要求】 请对上述业务进行纳税筹划。

【筹划思路】如果税基确定，应纳税额的多少则取决于税率。我国主要税种大部分都有多档次税率、优惠税率。纳税人可运用税务筹划技术，最大限度地适用低税率。

该公司经营的项目分别适用两种不同的税率，因此，该公司可以考虑对在该公司就餐并购买烟、酒等百货的顾客采取转移定价策略，即对顾客就餐收取较高费用。

【筹划过程】

方案一：不进行额外的纳税筹划。

公司应缴纳增值税 $=500\div(1+6\%)\times 6\% +200\div(1+13\%)\times13\% -30$
$=21.31$（万元）

方案二：该公司经营的项目分别适用两种不同的税率，因此，该公司可以考虑对在该公司就餐并购买烟、酒等百货的顾客采取转移定价策略，即对顾客就餐收取较高费用。

若通过采用该策略，该公司2020年度适用13%税率的增值税项目的销售额降低为100万元，适用6%税率的增值税项目的销售额相应增加为600万元。公司应当缴纳的增值税的计算如下。

$600\div(1+6\%)\times6\% +100\div(1+13\%)\times13\% -30=15.47$（万元）

通过税务筹划，少缴的增值税税额 $=21.31-15.47=5.84$（万元）

【筹划结论】方案二比方案一少缴纳增值税15.47万元（21.31－5.84），因此，应当选择方案二。

课后练习题

一、单选题

1. 根据增值税法律制度的规定，下列行为中应视同销售征收增值税的是（　　）。

A. 购进钢材一批用于生产应税货物　B. 购进服装一批用于职工运动会

C. 购进水果一批用于交际应酬　　　D. 购进书包一批用于捐赠希望小学

2. 根据增值税法律制度的规定，下列各项说法中，不正确的是（　　）。

A. 纳税人提供植物养护服务，按照“其他生活服务”缴纳增值税

B. 纳税人为客户办理退票而向客户收取的退票费收入，按照“其他现代服务”缴纳增值税

C. 纳税人提供的邮政代理服务，按照“经纪代理服务”缴纳增值税

D. 拍卖行受托拍卖取得的手续费或佣金收入，按照“经纪代理服务”缴纳

增值税

3. 根据增值税法律制度的规定，下列各项业务中不属于“交通运输服务”的是（ ）。

A. 无运输工具承运业务　　B. 货物运输代理服务

C. 运输工具舱位互换业务　　D. 运输工具舱位承包业务

4. 根据增值税法律制度的规定，下列各项中，不属于在境内销售服务的是（ ）。

A. 东京的某租赁公司为苏州某公司的员工出差提供在当地的汽车租赁服务

B. 越南的某公司为南京的某企业在南京提供的桥梁设计服务

C. 境内某企业将一台进口的设备提供给其关联公司无偿使用

D. 天津某公司为洛杉矶某公司的员工出差提供在境内的酒店住宿服务

5. 下列关于增值税纳税人年应税销售额的表述，不正确的是（ ）。

A. 年应税销售额是指纳税人在连续不超过12个月或四个季度的经营期内累计应征增值税销售额

B. 年应税销售额包括纳税申报销售额、稽查查补销售额、纳税评估调整销售额

C. 销售应税服务有扣除项目的纳税人，应税行为的年应税销售额按未扣除之前的销售额计算

D. 纳税人偶然发生的转让不动产销售额，应计入应税行为年应税销售额

6. 某旧货经营单位为增值税小规模纳税人，2020年2月销售旧货共取得含税销售收入120 000元，销售自己使用过的固定资产共取得含税销售收入32 400元（未放弃减税优惠），则该旧货经营单位2020年2月应缴纳增值税（ ）元。

A. 2 959.22　　B. 4 438.83　　C. 3 273.79　　D. 4 124.27

7. 某商城为增值税一般纳税人，2020年2月发生以下业务：以旧换新销售5台电冰箱，新电冰箱每台零售价5 000元，旧电冰箱每台作价350元，每台电冰箱收取差价4 650元；采取以旧换新方式向消费者销售金项链2 000条，新项链每条零售价0.25万元，旧项链每条作价0.22万元，每条项链取得差价款0.03万元。则当月该商城以上业务的销项税额为（ ）万元。

A. 57.81　　B. 7.17　　C. 7.19　　D. 57.79

8. 根据增值税的有关规定，下列说法中，正确的是（ ）。

A. 企业销售货物发生销售折扣的，按折扣后的销售额征收增值税

B. 商场采取以旧换新方式销售空调的，按照新空调的同期销售价格减除旧空调的收购价格确定销售额

C. 企业采取还本销售方式销售货物，实际上是一种融资行为，不征收增值税

D. 贷款服务以提供贷款服务取得的全部利息及利息性质的收入为销售额征收增值税

9. 张某为A公司员工（已签订正式的劳动合同），2019年8月因公出差，乘坐高铁从北京前往至上海，取得的注明张某身份信息的车票上注明的票面金额为524.30元。则A公司可以抵扣的进项税额为（　　）元。

A. 48.81　　B. 43.29　　C. 15.27　　D. 0

10. 某企业（增值税一般纳税人）2020年2月生产货物用于销售，取得不含税销售收入100 000元，当月外购原材料取得增值税专用发票上注明增值税3 200元。当月从某公司（增值税一般纳税人）租入一台机器，取得该公司开具的增值税专用发票上注明的租赁费20 000元，该机器既用于生产货物，又用于企业职工食堂。当月为接送员工上下班购置一辆乘用车，取得增值税专用发票上注明的金额为100 000元。则该企业本月应纳增值税税额为（　　）元。

A. 13 000　　B. 9 800　　C. 0　　D. 7 200

11. 某酒厂（增值税一般纳税人）2020年3月，销售白酒60吨，取得不含税销售收入120万元，同时收取包装物押金5万元；当月另销售啤酒20吨，共取得不含税销售收入80万元，同时收取包装物押金8万元，包装物均约定2个月后归还。当月没收3个月前收取的白酒包装物押金3万元、啤酒包装物押金6万元。根据上述业务该酒厂2020年3月的增值税销项税额为（　　）万元。

A. 27.27　　B. 27.50　　C. 27.61　　D. 28.53

12. 某家电生产企业为增值税一般纳税人，2020年4月8日向某百货公司销售电冰箱100台，开具的增值税专用发票上注明价款170 000元，因百货公司在10日内付款所以享受含税价款2%的折扣，该家电生产企业实际收到货款188 258元；本月购进原材料取得的增值税专用发票上注明增值税税额合计8 190元。该家电生产企业本月应缴纳增值税（　　）元。

A. 21 035.3　　B. 16 283.54　　C. 13 910　　D. 13 468

13. B市的甲建筑企业是增值税一般纳税人，2020年2月在A市取得含税建筑收入总额为500万元，支付分包款200万元，则甲企业在建筑服务发生地A市预缴增值税税款（　　）万元。

A. 5.50　　B. 24.77　　C. 8.26　　D. 27

14. 位于A市的甲企业是增值税小规模纳税人，2020年2月将其位于B市的一座办公楼出租，取得含税租金收入150 000元，则其应在B市预缴增值税（　　）元。

A. 2 912.62　　B. 3 000　　C. 7 142.86　　D. 5 000

15. 房地产开发企业的一般纳税人采取预收款方式销售自行开发的房地产项目，在收到预收款时按照一定的预征率预缴增值税，该预征率为（　　）。

A. 2%　　B. 3%　　C. 4%　　D. 5%

16. 某企业系增值税一般纳税人，主要经营餐饮服务，2019 年 12 月购进一批餐桌餐椅用于堂食服务，取得增值税专用发票注明税额 33 900 元，已知该企业的销售额符合加计抵减的条件且上期计提的加计抵减额仍余 2 250 元未抵减完。假定不考虑其他因素，该企业当期可抵减的加计抵减额为（　　）元。

A. 7 335　　B. 5 640　　C. 5 085　　D. 3 390

17. 根据增值税法律制度的规定，下列各项中，不适用零税率政策的是（　　）。

A. 在境内载运旅客或者货物出境　　B. 在境外载运旅客或者货物入境

C. 在境外载运旅客或者货物　　D. 在境内载运旅客或者货物

18. 根据营改增政策的规定，下列项目不享受免征增值税优惠政策的是（　　）。

A. 个人转让著作权　　B. 个人提供有形动产租赁服务

C. 养老机构提供的养老服务　　D. 纳税人提供的技术转让

二、多选题

1. 根据增值税法律制度的规定，下列各项中，应当按照物流辅助服务缴纳增值税的有（　　）。

A. 港口码头服务　　B. 代理报关服务

C. 打捞救助服务　　D. 无运输工具承运业务

2. 根据增值税法律制度的规定，下列各项中，不征收增值税的有（　　）。

A. 上缴财政的罚没物品拍卖收入

B. 被保险人获得的保险赔付

C. 物业管理单位代收的住宅专项维修资金

D. 存款利息

3. 下列各项中，属于在境内销售服务、无形资产或者不动产的有（　　）。

A. 销售位于境内的厂房

B. 境外单位向境内单位或个人提供的在境外的工程勘探服务

C. 境外单位为出境的包裹在境外提供的收派服务

D. 转让位于境内的矿山开采权

4. 根据营改增相关规定，下列情形属于视同提供应税行为的有（　　）。

A. 某运输企业为灾区无偿提供公路运输服务

B. 某咨询公司为个人无偿提供技术咨询服务

C. 某动画公司聘用动画人才为本公司设计动画

D. 某运输公司为其他单位无偿提供交通运输服务

5. 增值税的一般纳税人提供的下列服务中，可以选择按照简易计税方法计税的有（　　）。

A. 以清包工方式提供的建筑服务

B. 房地产开发企业中的一般纳税人以围填海方式取得土地并开发的房地产

老项目

C. 销售电梯的同时提供的安装服务

D. 提供交通运输服务

6. 增值税一般纳税人是指年应税销售额超过规定的小规模纳税人标准的企业和企业性单位。其中年应税销售额包括（　　）。

A. 免税销售额

B. 稽查查补销售额

C. 纳税评估调整销售额

D. 税务机关代开发票销售额

7. 下列各项中，适用5%征收率计算缴纳增值税的有（　　）。

A. 小规模纳税人销售取得的不动产

B. 小规模纳税人出租其取得的商务用房

C. 一般纳税人和小规模纳税人提供劳务派遣服务选择差额纳税的

D. 一般纳税人提供人力资源外包服务，选择适用简易计税方法的

8. 增值税一般纳税人销售或者进口下列货物，按低税率9%计征增值税的有（　　）。

A. 挂面　　B. 食用盐　　C. 玉米胚芽　　D. 淀粉

9. 增值税的一般纳税人提供的下列应税行为，可以选择按照简易计税方法计税的有（　　）。

A. 提供非学历教育　　B. 为甲供工程提供的建筑服务

C. 提供人力资源外包服务　　D. 提供文化创意服务

10. 根据营改增的规定，下列应税服务适用6%增值税税率的有（　　）。

A. 研发服务　　B. 装卸搬运服务

C. 交通运输服务　　D. 有形动产租赁服务

三、判断题

1. 小规模纳税人可以抵扣增值税进项税额。（　　）

2. 纳税人销售旧货，按照简易办法依照3%的征收率缴纳增值税。（　　）

3. 增值税混合销售行为的税务处理是分开核算、分开缴税的。（　　）

4. 餐饮住宿服务，包括餐饮服务和住宿服务。（　　）

5. 增值税扣缴义务发生时间为纳税人支付货款的当天。（　　）

四、综合题

1. 丙商业企业为一般纳税人，若丙企业从一般纳税人处采购商品，则不含税购买价为2 000元，且可取得税率为13%的增值税专用发票，该商品的不含税销售价为2 200元；若丙企业从小规模纳税人处采购商品，则不含税买价为1 800元，且可取得税率为3%的增值税专用发票，该商品的不含税销售价格仍为2 200

元。请对丙商业企业的供应商进行选择。

2. 昌大昌家电超市销售空调 2 000 台，不含税销售额为 800 万元，当月与销售空调相关的可抵扣进项税额为 100 万元；同时为客户提供上门安装服务，收取安装费 33.9 万元，当月与安装服务相关的可抵扣进项税额为 1 万元。请对其进行纳税筹划。

第三章　消费税的纳税筹划

学习目标

1. 掌握：消费税筹划的主要领域（烟、酒、高档化妆品、贵重首饰及珠宝玉石、鞭炮及焰火、成品油、小汽车、摩托车、高尔夫球及球具、高档手表、游艇、木制一次性筷子、实木地板、电池、涂料共15类商品）。

2. 理解：消费税筹划的基本思路。

3. 了解：消费税的概念、特点、纳税义务人和征税对象、计税依据与税率。

第一节　消费税概述

一、消费税的概念

消费税法是指国家制定的用以调整消费税征收与缴纳相关权利及义务关系的法律规范。现行消费税法的基本规范是2008年11月5日经国务院第34次常务会议修订通过并颁布，自2009年1月1日起施行的《中华人民共和国消费税暂行条例》（以下简称《消费税暂行条例》），以及2008年12月15日财政部、国家税务总局颁布的《中华人民共和国消费税暂行条例实施细则》（以下简称《消费税暂行条例实施细则》）。

消费税是指对消费品和特定的消费行为按流转额征收的一种商品税。广义上看，消费税应对所有消费品包括生活必需品和日用品普遍课税。但从征收实践上看，消费税主要指对特定消费品或特定消费行为等课税。消费税主要以消费品为课税对象，属于间接税，税收随价格转嫁给消费者负担，消费者是税款的实际负担者。消费税的征收具有较强的选择性，是国家贯彻消费政策、引导消费结构从而引导产业结构的重要手段，因而在保证国家财政收入、体现国家经济政策等方面具有十分重要的意义。

二、消费税的特点

我国现行消费税的特点：

（1）征收范围具有选择性。我国消费税在征收范围上根据产业政策与消费政策仅选择部分消费品征税，而不是对所有消费品都征收消费税。

（2）一般情况下，征税环节具有单一性。主要在生产销售和进口环节上征收。

（3）平均税率水平比较高且税负差异大。消费税的平均税率水平比较高，并且不同征税项目的税负差异较大。如小汽车按照排气量大小划分，最低税率1%，最高税率40%。

（4）计税方法具有灵活性。既采用对消费品规定单位税额，以消费品的数量实行从量定额的计税方法；又采用对消费品制定比例税率，以消费品的价格实行从价定率的计税方法；对卷烟、白酒还采用了从量征收与从价征收相结合的复合计税方式。

三、纳税义务人与税目

（一）纳税义务人

在中华人民共和国境内生产、委托加工和进口《消费税暂行条例》规定的消费品的单位和个人，以及国务院确定的销售《消费税暂行条例》规定的消费品的其他单位和个人，为消费税的纳税人，应当依照《消费税暂行条例》缴纳消费税。

单位，是指企业、行政单位、事业单位、军事单位、社会团体及其他单位。

个人，是指个体工商户及其他个人。

在中华人民共和国境内，是指生产、委托加工和进口属于应当缴纳消费税的消费品的起运地或者所在地在境内。

（二）税目

消费税的征收范围比较狭窄，同时也会根据经济发展、环境保护等国家大政方针进行修订，依据《消费税暂行条例》及相关法规规定，目前消费税税目包括烟、酒、化妆品等15个税目，部分税目还进一步划分了若干子目。

1. 烟。凡是以烟叶为原料加工生产的产品，不论使用何种辅料，均属于本税目的征收范围。包括卷烟（进口卷烟、白包卷烟、手工卷烟和未经国务院批准纳入计划的企业及个人生产的卷烟）、雪茄烟和烟丝。在“烟”税目下分“卷烟”等子目，“卷烟”又分“甲类卷烟”和“乙类卷烟”。其中，甲类卷烟是指每标准条（200 支，下同）调拨价格在 70 元（不含增值税）以上（含 70 元）的卷烟；乙类卷烟是指每标准条调拨价格在 70 元（不含增值税）以下的卷烟。

为完善消费税制度，维护税制公平统一，更好地发挥消费税引导健康消费的作用，财政部、海关总署、国家税务总局联合印发《关于对电子烟征收消费税的公告》，公告规定自 2022 年 11 月 1 日起对电子烟征收消费税。其中，电子烟有关定义按照国家市场监督管理总局、国家标准化管理委员会发布的《电子烟》强制性国家标准（GB41700－2022）确定。

按照《财政部 海关总署 税务总局关于对电子烟征收消费税的公告》的规定：电子烟消费税征税对象为电子烟产品，包括烟弹、烟具以及烟弹与烟具组合销售的电子烟产品。

2. 酒。酒是酒精度在 1 度以上的各种酒类饮料，包括白酒、黄酒、啤酒和其他酒。啤酒每吨出厂价（含包装物及包装物押金）在 3 000 元（含 3 000 元，不含增值税）以上的是甲类啤酒，每吨出厂价（含包装物及包装物押金）在 3 000 元（不含增值税）以下的是乙类啤酒。包装物押金不包括重复使用的调料周转箱的押金。对饮食业、商业、娱乐业举办的啤酒屋（啤酒坊）利用啤酒生产设备生产的啤酒，应当征收消费税。果啤属于啤酒，按啤酒征收消费税。配制酒（露酒）是指以发酵酒、蒸馏酒或食用酒精为酒基，加入可食用或药食两用的辅料或食品添加剂，进行调配、混合或再加工制成的并改变了其原酒基风格的饮料酒。规定如下：

（1）以蒸馏酒或食用酒精为酒基，具有国家相关部门批准的国食健字或卫食健字文号并且酒精度低于 38 度（含）的配制酒，按《消费税税目、税率（额）表》中“其他酒 ”10% 的适用税率征收消费税。

（2）以发酵酒为酒基，酒精度低于 20 度（含）的配制酒，按《消费税税目、税率（额）表》中“其他酒”10% 的适用税率征收消费税。

（3）其他配制酒，按《消费税税目、税率（额）表》中“白酒”的适用税率征收消费税。葡萄酒消费税适用“酒”税目下设的“其他酒”子目。葡萄酒是指以葡萄为原料，经破碎（压榨）、发酵而成的酒精度在 1 度（含）以上的葡萄原酒和成品酒（不含以葡萄为原料的蒸馏酒）。

3. 高档化妆品。自 2016 年 10 月 1 日起，本税目调整为包括高档美容、修饰类化妆品、高档护肤类化妆品和成套化妆品。

高档美容、修饰类化妆品和高档护肤类化妆品是指生产（进口）环节销售（完税）价格（不含增值税）在 10 元/毫升（克）或 15 元/片（张）及以上的美容、修饰类化妆品和护肤类化妆品。

美容、修饰类化妆品是指香水、香水精、香粉、口红、指甲油、胭脂、眉笔、唇笔、蓝眼油、眼睫毛以及成套化妆品。

舞台、戏剧、影视演员化妆用的上妆油、卸妆油、油彩，不属于本税目的征收范围。

高档护肤类化妆品征收范围另行制定。

4. 贵重首饰及珠宝玉石。贵重首饰及珠宝玉石包括以金、银、白金、宝石、珍珠、钻石、翡翠、珊瑚、玛瑙等高贵稀有物质以及其他金属、人造宝石等制作的各种纯金银首饰及镶嵌首饰和经采掘、打磨、加工的各种珠宝玉石。对出国人员免税商店销售的金银首饰征收消费税。

5. 鞭炮、焰火。鞭炮、焰火包括各种鞭炮、焰火。体育上用的发令纸、鞭炮药引线，不按本税目征收。

6. 成品油。成品油包括汽油、柴油、石脑油、溶剂油、航空煤油、润滑油、燃料油 7 个子目。航空煤油暂缓征收。

（1）汽油是指用原油或其他原料加工生产的辛烷值不小于 66 的可用作汽油发动机燃料的各种轻质油。取消车用含铅汽油消费税，汽油税目不再划分二级子目，统一按照无铅汽油税率征收消费税。以汽油、汽油组分调和生产的甲醇汽油、乙醇汽油也属于本税目征收范围。

（2）柴油是指用原油或其他原料加工生产的倾点或凝点在 －50℃ ～30℃的可用作柴油发动机燃料的各种轻质油和以柴油组分为主、经调和精制可用作柴油发动机燃料的非标油。以柴油、柴油组分调和生产的生物柴油也属于本税目征收范围。经国务院批准，从 2009 年 1 月 1 日起，对同时符合下列条件的纯生物柴油免征消费税：

①生产原料中废弃的动物油和植物油用量所占比重不低于 70%。

②生产的纯生物柴油符合国家《柴油机燃料调合生物柴油（BD100）》标准。

（3）石脑油又叫化工轻油，是以原油或其他原料加工生产的用于化工原料的轻质油。石脑油的征收范围包括除汽油、柴油、航空煤油、溶剂油以外的各种轻质油。非标汽油、重整生成油、拔头油、戊烷原料油、轻裂解料（减压柴油 VGO 和常压柴油 AGO）、重裂解料、加氢裂化尾油、芳烃抽余油均属轻质油，属于石脑油征收范围。

（4）溶剂油是用原油或其他原料加工生产的用于涂料、油漆、食用油、印刷油墨、皮革、农药、橡胶、化妆品生产和机械清洗、胶粘行业的轻质油。橡胶填充油、溶剂油原料，属于溶剂油征收范围。

（5）航空煤油也叫喷气燃料，是用原油或其他原料加工生产的用作喷气发动机和喷气推进系统燃料的各种轻质油。航空煤油的消费税暂缓征收。

（6）润滑油是用原油或其他原料加工生产的用于内燃机、机械加工过程的润滑产品。润滑油分为矿物性润滑油、植物性润滑油、动物性润滑油和化工原料合成润滑油。润滑油征收范围包括矿物性润滑油、矿物性润滑油基础油、植物性润滑油、动物性润滑油和化工原料合成润滑油。以植物性、动物性和矿物性基础油（或矿物性润滑油）混合掺配而成的“混合性”润滑油，不论矿物性基础油（或矿物性润滑油）所占比例高低，均属于润滑油征收范围。

另外，用原油或其他原料加工生产的用于内燃机、机械加工过程的润滑产品均属于润滑油征税范围。润滑脂是润滑产品，生产、加工润滑脂应当征收消费税。变压器油、导热类油等绝缘油类产品不属于润滑油，不征收消费税。

（7）燃料油也称重油、渣油，是用原油或其他原料加工生产，主要用作电厂发电、锅炉用燃料、加热炉燃料、冶金和其他工业炉燃料。腊油、船用重油、常压重油、减压重油、180CTS 燃料油、7 号燃料油、糠醛油、工业燃料、4～6 号燃料油等油品的主要用途是作为燃料燃烧，属于燃料油征收范围。根据《财政部 税务总局关于对废矿物油再生油品免征消费税的通知》的规定，纳税人利用废矿物油为原料生产的润滑油基础油、汽油、柴油等工业油料免征消费税。但应同时符合下列条件：

①纳税人必须取得省级以上（含省级）环境保护部门颁发的《危险废物（综合）经营许可证》，且该证件上核准生产经营范围应包括“利用”或“综合经营”字样。

②生产原料中废矿物油重量必须占到 90% 以上。产成品中必须包括润滑油基础油，且每吨废矿物油生产的润滑油基础油应不少于 0.65 吨。

③利用废矿物油生产的产品与利用其他原料生产的产品应分别核算。

《财政部 税务总局关于延长对废矿物油再生油品免征消费税政策实施期限的通知》规定将该免征消费税政策实施期限延长至 2023 年 10 月 31 日。

7. 小汽车。小汽车是指由动力驱动，具有 4 个或 4 个以上车轮的非轨道承载的车辆。本税目征收范围包括：

（1）乘用车：含驾驶员座位在内最多不超过 9 个座位（含）的，在设计和技术特性上用于载运乘客和货物的各类乘用车。

（2）中轻型商用客车：含驾驶员座位在内的座位数在 10～23 座（含 23 座）的，在设计和技术特性上用于载运乘客和货物的各类中轻型商用客车。

（3）超豪华小汽车：每辆零售价格 130 万元（不含增值税）及以上的乘用车和中轻型商用客车。

【注意 1】 用排气量小于 1.5 升（含）的乘用车底盘（车架）改装、改制的车辆属于乘用车征收范围。用排气量大于 1.5 升的乘用车底盘（车架）或用中轻型商用客车底盘（车架）改装、改制的车辆属于中轻型商用客车征收范围。含驾驶员人数（额定载客）为区间值的（如 8～10 人 、17～26 人）小汽车，按其区间值下限人数确定征收范围。

【注意 2】 电动汽车不属于本税目征收范围。车身长度大于 7 米（含），并且座位在10~23座（含）以下的商用客车，不属于中轻型商用客车征税范围，不征收消费税。沙滩车、雪地车、卡丁车、高尔夫车不属于消费税征收范围，不征收消费税。

8. 摩托车。摩托车包括轻便摩托车和摩托车两种。气缸容量250毫升（不含）以下的小排量摩托车不征收消费税。

9. 高尔夫球及球具。高尔夫球及球具是指从事高尔夫球运动所需的各种专用装备，包括高尔夫球、高尔夫球杆及高尔夫球包（袋）等。

高尔夫球是指重量不超过45.93克、直径不超过42.67毫米的高尔夫球运动比赛、练习用球；高尔夫球杆是指被设计用来打高尔夫球的工具，由杆头、杆身和握把三部分组成；高尔夫球包（袋）是指专用于盛装高尔夫球及球杆的包（袋）。

本税目征收范围包括高尔夫球、高尔夫球杆、高尔夫球包（袋）。高尔夫球杆的杆头、杆身和握把属于本税目的征收范围。

10. 高档手表。高档手表是指销售价格（不含增值税）每只在10 000元（含）以上的各类手表。本税目征收范围包括符合以上标准的各类手表。

11. 游艇。游艇是指长度大于8米小于90米，船体由玻璃钢、钢、铝合金、塑料等多种材料制作，可以在水上移动的水上浮载体。按照动力划分，游艇分为无动力艇、帆艇和机动艇。

本税目征收范围包括艇身长度大于8米（含）小于90米（含），内置发动机，可以在水上移动，一般为私人或团体购置，主要用于水上运动和休闲娱乐等非谋利活动的各类机动艇。

12. 木制一次性筷子。木制一次性筷子，又称卫生筷子，是指以木材为原料经过锯段、浸泡、旋切、刨切、烘干、筛选、打磨、倒角、包装等环节加工而成的各类供一次性使用的筷子。

本税目征收范围包括各种规格的木制一次性筷子。未经打磨、倒角的木制一次性筷子属于本税目征税范围。

13. 实木地板。实木地板是指以木材为原料，经锯割、干燥、刨光、截断、开榫、涂漆等工序加工而成的块状或条状的地面装饰材料。实木地板按生产工艺不同，可分为独板（块）实木地板、实木指接地板、实木复合地板三类；按表面处理状态不同，可分为未涂饰地板（白坯板、素板）和漆饰地板两类。

本税目征收范围包括各类规格的实木地板、实木指接地板、实木复合地板及用于装饰墙壁、天棚的侧端面为榫、槽的实木装饰板。未经涂饰的素板也属于本税目征税范围。

14. 电池。电池是一种将化学能、光能等直接转换为电能的装置，一般由电极、电解质、容器、极端，通常还有隔离层组成的基本功能单元，以及用一个或多个基本功能单元装配成的电池组。本税目征收范围包括原电池、蓄电池、燃料电池、太阳能电池和其他电池。

自 2015 年 2 月 1 日起对电池（铅蓄电池除外）征收消费税；对无汞原电池、金属氢化物镍蓄电池（又称氢镍蓄电池或镍氢蓄电池）、锂原电池、锂离子蓄电池、太阳能电池、燃料电池、全帆液流电池免征消费税。2015 年 12 月 31 日前对铅蓄电池缓征消费税；自 2016 年 1 月 1 日起，对铅蓄电池按 4% 的税率征收消费税。

15. 涂料。涂料是指涂于物体表面能形成具有保护、装饰或特殊性能的固态涂膜的一类液体或固体材料的总称。自 2015 年 2 月 1 日起对涂料征收消费税，施工状态下挥发性有机物（volatile organic compounds，VOC）含量低于 420 克/升（含）的涂料免征消费税。

四、消费税的税率

消费税采用比例税率和定额税率两种形式，以适应不同应税消费品的实际情况。消费税根据不同的税目或子目确定相应的税率或单位税额。大部分应税消费品适用比例税率，例如，烟丝税率为 30%，摩托车税率为 3%，等等；黄酒、啤酒、成品油按单位重量或单位体积确定单位税额；卷烟、白酒采用比例税率和定额税率双重征收形式。具体税目与税率（额）如表 3 – 1 所示。

表 3 – 1　　消费税税目、税率（额）表

税目	税率（额）
一、烟	
1. 卷烟	
(1) 甲类卷烟（生产或进口环节）	56% 加 0.03 元/支
(2) 乙类卷烟（生产或进口环节）	36% 加 0.03 元/支
(3) 批发环节	11% 加 0.03 元/支
2. 雪茄烟	36%
3. 烟丝	30%
4. 电子烟	
(1) 工业	36%/盒
(2) 商业批发	11%/盒
二、酒	
1. 白酒	20% 加 0.5 元/500 克（或者 500 毫升）
2. 黄酒	240 元/吨
3. 啤酒	
(1) 甲类啤酒	250 元/吨
(2) 乙类啤酒	220 元/吨
4. 其他酒	10%

续表

税目	税率（额）
三、高档化妆品	15%
四、贵重首饰及珠宝玉石	
1. 金银首饰、铂金首饰和钻石及钻石饰品	5%
2. 其他贵重首饰及珠宝玉石	10%
五、鞭炮、焰火	15%
六、成品油	
1. 汽油	1.52 元/升
2. 柴油	1.2 元/升
3. 航空油	1.2 元/升
4. 石脑油	1.52 元/升
5. 溶剂油	1.52 元/升
6. 润滑油	1.52 元/升
7. 燃料油	1.2 元/升
七、小汽车	
1. 乘用车	
（1）气缸容量（排气量，下同）在1.0升（含1.0升）以下的	1%
（2）气缸容量在1.0升以上至在1.5升（含1.5升）的	3%
（3）气缸容量在1.5升以上至在2.0升（含2.0升）的	5%
（4）气缸容量在2.0升以上至在2.5升（含2.5升）的	9%
（5）气缸容量在2.5升以上至在3.0升（含3.0升）的	12%
（6）气缸容量在3.0升以上至在4.0升（含4.0升）的	25%
（7）气缸容量在4.0升以上的	40%
2. 中轻型商用客车	5%
3. 超豪华小汽车（零售环节）	10%
八、摩托车	
1. 气缸容量为250毫升的	3%
2. 气缸容量为250毫升以上的	10%
九、高尔夫球及球具	10%
十、高档手表	2%
十一、游艇	10%
十二、木制一次性筷子	5%
十三、实木地板	5%
十四、电池	4%
十五、涂料	4%

纳税人兼营不同税率的应税消费品，应当分别核算不同税率应税消费品的销售额、销售数量。未分别核算销售额、销售数量，或者将不同税率的应税消费品

组成成套消费品销售的从高适用税率。

例如，某酒厂既生产税率为20%的粮食白酒，又生产税率为10%的其他酒，如汽酒、药酒等，该厂应分别核算白酒与其他酒的销售额，然后按各自适用的税率计税；如不分别核算各自的销售额，其他酒也按白酒的税率计算纳税。如果该酒厂还生产白酒与其他酒如小瓶装礼品套酒，就是税法所指的成套消费品，应将全部销售额按白酒的税率20%计算应纳消费税税额，而不能以其他酒10%的税率计算其中任何一部分的应纳税额了。对未分别核算的销售额按高税率计税，意在督促企业对不同税率应税消费品的销售额分别核算，准确计算纳税。

五、计税依据

根据《消费税暂行条例》的规定，消费税应纳税额的计算分为从价计征、从量计征和从价从量复合计征三种方法。

（一）从价计征

在从价定率计算方法下，应纳税额等于应税消费品的销售额乘以适用税率，应纳税额的多少取决于应税消费品的销售额和适用税率两个因素。

1. 销售额的确定。销售额为纳税人销售应税消费品向购买方收取的全部价款和价外费用。销售，是指有偿转让应税消费品的所有权；有偿，是指从购买方取得货币、货物或者其他经济利益；价外费用，是指价外向购买方收取的手续费、补贴、基金、集资费、返还利润、奖励费、违约金、滞纳金、延期付款利息、赔偿金、代收款项、代垫款项、包装费、包装物租金、储备费、优质费、运输装卸费以及其他各种性质的价外收费。但下列项目不包括在内。

（1）同时符合以下条件的代垫运输费用：

①承运部门的运输费用发票开具给购买方的。

②纳税人将该项发票转交给购买方的。

（2）同时符合以下条件代为收取的政府性基金或者行政事业性收费：

①由国务院或者财政部批准设立的政府性基金，由国务院或者省级人民政府及其财政、价格主管部门批准设立的行政事业性收费。

②收取时开具省级以上财政部门印制的财政票据。

③所收款项全额上缴财政。

其他价外费用，无论是否属于纳税人的收入，均应并入销售额计算征税。

实行从价定率办法计算应纳税额的应税消费品连同包装销售的，不论包装是否单独计价，也不论在会计上如何核算，均应并入应税消费品的销售额中征收消费税。如果包装物不作价随同产品销售，而是收取押金，则此项押金不应并入应税消费品的销售额中征税。但对因逾期未收回的包装物不再退还的或者已收取的时间超过12个月的押金，应并入应税消费品的销售额，按照应税消费品的适用税率缴纳消费税。

对既作价随同应税消费品销售，又另外收取押金的包装物的押金，凡纳税人在规定的期限内没有退还的，均应并入应税消费品的销售额，按照应税消费品的适用税率缴纳消费税。

对销售啤酒、黄酒外的其他酒类产品而收取的包装物押金，无论是否返还以及会计上如何核算，均应并入当期销售额征税。

白酒生产企业向商业销售单位收取的“品牌使用费”是随着应税白酒的销售而向购货方收取的，属于应税白酒销售价款的组成部分，因此，不论企业采取何种方式或以何种名义收取价款，均应并入白酒的销售额中缴纳消费税。

纳税人销售的应税消费品，以外汇结算销售额的，其销售额的人民币折合率可以选择结算的当天或者当月1日的国家外汇牌价（原则上为中间价）。纳税人应在事先确定采取何种折合率，确定后1年内不得变更。

2. 含增值税销售额的换算。应税消费品在缴纳消费税的同时，与一般货物一样，还应缴纳增值税。按照《消费税暂行条例实施细则》的规定，应税消费品的销售额，不包括应向购货方收取的增值税税款。如果纳税人应税消费品的销售额中未扣除增值税税款或者因不得开具增值税专用发票而发生价款和增值税税款合并收取的，在计算消费税时，应将含增值税的销售额换算为不含增值税税款的销售额。其换算公式为：

应税消费品的销售额 = 含增值税的销售额 ÷（1 + 增值税税率或征收率）

在使用换算公式时，应根据纳税人的具体情况分别使用增值税税率或征收率。如果消费税的纳税人同时又是增值税一般纳税人的，应适用13%的增值税税率；如果消费税的纳税人是增值税小规模纳税人的，应适3%的征收率。

（二）从量计征

在从量定额计算方法下，应纳税额等于应税消费品的销售数量乘以单位税额，应纳税额的多少取决于应税消费品的销售数量和单位税额两个因素。

1. 销售数量的确定。

销售数量是指纳税人生产、加工和进口应税消费品的数量。具体规定为：

（1）销售应税消费品的，为应税消费品的销售数量。

（2）自产自用应税消费品的，为应税消费品的移送使用数量。

（3）委托加工应税消费品的，为纳税人收回的应税消费品数量。

（4）进口的应税消费品，为海关核定的应税消费品进口征税数量。

2. 计量单位的换算标准。《消费税暂行条例》规定，黄酒、啤酒是以吨为税额单位；汽油、柴油是以升为税额单位的。但是，考虑到在实际销售过程中，一些纳税人会把吨与升这两个计量单位混用，故规范了不同产品的计量单位，以准确计算应纳税额，吨与升两个计量单位的换算标准见表3-2。

表3-2　计量单位的换算标准

序号	名称	计量单位的换算标准
1	黄酒	1吨=962升
2	啤酒	1吨=988升
3	汽油	1吨=1 388升
4	柴油	1吨=1 176升
5	航空煤油	1吨=1 246升
6	石脑油	1吨=1 385升
7	溶剂油	1吨=1 282升
8	润滑油	1吨=1 126升
9	燃料油	1吨=1 015升

（三）从价从量复合计征

现行消费税的征税范围中，只有卷烟、白酒采用复合计征方法。应纳税额等于应税销售数量乘以定额税率再加上应税销售额乘以比例税率。生产销售卷烟、白酒从量定额计税依据为实际销售数量。进口、委托加工、自产自用卷烟、白酒从量定额计税依据分别为海关核定的进口征税数量、委托方收回数量、移送使用数量。

（四）计税依据的特殊规定

（1）自设非独立核算门市部销售应税消费品的计税规定。纳税人通过自设非独立核算门市部销售的自产应税消费品，应当按照门市部对外销售额或者销售数量征收消费税。

（2）应税消费品用于换取生产资料和消费资料、投资入股和抵偿债务的计税规定。纳税人用于换取生产资料和消费资料、投资入股和抵偿债务等方面的应税消费品，应当以纳税人同类应税消费品的最高销售价格作为计税依据计算消费税。

（3）卷烟计税价格的核定。

自2012年1月1日起，卷烟消费税最低计税价格（以下简称计税价格）核定范围为卷烟生产企业在生产环节销售的所有牌号、规格的卷烟。

计税价格由国家税务总局按照卷烟批发环节销售价格扣除卷烟批发环节批发毛利核定并发布。计税价格的核定公式为：

某牌号、规格卷烟计税价格=批发环节销售价格×(1-适用批发毛利率)

卷烟批发环节销售价格，按照税务机关采集的所有卷烟批发企业在价格采集期内销售的该牌号、规格卷烟的数量、销售额进行加权平均计算。计算公式为：

$$批发环节销售价格=\frac{\sum 该牌号、规格卷烟各采集点的销售额}{\sum 该牌号、规格卷烟各采集点的销售数量}$$

未经国家税务总局核定计税价格的新牌号、新规格卷烟，生产企业应按卷烟调拨价格申报纳税。

已经国家税务总局核定计税价格的卷烟，生产企业实际销售价格高于计税价格的，按实际销售价格确定适用税率，计算应纳税款并申报纳税；实际销售价格低于计税价格的，按计税价格确定适用税率，计算应纳税款并申报纳税。

（4）白酒最低计税价格的核定。

①核定范围。白酒生产企业销售给销售单位的白酒，生产企业消费税计税价格低于销售单位对外销售价格（不含增值税，下同）70%以下的，税务机关应核定消费税最低计税价格。自 2015 年 6 月 1 日起，纳税人将委托加工收回的白酒销售给销售单位，消费税计税价格低于销售单位对外销售价格（不含增值税）70% 以下的，也应核定消费税最低计税价格。销售单位，是指销售公司、购销公司以及委托境内其他单位或个人包销本企业生产白酒的商业机构。销售公司、购销公司，是指专门购进并销售白酒生产企业生产的白酒，并与该白酒生产企业存在关联性质。包销，是指销售单位依据协定价格从白酒生产企业购进白酒，同时承担大部分包装材料等成本费用，并负责销售白酒。

白酒生产企业应将各种白酒的消费税计税价格和销售单位销售价格，按照规定的式样及要求，在主管税务机关规定的时限内填报。白酒消费税最低计税价格由白酒生产企业自行申报，税务机关核定。

主管税务机关应将白酒生产企业申报的销售给销售单位的消费税计税价格低于销售单位对外销售价格 70% 以下、年销售额 1 000 万元以上的各种白酒，按照规定的式样及要求，在规定的时限内逐级上报至国家税务总局。国家税务总局选择其中部分白酒核定消费税最低计税价格。

除国家税务总局已核定消费税最低计税价格的白酒外，其他按规定需要核定消费税最低计税价格的白酒，消费税最低计税价格由各省、自治区、直辖市和计划单列市税务局核定。

②核定标准。

A. 白酒生产企业销售给销售单位的白酒，生产企业消费税计税价格高于销售单位对外销售价格 70%（含 70%）以上的，税务机关暂不核定消费税最低计税价格。

B. 白酒生产企业销售给销售单位的白酒，生产企业消费税计税价格低于销售单位对外销售价格70%以下的，消费税最低计税价格由税务机关根据生产规模、白酒品牌、利润水平等情况在销售单位对外销售价格50%～70%范围内自行核定。其中生产规模较大，利润水平较高的企业生产的需要核定消费税最低计税价格的白酒，税务机关核价幅度原则上应选择在销售单位对外销售价格60%～70%范围内。

③重新核定。已核定最低计税价格的白酒，销售单位对外销售价格持续上涨或下降时间达到3个月以上、累计上涨或下降幅度在20%（含）以上的，税务机关重新核定最低计税价格。

④计税价格的适用。已核定最低计税价格的白酒，生产企业实际销售价格高于消费税最低计税价格的，按实际销售价格申报纳税；实际销售价格低于消费税最低计税价格的，按最低计税价格申报纳税。

（5）金银首饰销售额的确定。

对既销售金银首饰，又销售非金银首饰的生产、经营单位，应将两类商品划分清楚，分别核算销售额。凡划分不清楚或不能分别核算的，在生产环节销售的，一律从高适用税率征收消费税；在零售环节销售的，一律按金银首饰征收消费税。金银首饰与其他产品组成成套消费品销售的，应按销售额全额征收消费税。

金银首饰连同包装物销售的，无论包装是否单独计价，也无论会计上如何核算，均应并入金银首饰的销售额，计征消费税。

带料加工的金银首饰，应按受托方销售同类金银首饰的销售价格确定计税依据征收消费税。没有同类金银首饰销售价格的，按照组成计税价格计算纳税。

纳税人采用以旧换新（含翻新改制）方式销售的金银首饰，应按实际收取的不含增值税的全部价款确定计税依据征收消费税。

第二节　消费税筹划的主要领域

一、利用生产制作环节纳税的规定进行纳税筹划

我国税法规定，生产应税消费品的，于销售时纳税，但企业可以通过降低商品价值，通过“物物交换”进行纳税筹划，也可以改变和选择某种对企业有利的结算方式推迟纳税时间，获得资金使用利益。

我国的消费税除金银首饰改在零售环节课税，烟在批发环节额外征收一道消费税以外，其他应税消费都在生产制作环节或者委托加工环节课税。这样的规定主要是从方便征管的角度考虑的，因为在生产制作环节纳税人数量较少，征管对象明确，便于控制税源，降低征管成本。由于生产制作环节不是商品实现消费以

前的最后一个流转环节，在这个环节之后还存在批发、零售等若干个流转环节，这就为纳税人进行纳税筹划提供了空间。纳税人可以用分设独立核算的经销部、销售公司，以较低的价格向它们供货，再以正常价格对外销售，由于消费税主要在生产制作环节征收，纳税人的税收负担会因此减轻许多。

以较低的销售价格将应税消费品销售给其独立核算的销售分公司，由于处在销售环节，只缴纳增值税不缴纳消费税，可使纳税人的整体消费税税负下降，但这种方法并不影响纳税人的增值税税负。目前，这种在纳税环节进行的纳税筹划在生产化妆品、烟、酒、摩托车、小汽车的行业里得到了较为普遍的应用。但是，应当指出的是：首先，根据《中华人民共和国消费税暂行条例》第 10 条的规定，纳税人应税消费品的计税价格明显偏低并无正当理由的，由主管税务机关核定其计税价格。因此，生产厂家向销售分公司出售应税消费品时，只能适度压低价格，如果压低的幅度过大，就构成了《中华人民共和国消费税暂行条例》所称“计税价格明显偏低”的情况，税务机关可以行使价格调整权。其次，这种行为有避税的嫌疑，国家有可能出台相关的税收法规来防止纳税人采用这种方式进行纳税筹划。例如，国家税务总局对中国第一汽车集团公司及上海大众汽车有限公司等大型汽车生产企业的消费税征收环节进行了调整，由在生产环节对纳税人征税，改为推延至经销环节征税。这样，该纳税人就无法采取这种方式进行纳税筹划了，但是对于广大中小纳税人而言，这种纳税筹划方法仍然广泛适用。

另外还需要注意的是，2009 年 7 月 17 日，国家税务总局发布了《关于加强白酒消费税征收管理的通知》，规定了白酒消费税最低计税价格核定管理的最新政策。白酒生产企业销售给销售单位的白酒，生产企业消费税计税价格低于销售单位对外销售价格（不含增值税，下同）70% 以下的，税务机关应核定消费税最低计税价格。因此，白酒生产企业采取这种方式节税，应当注意节税的空间。

【案例 3 – 1】本年甲公司选择生产经营范围时，有以下两种方案可供选择：一是生产高档化妆品，二是生产护肤品（不属于“高档护肤类化妆品”）。若甲公司生产高档化妆品，预计本年能取得销售收入 1 000 万元，耗用成本 500 万元；若甲公司生产护肤品，预计本年能取得销售收入 1 000 万元，耗用成本 600 万元。假设不考虑增值税、城市维护建设税和教育费附加。甲公司适用的企业所得税税率为 25% 。

【筹划要求】请对上述业务进行纳税筹划。

【筹划思路】消费税的征收范围比较窄，应税消费品仅限于 15 个税目，企业在选择经营范围时，可以避开上述 15 个税目，而选择其他符合国家产业政策、国家给予税收优惠产品的生产经营。

【筹划过程】

方案一：生产销售高档化妆品。

应纳消费税 = 1 000 × 15% = 150（万元）

税后利润 = (1 000 − 500 − 150) × (1 − 25%) = 262.5（万元）

方案二：生产销售护肤品（不属于“高档护肤类化妆品”）。

应纳消费税 = 0

税后利润 = (1 000 − 600) × (1 − 25%) = 300（万元）

【筹划结论】方案二比方案一少缴纳消费税 150 万元，多获取税后利润 37.5 万元（300 − 262.5），若以实现税负最小化以及税后利润最大化为纳税筹划目标，则应当选择方案二。

需要注意的是：随着社会经济的发展，人民生活质量的提高，以前认为是奢侈品的应税消费品，现在成为人们生活中的必需品（如护肤护发品、非高档化妆品等），相应地已经不属于消费税征税范围了。同时，有一些高档和新兴的消费品（如高尔夫球及球具、高档手表等），已经列入消费税的征税范围。未来像高档娱乐消费品等，都有可能要调整成为消费税的征收范围。因此，企业在选择生产经营范围时，要考虑国家未来对消费税的调整趋势。

二、降低价格的纳税筹划

每吨啤酒出厂不含增值税价格（含包装物及包装物押金，下同）在 3 000 元（含 3 000 元）以上的，单位税额为 250 元/吨；每吨啤酒出厂不含增值税价格在 3 000 元（不含 3 000 元）以下的，单位税额为 220 元/吨。娱乐业、伙食业自制啤酒、单位税额为 250 元/吨。

【案例 3 − 2】甲啤酒厂位于市区，为增值税一般纳税人，本年 7 月生产销售某品牌啤酒，每吨出厂价格为 3 010 元（不含增值税），与此相关的成本费用为 2 500 元（不含增值税），可抵扣的进项税额为 330 元。甲啤酒厂适用的企业所得税税率为 25%，城市维护建设税税率为 7%，教育费附加征收率为 3%。

【筹划要求】请对上述业务进行纳税筹划。

【筹划思路】我国啤酒消费税的税率实质上是一种进全额累进性质的定额税率，其特点是：在临界点上下，税收负担变化较大。当每吨啤酒的销售价格稍微低于临界点时，将销售价格从临界点之下提高到临界点之上，会出现税收负担的增加额大于销售价格的增加额的情况。当每吨啤酒的销售价格稍微高于临界点时，适当降低销售价格至临界点之下，反而能够增加税后利润。

【筹划过程】

方案一：将啤酒的价格仍然定为 3 010 元，则：

每吨啤酒应纳消费税 = 250 元

每吨啤酒应纳增值税 = 3 010 × 13% − 330 = 61.3（元）

应纳城市维护建设税和教育费附加 = (61.3 + 250) × (7% + 3%) = 31.13（元）

每吨啤酒的税后利润 =（3 010 −2 500 −250 −31.13）×（1 −25%）

=171.65（元）

方案二：将啤酒的价格降至 2 990 元，则：

每吨啤酒应纳增值税 =2 990 ×13% −330 =58.7（元）

每吨啤酒应纳消费税 =220 元

应纳城市维护建设税和教育费附加 =（58.7 +220）×（7% +3%）=27.87（元）

每吨啤酒的税后利润 =（2 990 −2 500 −220 −27.87）×（1 −25%）=181.60（元）

【筹划结论】 方案二比方案一每吨啤酒少缴纳消费税 30 元（250 −220），少缴纳城市维护建设税和教育费附加 3.26 元（31.13 −27.87），多获取税后利润 9.95 元（181.60 −171.65），若以实现税负最小化以及税后利润最大化为纳税筹划目标，则应当选择方案二。

需要注意的是：当每吨啤酒的销售价格稍微高于临界点时，将每吨啤酒的销售价格从临界点之上适当地降低至临界点之下，不仅可以降低消费税税负，多获取税后利润，而且可以增加产品在价格上的竞争力，使销售数量得以提升。

三、通过先销售来降低计税依据的纳税筹划

纳税人将自产的应税消费品用于换取生产资料和消费资料、投资债务等方面，应当以纳税人同类应税消费品的最高销售价格作为计税依据。

【案例 3 −3】 甲公司是一家摩托车生产企业，为增值税一般纳税人，本年 7 月对外销售同型号的摩托车时共有 3 种价格，以 6 000 元的单价销售 500 辆，以 6 500 元的单价销售 200 辆，以 7 000 元的单价销售 100 辆。当月以 300 辆同型号的摩托车对乙公司进行投资，双方按当月的加权平均销售价格确定投资金额。以上价格均不含增值税。此类摩托车的消费税税率为 10%。

【筹划要求】 请对上述业务进行纳税筹划。

【筹划思路】 实际上，当纳税人用应税消费品换取生产资料和消费资料、投资人入股或抵偿债务时，一般是按照双方的协议价或估价确定的，而协议价往往是市场的平均价。如果同类应税消费品的最高销售价格作为计税依据，显然会加重纳税人的负担。可以考虑采取先销售应税消费品给对方，然后再以现金进行交易（入股、抵债）的方式，从而降低消费税税负。

【筹划过程】

方案一：甲公司直接以 300 辆摩托车对乙公司进行投资。

应纳消费税 =7 000 ×300 ×10% =210 000（元）

方案二：甲公司先按照当月的加权平均价格将这 300 辆摩托车销售给乙公司后，再以收到的现金对乙公司进行投资。

应纳消费税 =（6 000 ×500 +6 500 ×200 +7 000 ×100）÷（500 +200 +100）×

300 ×10% =187 500（元）

【筹划结论】方案二比方案一少缴纳消费税 2.25 万元（21 -18.75），若以实现税负最小化为纳税筹划目标，则应当选择方案二。

需要注意的是：通过先销售后投资的方式，可以规避按照同类应税消费品的最高销售价格作为计税依据的规定，多了一道环节，却降低了计税依据，从而降低了消费税税负。

四、利用折扣销售的纳税筹划

啤酒消费税的税率为从量定额税率，同时根据啤酒的单位价格实行全额累进。每吨啤酒不含增值税出厂价格（含包装物及包装物押金）在 3 000 元（含 3 000 元）以上的，单位税额为 250 元/吨；每吨啤酒不含增值税出厂价格在 3 000 元（不含 3 000 元）以下的，单位税额为 220 元/吨。娱乐业、饮食业自制啤酒，单位税额为 250 元/吨。

折扣销售的税收优惠仅适用于价格折扣，而不适用于实物折扣。如果销售者将自产、委托加工或购买的货物用于实物折扣，则该实物款额不能从销售额中减除，且该实物应按"视同销售货物"中的"无偿赠送他人"计算缴纳增值税。

【案例 3 -4】甲啤酒公司为增值税一般纳税人，本年 8 月实施买 4 吨送 1 吨的啤酒营销优惠活动，累计销售啤酒 200 吨，赠送啤酒 50 吨，每吨啤酒原价为 3 500 元（不含增值税）。假设本地税务机关认为买一赠一、捆绑销售等组合销售行为赠送的商品视同销售征收增值税。

【筹划要求】请对上述业务进行纳税筹划。

【筹划思路】甲啤酒公司可以将实物折扣改为折扣销售，一方面，通过降低每吨啤酒的单价，从而有可能降低啤酒的消费税税率；另一方面，可以避免增值税视同销售行为，从而降低增值税税负。

【筹划过程】

方案一：采用实物折扣的方式。

每吨啤酒售价 =3 500 元 >3 000 元，因此，消费税适用的定额税率为 250 元/吨。

应纳消费税 =(200 +50) ×250 =62 500（元）

增值税销项税额 =(200 +50) ×3 500 ×13% =113 750（元）

方案二：将实物折扣改为折扣销售，即按 8 折销售。

每吨啤酒的销售价格 =3 500 ×80% =2 800（元）

每吨啤酒售价降为 2 800 元 <3 000 元，因此，消费税适用的定额税率为 220 元/吨。

应纳消费税 =250 ×220 =55 000（元）

增值税销项税额 =250 ×2 800 ×13% =91 000（元）

【筹划结论】方案二比方案一少缴纳消费税 7 500 元（62 500 －55 000），少缴纳增值税 22 750 元（113 750 －91 000），若以实现税负最小化为纳税筹划目标，则应当选择方案二。

需要注意的是：打折后的价格应当合理，否则有可能被税务机关进行纳税调整。

五、临界点的纳税筹划

《财政部 国家税务总局关于调整乘用车消费税政策的通知》规定，乘用车消费税税率规定如下：

（1）气缸容量（排气量，下同）在 1.0 升（含 1.0 升）以下的，消费税税率为 1%；

（2）气缸容量在 1.0 升以上至 1.5 升（含 1.5 升）的，消费税税率为 3%；

（3）气缸容量在 1.5 升以上至 2.0 升（含 2.0 升）的，消费税税率为 5%；

（4）气缸容量在 2.0 升以上至 2.5 升（含 2.5 升）的，消费税税率为 9%；

（5）气缸容量在 2.5 升以上至 3.0 升（含 3.0 升）的，消费税税率为 12%；

（6）气缸容量在 3.0 升以上至 4.0 升（含 4.0 升）的，消费税税率为 25%；

（7）气缸容量在 4.0 升以上的，消费税税率为 40%。

【案例 3－5】甲汽车生产企业为增值税一般纳税人，本年计划设计并生产一批小轿车，预计价格为 30 万元（不含增值税），计划设计的排气量为 1.502 升。

【筹划要求】请对上述业务进行纳税筹划。

【筹划思路】我国乘用车消费税的税率实质上是一种全额累进性质的定额税率，其特点是：在临界点税收负担变化比较大，会出现税收负担的增加大于计税依据的增加的情况。在这种情况下，巧妙运用临界点的规定能降低税率，从而降低税负。与此同时，企业要充分考虑事先对业务流程进行设计，即企业在设计乘用车汽缸容量时，务必考虑税收问题，若等到气缸容量已经设计好了，乘用车已经生产出来了，再考虑税收问题，有可能为时已晚了。

【筹划过程】

方案一：事先不重视业务流程的设计，将小轿车排气量设计为 1.502 升。

应纳消费税 =30 ×5% =1.5（万元）

方案二：事先重视业务流程的设计，将小轿车排气量设计为 1.5 升。

应纳消费税 =30 ×3% =0.9（万元）

【筹划结论】方案二比方案一每辆同类型的小轿车少缴纳消费税 0.6 万元（1.5－0.9），若以实现税负最小化为纳税筹划目标，则应当选择方案二。

需要注意的是：很多情况下都是等到业务流程已经设计好了，并且所有涉税事项按照业务流程的设计已经发生了，然后让财务部门考虑并解决税收问题，往往为时已晚。因此，纳税筹划的过程理念对于做好纳税筹划工作至关重要。

六、进口应税消费品的纳税筹划

从价定率计征关税应纳税额的计算公式为：

关税应纳税额 = 完税价格 × 关税税率

纳税人进口应税消费品，按照组成计税价格和规定的税率计算应纳税额。从价定率计征消费税应纳税额的计算公式为：

组成计税价格 =（关税完税价格 + 关税）÷（1 − 消费税比例税率）

消费税应纳税额 = 组成计税价格 × 消费税比例税率

正常情况下，进口货物采用以成交价格为基础的完税价格。进口货物的完税价格包括货物的货价、货物运抵我国输入地点起卸前的运输及相关费用、保险费。对于价格不符合成交条件或成交价格不能确定的进口货物，由海关估价确定。

【案例 3 – 6】 甲公司是一家国外的汽车生产企业，乙公司是甲公司在中国设立的销售公司，乙公司为增值税一般纳税人。本年 1 月乙公司先以每辆 120 万元的关税完税价格从甲公司进口汽车 10 辆，然后以每辆 200 万元的价格（不含增值税）将其全部销售给中国的丙公司，关税税率为 15%，消费税税率为 25%。假设不考虑乙公司国内销售环节的城市维护建设税和教育费附加。

【筹划要求】 请对上述业务进行纳税筹划。

【筹划思路】 进口货物的关税完税价格越小，越能降低进口关税以及进口环节的增值税和消费税。企业可以通过与中国境内关联方之间进行转让定价的方式来降低关税完税价格，从而降低进口环节相关税负。

【筹划过程】

方案一：乙公司先以每辆 120 万元的关税完税价格从甲公司进口汽车 10 辆，然后以每辆 200 万元的价格（不含增值税）将其全部销售给中国的丙公司。

乙公司进口环节应纳关税 = 120 × 10 × 15% = 180（万元）

乙公司进口环节应纳消费税

=（120 × 10 + 180）÷（1 − 25%）× 25% = 460（万元）

乙公司进口环节应纳增值税

=（120 × 10 + 180）÷（1 − 25%）× 13% = 239.2（万元）

乙公司销售给丙公司汽车应纳增值税

= 200 × 10 × 13% − 239.2 = 20.8（万元）

乙公司税负合计 = 180 + 460 + 239.2 + 20.8 = 900（万元）

方案二：乙公司先以每辆90万元的关税完税价格从甲公司进口汽车10辆，然后以每辆200万元的价格（不含增值税）将其全部销售给中国的丙公司。

乙公司进口环节应纳关税＝90×10×15%＝135（万元）

乙公司进口环节应纳消费税

＝(90×10＋135)÷(1－25%)×25%＝345（万元）

乙公司进口环节应纳增值税

＝(90×10＋135)÷(1－25%)×13%＝179.4（万元）

乙公司销售给丙公司汽车应纳增值税

＝200×10×13%－179.4＝80.6（万元）

乙公司税负合计＝135＋345＋179.4＋80.6＝740（万元）

【筹划结论】 方案二比方案一少缴纳关税45万元（180－135），少缴纳消费税115万元（460－345），少缴税合计160万元（900－740），若以实现税负最小化为纳税筹划目标，则应当选择方案二。

需要注意的是：关税完税价格的调整应在价格符合成交条件的前提下进行，应当合法合理，否则有可能被海关估价确定。

七、成套消费品的纳税筹划

对纳税人兼营不同税率的应税消费品，应当分别核算其销售额或销售数量。未分别核算销售额或销售数量的，或者将不同税率的应税消费品组成成套消费品销售的，从高适用税率征收。

【案例3－7】 甲公司是一家酒类生产企业，为增值税一般纳税人。为了进一步扩大销售，甲公司采取多样化生产策略，将生产的粮食白酒与药香组成礼品套装进行销售。本年8月，甲公司对外销售700套套装，单价100元/座，其中，粮食白酒、药酒各1瓶，均为500克装（若单独销售，粮食白酒30元/瓶，药酒70元/瓶）。假设此包装属于简易包装，包装费忽略不计。以上价格均为不含增值税价格。粮食白酒的比例税率为20%，定额税率为0.5元/斤；药酒的比例税率为10%，无定额税率。

【筹划要求】 请对上述业务进行纳税筹划。

【筹划思路】 上述规定要求企业在会计核算的过程中尽量做到账目清楚，即分别核算不同税率的应税消费品，以免产生不必要的损失：在涉及或成套消费品销售的问题上，看是否有必要组成成套的消费品，避免给企业造成不必要的税收负担。对于有必要组成成套的消费品的情况，可以采用变“先包装后销售”为“先销售后包装”的方式，这样往往可以大大降低消费税税负，同时保持增值税税负不变。具体的操作方法可以从两方面着手：第一，将上述产品先分品种和类别销售给零售商，再由零售商包装后对外销售，这样做实际上只是在生产流程上换了一个包装地点，在销售环节将不同品种和类别的产品分别开具发票，在账务处理环节对不同的产品分别核算销售收入。第二，如果当地税务机关对有关操作环节要求比较严格，还可以采取分设机构的操作方法，即另外再设立一个独立核算且专门从事包装业务然后对外销售的销售公司。

【筹划过程】

方案一：采取“先包装后销售”的方式，药酒不仅要按20%的高税率从价计税，而且要按0.5元/斤的定额税率从量计税。

应纳消费税 $=(30+70)700\times20\%+700\times1\times2\times0.5=14\ 700$（元）

方案二：采取“先销售后包装”的方式，药酒不仅按10%的低税率从价计税，而且不必按0.5元/斤的定额税率从量计税。

应纳消费税 $=30\times700\times20\%+700\times1\times0.5+70\times700\times10\%=9\ 450$（元）

【筹划结论】 方案二比方案一少缴纳消费税5 250元（14 700 - 9 450），若以实现税负最小化为纳税筹划目标，则应当选择方案二。

需要注意的是：在现实经营活动中，很多工业企业销售应税消费品时，为图方便而习惯采用“先包装后销售”的方式进行，人为地将低税率产品和非应税产品并入高税率产品一同计税，造成不必要的税负增加，如果改为“先销售后包装”方式，就可以大大降低消费税税负，增加企业经济收益。因此，企业兼营不同税率应税消费品时，在单独核算的基础上，没有必要组成成套消费品销售的，最好单独销售，以尽量降低企业的税负。对于有必要组成成套消费品的，可以采用变通的方式，即先销售后包装，来降低应税消费品的总体税负率，从而降低税负。

八、白酒生产企业委托与自行加工选择的纳税筹划

国家通过征收消费税对一些消费品的生产和消费进行限制，而白酒类产品又是消费税税负比较重的消费品。国家对白酒类消费品税收政策进行了多次调整，目的在于“扶优限劣，扶大限小”，使中国白酒企业逐步走上规模化、集团化发展的道路。2001年，国家为了加强对白酒产业的管理，对白酒消费税政策进行调整，规定从2001年5月1日起，白酒生产企业生产的白酒实行按从价定率和从量定额复合计税的方式征收消费税，对粮食白酒和薯类白酒除分别按25%和15%的从价比例税率征收消费税外，还要按0.5元/斤从量定额征收消费税。很明显，这对低价白酒的生产极其不利，因为低价白酒往往由小规模白酒生产企业生产，所以此政策调整不利于小规模白酒生产企业的发展。同时停止执行“对外购或委托加工酒及酒精产品连续生产应税消费品销售时已纳消费税进行抵扣”的政策，也就是说，对于外购或委托加工已税的酒及酒精产品连续生产应税消费品销售时，不能扣除外购或委托加工应税消费品已纳的消费税税款。很明显，这对需要先外购或委托加工已税的酒及酒精产品，然后连续生产应税消费品的白酒生

产企业十分不利。

2006年，国家对白酒消费税政策又做了比较大的调整，主要是取消了粮食白酒和薯类白酒的差别税率，从2006年4月1日起，粮食白酒和薯类白酒从价计征的比例税率由原来分别为25%和15%，统一为20%，从量定额税率仍为0.5元/斤。从整体上来看，与原政策相比，新政策有利于以生产粮食白酒为主的大中型企业，不利于以生产薯类白酒为主的中小型企业。

2009年，国家税务总局制定了《白酒消费税最低计税价格核定管理办法（试行）》，对计税价格偏低的白酒核定消费税最低计税价格。有关管理办法于2009年8月1日起实施：（1）白酒生产企业销售给销售单位的白酒，生产企业消费税计税价格高于销售单位对外销售价格70%（含70%）以上的，税务机关暂不核定消费税最低计税价格。（2）白酒生产企业销售给销售单位的白酒，生产企业消费税计税价格低于销售单位对外销售价格70%以下的，消费税最低计税价格由税务机关根据生产规模、白酒品牌、利润水平等情况在销售单位对外销售价格50%～70%范围内自行核定。其中生产规模较大、利润水平较高的企业生产的需要核定消费税最低计税价格的白酒，税务机关核价幅度原则上应选择在销售单位对外销售价格60%～70%范围内。

2009年1月1日开始实施的修订后的《中华人民共和国消费税暂行条例》第八条规定：委托加工的应税消费品，按照受托方的同类消费品的销售价格计算纳税；没有同类消费品销售价格的，按照组成计税价格计算纳税。实行从价定率办法计算纳税的组成计税价格计算公式为：组成计税价格＝（材料成本＋加工费）÷（1－比例税率）（如委托加工烟丝、高档化妆品）；实行复合计税办法计算纳税的组成计税价格计算公式为：组成计税价格＝（材料成本＋加工费＋委托加工数量×定额税率）÷（1－比例税率）（如委托加工卷烟、白酒）。

委托加工的应税消费品直接出售的，不再缴纳消费税。委托方将收回的应税消费品，以不高于受托方的计税价格出售的，为直接出售，不再缴纳消费税；委托方以高于受托方的计税价格出售的，不属于直接出售，需按照规定申报缴纳消费税，在计税时准予扣除受托方已代收代缴的消费税。

自2014年12月1日起，取消酒精消费税。取消酒精消费税后，“酒及酒精”品目相应改为“酒”，并继续按现行消费税政策执行。

【案例3－8】甲公司是一家酒类生产企业，为增值税一般纳税人。本年7月10日，甲公司接到一笔生产500吨白酒的业务合同，议定单价为2万元/吨，则销售额共计1 000万元。要求在本年9月10日前交货。由于交货时间比较紧迫，甲公司有以下四种生产方案。

一是甲公司委托乙公司加工酒精，收回后由甲公司将其生产成A品牌白酒销售，即甲公司以价值为250万元的原料委托乙公司加工酒精，双方协议加工费为

150 万元，加工成 300 吨酒精运回甲公司以后，再由本公司加工成 500 吨 A 品牌白酒销售，每吨售价 2 万元，公司加工的成本以及应该分摊的相关费用合计为 70 万元。

二是甲公司委托乙公司加工高纯度白酒，收回后由甲公司将其生产成白酒销售，即甲公司以价值为 250 万元的原料委托乙公司加工高纯度白酒，双方协议加工费为 180 万元，加工成 400 吨高纯度白酒运回公司以后，再由本公司加工成 500 吨 A 品牌白酒销售，每吨售价 2 万元，公司加工的成本以及应该分摊的相关费用合计为 40 万元。

三是甲公司委托乙公司加工最终产品（A 品牌白酒），收回后甲公司直接销售（全部委托加工方式），即甲公司将酿酒原料交给乙公司，由乙公司完成所有的制作程序，使得甲公司从乙公司收回的产品就是指定的 A 品牌白酒，协议加工费为 220 万元。产品运回后仍以原价直接销售。

四是甲公司自己完成 A 品牌白酒的生产后销售，即由甲公司自己生产 A 品牌白酒，其发生的生产成本恰好等于委托乙公司的加工费，即 220 万元。

甲公司适用的企业所得税税率为 25%。以上价格均为不含增值税价格。上述委托加工行为中，受托方均无同类消费品的销售价格。假设不考虑城市维护建设税和教育费附加。

【筹划要求】 请对上述业务进行纳税筹划。

【筹划思路】 为了避免重复征税，原来的白酒消费税政策规定外购或者委托加工所缴纳的消费税，用于连续生产应税消费品的，可以按规定抵扣。这个规定，类似于增值税的抵扣原理，所以无论生产环节有多少，消费税的税收负担不增加。但为了调整白酒产业，税法规定，从 2001 年 5 月 1 日起，一方面，对外购或委托加工已税酒和酒精生产的酒，其外购酒及酒精已纳税款或委托方代收代缴税款不再予以抵扣；另一方面，还要从量征收消费税（酒精除外）。这样从以上两个方面造成消费税负担增加，而且，生产环节越多，税收负担增加的幅度越大。这就启示我们，像白酒这样的应税消费品的生产应当注意尽量避免委托加工成半成品后收回继续加工成白酒的生产方式。但从 2014 年 12 月 1 日起，因为取消了对酒精征收消费税，所以委托加工酒精收回后继续加工白酒的委托加工酒精环节，不需要再缴纳消费税了，这样，企业又可以不需避免委托加工酒精收回继续加工成白酒的生产方式，但仍需避免委托加工成酒类半成品（如高度白酒）后收回继续加工成白酒（如低度白酒）的生产方式。

【筹划过程】

方案一：

甲公司委托乙公司加工酒精，收回后由甲公司将其生产成 A 品牌白酒销售。

甲公司以价值为 250 万元的原料委托乙公司加工酒精，双方协议加工费为

150 万元，加工成 300 吨酒精运回甲公司以后，再由甲公司加工成 500 吨 A 品牌白酒销售，每吨售价 2 万元，甲公司加工的成本以及应该分摊的相关费用合计为 70 万元。

（1）甲公司在向乙公司支付加工费时，因为自 2014 年 12 月 1 日起，酒精不再缴纳消费税，所以在委托加工酒精这一环节不需要再由受托方乙公司针对酒精代收代缴消费税。

（2）甲公司销售白酒后：

甲公司应纳消费税

$=1\ 000\times20\%+500\times1\ 000\times2\times0.5\div10\ 000=250$（万元）

（3）甲公司税后利润

$=(1\ 000-250-150-70-250)\times(1-25\%)=210$（万元）

方案二：

甲公司委托乙公司加工高纯度白酒，收回后由甲公司将其生产成 A 品牌白酒销售。

甲公司以价值为 250 万元的原料委托乙公司加工高纯度白酒，双方协议加工费为 180 万元，加工成 400 吨高纯度白酒运回甲公司以后，再由甲公司加工成 500 吨 A 品牌白酒销售，每吨售价 2 万元，甲公司加工的成本以及应该分摊的相关费用合计为 40 万元。

（1）当甲公司收回委托加工产品时，向受托方乙公司支付由其代收代缴的消费税：

消费税组成计税价格

$=(250+180+400\times1\ 000\times2\times0.5\div10\ 000)\div(1-20\%)=587.5$（万元）

甲公司向乙公司支付由乙公司代收代缴的消费税

$=587.5\times20\%+400\times1\ 000\times2\times0.5\div10\ 000=157.5$（万元）

（2）甲公司销售白酒后：

甲公司应纳消费税

$=1\ 000\times20\%+500\times1\ 000\times2\times0.5\div10\ 000=250$（万元）

（3）在委托加工高纯度白酒方式下，甲公司向乙公司支付由乙公司代收代缴的消费税 157.5 万元，甲公司应纳消费税 250 万元：

甲公司税后利润

$=(1\ 000-250-180-40-157.5-250)\times(1-25\%)=91.88$（万元）

方案三：

甲公司委托乙公司直接加工最终产品（A 品牌白酒），收回后甲公司将其直接销售（全部委托加工方式）。

甲公司将酿酒原料交给乙公司，由乙公司完成所有的制作程序，即甲公司从乙公司收回的产品就是指定的 A 品牌白酒，协议加工费为 220 万元。产品运回后仍以原价直接销售。

（1）当甲公司收回委托加工产品时，向受托方乙公司支付由其代收代缴的消费税。

消费税组成计税价格

=（250 + 220 + 500 × 1 000 × 2 × 0.5 ÷ 10 000）÷（1 − 20%）= 650（万元）

甲公司向乙公司支付由乙公司代收代缴的消费税

= 650 × 20% + 500 × 1 000 × 2 × 0.5 ÷ 10 000 = 180（万元）

（2）委托方将收回的应税消费品，以不高于受托方的计税价格出售的，为直接出售，不再缴纳消费税；委托方以高于受托方的计税价格出售的，不属于直接出售，需按照规定申报缴纳消费税，在计税时准予扣除受托方已代收代缴的消费税。

1 000 万元 > 650 万元，因此，属于委托方甲公司以高于受托方的计税价格出售的情况，不属于直接出售，需按照规定申报缴纳消费税，甲公司在计税时准予扣除受托方乙公司已代收代缴的消费税。

甲公司应纳消费税

= 1 000 × 20% + 500 × 1 000 × 2 × 0.5 ÷ 10 000 − 180 = 70（万元）

（3）在全部委托加工方式下，甲公司向乙公司支付由乙公司代收代缴的消费税 180 万元，甲公司应纳消费税 70 万元：

甲公司税后利润 =（1 000 − 250 − 220 − 180 − 70）×（1 − 25%）= 210（万元）

方案四：

甲公司自己完成 A 品牌白酒的生产和销售。

由甲公司自己生产 A 品牌白酒，其发生的生产成本恰好等于委托乙公司的加工费，即 220 万元。

（1）甲公司应纳消费税

= 1 000 × 20% + 500 × 1 000 × 2 × 0.5 ÷ 10 000 = 250（万元）

（2）在自产自销方式下，甲公司应纳消费税为 250 万元。

甲公司税后利润 =（1 000 − 250 − 220 − 250）×（1 − 25%）= 210（万元）

以上四种方案的税负及税后利润的比较见表 3 − 3。

表 3 − 3　甲公司各种白酒生产方式税负及税后利润比较　单位：万元

备选方案	甲公司向乙公司支付由乙公司代收代缴的消费税	甲公司应纳消费税	消费税合计	税后利润
方案 1	0	250	250	210
方案 2	157.5	250	407.5	91.88
方案 3	180	70	250	210
方案 4	0	250	250	210

【筹划结论】 通过表3-3可知，若以实现税负最小化以及税后利润最大化为纳税筹划目标，则应当优先选择方案一、方案三和方案四，其次是方案二。

【知识拓展】 对于酒类生产企业来说，第一，尽量避免采用委托加工成半成品、待收回后继续加工的方式；第二，若必须采取委托加工成酒类半成品、待收回后继续加工的方式，可以考虑通过合并上游企业的方式来降低消费税税负。

通过合并上游企业降低消费税的筹划依据：纳税人生产的应税消费品，于纳税人销售时纳税。纳税人自产自用的应税消费品，用于连续生产应税消费品的，不纳税；用于其他方面的，于移送使用时纳税。从2001年5月1日起，对外购或委托加工已税酒生产的酒，其外购酒已纳税款或委托方代收代缴税款不再予以抵扣。

通过合并上游企业降低消费税的筹划思路：企业自产的酒类应税消费品，被企业内部其他部门作为原材料领用，用于连续生产另一种酒类应税消费品的，这一移送环节不用缴纳消费税。而对外购或委托加工已税酒生产的酒，其外购酒已纳税款或委托方代收代缴税款不予抵扣。这样，在涉及外购某种酒类应税消费品用于连续生产另一种酒类应税消费品的情况，企业可以创造条件通过并购上游企业，使原来企业间的购销环节转变为企业内部的原材料领用环节，从而达到规避重复缴纳消费税的目的。

通过合并上游企业降低消费税的筹划过程（以〖案例3-8〗数据为例）：

方案一：甲公司不合并乙公司。

甲公司应纳消费税 $=10\ 000\times20\%+2\ 500\times2\times0.5=4\ 500$（万元）

乙公司应纳消费税 $=20\ 000\times10\%=2\ 000$（万元）

合计应纳消费税 $=4\ 500+2\ 000=6\ 500$（万元）

方案二：甲公司合并乙公司。

合并后应纳消费税 $=20\ 000\times10\%=2\ 000$（万元）

通过合并上游企业降低消费税的筹划思路：方案二比方案一本期少缴纳消费税4 500万元（6 500-2 000），若以实现税负最小化为纳税筹划目标，则应当选择方案一。

注意：企业的合并（兼并）行为不能仅考虑消费税税负的大小，还应考虑自身有无兼并的能力、对企业未来发展的影响、被兼并的企业是否存在严重的遗留问题等诸多因素。

九、应税消费品成本核算中的纳税筹划

纳税人生产的应税消费品，于纳税人销售时纳税。纳税人自产自用的应税消费品，用于连续生产应税消费品的，不纳税；用于其他方面的，于移送使用时纳税。

用于连续生产应税消费品，是指纳税人将自产自用的应税消费品作为直接材料生产最终应税消费品，自产自用应税消费品构成最终应税消费品的实体。

用于其他方面，是指纳税人将自产自用应税消费品用于生产非应税消费品、在建工程、管理部门、非生产机构、提供劳务、馈赠、赞助、集资、广告、样品、职工福利、奖励等方面。

（1）实行从价定率办法计算纳税的自产自用应税消费品计税依据和应纳消费税税额的确定。按照纳税人生产的同类消费品的销售价格计算纳税；没有同类消费品销售价格的，按照组成计税价格计算纳税。

实行从价定率办法计算纳税的组成计税价格和应纳消费税税额的计算公式为：

$$\text{组成计税价格}=(\text{成本}+\text{利润})\div(1-\text{消费税比例税率})$$
$$=\text{成本}\times(1+\text{成本利润率})\div(1-\text{消费税比例税率})$$
$$\text{应纳消费税税额}=\text{组成计税价格}\times\text{消费税比例税率}$$

（2）实行从量定额办法计算纳税的自产自用应税消费品计税依据和应纳消费税税额的确定。实行从量定额办法计算纳税的自产自用应税消费品计税依据为移送使用数量。

实行从量定额办法计算纳税的应纳消费税税额的计算公式为：

$$\text{应纳消费税税额}=\text{移送使用数量}\times\text{消费税定额税率}$$

（3）实行复合计税办法计算纳税的自产自用应税消费品计税依据和应纳消费税税额的确定。从价部分，按照纳税人生产的同类消费品的销售价格计算纳税；没有同类消费品销售价格的，按照组成计税价格计算纳税。从量部分，按照纳税人自产自用应税消费品的移送使用数量作为计税依据计算纳税。

实行复合计税办法计算纳税的组成计税价格和应纳消费税税额的计算公式为：

$$\text{组成计税价格}=\left(\text{成本}+\text{利润}+\text{自产自用数量}\times\text{消费税定额税率}\right)\div\left(1-\text{消费税比例税率}\right)$$
$$=\left[\text{成本}\times\left(1+\text{成本利润率}\right)+\text{自产自用数量}\times\text{消费税定额税率}\right]\div(1-\text{消费税比例税率})$$
$$\text{应纳消费税税额}=\text{组成计税价格}\times\text{消费税比例税率}+\text{自产自用数量}\times\text{消费税定额税率}$$

【案例 3-9】本年 8 月，M 汽车制造公司生产销售甲型小汽车 30 辆，生产的 50 辆乙型小汽车中，25 辆作为奖励发放给优秀员工，25 辆作为样品送给各经销商。甲型和乙型小汽车均由 M 汽车制造公司的 A 车间生产，且 A 车间只生产这两种型号的小汽车。每辆甲型小汽车的直接材料成本为8万元，直接人工成本为2.5万元。每辆乙型小汽车的直接材料成本为10万元，直接人工成本为1万元。A车间归集的制造费用共计4万元。针对制造费用现有两种分配方法可供选择：一种是生产工时比例法，生产甲型、乙型小汽车的生产工时分别为50小时、150小时；另一种是生产工人工资比例法，生产甲型、乙型小汽车的生产工人工资分别为10万元、10万元（注：由于甲型小汽车生产需要技术高的工人，因而其工资与工时不成正比），甲型小汽车的销售价格为40万元，乙型小汽车无销售价格也无同类小汽车的销售价格。甲、乙两种小汽车的消费税税率均为25%，成本利润率均为8%。

【筹划要求】请对上述业务进行纳税筹划。

【筹划思路】只生产一种产品的车间，制造费用可以直接计入该产品生产成本。生产多种产品的车间，制造费用应采用既合理又简便的分配方法，分配计入各种产品的生产成本。常见的制造费用分配方法有生产工时比例法、生产工人工资比例法、机器工时比例法和每年度计划分配率分配法等。其中，生产工时比例法和生产工人工资比例法的具体解释如下。

（1）生产工时比例法是按照各种产品所耗用生产工人工时的比例分配制造费用的一种方法。其计算公式如下：

制造费用分配率 = 制造费用总额 ÷ 车间产品生产工时总额

某种产品应分配的制造费用 = 该种产品生产工时 × 制造费用分配率

（2）生产工人工资比例法是按照各种产品所耗用生产工人工资的比例分配制造费用的一种方法。其计算公式如下：

制造费用分配率 = 制造费用总额 ÷ 车间产品生产工人工资总额

某种产品应分配的制造费用 = 该种产品的生产工人工资 × 制造费用分配率

纳税人自产自用的实行从价定率办法计算纳税的应税消费品，没有同类消费品销售价格的，按组成计税价格计税，而组成计税价格 =（成本 + 利润）÷（1 - 消费税比例税率），因为成本的高低在一定程度上决定了组成计税价格的高低，因此，企业可以通过改变成本费用分摊方法的方式来降低成本账面金额，从而降低组成计税价格，进而达到节税的目的。

【筹划过程】

方案一：采用生产工时比例法分配制造费用。

制造费用分配率 = 4 ÷（50 + 150）= 0.02（万元/小时）

甲型小汽车应分配的制造费用 = 50 × 0.02 = 1（万元）

乙型小汽车应分配的制造费用 = 150 × 0.02 = 3（万元）

甲型小汽车应纳消费税 = 40 × 30 × 25% = 300（万元）

乙型小汽车应纳消费税

$=(10+1\div350)\times(1+8\%)\div(1-25\%)\times50\times25\%=199.08$（万元）

应纳消费税合计 $=300+199.08=499.08$（万元）

方案二：采用生产工人工资比例法分配制造费用。

制造费用分配率 $=4\div(10+10)=0.2$

甲型小汽车应分配的制造费用 $=10\times0.2=2$（万元）

乙型小汽车应分配的制造费用 $=10\times0.2=2$（万元）

甲型小汽车应纳消费税 $=40\times30\times25\%=300$（万元）

乙型小汽车应纳消费税

$=(10+1+2\div50)\times(1+8\%)\div(1-25\%)\times50\times25\%=198.72$（万元）

应纳消费税合计 $=300+198.72=498.72$（万元）

【筹划结论】方案二比方案一少缴纳消费税 0.36 万元（499.08 - 498.72），若以实现税负最小化为纳税筹划目标，则应当选择方案二。

注意：采用不同的费用分摊方法，会改变企业的税负。费用分配方法在企业开始生产经营时确定，一旦确定，一般情况下不得随意变动。

十、出口应税消费品的纳税筹划

出口的应税消费品办理退税后，发生退关，或者国外退货进口时予以免税的，报关出口者必须及时向其机构所在地或者居住地主管税务机关申报补缴已退的消费税税款。纳税人直接出口的应税消费品办理免税后，发生退关或者国外退货，进口时已予以免税的，经机构所在地或者居住地主管税务机关批准，可暂不办理补税，待其转为国内销售时，再申报补缴消费税。

【案例 3-10】本年 7 月，甲钟表制造公司出口一批高档手表，价款 800 万元，消费税税率为 20%，办理出口免税手续后因故发生退货，所退货物将于本年 12 月销售给国内商场。假设 1 个月的市场利率为 1%，且假设不考虑增值税。甲钟表制造公司适用的城市维护建设税税率为 7%，教育费附加征收率为 3%。

【筹划要求】请对上述业务进行纳税筹划。

【筹划思路】企业可以在发生退货时，经机构所在地或者居住地主管税务机关批准，暂不办理补税，待转为国内销售时，再申报补缴消费税，这样可以延期纳税，充分利用资金的时间价值。

【筹划过程】

方案一：本年 7 月退货时申报补缴消费税。

应纳消费税 $=800\times20\%=160$（万元）

应纳城市维护建设税和教育费附加 $=160\times(7\%+3\%)=16$（万元）

应纳税额合计 160 + 16 = 176（万元）

应纳税额现值合计 = 176 万元

方案二：本年 12 月转为国内销售时申报补缴消费税。

应纳消费税 = 800 × 20% = 160（万元）

应纳城市维护建设税和教育费附加 = 160 ×（7% + 3%）= 16（万元）

应纳税额合计 = 160 + 16 = 176（万元）

但可以延期 5 个月纳税。

应纳税额现值合计 = 176 ×（P/F, 1%, 5）= 176 × 0.9515 = 167.464（万元）

【筹划结论】 方案二比方案一应纳税额现值合计少 8.536 万元（176 - 167.464），若以涉税资金时间价值最大化为纳税筹划目标，则应当选择方案二。

注意：在发生出口货物退关或者退货时，采用适当方法延迟补税的时间，可以在一定时期内占用消费税税款，充分利用资金的时间价值。

十一、出延期纳税的纳税筹划

纳税人采取赊销和分期收款结算方式的，其纳税义务发生时间为销售合同规定的收款日期的当天，书面合同没有约定收款日期或者无书面合同的，其纳税义务发生时间为发出应税消费品的当天；纳税人采取预收货款结算方式的，其纳税义务发生时间为发出应税消费品的当天；纳税人采取托收承付和委托银行收款方式的，其纳税义务发生时间为发出应税消费品并办妥托收手续的当天；纳税人采取其他结算方式的，其纳税义务发生时间为收讫销售款项或者取得索取销售款项凭据的当天。纳税人以 1 个月或者 1 个季度为 1 个纳税期的，自期满之日起 15 日内申报纳税。

【案例 3 - 11】 甲公司为一家高档化妆品生产企业，为增值税一般纳税人，现向 A 客户赊销高档化妆品一批，不含增值税价格为 4 000 万元，合同中约定的收款日期为本年 7 月 31 日。高档化妆品的消费税税率为 15%，甲公司消费税的纳税期限为 1 个月，同期银行存款年利率为 3%。假设只考虑消费税。

【筹划要求】 请对上述业务进行纳税筹划。

【筹划思路】 纳税人可以充分利用消费税纳税义务发生时间和纳税期限的有关规定，合理延迟纳税义务发生时间，从而可以充分利用资金的时间价值。

【筹划过程】

方案一：合同中该笔款项的收款时间仍确定为本年 7 月 31 日。

则 7 月份为纳税义务发生时间，甲公司须于 8 月 15 日之前缴纳税款。假设 8 月 10 日缴纳税款，则 8 月 10 日的纳税额 = 4 000 × 15% = 600（万元）。

方案二：经与客户协商，将合同中该笔款项的收款时间确定为本年 8 月 1 日。

则 8 月份为纳税义务发生时间，甲公司须于 9 月 15 日之前缴纳税款。假设 9

月 10 日缴纳税款，则折现到 8 月 10 日的纳税额 = 600 ÷ (1 + 3% ÷ 12) = 598.5（万元）。

【筹划结论】方案二比方案一纳税支出现值少 1.5 万元（600 - 598.5），若以实现涉税资金时间价值最大化为纳税筹划目标，则应当选择方案二。

注意：通过合同中将赊销收款日期延迟 1 天，从而使纳税义务发生时间延迟 1 个月，进而充分利用了资金的时间价值，相当于从银行获取一笔 1 个月的无息贷款。若同时考虑增值税及城市维护建设税和教育费附加，则节税的效果更加明显。

课后练习题

一、单选题

1. 下列项目中，属于消费税“化妆品”税目征收范围的是（　　）。

A. 演员用的油彩　　B. 演员用的卸妆油

C. 演员化妆用的头发漂白剂　　D. 演员化妆用的眉笔

2. 某酒厂 5 月生产销售散装啤酒 400 吨，每吨售价 3 800 元。另外，该厂生产一种新的粮食白酒，广告样品使用 0.2 吨。已知该种白酒无同类产品出厂价，生产成本每吨 35 000 元，成本利润率为 10%，粮食白酒定额税率为每斤 0.5 元，比例税率为 25%，啤酒采用定额税率，税额每吨分别为 220 元（出厂价在 3 000 元以下的）、250 元（出厂价在 3 000 元以上的）。该厂当月应缴纳的消费税为（　　）元。

A. 88 000　　B. 90 566.67　　C. 100 000　　D. 102 766.67

3. 纳税人将应税消费品与非应税消费品以及适用税率不同的应税消费品组成成套消费品销售的，应按（　　）。

A. 应税消费品的平均税率计征

B. 应税消费品的最高税率计征

C. 应税消费品的不同税率，分别计征

D. 应税消费品的最低税率计征

4. 某烟酒批发公司月批发 A 牌卷烟 5 000 条，开具的增值税专用发票上注明销售额 250 万元；批发 B 牌卷烟 2 000 条，开具的普通发票上注明销售额 88.92 万元；同时零售 B 牌卷烟 300 条，开具普通发票，取得含税收入 20.358 万元；当月允许抵扣的进项税额为 35.598 万元。该烟酒批发公司当月应缴纳的增值税、消费税合计（　　）万元。

A. 22.78　　B. 28.78　　C. 39.08　　D. 39.95

5. 企业发生的下列行为中，不需要缴纳消费税的是（　　）。

A. 用自产的应税消费品换取生产资料

B. 用自产的应税消费品支付代扣手续费

C. 直接销售委托加工收回的已税的应税消费品

D. 在销售数量之外另付给购货方自产的应税消费品作为奖励

6. 进口的、实行从价定率征税办法的应税消费品，按照组成计税价格计算纳税。组成计税价格的计算公式为：（　　）。

A. 组成计税价格 =（关税完税价格 + 关税）/（1 + 消费税税率）

B. 组成计税价格 =（关税完税价格 + 关税）/（1 − 消费税税率）

C. 组成计税价格 =（关税完税价格 + 关税）/（1 − 增值税税率）

D. 组成计税价格 =（关税完税价格 + 关税）/（1 − 增值税税率）

7. 某日化厂将某品牌的化妆品与护肤品组成成套化妆品，其中，化妆品的生产成本为 90 元/套，护肤品的生产成本为 50 元/套。2022 年 3 月将 100 套成套化妆品分给职工作为奖励，成本利润率为 5%，消费税税率为 30%。该日化厂上述业务应纳消费税（　　）元。

A. 2 700　　B. 4 200　　C. 4 050　　D. 6 300

8. 某酒厂为增值税一般纳税人，2020 年 2 月销售粮食白酒 3 吨，取得不含税收入 300 000 元，包装物押金 23 400 元，该企业包装物押金单独记账核算，货物已经发出。该酒厂本月应缴纳消费税（　　）元。

A. 64 000　　B. 64 680　　C. 67 000　　D. 67 680

9. 依据消费税的有关规定，下列行为中应缴纳消费税的是（　　）。

A. 进口卷烟　　B. 进口服装　　C. 零售化妆品　　D. 零售白酒

10. 某酒厂 2023 年 12 月销售粮食白酒 12 000 斤，不含税单价为 5 元/斤，随同销售的包装物价格 7 006 元；本月销售礼品盒 6 000 套，不含税单价为 300 元/套，每套包括粮食白酒 2 斤、单价 80 元，干红酒 2 斤、单价 70 元。该企业 12 月应纳消费税（　　）元。

A. 379 240　　B. 391 240　　C. 391 251　　D. 291 401.2

二、多选题

1. 根据消费税法律制度的规定，下列各项中，既征收消费税又征收增值税的有（　　）。

A. 从国外进口数码相机　　B. 从国外进口小汽车

C. 批发环节销售的卷烟　　D. 批发环节销售的白酒

2. 根据消费税法律制度的规定，下列各项中，属于消费税征税范围的消费品有（　　）。

A. 高档手表　　B. 木制一次性筷子

C. 实木地板　　　　　　　　　　　　D. 高档西服

3. 根据消费税法律制度的规定，下列各项中，受托方应当按照销售自制应税消费品缴纳消费税的有（　　）。

A. 委托方提供原料或主要材料，受托方代垫辅助材料并收取加工费

B. 委托方支付加工费，受托方提供原料或主要材料

C. 委托方支付加工费，受托方以委托方的名义购买原料或主要材料

D. 委托方支付加工费，受托方购买原料或主要材料再卖给委托方进行加工

4. 根据消费税法律制度的规定，下列各项中，应按纳税人同类应税消费品的最高销售价格作为计税依据计征消费税的有（　　）。

A. 用于抵债的应税消费品　　　　　B. 用于馈赠的应税消费品

C. 用于换取生产资料的应税消费品　D. 用于投资入股的应税消费品

5. 根据消费税法律制度的规定，下列各项中，可以抵扣已缴纳的消费税的有（　　）。

A. 委托加工收回的已税化妆品用于生产化妆品

B. 委托加工收回的已税玉石用于生产贵重首饰

C. 委托加工收回的已税汽车轮胎用于生产小汽车

D. 委托加工收回的已税烟丝用于生产卷烟

三、案例题

1. 某酒业公司签订一份8万公斤的粮食白酒订单，合同规定的不含税价格为200万元，白酒生产所需要的原材料成本为50万元，加工成本为44万元。假设酒业公司适用城建税税率为7%，教育费附加为3%，企业所得税税率为25%。

要求：请对该酒业公司的加工方式（自行加工、委托加工方式）作出筹划。

2. 某焰火厂为增值税一般纳税人，2008年6月销售焰火100 000箱，每件价值234元，另外包装物的价值为23.4元/件，以上价格均为含税价格。假设企业包装物自身的成本为14元/件。焰火的增值税率和消费税税率分别为17%和15%，不考虑企业所得税的影响。

要求：该企业对此销售行为应当如何进行纳税筹划？

3. 某酒厂既生产税率为25%的粮食白酒，又生产税率为10%的药酒，还生产上述两类酒的小瓶装礼品套装。2002年8月份，该厂对外销售12 000瓶粮食白酒，单价28元/瓶；销售8 000瓶药酒，单价58元/瓶；销售700套套装酒，单价120元/套，其中白酒3瓶、药酒3瓶，均为半斤装。

要求：酒厂如何做好纳税筹划？

第四章 企业所得税的纳税筹划

学习目标

1. 掌握：企业所得税筹划的主要领域（固定资产折旧与修理、存货计价与结转、广告宣传费与业务招待、研发费用与无形资产摊销、企业捐赠）。

2. 理解：企业所得税筹划的基本思路。

3. 了解：企业所得税的概念、特点、纳税人和征税对象、计税依据与税率。

第一节 企业所得税概述

一、企业所得税的概念

所得税（income tax）是以自然人或法人的法定所得额为课税对象的税种的统称。所得税最早产生于18世纪末的英国。当时正值英法战争时期，为筹措巨额的战争经费，英国首相W. 皮特创设了这一新型税种，命名为“三级税”，成为所得税的雏形。1799年，英国政府正式颁布了所得税法，从而奠定了英国所得税制度的基础。19世纪以后，资本主义国家相继开征所得税，并逐渐在全世界范围内推广开来，目前已经成为各国税收体系的核心税种。

根据课税对象的不同，所得税分为企业所得税和个人所得税。本章讲述的主要是企业所得税，第五章为个人所得税。

根据征收方式的不同，所得税又可以分为分类所得税和综合所得税。所谓分类所得税，就是把归属于同一纳税人的所得按来源不同划分为若干类别，对不同性质的所得规定不同的税率，分别计算、征收所得税。实行分类所得税，不仅可以依据所得的性质征收不同的税，而且可以根据所得来源采取一次征收的方法。在这种税制下，税源容易得到控制，并减少了年终汇算清缴的麻烦。所谓综合所得税，就是把归属于同一纳税人的各类所得，不管其所得来源如何，作为一个所得总体，综合计算、征收所得税。综合所得税的建立，是基于这样一种思想，既然所得税是一种对收入征收的税，那么其应纳税的所得就应该是综合反映纳税人的负担能力的各类所得的总额。综合所得税最能体现税收按能负担的公平原则。我国目前采用的就是综合所得税。

二、企业所得税的特点

与其他税种相比，所得税具有以下几个显著的特点。

（1）所得税是直接税，其税负通常不能转嫁。所得税是对纳税人的净所得征收的一种税，其纳税人就是负税人，一般不会发生转嫁税负和重复征税的问题，因而对社会经济发展和市场的正常运行干扰较小。

（2）所得税体现了税收的公平原则。所得税的课税对象是从纳税人的总收入中扣除了各项成本、费用开支之后的净所得额。由于净所得代表了纳税人的收入水平和负担能力，因而对纳税人的净所得按累进税率征收的所得税能调节纳税人的收入水平，体现了税收的公平原则，即所得多、负担能力大的，多纳税；所得少、负担能力小的，少纳税；无所得、没有负担能力的，不纳税。

（3）所得税的计算交纳比较复杂。所得税的计税依据为应纳税所得额，它是纳税人在每一纳税周期的收入总额，减除不征税收入、免税收入、各项扣除以及允许弥补的以前年度亏损后的余额，它既不等于企业实现的会计利润额，也不是销售额或营业额。纳税人需要根据税法的相关规定，对会计核算数据进行大量的调整与计算。因此，所得税的汇算清缴是一项非常复杂的工作。

（4）所得税的税赋弹性较大。所得税的税基（应纳税所得额）通常会随一国的经济增长以及纳税人收入水平的提高而增加，随着经济的衰退和纳税人收入水平的下降而减少，而所得税通常采用的是累进税制。因此，当经济繁荣时，所得税税额会因税基的扩大以及实际税率的提高而快速地增长，从而抑制经济过热并降低通货膨胀的风险。而当经济衰退时，所得税税额会因税基的缩小以及实际税率的降低而自动地减少，使纳税人的负担降低，有利于刺激经济的复苏，从而发挥调控经济的“自动稳定器”的功能。

三、企业所得税的纳税人和征税对象

改革开放之前，我国并没有建立完善的企业所得税制度。改革开放之后，我国的企业所得税制度也经历了多次变迁与调整。2007 年 3 月 16 日，第十届全国人民代表大会第五次会议通过了《中华人民共和国企业所得税法》（以下简称《企业所得税法》），自 2008 年 1 月 1 日起施行。该法案对企业所得税的各个要素进行了全面而系统的规范，是我们进行所得税筹划的基本依据。此外，国务院还发布了《中华人民共和国企业所得税法实施条例》（以下简称《企业所得税法实施条例》)，财政部、国家税务总局等部门还发布了多项细则、暂行规定，对企业所得税的计算、缴纳进行了非常详细的规范与补充，我们在进行税收筹划时也应当充分考虑进去。

《企业所得税法》第一条规定，凡是在中华人民共和国境内的企业（个人独资企业与合伙企业除外）和其他取得收入的组织均为企业所得税的纳税人，依照本法规定缴纳企业所得税。根据纳税义务范围的不同，企业所得税的纳税人分为居民企业和非居民企业。

所谓“居民企业”，是指依法在中国境内成立，或者依照外国（地区）法律成立但实际管理机构在中国境内的企业，这里的企业包括国有企业、集体企业、私营企业、联营企业、股份制企业、外商投资企业、外国企业，以及有生产、经营所得和其他所得的其他组织。其中，“有生产、经营所得和其他所得的其他组织”，是指经国家有关部门批准，依法注册、登记的事业单位、社会团体等组织。由于我国一些社会团体组织、事业单位在完成国家事业计划的过程中，还会开展多种经营和有偿服务活动，取得除财政部门各项拨款、财政部和国家价格主管部门批准的各项规费收入以外的经营收入，具有了经营的特点，应当视同企业纳入征税范围。其中，“实际管理机构”是指对企业的生产经营、人员、账务、财产等实施实质性全面管理和控制的机构。

居民企业的征税对象包括其来源于中国境内、外的全部所得。具体可以分为以下几项内容：销售货物所得、提供劳务所得、转让财产所得、股息红利等权益性投资所得、利息所得、租金所得、特许权使用费所得、接受捐赠所得和其他所得。

所谓“非居民企业”，是指依照外国（地区）法律成立且实际管理机构不在中国境内，但在中国境内设立机构、场所的，或者在中国境内未设立机构、场所，但有来自中国境内所得的企业。上述所称“机构、场所”，是指在中国境内从事生产经营活动的机构、场所，包括：管理机构、营业机构、办事机构；工厂、农场、开采自然资源的场所；提供劳务的场所；从事建筑、安装、装配、修理、勘探等工程作业的场所；其他从事生产经营活动的机构、场所。非居民企业委托营业代理人在中国境内从事生产经营活动的，包括委托单位或者个人经常代其签订合同，或者储存、交付货物等，该营业代理人视为非居民企业在中国境内设立的机构、场所。

非居民企业在中国境内设立机构、场所的，应当就其所设机构、场所取得的来源于中国境内的所得，以及发生在中国境外但与其所设机构、场所有实际联系的所得，缴纳企业所得税。非居民企业在中国境内未设立机构、场所的，或者虽设立机构、场所但取得的所得与其所设机构、场所没有实际联系的，应当就其来源于中国境内的所得缴纳企业所得税。

无论是居民企业还是非居民企业，在计算所得时，都必须区分所得的来源地。在确定所得的来源地时，应当遵循以下基本原则：

（1）销售货物所得，按照交易活动发生地确定。

（2）提供劳务所得，按照劳务发生地确定。

（3）转让财产所得。不动产转让所得按照不动产所在地确定。动产转让所得按照转让动产的企业或者机构、场所所在地确定。权益性投资资产转让所得按照被投资企业所在地确定。

（4）股息、红利等权益性投资所得，按照分配所得的企业所在地确定。

（5）利息所得、租金所得、特许权使用费所得，按照负担、支付所得的企业或者机构、场所所在地确定，或者按照负担、支付所得的个人的住所地确定。

（6）其他所得，由国务院财政、税务主管部门确定。

四、企业所得税的计税依据与税率

（一）计税依据

企业所得税的计税依据为该企业在某一计税期间的应纳税所得额。《企业所得税法》第五条规定，企业每一纳税年度的收入总额，减除不征税收入、免税收入、各项扣除以及允许弥补的以前年度亏损后的余额，为应纳税所得额。因此，应纳税所得额的计算公式也可以表示为：

应纳税所得额 = 收入总额 − 不征税收入 − 免税收入 − 各项扣除
− 允许弥补的以前年度亏损

《企业所得税法》第六条规定：企业以货币形式和非货币形式从各种来源取得的收入，为收入总额。企业取得收入的货币形式，包括现金、银行存款、应收账款、应收票据、准备持有至到期的债券投资及债务的豁免等。企业取得的非货币形式的收入，包括固定资产、生物资产、无形资产、股权投资、存货、不准备持有至到期的债券投资、劳务及有关权益等，这些非货币资产应当按照公允价值确定其收入额。企业取得收入的来源，主要包括以下几项内容。

（1）销售货物收入，是指企业销售商品、产品、原材料、包装物、低值易耗品及其他存货收得的收入。

（2）提供劳务收入，是指企业从事建筑安装、修理修配、交通运输、仓储租赁、金融保险、邮电通信、咨询经纪、文化体育、科学研究、技术服务、教育培训、餐饮住宿、中介代理、卫生保健、社区服务、旅游、娱乐、加工及其他劳务服务活动取得的收入。

（3）财产转让收入，是指企业转让固定资产、生物资产、无形资产、股权、债权等财产取得的收入。

（4）股息、红利等权益性投资收益，是指企业因权益性投资从被投资方取得的收入。

（5）利息收入，是指企业将资金提供他人使用但不构成权益性投资，或者因他人占用本企业资金取得的收入，包括存款利息、贷款利息、债券利息、欠款利息等收入。

（6）租金收入，是指企业提供固定资产、包装物及其他有形财产使用权取得的收入。

（7）特许权使用费收入，是指企业提供专利权、非专利技术、商标权、著作权以及其他特许权的使用权而取得的收入。

（8）接受捐赠收入，是指企业接受的来自其他企业、组织或者个人无偿给予的货币性资产、非货币性资产。

（9）其他收入，是指企业取得的除以上收入外的其他收入，包括企业资产溢余收入、逾期未退包装物押金收入、确实无法偿付的应付款项、已做坏账损失处理后又收回的应收款项、债务重组收入、补贴收入、违约金收入、汇兑收益等。

企业取得的不征税收入主要包括以下几项内容。

（1）财政拨款，是指各级人民政府对纳入预算管理的事业单位、社会团体等组织拨付的财政资金。

（2）依法收取并纳入财政管理的行政事业性收费和政府性基金。其中，行政事业性收费是指依照法律法规等有关规定，按照国务院规定程序批准，在实施社会公共管理，以及在向公民、法人或其他组织提供特定公共服务过程中，向特定对象收取并纳入财政预算管理的费用。政府性基金则是指企业按照法律、行政法规等有关规定，代表政府收取的具有专项用途的财政资金。

（3）国务院规定的其他不征税收入。国务院规定的其他不征税收入主要是指企业取得的，由国务院财政、税务主管部门规定专项用途并经国务院批准的财政性资金。所谓“财政性资金”，是指企业取得的来源于政府及其有关部门的财政补助、补贴、贷款贴息，以及其他各类财政专项资金，包括直接减免的增值税和即征即退、先征后退、先征后返的各种税收，但不包括企业按规定取得的出口退税款。

企业取得的免税收入主要包括以下几项内容。

（1）国债利息收入，是指企业持有国务院财政部门发行的国债取得的利息收入。

（2）符合条件的居民企业之间的股息、红利等权益性投资收益，是指居民企业直接投资于其他居民企业取得的投资收益。

（3）在中国境内设立机构、场所的非居民企业从居民企业取得与该机构、场所有实际联系的股息、红利等权益性投资收益。该收益不包括连续持有居民企业公开发行并上市流通的股票不足 12 个月取得的投资收益。

（4）符合条件的非营利组织的收入。非营利组织取得的以下收入为免税收入：接受其他单位或个人捐赠的收入；除《企业所得税法》第七条规定的财政拨款以外的其他政府补助收入，但不包括因政府购买服务取得的收入；按照省级以上民政、财政部门规定收取的会费；不征税收入和免税收入孳生的银行存款利息收入；财政部、国家税务总局规定的其他收入。

《企业所得税法》第八条规定，企业实际发生的与取得收入有关的、合理的支出，准予在计算应纳税所得额时进行扣除，扣除项目的范围主要包括以下几项内容。

（1）成本，是指企业在生产经营活动中发生的销售成本、销货成本、业务支出以及其他耗费，即企业销售商品（产品、材料、下脚料、废料、废旧物资等）、提供劳务、转让固定资产、无形资产（包括技术转让）的成本。未形成销售成本的，如在产品成本、库存商品成本等，不能在税前扣除。

（2）费用，是指企业每一个纳税年度为生产、经营商品和提供劳务等所发生的销售（经营）费用、管理费用和财务费用。已计入成本的相关费用（如制造费用）除外。

（3）税金，是指企业发生的除企业所得税和允许抵扣的增值税以外的企业缴纳的各项税金及其附加，即企业按规定缴纳的消费税、城市维护建设税、关税、资源税、土地增值税、房产税、车船税、土地使用税、印花税、教育费附加等产品销售税金及附加。这些税费按照权责发生制原则计提，并在缴纳之后准予税前扣除。

（4）损失，是指企业在生产经营活动中发生的固定资产和存货的盘亏、毁损、报废损失，转让财产损失，呆账损失，坏账损失，自然灾害等不可抗力因素造成的损失及其他损失。

（5）其他支出，指除成本、费用、税金、损失外，企业在生产经营活动中发生的与生产经营活动有关的、合理的支出。

此外，根据《企业所得税法》的规定，企业发生的年度经营亏损，可以在以后年度计算应纳税所得额时予以弥补，但亏损弥补时间最长不超过5年。

（二）税率

《企业所得税法》第四条规定：企业所得税的税率为25%。这一税率适用于在我国境内设有经营场所，或实际管理机构设在中国境内的所有内资企业和外资企业，从而改变了改革开放后外资企业与内资企业在税收负担上的差异，在很大程度上体现了税收的公平性。对于在中国境内没有设立机构场所，或者虽然设立了机构场所，但来源于中国境内的、与所设机构场所没有实际联系的所得，适用20%的企业所得税税率。为了降低双重征税给跨国企业经营造成的税收负担，《企业所得税法实施条例》同时规定，将上述所得减按10%的税率征收企业所得税。

考虑到我国还有数量众多的小型微利企业以及代表着我国未来产业发展方向

的高科技企业和技术先进型服务企业，税法又规定了两档优惠税率。

（1）对于符合条件的小型微利企业，减按20%的税率征收企业所得税。根据《企业所得税法实施条例》第九十二条规定，小型微利企业的条件如下：①工业企业，年度应纳税所得额不超过50万元，从业人数不超过100人，资产总额不超过3 000万元。②其他企业，年度应纳税所得额不超过50万元，从业人数不超过80人，资产总额不超过1 000万元。

（2）对于国家需要重点扶持的高新技术企业，减按15%的税率征收企业所得税。国家需要重点扶持的高新技术企业，是指拥有核心自主知识产权，并同时符合下列条件的企业：企业申请认定时必须注册成立一年以上；企业通过自主研发、受让、受赠、并购等方式，获得对其主要产品（服务）在技术上发挥核心支持作用的知识产权的所有权；对企业主要产品（服务）发挥核心支持作用的技术属于《国家重点支持的高新技术领域》规定的范围；企业从事研发和相关技术创新活动的科技人员占企业当年职工总数的比例不低于10%；企业近3个会计年度（实际经营期不满3年的按实际经营时间计算，下同）的研究开发费用总额占销售收入总额的比例符合以下要求：①最近一年销售收入小于5 000万元的企业，比例不低于5%。②最近一年销售收入在5 000万元至20 000万元的企业比例不低于4%。③最近一年销售收入在20 000万元以上的企业，比例不低于3%。其中，企业在中国境内发生的研究开发费用总额占全部研究开发费用总额的比例不低于60%；近一年高新技术产品（服务）收入占企业同期总收入的比例不低于60%；企业创新能力评价应达到相应要求；企业申请认定前一年内未发生重大安全、重大质量事故或严重环境违法行为。

（3）自2017年1月1日起，对经认定的技术先进型服务企业，也减按15%的税率征收企业所得税。这些企业必须同时符合以下条件：在中国境内（不包括港澳台地区）注册的法人企业；从事《技术先进型服务业务认定范围（试行）》中的一种或多种技术先进型服务业务，采用先进技术或具备较强的研发能力；具有大专以上学历的员工占企业职工总数的50%以上；从事技术先进型服务业务取得的收入占企业当年总收入的50%以上；从事离岸服务外包业务取得的收入不低于企业当年总收入的35%。

第二节　企业所得税筹划的主要领域

一、纳税人身份选择的纳税筹划

企业所得税的纳税人分为居民企业和非居民企业。其中，居民企业是指依法在中国境内成立，或者依照外国（地区）法律成立但实际管理机构在中国境内的企业。非居民企业是指依照外国（地区）法律成立且实际管理机构不在中国境内，但在中国境内设立机构、场所的，或者在中国境内未设立机构、场所，但有来源于中国境内所得的企业。

居民企业与非居民企业在所得来源与税率方面均存在较大的差异。居民企业应当就其来源于中国境内、境外的所得缴纳企业所得税。非居民企业在中国境内设立机构、场所的，应当就其所设机构、场所取得的来源于中国境内的所得，以及发生在中国境外但与其所设机构、场所有实际联系的所得，缴纳企业所得税。非居民企业在中国境内未设立机构、场所的，或者虽设立机构、场所但取得的所得与其所设机构、场所没有实际联系的，应当就其来源于中国境内的所得缴纳企业所得税。我国企业所得税的基本税率为25%，适用于居民企业和在中国境内设有机构、场所，且所得与机构、场所有关联的非居民企业；对于在中国境内未设立机构、场所的，或者虽设立机构、场所但取得的所得与其所设机构、场所没有实际联系的非居民企业，适用20%的税率（实际征收时减按10%的税率）。表4－1中列示的是居民企业与非居民企业的税收负担的对比。

表4－1　　居民企业与非居民企业税收负担对比

纳税人身份与税收负担		来源于中国境内所得	来源于中国境外所得	
			与中国境内设立的机构场所有实际联系	与中国境内设立的机构场所没有实际联系
居民企业		25%	25%	25%
非居民企业	在中国境内设立机构场所	25%	25%	×
	在中国境内未设立机构场所	20%（实际10%）	×	×

居民企业或非居民企业在不同情况下适用的企业所得税税率是不同的，因此，可以通过选择不同的运营方式来适用低税率，从而降低企业所得税税负。

【案例4－1】甲公司现有两种运营方式：一是依照外国（地区）法律成立但实际管理机构在中国境内；二是依照外国（地区）法律成立且实际管理机构不在中国境内，且在中国境内也不设立机构、场所。假设两种方式下每年来源于中国境内的应纳税所得额均为2 000万元，且没有来源于中国境外的所得。

【筹划要求】请对上述业务进行所得税纳税筹划。

【筹划思路】居民企业与非居民企业在不同的情况下适用的税率是不同的，企业可以通过选择不同的企业运营方式来适用较低的税率，从而降低企业所得税税负。

【筹划过程】

方案一：依照外国（地区）法律成立但实际管理机构在中国境内，甲成为居民纳税义务人。

应纳企业所得税 = 2 000 × 25% = 500（万元）

方案二：依照外国（地区）法律成立且实际管理机构不在中国境内，在中国境内也不设立机构、场所，即成为非居民纳税义务人。

应纳企业所得税 = 2 000 × 10% = 200（万元）

【筹划结论】 方案二比方案一少缴纳企业所得税 300 万元（500 − 200），因此，应当选择方案二。

需要注意的是，依照外国（地区）法律成立且实际管理机构不在中国境内，在中国境内也不设立机构、场所，虽然会降低企业所得税税率，但有可能会给企业在中国境内的生产经营造成不利影响，降低来源于中国境内的所得。因此，企业应当权衡利弊，综合考虑，最终选择合适的运营方式。

二、子公司与分公司选择的纳税筹划

在市场经济条件下，许多公司发展到一定规模后，基于稳定供货渠道、开辟新的地域市场或方便客户服务等方面的考虑，不可避免地需要在异地设立分支机构，这也是企业扩张的必由之路，但这样一来，就面临着是成立分公司还是子公司的选择问题。因为新设立的分支机构性质的不同，将决定公司所得税的缴纳方式，又会进一步影响公司的整体税负水平。利润最大化是公司经营的目标，也是设立分支机构的初衷，因此，进行相关的税收筹划是非常必要的。

子公司是指一定比例以上的股份被另一公司持有或通过协议方式受到另一公司（母公司）实际控制的公司。虽然子公司受母公司的控制，但在法律上，子公司仍是具有法人地位的独立企业。通常被视为设立地的居民企业，因而需要履行居民企业纳税人的全部纳税义务，同时也能享受子公司所在地提供的包括减免税在内的税收优惠。设立子公司手续繁杂，需要具备一定的条件，同时还要建立严格的公司治理以及财务管理等相关制度。子公司必须独立开展经营，自负盈亏，独立纳税，经营亏损也不能用来冲减母公司的利润，与母公司的交易往往还会成为税务机关反避税调查的重要监控对象。

分公司是指在业务、资金、人事等方面受总公司管辖而不具有法人资格的分支机构。分公司在法律上、经济上没有独立性，只是总公司的附属机构。分公司不具有独立的法人身份，因而不能享受当地的税收优惠。但设立分公司手续简单，有关财务资料也不必公开，分公司不需要独立缴纳企业所得税。分公司这种组织形式还便于总公司进行管理和控制。

我国《企业所得税法》第十五条规定，居民企业在中国境内设立的不具有法人资格的营业机构，应当由总公司汇总计算并缴纳企业所得税。这样一来，企业可以通过设立不独立核算的分公司，使总、分公司之间的盈亏互抵，实现降低税收负担或延迟纳税等税收筹划目标。

【案例4－2】 A公司为我国境内的一家居民企业，经营状况良好，现准备扩大生产规模，在当地另建一个生产分厂B。预计A公司和B工厂未来五年的税前利润总额情况如表4－2中（假设利润总额与应纳税所得额之间不存在差异），该企业适用的企业所得税税率为25%。

【筹划要求】 请对A公司将要设立的B工厂的组织形式进行筹划。

表4－2　　税赋对比情况　　单位：万元

	项目	第1年	第2年	第3年	第4年	第5年	合计
方案	A公司利润总额	500	500	500	500	500	2 500
	B工厂利润总额	－800	－400	400	800	1 000	1 000
方案一：设立子公司B	企业集团利润总额	－300	100	900	1 300	1 500	3 500
	企业集团应纳所得税	125	125	225	325	375	1 175
方案二：设立分公司B	企业集团利润总额	－300	100	900	1 300	1 500	3 500
	企业集团应纳所得税	0	25	225	325	375	950

【筹划思路】 企业在选择分支机构的形式时，应当比较企业集团应纳税额的大小，并综合分析企业纳税义务发生时间，以便从中作出最优选择。

【筹划过程】 由表4－2的计算可知：

方案一：设立子公司B，企业集团应纳所得税1 175万元。

方案二：设立分公司B，企业集团应纳所得税950万元。

【筹划结论】 由表4－2的计算结果可以看到，通过设立分公司，不仅可以使企业集团在B工厂成立初期免缴纳企业所得税，还可以从总体上降低税收负担225万元（1 175－950）。

需要注意的是，设立子公司与设立分公司的税收利益孰高孰低并不是绝对的，它受到一国税收制度、企业的经营状况及其内部利润分配政策等多种因素的影响。通常而言，在投资初期分支机构发生亏损的可能性比较大，宜采用分公司的组织形式，其亏损额可以和总公司的损益合并纳税。当公司经营成熟后，宜采用子公司的组织形式，以便充分享受所在地的各项税收优惠政策。

三、公司制企业与非公司制企业选择的纳税筹划

从法律角度上看，公司企业属于法人企业，具有独立的法人资格，公司财产和股东个人财产要明确区分，出资者以其出资额为限承担有限责任。合伙企业和个人独资企业属于非公司制企业，没有法人资格，个人财产和企业财产无法明确区分，股东需要承担无限责任，适用于规模小的企业。在西方经济发达国家，这两种组织形式的企业税收属性是不一样的。在我国，这两种组织形式的企业在纳

税上也有区别。公司制企业是独立的纳税主体，其经营利润首先要在企业环节缴纳企业所得税，税后利润以股息红利的形式分配给投资者，投资者还要就其获得的股息、红利缴纳个人所得税，由此形成“双重征税”，使得投资者总体税负大大增加。而合伙企业和个人独资企业不是纳税主体，其纳税主体分别是各合伙人或股东，因而对其营业利润不征收企业所得税，只对各个合伙人的生产经营所得，比照个体工商户的生产经营所得征收个人所得税。

因此，在选择企业的组织形式时，要比较是选择公司制企业还是选择合伙企业或个人独资企业。选择公司制企业，只需对企业债务承担有限责任，有利于公司的扩张、管理，但要承担双重税负：选择合伙企业或个人独资企业具有纳税上的好处，但要承担对债务的无限责任。企业要经过比较分析才能作出决策。

一般而言，对于规模庞大、管理水平要求高的大企业，宜采用公司制企业的形式，这不仅是因为规模大的企业筹资难度大，还因为这类企业管理相对要求高、经营风险大，如果采用合伙企业或个人独资企业的组织形式，很难正常健康地运转起来。另外，从不成文的规定看，公司制企业的信誉较好，在融资上具有优势，税务机关对这类企业也较放心，税收环境相对宽松。而对于资产规模较小的企业，采用合伙企业（个人独资企业）形式比较合适。这类企业由于规模偏小，管理难度不大，合伙共管也可以见成效：最重要的还在于合伙企业（个人独资企业）由于纳税规定上的优惠，避免了重复征税的问题，会获得较高的利润。

由于合伙企业（个人独资企业）所适用个人所得税的五级超额累进税制；而满足条件的公司制小型微利企业适用20%的企业所得税优惠税率。因此，在比较合伙企业（个人独资企业）与公司制企业的所得税负担时，要考虑企业的盈利水平。

【案例4－3】甲、乙企业都是服装加工企业，投入资本金相同，生产规模相同，产量、利润也都相同。其中，甲企业是个人独资企业，对其所得要按照个体工商户所得，缴纳个人所得税。乙企业是由两人投资的公司制企业，对其税后利润提取10%的法定公积金，剩余的利润分红按20%的税率缴纳个人所得税。

【筹划要求】按照个人所得税税率和企业所得税税率的不同级次，分析以上两个企业投资者的税负情况。

【筹划思路】当应纳税所得额（本案例中假定为企业利润，简称利润）低于300 000元时，甲企业缴纳个人所得税的税率均低于20%；而乙企业缴纳企业所得税和个人所得税的税率均为20%，相比之下，甲企业的整体税负绝对低于乙企业。因此，我们分析的起点从利润为300 000元开始。

【筹划过程】

（1）当两个企业的利润都在300 000－500 000元时：

甲企业应纳个人所得税＝利润×30%－40 500

乙企业应纳企业所得税 = 利润 ×20%（小型微利企业税率）

乙企业应纳个人所得税 = 利润 ×（1 − 20%）×（1 − 10%）×20% = 利润 ×14.4%

乙企业合计应纳税款 = 利润 ×20% + 利润 ×14.4% = 利润 ×34.4%

甲企业比乙企业少缴纳税款 = 利润 ×4.4% +40 500

（2）当两个企业的利润超过 500 000 元时：

甲企业应纳个人所得税 = 利润 ×35% −65 500

乙企业应纳企业所得税 = 利润 ×25%

乙企业应纳企业所得税 = 利润 ×（1 −25%）×（1 −10%）×20% = 利润 ×13.5%

乙企业合计应纳税款 = 利润 ×38.5%

甲企业比乙企业少缴纳税款 = 利润 ×3.5% −40 500

【筹划结论】通过上面的分析可以得知，在各种收入级次上，非公司制企业的所得税负担总是低于公司制企业。而且公司制企业在税后利润中提取 10% 的公积金，达到《中华人民共和国公司法》规定的注册资本的 25% 以上转为股本时，还要对投资人征收 20% 的个人所得税。

四、计税依据的筹划

企业所得税的计税依据是应纳税所得额，它是纳税人在一个纳税周期的收入扣除成本、费用和损失后的余额。因此，对计税依据的筹划可以从收入和扣除项目两个方面展开。

（一）收入的筹划

1. 收入金额的筹划。企业以货币形式和非货币形式从各种来源取得的收入构成纳税人的收入总额，包括纳税人来源于中国境内、境外的生产经营收入和其他收入。商品销售收入的金额一般应根据企业与购货方签订的合同或协议金额确定，无合同或协议的，应按购销双方都同意或都能接受的价格确定；提供劳务的总收入，一般按照企业与接受劳务方签订的合同或协议的金额确定，如根据实际情况需要增加或减少交易总金额的，企业应及时调整合同总收入；让渡资产使用权中的金融企业利息收入应根据合同或协议规定的存、贷款利息确定；使用费收入应按企业与其资产使用者签订的合同或协议确定。但是，在收入计量中，还经常存在着各种收入抵免因素，如各种商业折扣、现金折扣、销售折让、销售退回等，这就给企业在保证收入总额不受影响的前提下提供了税收筹划的空间。例如，销售中的现金折扣应在实际发生时计入当期财务费用，也就等于抵减了销售收入；商品销售中的运费、装卸费，保险费等，均可以在实际发生时冲减销售收入，这些都会减少应纳税所得额，也就相应地减少了应纳所得税，后者还减少了流转税的计税依据。

【案例4－4】某大型商场为增值税一般纳税人，增值税税率为13%，企业所得税实行查账征收方式，所得税适用税率为25%。假定该商场的销售毛利率为40%，即每销售100元商品，其平均成本为60元。年末商场决定开展促销活动，经研究确定了三个方案：①顾客购物满100元，商场给予8折的优惠；②顾客购物满100元，商场赠送代金券20元，下次购物可代币结算；③顾客购物满100元，可获赠价值20元的同类商品。

【筹划要求】请从税收筹划的角度对这三个方案进行评价。

【筹划思路】在收入计量中，还经常存在着各种收入抵免因素，如各种商业折扣、现金折扣、销售折让、销售退回等，这就给企业在保证收入总额不受影响的前提下提供了税收筹划的空间。

【筹划过程】

方案一：

税前利润＝80÷(1＋13%)－60÷(1＋13%)＝17.69（元）

应纳企业所得税额＝17.09×25%＝4.42（元）

税后利润＝17.69－4.42＝13.27（元）

方案二：

税前利润＝100÷(1＋13%)－60÷(1＋13%)＝35.40（元）

应纳企业所得税＝35.4×25%＝8.85（元）

本次交易税后利润＝35.40－8.85＝26.55（元）

当顾客下次使用现金券时：

税前利润＝0÷(1＋13%)－12÷(1＋13%)＝－10.62（元）

两次交易税后利润总额＝26.55－10.62＝15.93（元）

与方案一相比，企业的税后收益不仅增加了2.66元（15.93－13.27），而且还可以获得较多的现金流入量。

方案三：

税前利润＝100÷(1＋13%)－60÷(1＋13%)－20×60%÷(1＋13%)
＝24.78（元）

应纳企业所得税＝24.78×25%＝6.20（元）

税后利润＝24.78－6.20＝18.58（元）

【筹划结论】由此可见，在三个方案中，方案三的税后利润是最高的，因而是最佳的方案。

2. 收入确认时间的筹划。推迟应税所得的实现可以延迟纳税，相当于使用了国家的一笔无息贷款。通过销售结算方式的选择，控制收入确认的时间，可以合理归属所得年度，以达到减税或延缓纳税的目的。

（1）以分期收款方式销售货物的，按照合同约定的收款日期确认收入的实现。这是纳税必要资金原则的体现，即在没有纳税必要资金的情况下，允许企业将资产转让所得递延，直至该资产被最终处置时才确认该所得的实现。

（2）企业受托加工、制造大型机械设备、船舶、飞机等，以及从事建筑、安装、装配工程业务或者提供其他劳务，持续时间超过 12 个月的，应按照纳税年度内完工进度确认收入。企业受托加工、制造大型机械设备、船舶、飞机等，以及从事建筑、安装、装配工程业务或者提供其他劳务，持续时间通常分属于不同的纳税年度，甚至会跨越数个纳税年度，而且涉及的金额一般比较大。为了及时反映各纳税年度的应税收入，一般情况下，不能等到合同完工时或进行结算时才确认应税收入。企业按照完工进度或者完成的工作量对跨年度的特殊劳务确认收入和扣除项目进行纳税，有利于保证跨纳税年度的收入在不同纳税年度得到及时确认，保证税收收入的均衡入库。因此，对企业受托加工、制造大型机械设备、船舶、飞机等，以及从事建筑、安装、装配工程业务和提供劳务，持续时间跨越纳税年度的，应当按照纳税年度内完工进度或者完成的工作量确认收入。

除受托加工、制造大型机械设备、船舶、飞机等，以及从事建筑、安装、装配工程业务或者提供其他劳务之外，其他跨纳税年度的经营活动，通常情况下持续时间短、金额小，按照纳税年度内完工进度或者完成的工作量确认应纳税所得额并没有太大的实际意义。另外，这些经营活动在纳税年度末的收入和相关的成本费用不易确定，相关的经济利益能否流入企业也不易判断，因此，一般不宜采用按照纳税年度内完工进度或者完成的工作量确认收入的办法。

（二）扣除项目的筹划

在收入总额既定的情况下，采取合适的支出项目核算方法，充分列支准予扣除的项目，能够有效减轻企业所得税负担。对于税前扣除项目，只了解税法规定的税前准予扣除项目的内容和不允许扣除项目的内容是不够的。因为税法对准予扣除项目的介绍是笼统的、原则性的。从理论上说，只要是企业为生产经营所发生的属于税法规定的准予列支项目，就可以在计算应纳税所得额时予以扣除。但由于费用支出直接影响企业利润和所得税的大小，为合理确定应纳税所得额，稳定税收收入，税法同时根据不同支出项目的特点，规定了不同的税前列支方法，由此形成了不同的抵税作用，如有些开支项目不能在税前列支，有些开支项目可以在限定条件内部分税前列支，有些可以全额列支，还有少量项目甚至可以超额在税前列支。

【筹划过程】

企业发生的与取得收入相关的、合理的支出，包括成本、费用、税金、损失和其他支出，准予在计算应纳税所得额之前予以扣除。从税收筹划的角度看，筹划空间较大的主要是成本与费用两项。

1. 成本项目的筹划。

（1）合理处理成本的归属对象和归属期间。纳税人必须将经营活动中发生的成本合理划分为直接成本和间接成本。直接成本是可直接计入有关成本计算对象或劳务成本中的直接材料、直接人工等。间接成本是指多个部门为同一个成本对象提供服务的共同成本，或者同一种投入可以制造、提供两种或两种以上的产品或劳务的联合成本。间接成本必须根据与成本计算对象之间的因果关系、成本计算对象的产量等，以合理的方法分配计入有关成本计算对象中。尤其是在既生产应税产品又生产免税产品的企业中，合理确定直接成本和间接成本的归属对象和归属期间显得尤为重要。

（2）成本结转处理方法的筹划。企业的生产成本在完工产品和在产品之间的结转方法主要包括：在产品不计算成本法、约当产量法、在产品按完工产品计算法、在产品按定额成本计价法等。税法并没有限制使用哪一种方法，采用不同的成本结转处理方法对完工产品成本的结转影响很大，企业应根据实际情况选择适当的方法。例如，选择在产品不计算成本法则每期发生的生产费用都可以作为完工产品成本，相应地扩大了当期的营业成本，减少了当期应纳税所得额。当然，成本结转的处理方法一经确定就不能随意更改，如果确实需要更改，必须提前一年向当地主管税务部门申请，否则税务机关有权进行纳税调整。

（3）成本核算方法的筹划。成本核算方法主要有品种法、分批法、分步法三种基本方法。每一种方法对产成品成本的归集与计算要求都各不相同，从而影响最终的产成品成本以及不同期间的产品销售成本，进而影响企业的应纳税所得额。

（4）成本费用计入存货成本或期间费用的筹划。如果企业发生的某项成本费用可以在计入存货成本和期间费用之间进行选择，对于纳税人而言，一般应尽可能地选择将其计入期间费用，因为期间费用可以在当期计算应纳税所得额时进行扣除，而一旦计入存货成本，则必须等到存货销售以后才能进行扣除。

2. 费用项目的筹划。为了防止纳税人任意增加费用，减少应纳税所得额，《企业所得税法实施条例》对允许扣除项目作了规定，结合会计核算的要求，将期间费用项目分为三类：税法有扣除标准的费用项目、税法没有扣除标准的费用项目、税法给予优惠的费用项目。

税法有扣除标准的费用项目，包括职工福利费、职工教育经费、工会经费、业务招待费、广告费和业务宣传费、公益性捐赠支出等。这类费用一般采用以下筹划方法：①原则上遵照税法的规定进行抵扣，避免因纳税调整而增加企业税负。②区分不同费用项目的核算范围，使税法允许扣除的费用标准得以充分抵扣。③费用的合理转化，将有扣除标准的费用通过会计处理，转化为没有扣除标准的费用，加大扣除项目总额，降低应纳税所得额。

税法没有扣除标准的费用项目包括劳动保护费、办公费、差旅费、董事会费、咨询费、诉讼费、租赁及物业费、车辆使用费、长期待摊费用摊销、房产税、车船税，土地使用税、印花税等。这类费用一般可以采用以下筹划方法：①正确设置费用项目，合理加大费用开支。②选择合理的费用分摊方法。例如，对低值易耗品、无形资产、长期待摊费用进行摊销时，要视纳税人不同时期的盈亏情况而定：在盈利年度，应选择使费用尽快得到分摊的方法，使其抵税作用尽早发挥，推迟所得税纳税时间；在亏损年度，应选择将费用尽可能计入亏损，不要浪费费用分摊的抵税效应；在享受税收优惠的年度，应选择能使减免税年度摊销额减小、正常年度摊销额增大的摊销方法。

对税法给予优惠或加计扣除的费用项目，则应充分享受税收优惠政策。例如，税法规定，企业在一个纳税年度生产经营中发生的新产品、新技术、新工艺的技术开发费用，允许按当年费用实际发生额的150%扣除。因此，企业可以加大研发费用的投入，或者将一些与之相关的费用尽量计入研发费用项目，通过研发费用的加计扣除，降低应纳税所得额。

需要注意的是，企业发生的某项成本费用如果可以在计入存货成本与期间费用之间进行选择，从所得税筹划的角度而言，应该尽量计入期间费用，因为期间费用可以在当期扣除，而计入存货成本，则要等到存货销售后才能扣除。但从增值税筹划的角度来看，还关系到进项税额能否得到及时扣除的问题。如果不涉及进项税额的扣除，则纳税人应该尽可能选择计入期间费用；但如果影响进项税额的扣除，则纳税人应该尽可能选择计入存货成本，因为选择计入期间费用只是获得所得税加速扣除的好处。如果以放弃进项税额的抵扣为前提，显然是不可取的。

五、利用小型微利企业低税率的纳税筹划

小型企业在我国企业总量中占有很大的比重，对于促进就业、鼓励创业、增强经济活力具有重要意义。但从税收负担能力来看，小型企业的税收负担能力相对较弱，如使其与规模大、盈利能力强的企业适用同样的税收政策，则不利于小型企业的发展壮大。因此，世界各国对小型企业都在税收上给予优惠政策予以扶持。我国《企业所得税法》也沿袭了这种国际惯例，在基本税率的基础上给予小型微利企业以20%的低税率优惠，这就给企业进行所得税税率筹划提供了一个机会。

要享受小型微利企业的低税率优惠，还必须符合以下税法规定的条件：①工业企业，年度应纳税所得额不超过50万元，从业人数不超过100人，资产总额不超过3 000万元。②其他企业，年度应纳税所得额不超过50万元，从业人数不超过80人，资产总额不超过1 000万元。仔细分析小型微利企业的认定条件，可

以发现其中的企业盈利水平不仅是动态变化的，而且相对不容易受企业主动掌控。因此，应该将企业盈利水平作为小型微利企业税率筹划的突破点。

假设企业已经满足作为小型微利企业的其他条件，仅考虑企业盈利水平的变化。年度应纳税所得额 50 万元以下的，税率为 20%；50 万元以上的，税率为 25%。这实际上构成了二级全额累进税率，50 万元就是小型微利企业所得税税率变化的临界点。在这种税率机制下，以年度应纳税所得额 50 万元为基数，企业年度应纳税所得额如果超过 50 万元，由于适用税率提高导致应纳所得税额比应纳税所得额增加得更快，反而会使企业的净利润降低。

当应纳税所得额为 50 万元时，企业的应纳所得税额和净利润（假设企业应纳税所得额与会计利润一致，下同）分别为：

应纳所得税额 $=50\times 20\%=10$（万元）

净利润 $=50\times(1-20\%)=40$（万元）

而当企业的应纳税所得额超过 50 万元时，企业的应纳所得税额和净利润分别为：

应纳所得税额 = 利润 $\times 25\%$

净利润 = 利润 $\times(1-25\%)$

要使企业的净利润超过 40 万元，我们可以解以下不等式方程：

利润 $\times(1-25\%)>40$ 解得：利润 >53.33

也就是说，53.33 万元是应纳税所得额高于 50 万元时的净利润增减平衡点。当企业的应纳税所得额处于 50 万～53.33 万元时，相比应纳税所得额为 50 万元的情况，净利润不升反降。只有当应纳税所得额高于 53.33 万元，才可以获得净利润的增加。这样一来，当企业的应纳税所得额处于 50 万～53.33 万元时，企业应设法减少自己的应纳税所得额，以便适应较低档的税率。

为了进一步促进小微企业的发展，财政部和国家税务总局于 2019 年联合发布了《关于实施小微企业普惠性税收减免政策的通知》，规定自 2019 年 1 月 1 日至 2021 年 12 月 31 日，对小型微利企业年应纳税所得额不超过 100 万元的部分，减按 25% 计入应纳税所得额，按 20% 的税率缴纳企业所得税（相当于按 5% 纳税）；对年应纳税所得额超过 100 万元、但不超过 300 万元的部分，减按 50% 计入应纳税所得额，按 20% 的税率缴纳企业所得税（相当于按 10% 纳税）。上述小型微利企业是指从事国家非限制和禁止行业，且同时符合年度应纳税所得额不超过 300 万元、从业人数不超过 300 人、资产总额不超过 5 000 万元等三个条件的企业。这一规定的出台使得对小微企业税率的筹划变得更加复杂，我们来看以下案例。

【案例 4－5】 甲企业为工业企业，企业资产总额 2 800 万元，现有职工 90 人。该企业预计 2019 年、2020 年实现的应纳税所得额分别为 150 万元、50 万元，其中2019年12月预计实现应纳税所得额50万元。

【筹划要求】请对上述业务进行所得税纳税筹划。

【筹划思路】企业所得税的税收优惠中税率差异，为小型微利企业纳税人提供了筹划的空间，在应纳税所得额超过临界点时可以事先增加一些费用支出，从而降低应纳税所得额达到减轻纳税人税收负担的目的。

【筹划过程】

方案一：2019年、2020年分别确认应纳税所得额150万元、50万元。

2019年应纳企业所得税

=100×25%×20%+(150－100)×50%×20%=10（万元）

2010年应纳企业所得税=50×25%×20%=2.5（万元）

两年纳税合计=10+2.5=12.5（万元）

方案二：将2019年12月的50万元应纳税所得额延迟到2020年初确认。

2019年应纳企业所得税=100×25%×20%=5（万元）

2010年应纳企业所得税=100×25%×20%=5（万元）

两年纳税合计=5+5=10（万元）

【筹划结论】方案二比方案一少缴纳企业所得税2.5万元，因此，应当选择方案二。

需要注意的是，从税法对小型微利企业的低税率政策适用的条件看，小型微利企业的认定还有从业人员的限制，有可能会导致一些企业为了追求低税率而裁员，这对促进全社会就业是不利的，也违背了立法的初衷。

六、高新技术企业所得税税率的纳税筹划

税法规定：对于国家需要重点扶持的高新技术企业，减按15%的税率征收企业所得税。国家需要重点扶持的高新技术企业，是指拥有核心自主知识产权，并同时符合下列条件的企业：企业申请认定时必须注册成立1年以上；企业通过自主研发、受让、受赠、并购等方式，获得对其主要产品（服务）在技术上发挥核心支持作用的知识产权的所有权；对企业主要产品（服务）发挥核心支持作用的技术属于《国家重点支持的高新技术领域》规定的范围；企业从事研发和相关技术创新活动的科技人员占企业当年职工总数的比例不低于10%；企业近3个会计年度（实际经营期不满3年的按实际经营时间计算，下同）的研究开发费用总额占销售收入总额的比例符合以下要求：①最近一年销售收入小于5 000万元的企业，比例不低于5%。②最近一年销售收入在5 000万元至20 000万元的企业比例不低于4%。③最近一年销售收入在20 000万元以上的企业，比例不低于3%。其中，企业在中国境内发生的研究开发费用总额占全部研究开发费用总额的比例不低于60%；近一年高新技术产品（服务）收入占企业同期总

收入的比例不低于60%；企业创新能力评价应达到相应要求；企业申请认定前一年内未发生重大安全、重大质量事故或严重环境违法行为。

可见，国家对高新技术企业的认定，制定了严格的要求，特别是高学历人员占职工总数的比例、研发费用占销售收入的比例、高新技术产品（服务）收入占企业当年总收入的比例等关键指标，很多大型企业很难达到认定标准。因此，在必要的时候，可以将大型企业的一部分核心产业、人员、技术和业务分离出来，单独成立具有法人资格的高新技术企业。分离出来的新企业应当确保相关指标达到规定的要求，同时在一段时间内，全力开发核心自主知识产权，为高新技术企业的认定创造条件。

七、西部大开发的优惠税率的纳税筹划

根据税法规定，2011 年 1 月 1 日至 2020 年 12 月 31 日，对设在西部地区的鼓励类产业企业减按 15% 的税率征收企业所得税。上述鼓励类产业企业是指以《西部地区鼓励类产业目录》中规定的产业项目为主营业务，且其主营业务收入占企业收入总额 70% 以上的企业。西部地区包括：重庆市、四川省、贵州省、云南省、西藏自治区、陕西省、甘肃省、宁夏回族自治区、青海省、新疆维吾尔自治区、新疆生产建设兵团、内蒙古自治区和广西壮族自治区。湖南省湘西土家族苗族自治州、湖北省恩施土家族苗族自治州、吉林省延边朝鲜族自治州，可以比照西部地区的税收政策执行。

由于国家要求《西部地区鼓励类产业目录》中规定的主营业务收入必须占企业收入总额的 70% 以上，在必要的时候，要么将大型企业的符合目录的产业、人员技术和业务分离出来，单独成立具有法人资格的企业，从而使得新企业可以享受西部大开发企业的优惠税率；要么将不符合目录的产业、人员、技术和业务分离出来，从而使得现有企业可以享受西部大开发企业的优惠税率。

八、利用关联方交易进行纳税筹划

由于税收法规对不同地区、不同行业的企业规定了不同的所得税税率以及应纳税所得额的计算方法，造成企业集团内不同的主体之间适用的实际所得税税率存在差异。这些关联企业可以根据税收上的这种差异，通过关联方之间的交易来减少集团整体的所得税纳税总额。例如，在向所得税税率高的地区的关联企业提供产品或劳务时，抬高转让价格，增加关联企业的进货成本，减少关联企业的税前利润。反之，在向所得税税率低的地区的关联企业提供产品或劳务时，则降低转让价格，降低进货成本，增加关联企业的税前利润。如果集团中没有适用较低税率的企业，企业也可以专门设立高新技术企业或者小型微利企业，以便适用较低税率。

企业集团内部利润转移可以采用关联交易和业务转移两种方法。通过关联交易转移利润时，需要注意幅度的把握，因为明显的利润转移会受到税务机关的关注和反避税调查。业务转移是将公司的某项业务交给集团内的其他公司承担，通过这种方式转移利润，目前尚不受税法规制，税务风险比较小。

【案例4-6】 某企业集团下属甲、乙两个企业。其中，甲企业适用25%的企业所得税税率，乙企业属于国家扶持的高新技术企业，适用15%的企业所得税税率。假设在2019纳税年度，甲企业的应纳税所得额为8 000万元，乙企业的应纳税所得额为9 000万元。

【筹划要求】 请根据上述业务提出纳税筹划方案。

【筹划思路】 在向所得税税率高的地区的关联企业提供产品或劳务时，抬高转让价格，增加关联企业的进货成本，减少关联企业的税前利润。反之，在向所得税税率低的地区的关联企业提供产品或劳务时，则降低转让价格，降低进货成本，增加关联企业的税前利润。

【筹划过程】

筹划前：

甲企业2019纳税年度应当缴纳企业所得税 = 8 000 × 25% = 2 000（万元）

乙企业2019纳税年度应当缴纳企业所得税 = 9 000 × 15% = 1 350（万元）

企业集团合计缴纳企业所得税 = 2 000 + 1 350 = 3 350（万元）

筹划方案：

由于甲企业的企业所得税税率高于乙企业，因此，可以考虑通过业务调整、转移支付等方式将甲企业的部分收入转移到乙企业。假设可以通过上述方式将甲企业的应纳税所得额降低为7 000万元，乙企业的应纳税所得额相应增加为1亿元。

甲企业2019年纳税年度应当缴纳企业所得税 = 7 000 × 25% = 1 750（万元）

乙企业2019年纳税年度应当缴纳企业所得税 = 10 000 × 15% = 1 500（万元）

企业集团合计缴纳企业所得税 = 1 750 + 1 500 = 3 250（万元）

【筹划结论】 由此可见，通过纳税筹划，该企业集团可以少缴纳企业所得税100万元（3 350 - 3 250）。

需要注意的是，根据《企业所得税法》规定，企业与关联方之间的业务往来，不符合独立交易原则而减少企业或者其关联方应纳税收入或所得额的，税务机关有权按照合理的方法调整。为了降低关联方交易可能带来的税务风险，关联企业应当按纳税年度准备、保存，并按照税务机关的要求提供其关联交易的相关资料，以证明关联交易的合理性与合法性。

九、利用亏损弥补进行纳税筹划

《企业所得税法》第十八条规定，企业纳税年度发生的亏损，准予向以后年度结转，用以后年度的所得弥补，但结转年限最长不得超过 5 年。从 2018 年 1 月 1 日起，对于具备高新技术企业或科技型中小企业资格的企业，其具备资格年度之前 5 个年度发生的尚未弥补完的亏损，准予结转以后年度弥补，最长结转年限由 5 年延长至 10 年。

弥补亏损期限，是指纳税人某一纳税年度发生亏损，准予用以后年度的应纳税所得弥补，1 年弥补不足的，可以逐年连续弥补，弥补期最长不得超过 5 年，5 年内不论是盈利还是亏损，都作为实际弥补年限计算。这一规定为纳税人进行纳税筹划提供了空间，纳税人可以通过对本企业支出和收益的控制来充分利用亏损结转的规定，将能够弥补的亏损尽量弥补。

【案例 4－7】某企业 2014 年度应纳税所得额为 40 万元，在此之前没有需要弥补的亏损，2015 年度亏损 40 万元，2016 年度亏损 30 万元，2017 年度亏损 20 万元，2018 年度应纳税所得额为 10 万元（尚未弥补以前年度亏损，下同），2019 年度应纳税所得额为 20 万元，2020 年度应纳税所得额为 30 万元。

【筹划要求】请根据上述资料，提出纳税筹划方案。

【筹划思路】这里有两种方法可以采用：①如果某年度发生了亏损，企业应当尽量使邻近的纳税年度获得较多的收益，也就是尽可能早地将亏损予以弥补；②如果企业已经没有需要弥补的亏损或者企业刚刚组建，而亏损在最近几年又是不可避免的，那么应该尽量先安排企业亏损，然后再安排企业盈利。

【筹划过程】

筹划前：

2014 年度应纳税所得额为 40 万元，由于以前年度没有需要弥补的亏损，因此，2014 年度的应纳税额＝40×25%＝10（万元）

2015～2017 年度亏损，不需要缴纳企业所得税。

2018 年度应纳税所得额为 10 万元，弥补以前年度亏损后没有余额，不需要缴纳企业所得税。

2019 年度应纳税所得额为 20 万元，此时，前 5 年尚有 80 万元亏损没有弥补，因此，2019 年度仍不需要缴纳企业所得税。

2020 年度应纳税所得额为 30 万元，此时，前 5 年尚有 60 万元亏损没有弥补，因此，2020 年度也不需要缴纳企业所得税。

该企业 2014～2020 年度一共需要缴纳企业所得税＝40×25%＝10（万元）

筹划方案：

该企业的特征是先盈利后亏损，这种状况就会导致企业在以后年度的亏损不可能用以前年度的盈利来弥补。而企业能否盈利在很大程度上都是可以预测的，因此，如果企业已经预测到某些年度会发生无法避免的亏损，那么，就尽量将盈利放在亏损年度以后。本案例中该企业可以在 2014 年度多开支 40 万元，也就是将2015年度的部分开支提前进行，而将某些收入放在2015年度来实现。这样，该企业2014年度的应纳税所得额就变为0。2015年度由于减少了开支，增加了收入，总额为40万元，2015年度的亏损变为0。以后年度的生产经营状况不变。该企业在2016~2019年度同样不需要缴纳企业所得税，2020年度弥补亏损以后剩余10万元应纳税所得额，需要缴纳企业所得税0.5万元（10×25%×20%）。

【筹划结论】 通过纳税筹划，该企业减少应纳税额9.5万元（10－0.5）。

需要注意的是，企业的年度亏损额是按照税法规定的方法计算出来的，不能利用多算成本和多列工资、招待费、其他支出等手段虚报亏损。企业必须正确地计算申报亏损，才能通过纳税筹划获得合法利益，否则，为了亏损结转而虚报亏损有可能导致触犯税法而受到法律的惩处。

十、固定资产折旧的纳税筹划

固定资产，是指企业为生产产品、提供劳务、出租或者经营管理而持有的、使用时间超过1年的非货币性资产，包括房屋、建筑物、机器、机械、运输工具以及其他与生产经营活动有关的设备、器具、工具等。固定资产作为企业的长期资产，在使用过程中，需要对其进行折旧和维护，如果固定资产发生了损坏，还需要进行修理。发生的折旧费和修理费作为企业生产经营活动中的必要支出，可以在计算应纳税所得额时予以扣除，这就为我们进行所得税的筹划提供了空间。

《企业所得税法》第十一条规定："在计算应纳税所得额时，企业按照规定计算的固定资产折旧，准予扣除。"企业应当根据固定资产的性质和使用情况以及税法与会计准则的相关规定，合理确定固定资产的折旧方法，预计使用年限、预计净残值等折旧费用计算的参数。直线法是会计准则和税法均认可的企业计提固定资产折旧的基本方法。对于符合以下条件的固定资产：①由于技术进步，产品更新换代较快的固定资产；②常年处于强震动、高腐蚀状态的固定资产。税法规定可以采取缩短折旧年限或者采取加速折旧的方法。

以下我们将通过具体案例进行讲解。

【案例4－8】 某机械制造厂新购进一台大型机器设备，原值为400 000元，预计净残值率为3%、使用年限为5年。经税务机关核定，该设备可以使用加速折旧法计提折旧。企业适用的所得税率为25%。

【筹划要求】 请根据上述条件，提出纳税筹划方案。

【筹划思路】 无论采用哪种折旧提取方法，对于某一特定固定资产而言，企业所提取的折旧总额是相同的，同一固定资产所抵扣的应纳税所得额以及由此所抵扣的所得税额也是相同的，有所不同的只是企业在固定资产使用年限内每年所抵扣的应纳税所得额，由此导致每年所抵扣的所得税额也是不同的。在符合税法规定的固定资产加速折旧条件的情况下，企业应当尽量采用加速折旧，至于选择何种加速折旧方法，企业需要根据固定资产的具体情况来进行决策。

【筹划过程】

方案一：直线法。

年折旧率 =（1 －3%）÷5 =19.4%

月折旧率 =19.4% ÷12 =1.617%

预计净残值 =400 000 ×3% =12 000（元）

每年折旧额 =（400 000 －12 000）÷5 =77 600（元）

方案二：缩短折旧年限。

该设备最短的折旧年限应为正常折旧年限的60%，即3年。

年折旧率 =（1 －3%）÷3 =32.33%

月折旧率 =32.33% ÷12 =2.69%

预计净残值 =400 000 ×3% =12 000（元）

每年折旧额 =（400 000 －12 000）÷3 =129 333（元）

方案三：双倍余额递减法。

年折旧率 =（2 ÷5）×100% =40%

第1年折旧额 =400 000 ×40% =160 000（元）

第2年折旧额 =240 000 ×40% =96 000（元）

第3年折旧额 =144 000 ×40% =57 600（元）

第4、5年折旧额 =744 000 ÷2 =37 200（元）

方案四：年数总和法。

第1年折旧额 =（400 000 －12 000）×5 ÷15 =129 333（元）

第2年折旧额 =（400 000 －12 000）×4 ÷15 =103 467（元）

第3年折旧额 =（400 000 －12 000）×3 ÷15 =77 600（元）

第4年折旧额 =（400 000 －12 000）×2 ÷15 =51 733（元）

第5年折旧额 =（400 000 －12 000）×1 ÷15 =25 867（元）

【筹划结论】由以上计算结果可知，在第1年年末，采用直线法、缩短折旧年限、双倍余额递减法和年数总和法提取折旧，折旧费用分别是77 600元、129 333元、160 000元、129 333元。如果将其计入应纳税所得额进行税前扣除，采用双倍余额递减法提取折旧所获得的税收利益无疑最大的，其次是年数总和法和缩短折旧年限，最后是直线法。

一般情况下，上述顺序是企业的最佳选择，但在某些特殊情况下，企业的选择也会不同。如果企业当前适用的税率较低或者正处于免税期，该企业就不宜选择加速折旧，而应当在税率较高的期间扣除较多折旧，在税率较低期间扣除较少折旧。

【知识拓展】此外，对于某些特定行业以及具有特定用途的固定资产，国家税务总局还规定了一些特殊的优惠政策，企业应充分利用这些优惠政策进行税收策划。例如，企业在2018年1月1日至2020年12月31日新购进的设备、器具，单位价值不超过500万元的，允许一次性计入当期成本费用，在计算应纳税所得额时扣除，不再分年度计算折旧。上述所称设备、器具，是指除房屋、建筑物以外的固定资产。对轻工、纺织、机械、汽车4个领域重点行业的企业2015年1月1日后新购进的固定资产，可由企业选择缩短折旧年限或采取加速折旧的方法。对上述行业的小型微利企业2015年1月1日后新购进的研发和生产经营共用的仪器、设备，单位价值不超过100万元的，允许一次性计入当期成本费用在计算应纳税所得额时扣除，不再分年度计算折旧；单位价值超过100万元的，可由企业选择缩短折旧年限或采取加速折旧的方法。对生物药品制造业，专用设备制造业，铁路、船舶、航空航天和其他运输设备制造业，计算机、通信和其他电子设备制造业，仪器仪表制造业，信息传输、软件和信息技术服务业等6个行业的企业2014年1月1日后新购进的固定资产，可缩短折旧年限或采取加速折旧的方法。对上述6个行业的小型微利企业2014年1月1日后新购进的研发和生产经营共用的仪器、设备，单位价值不超过100万元的，允许一次性计入当期成本费用在计算应纳税所得额时扣除，不再分年度计算折旧；单位价值超过100万元的，可缩短折旧年限或采取加速折旧的方法。

十一、固定资产修理的纳税筹划

固定资产的修理费用是企业生产经营过程中经常发生的费用，根据修理程度的不同，企业所得税法规定了不同的扣除政策。根据《企业所得税法》第十三条的规定，纳税人的一般性固定资产修理支出可以在发生当期直接扣除。固定资产的大修理支出应当作为长期待摊费用，按照固定资产尚可使用年限分期摊销。固定资产的大修理支出是指同时符合以下两个条件的支出。

1. 修理支出达到取得固定资产时的计税基础50%以上。
2. 修理后固定资产的使用年限延长2年以上。

不同的修理方式对企业的纳税影响显然是不同的，这也给我们进行所得税的筹划提供了空间。企业在安排固定资产的修理时，应当考虑以下因素。

（1）支出数额。固定资产的修理支出如果达到固定资产计税基础的50%以上，就不可以当期直接扣除而作为长期待摊费用。例如，某一固定资产原值400万元，尚可使用年限2年，维修费用220万元，维修后增加使用年限2年，就要作为长期待摊费用按照4年推销。但如果安排2年的维修方案，每年发生维修支出110万元，就可以作为一般性修理支出在发生当期直接扣除。

（2）企业的盈亏情况。企业如果现在或预期未来一段时间内将发生亏损，应考虑将修理费用资本化，计入固定资产的账面价值，使税前扣除金额向以后年度递延。如果企业当前是盈利的，就应考虑将修理支出费用化，加大当期的税前扣除项目，以达到减少当期应交所得税的目的。

（3）生产经营的需要。固定资产修理的支出数额和时间安排必须以生产经营的需要为重，税务筹划的方案必须以不会给目前的生产经营带来严重负面影响为前提。

【案例4-9】某企业2023年12月对一台生产设备进行大修理，当月完工。该设备的原值为600万元，发生修理费用320万元。修理前该固定资产还可以使用4年，维修后经济使用寿命延长了2年，仍用于原用途。当年实现其他税前会计利润240万元（不包括该修理事项），无其他纳税调整事项，企业适用的所得税税率为25%。

【筹划要求】请根据上述条件，提出纳税筹划方案。

【筹划思路】不同的修理方式对企业的纳税影响显然是不同的，这也给我们进行所得税的筹划提供了空间。根据《企业所得税法》第十三条的规定，纳税人的一般性固定资产修理支出可以在发生当期直接扣除。固定资产的大修理支出应当作为长期待摊费用，按照固定资产尚可使用年限分期摊销。

【筹划过程】

方案一：由于2023年发生的固定资产修理支出达到固定资产原值50%以上，应视为固定资产大修理支出，不可以当期直接扣除。

2023年应纳税所得额为240万元。

2023年应纳所得税 = 240 × 25% = 60（万元）

方案二：如果按照合理的预算规划和进度安排，将该设备的修理分为两期进行，第一期维修工程在2023年12月完工，维修费用240万元；第二期维修工程在2024年6月完工，维修费用80万元。其他条件不变。

2023年发生的固定资产修理支出240万可以当期直接扣除，使得2023年应纳税所得额为和应交所得税均为0。

【筹划结论】由以上两种方案计算结果可知，方案二比方案一少纳税60万元（60-0）。不同的修理方式对企业的纳税影响显然是不同的，这也给我们进行所得税的筹划提供了空间。

十二、存货计价与结转的纳税筹划

存货是指企业持有以备出售的产品或者商品，处在生产过程中的在产品、生产或者提供劳务过程中耗用的材料和物料等。根据《企业所得税法》规定，企业使用或者销售存货，按照规定计算的存货成本，准予在计算应纳税所得额时扣除。企业使用或者销售存货的成本计算方法，可以在先进先出法、加权平均法、个别计价法中选用一种。计价方法一经选用，不得随意变更。

【案例4－10】某商品批发企业每年从国际市场进货，然后在国内市场出售。2024年，企业预计将进货6次，预计该年可售出20 000件产品、市场售价每件40元，具体如表4－3所示，预计相关的期间费用为每件10元。企业适用的所得税税率为25%。

表4－3　企业商品进销存汇总

进/销货日期	摘要	数量（件）	单价（元）	结存（件）
1月2日	购入	12 000	13	12 000
2月4日	销售	8 000		4 000
3月3日	购入	12 000	17	16 000
4月19日	销售	6 000		10 000
5月1日	购入	5 000	20	15 000
7月1日	购入	18 000	19	33 000
9月2日	购入	10 000	18	43 000
11月3日	购入	12 000	20	55 000
12月1日	销售	6 000		49 000

【筹划要求】企业可能选择的存货计价方法为先进先出法和加权平均法，请从所得税筹划的角度对这两种方法做出选择。

【筹划思路】存货计价方法选择的筹划应立足于使成本费用的抵税效应得到最充分或最快的发挥。首先，对于盈利企业，由于存货成本能从所得额中税前扣除，因此，在选择计价方法时，应着眼于使成本费用效应尽可能早地发挥作用，即选择前期成本较大的计价方法。在通货紧缩时期，可选择先进先出法。其次，在享受所得税优惠政策的企业，由于减免税期内成本费用的抵税会全部或部分地减免优惠所抵销，因此，应选择减免税期间成本少、非减免税期间成本多的计价方法。最后，对于亏损企业，选择计价方法应同企业的亏损弥补情况相结合，选择的计价方法必须能使不能得到或不能完全得到税前弥补的亏损年度的成本费用降低，从而保证成本费用的抵税效应得到最大限度的发挥。

【筹划过程】

方案一：采用先进先出法。

销售成本＝8 000×13＋6 000×17＋6 000×17＝308 000（元）

利润总额＝20 000×(40－10)－308 000＝292 000（元）

应缴纳企业所得税＝292 000×25%＝73 000（元）

方案二：采用加权平均法。

加权平均单价＝(12 000×13＋12 000×17＋5 000×20＋18 000×19＋10 000×18＋12 000×20)＝17.71（元/件）

销售成本＝17.71×20 000＝354 200（元）

利润总额 = 20 000 ×（40 - 10）- 354 200 = 245 800（元）

应交企业所得税 = 245 800 × 25% = 61 450（元）

【筹划结论】 通过以上两个方案可以看出，用加权平均法可以为企业节约所得税税负 11 550 元（73 000 - 61 450）。在现实世界里，大多数的企业存货计价方法也都选用加权平均法。

对于制造企业来说，在计算产品生产成本时，需要将生产费用在完工产品与在产品之间进行分配结转。可以选择的成本结转方法有：不计算在产品成本法、约当产量法、在产品按固定成本计价法、在产品按所耗直接材料成本计价法、在产品按完工产品成本计算法、在产品按定成本计价法、定额比例法等。不同的成本分配方法会影响完工产品成本以及当期的产品销售成本，进而影响企业的利润总额和应交所得税额，因此，企业应根据实际情况选择合适的成本结转方法。

【案例 4 - 11】 甲公司 A 产品 2024 年 1 月完工 450 件，在产品 100 件，平均完工程度为 50%，发生的生产费用共计 1 000 000 元。假设完工产品当月全部出售，取得收入 2 000 000 元（不含增值税）。假设企业现有以下 3 种成本结转方法可供选择：一是不计算在产品成本法；二是约当产量法；三是在产品按完工产品成本计算法。

【筹划要求】 请对上述业务进行所得税的筹划。

【筹划思路】 不同的成本分配方法会影响完工产品成本以及当期的产品销售成本，进而影响企业的利润总额和应纳所得税额，因此，企业应根据实际情况选择合适的成本结转方法。

【筹划过程】

方案一：不计算在产品成本法。

完工产品成本 = 1 000 000 元

在产品成本 = 0

销售成本 = 1 000 000

应纳企业所得税 =（200 000 - 1 000 000）× 25% = 250 000（元）

税后利润 = 200 000 - 1 000 000 - 250 000 = 750 000（元）

方案二：约当产量法。

费用分配率 = 1 000 000 ÷（450 + 100 × 50%）= 2 000（元/件）

在产品成本 = 100 × 50% × 2 000 = 100 000（元）

销售成本 = 450 × 2 000 = 90 000（元）

应纳企业所得税 = 2 000 000 - 90 000 × 25% = 275 000（元）

税后利润 = 200 000 - 90 000 - 275 000 = 825 000（元）

方案三：在产品按完工产品成本计算法。

费用分配率 = 1 000 000 ÷（450 + 100）= 1 818.18（元/件）

完工产品成本 = 450 × 1 818.18 = 818 181（元）

在产品成本 = 100 × 1 818.18 = 181 818（元）

销售成本 = 450 × 1 818.18 = 818 181（元）

应纳企业所得税 =（200 000 − 818 181）× 25% = 295 454.75（元）

税后利润 = 2 000 000 − 818 181 − 295 454.75 = 886 364.25（元）

【筹划结论】 由上述计算可知：方案一比方案二少缴纳企业所得税 25 000 元（275 000 − 250 000），比方案三少缴纳企业所得税 45 454.75 元（295 454.75 − 250 000），因此，企业若以税负最小化为目标，应选择方案一。而方案三比方案一多获取税后利润 136 364.25 元（886 364.25 − 750 000），比方案二多获取税后利润 61 364.25 元（886 364.25 − 82 500），因此，企业若以税后利润最大化为目标，则应选择方案三。

需要注意的是，企业存货的计价与成本结转方法一经确定，一般情况下不能更改。若需要更改，应向当地主管税务部门提前申请更改下一年度的成本结转处理方法。否则，税务机关有权进行纳税调整。

十三、广告宣传费的纳税筹划

随着我国改革开放进程的不断深入，企业之间争夺市场的竞争也越来越激烈。为了获得更多的客户资源，提高产品的市场占有率，越来越多的企业日益依赖于广告和其他形式的业务宣传。广告费是指企业为扩大销售业务，通过媒体向公众介绍商品、劳务和企业信息等发生的相关费用。企业申报扣除的广告费支出必须同时具备以下三个条件：①广告是通过工商部门批准的专门机构制作的；②已实际支付费用，并已取得相应发票；③通过一定的媒体传播。因此，对支付给非法承办广告业务的单位和个人的广告费，或尚未实际支付的广告费，或虽已支付但未取得相应发票的广告费，或虽已取得发票但未通过媒体传播的广告费等均不得税前扣除。业务宣传费是企业为开展业务宣传活动所支付的费用，主要是指未通过媒体公开进行的广告性支出，包括企业发放的印有企业标志的礼品和纪念品、义卖特卖或展览、赠送样品或销货赠送、抽奖等费用。

【案例 4 − 12】 某房地产开发企业准备在上海一处黄金地段销售其所开发的楼盘，预计 2024 年该楼盘的销售收入能达到 7 000 万元，本年度的广告宣传费用预算为 1 200 万元。

【筹划要求】 请对上述业务进行所得税的筹划。

【筹划思路】 企业发生的符合条件的广告费和业务宣传费支出，除国务院财政、税务主管部门另有规定外，不超过当年销售（营业）收入 15% 的部分，准予扣除；超过部分，准予在以后纳税年度结转扣除。如果企业由于在市场推广阶段，业务宣传费和广告费超过当年收入的 15%，但以后随着收入的增长，比例会逐渐降低，那么会计上的广告费和业务宣传费支出与税务上允许扣除的金额只是时间性差异。但对于房地产、保健品等行业，广告费和业务宣传费的支出可能会长期超过销售收入的15%比例，这就需要进行合理的税务安排。

【筹划过程】

企业财务人员提出了如下两个税收筹划方案。

方案一：广告在当地电视台黄金时间每天播出4次、间隔播出10个月并在当地报刊连续刊登2个月，广告费用总支出1 200万元。企业能够税前扣除的广告宣传费为1 050万元（7 000×15%），超支的150万元广告宣传费不得税前扣除，需要进行纳税调整，企业广告费用实际总支出为1 237.5万元［1 200+(1 200-7 000×15%)×25%］。

方案二：广告在当地电视台每天播出3次、间隔播出10个月，广告费用总支出900万元，雇用大学生在节假日到各商场和文化活动场所散发宣传材料需支出30万元，建立自己的网页并在有关网站发布售房信息，信息发布和网站维护费用需支出270万元。

【筹划结论】由于网站信息发布和维护费用可以在管理费用中列支，因此，方案二的各项支出1200万元均可在税法规定的扣除项目限额内列支，无须进行纳税调整。此外，方案二从多个角度对该楼盘进行了宣传，对销售起到了很好的促进作用，因此，方案二为最佳方案。

十四、业务招待费的纳税筹划

业务招待费作为企业生产、经营业务的必须开支费用，会计制度规定可以全额据实在利润中扣减；但企业所得税制度对业务招待费规定有限额标准，规定其在一定的比例范围内可在所得税前扣除，超过标准的部分不得扣除。这主要是为抑制社会奢靡风气，防止企业过分浪费。税法规定，企业发生的与其生产、经营业务有关的业务招待支出，按发生额（有合法票据）的60%扣除，但最高不得超过当年销售（营业）收入的5‰。从绝大多数企业业务招待费的实际支出情况看，这个限额是比较低的，因此，企业需要很好地进行支出前的纳税筹划，否则会加重企业的纳税负担。

根据税法对业务招待费的扣除规定，无论企业开支多少业务招待费，至少有40%的费用不能够在企业所得税前扣除；如果发生额的60%超过了当年销售收入的5‰，不得在所得税前扣除的费用比例将更高。那么企业如何能够充分使用业务招待费的限额又可以减少纳税调整事项呢？这就需要计算业务招待费的纳税临界点。

假设企业年销售收入为X，当年业务招待费为Y，则当年允许税前扣除的业务招待费最多为Y×60%，即：

$Y \times 60\% \leq X \times 5‰$

解得：$Y \leq X \times 8.3‰$

即业务招待费在销售收入的8.3‰的临界点以下，企业才可能充分利用好上述政策。

一般情况下，企业的销售收入是可以提前预测的。我们假定某企业年销售收入为1 000万元，则允许税前扣除的业务招待费最高不超过5万元（1 000×5‰），财务预算的全年业务招待费Y≤8.3万元。那么如果实际发生的业务招待费高于或低于临界点，情况会怎样呢？

假定该企业实际发生业务招待费11万元，高于临界点8.3万元，即大于销售收入的8.3‰。业务招待费发生额的60%为6.6万元，当年销售收入的5‰为5万元。按照两个标准孰低的原则进行比较，取其低值5万元为税前扣除额，税前扣除额只占实际发生业务招待费的45.45%（5÷11），尚余54.55%的费用得不到税前扣除。业务招待费须进行纳税调整，共调整增加应纳税所得额6万元（11－5），仅此一项就须补缴企业所得税1.5万元（6×25%）。

假定该企业实际发生业务招待费4万元，低于临界点8.3万元，即小于销售收入的8.3‰。业务招待费发生额的60%为2.4万元，当年销售收入的5‰为5万元。按照两个标准孰低的原则进行比较，取其低值2.4万元为税前扣除额，税前扣除额占实际发生业务招待费的60%，尚余40%的费用得不到税前扣除。此时业务招待费仍须进行纳税调整，共调整增加应纳税所得额1.6万元（4－2.4），此一项须补缴企业所得税0.4万元（1.6×25%）。

通过上述分析可以得出结论：当企业的实际业务招待费大于销售收入的8.3‰时，能够得到税前扣除的业务招待费将不足实际发生额的60%；当企业的实际业务招待费小于销售收入的8.3‰时，60%的限额才能够得到充分利用。

【案例4－13】某企业2023年发生的业务招待费支出为20万元，当年该企业的产品销售收入总额为2 000万元。

【筹划要求】请为企业设计相应的税收筹划方案。

【筹划思路】税法规定，企业发生的与其生产、经营业务有关的业务招待支出，按发生额（有合法票据）的60%扣除，但最高不得超过当年销售（营业）收入的5‰。从绝大多数企业业务招待费的实际支出情况看，这个限额是比较低的，因此，企业需要很好地进行支出前的纳税筹划，否则会加重企业的纳税负担。

【筹划过程】

该企业业务招待费支出限额为12万元（20×60%）与10万元（2 000×5‰）较小者，即10万元。做大业务收入，可以通过外购商品给员工发放福利方式，增加视同销售收入金额，加大业务招待费的计提基数。例如，企业通过视同销售增加收入400万元，使得扣除限额达到12万元（2 400×5‰），业务招待费在税前扣除的数额可以增加2万元。

从广告宣传费和业务招待费的目的与开支范围看，它们有着很多的相似之处。广告宣传费在税前准予扣除的比例较大，限额较为宽松。如果当年支出超过限额，还可以无限期地向以后纳税年度结转。而业务招待费的开支限额比较紧张，只能按发生额的60%且不高于销售收入5‰的标准扣除。因此，企业还可以选择在这几种费用开支间进行规划，创造条件将部分业务招待费通过广告宣传费进行列支，从而使发生的费用尽可能在税前得到扣除，减轻企业的实际税收负担。例如，企业外购礼品用于馈赠客户，须在业务招待费列支，但如果礼品是纳税人自行生产或委托加工，对企业的形象、产品有标记及宣传作用的礼品，则可作为业务宣传费入账。企业参加产品交易会、展览会等发生的餐饮、住宿费等，如果相关凭证、票据齐全，也可作为业务宣传费（会议经费）列支。如果凭证不全则必须作为业务招待费支出。

【筹划结论】鉴于上述政策和筹划空间，纳税人可以根据支出项目的性质，合理运用自己的权利实施税收筹划。如在“管理费用”科目下设置“业务招待费”和“业务宣传费”明细科目，在“销售费用”科目下设置“会议经费”明细科目，用于分别核算平时发生的业务招待费、业务宣传费和会议经费，并且有意识地控制这些项目特别是业务招待费的发生额，以防年终申报或在税务机关检查时对近似项目产生不必要的争议，降低企业的纳税风险。

十五、研发费用的纳税筹划

研发费用是指企业在产品、技术、材料、工艺、标准的研究、开发过程中发生的各项费用，包括：①研发活动直接消耗的材料、燃料和动力费用；②企业在职研发人员的工资、奖金、津贴、补贴、社会保险费、住房公积金等人工费用以及外聘研发人员的劳务费用；③用于研发活动的仪器、设备、房屋等固定资产的折旧费或租赁费以及相关固定资产的运行维护、维修等费用；④用于研发活动的软件、专利权、非专利技术等无形资产的摊销费用；⑤用于中间试验和产品试制的模具、工艺装备开发及制造费，设备调整及检验费，样品、样机及一般测试手段购置费，试制产品的检验费等；⑥研发成果的论证、评审、验收、评估以及知识产权的申请费、注册费、代理费等费用；⑦通过外包、合作研发等方式，委托其他单位、个人或者与之合作进行研发而支付的费用；⑧与研发活动直接相关的其他费用，包括技术图书资料费、资料翻译费、会议费、差旅费、办公费、外事费、研发人员培训费、培养费、专家咨询费、高新科技研发保险费用等。

按照税法的规定，企业为开发新技术、新产品、新工艺而发生的研究开发费用，未形成无形资产计入当期损益的，在据实扣除的基础上，再按照研究开发费用的50%加计扣除；形成无形资产的，按照无形资产成本的150%摊销。在企业所得税适用税率为25%时，企业如果发生100元研究开发费用，可以按照150元进行税前扣除，就这一项，能够使企业应纳税所得额比会计利润减少50元，减少企业所得税负担37.5元（150×25%）。在支付研究开发人员工薪方面，企业每支出工薪100元，按照150元进行税前扣除，就会减少企业所得税负担37.5元，只要工资薪金适用的个人所得税平均税率不超过37.5%，多发放的工薪从纳税的角度看就没有增加额外的税收负担。经测算，只有职工月工资高至21.7万元时，个人所得税平均税率才会达到37.5%。也就是说，在一般情况下，对从事研究开发的科技人员，提高其工资薪金水平，从纳税筹划角度上讲也是合算的。因此，对于那些高科技企业来说，应充分利用这一加计扣除的优惠政策。

十六、无形资产摊销的纳税筹划

不管是企业自行研发的无形资产，还是外购、接受投资或捐赠的无形资产，一旦投入使用，按照税法和会计制度的规定，就可以进行摊销，每期的摊销费用可以作为计算应纳税所得额的扣除项目。决定无形资产每期摊销金额的因素有三个，即无形资产的价值、摊销方法和摊销年限。其中前两个因素是基本确定的，而税法对无形资产的摊销期限并没有严格限定，这就给纳税人进行税收筹划提供了一定的空间。对于正常经营的企业来说，应选择较短的摊销期限，这样不仅可以加速无形资产成本的收回，避免企业未来的不确定性风险，而且可以使企业的成本、费用提前扣除，利润后移，从而获得延期纳税的好处。

【案例4－14】甲公司于本年年初接受乙公司投资一项价值为1 200万元的无形资产（不含增值税），投资合同上未约定有效期限。预计甲公司获取该项投资后，每年的利润总额为1 000万元（未扣除摊销额）。假设甲公司的投资报酬率为10%。甲公司没有其他企业所得税纳税调整项目。甲公司适用的企业所得税税率为25%。

【筹划要求】请对上述业务进行纳税筹划。

【筹划思路】无形资产的摊销年限不得低于10年。作为投资或者受让的无形资产，有关律规定或者合同约定了使用期限的，可以按照规定或者约定的使用期限分期摊销。

在合同中若约定了使用年限，则可按约定的年限摊销，因此，企业可以通过合同控制摊销年限，从而调整利润，进而调整企业所得税税负。

【筹划过程】

方案一：甲公司与乙公司在合同中未约定无形资产的使用期限，则按税法规定的10年来摊销无形资产。

甲公司 10 年应缴纳的企业所得税现值合计 =（1 000 − 1 200 ÷ 10）× 25% × （P/A, 10%, 10）= 880 × 25% × 6.1446 = 1 351.812（万元）

方案二：甲公司与乙公司在合同中约定无形资产的使用期限为 5 年，则甲公司按 5 年来摊销无形资产。

甲公司 10 年应缴纳的企业所得税现值合计 =（1 000 − 1 200 ÷ 5）× 25% × （P/A, 10%, 5）+ 1 000 × 25% × [（P/A, 10%, 10）−（P/A, 10%, 5）] = 190 × 3.7908 + 250 ×（6.1446 − 3.7908）= 1 308.702（万元）

【筹划结论】方案二比方案一 10 年共少缴纳企业所得税的现值为 43.11 万元（1 351.812 − 1 308.702），若以实现涉税资金时间价值最大化为纳税筹划目标，则应当选择方案二。

十七、企业捐赠的筹划

企业为了树立良好的社会形象，提高其产品在市场上的竞争力，往往会对社会的弱势群体进行捐赠。税法规定：企业发生的公益性捐赠支出，在年度利润总额 12% 以内的部分，准予在计算应纳税所得额时扣除；超过年度利润总额 12% 的部分准予结转以后三年内在计算应纳税所得额时扣除。公益性捐赠，是指企业通过公益性社会团体或者县级以上人民政府及其部门，用于《中华人民共和国公益事业捐赠法》规定的公益事业的捐赠。在实务操作中，经民政部门批准成立的非营利的公益性社会团体和基金会，凡符合有关规定条件，并经财政税务部门确认后，纳税人通过其用于公益救济性的捐赠，可按现行税收法律法规及相关政策规定，准予在计算缴纳企业所得税时在所得税税前扣除。

由于我国的企业所得税制度是非累进的，企业每对外捐赠 100 元，可以减少 25 元的应纳所得税额，这就相当于有 25 元是用国家的税收捐赠的，企业实际付出只有 75 元。在允许全额扣除时，这是自然达到的。但全额扣除只是特例，一般的还是限额扣除，因此，企业在捐赠时，从税收筹划的角度来看，需要注意如下几点。

（1）把握捐赠时机。企业对外捐赠时应充分兼顾当年度的盈利情况及是否享受税收优惠，对外捐赠宜选择在盈利的纳税年度，盈利多的年度多捐赠，盈利少的年度少捐赠，不盈利的年度不捐赠，以便使尽可能多的捐赠得到税前扣除。

（2）认清捐赠对象和捐赠中介。企业应通过税法规定的社会团体和机关实施捐赠，不要直接向受赠人捐赠，否则将得不到企业所得税前扣除。

（3）注意限额。企业实施捐赠时应权衡其利润额及可列支限额，对捐赠额应尽量掌握在本年度利润总额的 12% 范围之内。因为捐赠支出造成的税前会计利润与应纳税所得额之间的差异属于永久性差异，超过税法规定标准的部分，永远得不到扣除。

（4）纳税人进行捐赠时应当注意符合税法规定的要求，即应当通过特定的机构进行捐赠，而不能自行捐赠，应当用于公益性目的，而不能用于其他目的。通过符合税法要求的捐赠可以最大限度地降低企业的税收负担。如果企业在当年的捐赠达到了限额，则可以考虑在下一个纳税年度再进行捐赠，或者将一个捐赠分成两次或多次进行。

【案例 4－15】某工业企业 2023 年度预计可以实现会计利润（假设等于应纳税所得额）1 000 万元，企业所得税税率为 25%。企业为提高其产品知名度及竞争力，树立良好的社会形象，决定向有关单位捐赠 200 万元。企业自身提出两种方案：第一种方案为进行非公益性捐赠或不通过我国境内非营利性社会团体、国家机关做公益性捐赠；第二种方案为通过我国境内非营利性社会团体、国家机关进行公益性捐赠，并且在当年全部捐赠。

【筹划要求】请对上述两套方案进行评析，并提出纳税筹划方案。

【筹划思路】认清捐赠对象和捐赠中介。企业应通过税法规定的社会团体和机关实施捐赠，不要直接向受赠人捐赠，否则将得不到企业所得税前扣除。

【筹划过程】

第一种方案，不符合税法规定的公益性捐赠条件，捐赠额不能在税前扣除。该企业 2023 年度应当缴纳企业所得税：1 000 × 25% = 250（万元）。

第二种方案，捐赠额在法定扣除限额内的部分可以据实扣除，超过的部分只能结转以后年度扣除。企业应当缴纳企业所得税：（1 000 － 1 000 × 12%）× 25% = 220（万元）。

【筹划结论】通过比较这两种情况，可以发现，第二种方案比第一种方案优，少纳税 30 万元（250 － 220）。捐赠支出不仅为企业树立了良好的社会形象，增加了知名度，而且减少了应纳所得税额，增加了税后净利润，可谓一举两得。

【案例 4－16】甲公司计划对外捐赠 1 000 万元，相关部门提出三个方案：一是直接向受赠对象进行捐赠，二是通过政府部门捐赠，三是分两年进行捐赠。已知甲公司当年利润总额为 4 000 万元，预计第二年利润总额为 5 000 万元。

【筹划要求】请从纳税筹划的角度来分析上述三个方案。

【筹划思路】纳税人进行捐赠时应当注意符合税法规定的要件，即应当通过特定的机构进行捐赠，而不能自行捐赠，应当用于公益性目的，而不能用于其他目的。通过符合税法要求的捐赠可以最大限度地降低企业的税收负担。如果企业在当年的捐赠达到了限额，则可以考虑在下一个纳税年度再进行捐赠，或者将一个捐赠分成两次或多次进行。

【筹划过程】

第一种捐赠方案无法在税前扣除，导致甲公司多缴纳企业所得税 = 1 000 × 25% = 250（万元）；

第二种方案无法在当年全部税前扣除，导致当年多缴纳企业所得税 =（1 000 - 4 000 × 12%）× 25% = 130（万元）；

第三种方案可以在当年和第二年全部税前扣除，不额外增加企业的税收负。

【筹划结论】通过比较这三种情况，可以发现，第二种方案比第一方案优，第三种比第二种更优，可以不用纳税。

十八、技术转让所得的纳税筹划

税法规定：一个纳税年度内，居民企业技术转让所得不超过 500 万元的部分，免征企业所得税；超过 500 万元的部分，减半征收企业所得税。其中，技术转让所得 = 技术转让收入 - 技术转让成本 - 相关税费。

以分期收款方式销售货物按照合同约定的收款日期确认收入的实现。

【案例 4 - 17】2023 年 12 月 15 日，甲公司准备以 1 600 万元的价款转让某项技术，其技术转让成本和相关税费为 600 万元，则技术转让所得为 1 000 万元（1 600 - 600）。

【筹划要求】请对上述业务进行纳税筹划。

【筹划思路】对于预计当年度技术转让所得超过 500 万元的情况，我们可以采取递延技术转让所得的方式。具体操作方法如下：通过分期收款方式，将超过 500 万元的这部分所得分摊到以后年度，从而可以完全利用免征企业所得税的优惠政策。

【筹划过程】

方案一：2023 年 12 月 15 日签订直接收款的技术转让合同。

2023 年应纳税所得额 = 1 600 - 600 - 500 = 500（万元）

2023 年应纳企业所得税 = 500 × 25% × 50% = 62.5（万元）

方案二：签订分期收款的技术转让合同，合同约定于 2023 年 12 月 15 日收取 800 万元，2024 年 1 月 15 日再收取 800 万元，则 600 万元的技术转让成本与相关税费也相应地在两个年度均分。

2023 年应纳税所得额 = 800 - 300 - 500 = 0

2023 年应纳企业所得税 = 0

2024 年应纳税所得额 = 800 - 300 - 500 = 0

2024 年应纳企业所得税 = 0

【筹划结论】方案二比方案一少缴纳企业所得税 62.5 万元，若以实现税负最小化为纳税筹划目标，则应当选择方案二。分期确认转让技术收入的好处在于将技术转让所得分摊在不同的年度，在各年度分别充分享受税收优惠政策，避免一个年度享受不完的情况发生。

十九、企业资本结构的纳税筹划

所谓资本结构是指企业资本金的构成，即企业的负债与所有者权益（普通股、优先股和留存收益）的比例构成。因此，资本结构问题从本质上讲就是企业债务资金的比重问题，即资本结构合理性其实也就是负债比率的合理性。企业资本结构的合理与否，不仅制约着企业风险、成本的大小，而且在相当大的程度上影响着企业的税收负担以及权益资本收益率。

税法规定，企业向金融企业的借款利息支出，以及向非金融企业借款的利息支出，不超过按照金融企业同期同类贷款利率计算的数额的部分，准予税前扣除；企业向投资者支付的股息、红利等权益性投资收益款项不得在计算应纳税所得额时扣除。因此，通过负债融资，可以获得抵减企业所得税和提高权益资本收益率两大优势，这就是所谓的债务融资的杠杆效应。对于一个正常经营的企业来说，在息税前收益率不低于负债利息率的前提下，负债比率越高，额度越大，杠杆效应越明显。因此，企业可适当增加负债额度，提高负债比例，以此获得节税和提高权益资本收益率的双重效果。

【案例4－18】甲公司2024年准备筹资100万元用于一项新产品的生产，预计当年税前利润总额为30万元。现有三种方案可供选择：方案一，债务资本与权益资本的比例为0:100；方案二，债务资本与权益资本的比例为30:70；方案三，债务资本与权益资本的比例为50:50。假定三个方案的负债利率均为6%（金融企业同期同类贷款利率为6.65%），企业所得税税率为25%。

【筹划要求】请对上述业务进行所得税的纳税筹划。

【筹划思路】通过负债融资，可以获得抵减企业所得税和提高权益资本收益率两大优势，这就是所谓的债务融资的杠杆效应。对于一个正常经营的企业来说，在息税前收益率不低于负债利息率的前提下，负债比率越高，额度越大，杠杆效应越明显。因此，企业可适当增加负债额度，提高负债比例，以此获得节税和提高权益资本收益率的双重效果。

【筹划过程】

三种方案的财务指标计算对比情况如表4－4所示。

表4－4　　三种方案的比较

财务指标	方案一	方案二	方案三
息税前利润（万元）	30	30	30
债务融资金额（万元）	0	30	50
负债利率	6%	6%	6%
负债利息（万元）	0	1.8	3

续表

财务指标	方案一	方案二	方案三
税前利润（万元）	30	28. 2	27
应纳企业所得税（万元）	7. 5	7. 05	6. 75
税后利润（万元）	22. 5	21. 15	20. 25
权益资本收益率	22. 50%	30. 20%	40. 50%

【筹划结论】可以看到，方案三的税后净利润虽然最小，但权益资本收益率却是最高的，从企业所有者利益角度出发，理应是最优方案。

需要注意的是，负债融资会给企业带来破产倒闭等财务风险，并非多多益善。企业应当合理确定负债的规模，将财务风险控制在一定的范围之内，使负债融资带来的利益大于由于负债融资的比重增加所带来的财务风险和企业破产风险。

二十、企业筹资方式的纳税筹划

筹资，又称资金筹措或融资，是企业根据生产经营、对内外投资和调整资本结构的需要，通过各种渠道和方式经济有效地筹措资金的行为。这是企业资金运动的起点，也是决定企业资金规模和生产经营规模的基本因素。任何一个企业开展生产经营活动，都必须具备一定数量的资金，用于购置原材料、支付各种费用、扩大经营规模、开发新产品、提高技术水平等。能否及时、足额、经济地筹集到所需资金，直接关系到企业的发展计划能否真正实现。企业为筹集到其所需的资金，可以采用多种筹资方式。一般而言，筹资的基本方式包括银行贷款、向非金融机构或企业借款、发行股票或债券、企业自我积累等。从纳税筹划角度来看，不同的筹资方式所产生的税负不尽相同，取得的税后收益也有差别，这便为企业在筹资决策中进行纳税筹划提供了空间。

企业在其初创阶段，必须以权益资本的形式从投资人以及一些原始投资者那里获得其所需的资本。这部分权益资本，通常构成一个新企业的原始资金来源，而且是该企业后来吸引其他投资或各种类型借款的基础和保证。因此，权益资本是企业经营的主要资本来源。对于股份有限公司来说，权益资金的筹集方式主要有发行普通股股票和留存收益两种。向社会发行股票属于直接筹资，需要向券商支付手续费、佣金等中介费用等。当企业取得盈利，还需要向投资者支付股息、红利。根据税法规定，企业的普通股股利必须在税后利润中支付，因而不具有抵税作用，从而相对增加了企业筹资的税收负担。留存收益是由企业税后利润形成的。公司以税后利润支付股东的股利后，余下的税后利润可供公司自由支配使用。留存收益已经成为公司日益重视的筹资方式。公司可以通过少发现金股利或发放股票股利甚至不发放股利以保留更多的税后利润，进而满足公司的资金需要，促进公司发展。如果公司能够将留存收益投资于报酬率更高的项目，这将会给公司的股东带来更大的收益。但从税务筹划的角度看，留存收益这一筹资方式仍然存在双重征税的问题。

借款筹资主要是指向金融机构（银行）或其他企业进行资金的拆借，其成本主要是利息。向银行借款的利息一般可以在税前列支，从而减少企业的应税所得额。由于向银行贷款的条件和手续都比较复杂，有时很难满足企业的资金需要。这时向其他企业和个人拆借资金就成了企业筹集债务资金的一种必然选择。企业间的资金拆借可以为税务筹划提供较为便利的条件，主要原因是：其一，资金拆借的双方一般是关联企业，而关联双方是有“血缘关系”的，存在密切的供产销、资产重组、融资往来以及担保等关联交易事项。关联双方通过明确供产销关系，可以优化资本结构和内部资源配置，提高资产盈利能力，保证生产经营的正常进行和快速发展。其二，通过相互拆借资金、相互担保，及时筹措资金，可以有效地把握投资机会，降低机会成本，提高资金运营效率。其三，通过充分利用集团内部的生产资源，可以降低交易成本，提高上市公司的运营效率，有利于实现集团公司的资本运营目标。由此可见，这种“亲缘”关系的存在，为企业在税务筹划方面提供了可操作的空间。

需要注意的是，两个企业相互提供资金时，要符合税法关于关联企业利息费用扣除的有关规定，企业从关联方接受的债权性投资与权益性投资的比例不能超过规定标准。企业所得税法规定，企业如果能够证明相关交易活动符合独立交易原则，或者该企业的实际税负不高于境内关联方，其实际支付给境内关联方的利息支出，不超过规定标准的部分，在计算应纳税所得额时准予扣除。企业从其关联方接受的债权性投资与权益性投资的比例超过规定标准而发生的利息支出，不得在计算应纳税所得额时扣除。企业接受关联方债权性投资与其权益性投资比例的规定标准为：金融企业为5∶1，其他企业为2∶1。

【案例4－19】甲公司为一家非金融企业，接受股东A公司的权益性投资总额为4 000万元。2024年，甲公司有一项目急需借款10 000万元进行开发。现有以下三种方案可供选择：一是向银行贷款，贷款利率为6%；二是向非关联方企业进行拆借，利率为8%；三是向大股东A公司拆借，利率为6%。在不考虑借款利息的情况下，甲公司该年度预计应纳税所得额为1 200万元。

【筹划要求】请从纳税筹划的角度对以上三种方案进行评价。

【筹划思路】企业为筹集到其所需的资金，可以采用多种筹资方式。一般而言，筹资的基本方式包括向银行贷款、向非金融机构或企业借款、发行股票或债券、企业自我积累等。从纳税筹划角度来看，不同的筹资方式所产生的税负不尽相同，取得的税后收益也有差别，这便为企业在筹资决策中进行纳税筹划提供了空间。

【筹划过程】

方案一：向银行借款。

允许税前扣除的利息 = 10 000 × 6% = 600（万元）

应纳企业所得税 =（1 200 - 600）× 25% = 150（万元）

税后净利润 =（1 200 - 600）- 150 = 450（万元）

方案二：向非关联企业拆借。

实际应付利息 = 10 000 × 8% = 800（万元）

允许税前扣除的利息 = 10 000 × 6% = 600（万元）

应纳企业所得税 =（1 200 - 600）× 25% = 150（万元）

税后净利润 =（1 200 - 800）- 150 = 250（万元）

方案三：向大股东 A 公司借款。

实际应付利息 = 10 000 × 6% = 600（万元）

由于甲公司接受大股东的债权性投资与权益性投资的比例已经达到 5∶2，超过了规定比例 2∶1，根据税法规定，超过部分的利息不能扣除。因此，

允许税前扣除的利息 = 4 000 × 2 × 6% = 480（万元）

应纳企业所得税 =（1 200 - 480）× 25% = 180（万元）

税后净利润 =（1 200 - 600）- 180 = 420（万元）

【筹划结论】由以上计算可知，方案一（向银行贷款）的税后净利润是最高的，因而是最佳的筹资方式。但在现实世界中，向银行借款的难度比较高，限制比较多，向非关联方借款的利息支出较大，向关联方借款又受到税法的一定限制。因此，企业应当权衡利弊，有些时候需要采取多种筹资方式的组合来满足资金的需求。

二十一、企业分立的纳税筹划

企业分立是指一个企业依照法律的规定，将部分或全部业务分离出去，分化成两个或两个以上新企业的法律行为。企业分立可以采取存续分立和新设分立两种形式。存续分立，也称派生分立，是指原企业将部分子公司、部门、产品生产线、资产等剥离出来，组成一个或几个新公司，而原企业在法律上仍然存在。新设分立，也称解散分立，是指原企业解散而成立两个或两个以上的新企业。

企业分立业务按照支付对价方式的不同，其税务处理方式也不同，而税务处理方式的不同，会对分立企业或存续企业的所得税负产生不同的影响，因此，企业分立时应当根据实际情况选择适当的支付方式。我国税法规定，企业分立业务应按照以下方法进行税务处理。

（1）被分立企业应视为按公允价值转让其被分立出去的部分或全部资产，计算被分立资产的财产转让所得，依法缴纳所得税。分立企业应按公允价值确认

接受资产的计税基础。

（2）分立企业支付给被分立企业或其股东的交换价款中，被分立企业所有股东按原比例取得分立企业的股权，分立企业和被分立企业均不改变原来的实质经营活动，且被分立企业股东在该企业分立发生时取得的股权支付金额不低于其交易支付总额的 85%，经税务机关审核确认，被分立企业可不确认分离资产的转让所得或损失，不计算所得税；被分立企业已分离资产相对应的纳税事项由接受资产的分立企业继承；被分立企业的未超过法定弥补期限的亏损额可按分离资产占全部资产的比例进行分配，由接受分离资产的分立企业继续弥补。分立企业接受被分立企业资产和负债的计税基础，以被分立企业的原有计税基础确定。

企业产权变动时都要进行资产评估，如果被分立企业分离给分立企业的资产价值被高估，即评估价值高于资产的账面净值，被分立企业股东在该企业分立发生时取得的股权支付金额不低于其交易支付总额的 85%，可以不确认分离资产的转让所得，不缴纳资产转让所得税，从而降低被分立企业的所得税税负。但站在分立企业的角度看，采用这种支付方式，分立企业应以接受资产的原账面价值为基础确定计税成本，不得按经评估确认的价值进行调整，使企业按较低的基础计提固定资产折旧，折旧费用减少，增加了分立企业的所得税税负。相反，如果被分立企业股东在该企业分立发生时取得的股权支付金额低于其交易支付总额的 85%，这种支付方式应该确认分离资产的转让所得，缴纳资产转让所得税，增加了被分立企业的所得税税负。但分立企业接受被分立企业的资产，按经评估确认的价值确定计税成本，固定资产折旧的计提基数增加，折旧费用增加，可以减轻分立企业未来的税收负担。

如果被分立企业分离给分立企业的资产价值被低估，即评估价值低于资产的账面净值，被分立企业股东在该企业分立发生时取得的股权支付余额不低于其交易支付总额的 85%，不确认分离资产的转让损失，被分立企业按未扣除资产转让损失的利润纳税，缴纳的所得税税额较多。分立企业应以接受资产的原账面价值为基础确定计税成本，固定资产折旧基数相对较高，折旧费用多，减轻了分立企业的税收负担。如果被分立企业股东在该企业分立发生时取得的股权支付金额不低于其交易支付总额的 85%，这种支付方式可以确认资产转让损失，并入被分立企业的利润总额，从而减轻被分立企业的所得税税负。但分立企业接受被分立企业的资产，应经评估确认的价值确定计税成本。这样一来，固定资产折旧的计提基数减少，折旧费减少，又会增加分立企业的所得税税负。

因此，企业在选择分立的支付方式时，应综合考虑以上因素进行税务筹划，使企业获得最大的税收利益。

二十二、企业合并的纳税筹划

企业合并是指产权独立的法人双方，其中一方以现金、股权或其他支付形式，通过市场购买、交换或其他有偿转让方式，达到控制另一方股份或资产，实现企业控股权转移的行为。两个企业之间或者多个企业之间合并能够使企业集团的运作效率得到提高，可以更有效地利用资源，或得到更多的发展资源，而且企业集团可以有更强的实力进入资本市场，利用资本市场为自己融资。

根据我国企业所得税法的相关规定，合并企业支付给目标企业的价款方式不同，会影响双方所得税的计算方法与负担水平。如果合并企业支付给目标企业或其股东的收购价款中，股权支付金额不低于其交易支付总额的85%，目标企业股东收到股票时免税，只有在股票出售时才作为资本利得课税。在通常情况下，由于资本利得税的税率比一般企业所得税的税率要低，目标企业的股东由此可以得到推迟并减少纳税的好处。如果合并企业有高额利润，通过合并有累积亏损的企业，还可用目标企业的亏损冲减合并企业的利润，减少应纳所得税额。这样，通过合并，企业一方面可以为自己过剩的资金找到投资机会；另一方面也可借此降低当期的利润水平，从而减轻企业当期的所得税税负。如果股权支付金额低于其交易支付总额的85%，合并企业接受目标企业的有关资产可以按经评估确认的价值确定计税成本。相对上一种方式，如果目标企业的资产账面价值被低估，这种方式可以使合并企业的固定资产折旧计提的基数加大，从而使合并企业在固定资产使用期间内可以多提折旧，减少应税所得。两种方式相比，第一种方式下合并企业要发行更多的股票来支付，这样虽然可以节省购并企业合并当期的现金流出，但是由于股票发行量较大，会造成现有股东控股权的分散，同时也加重了合并企业以后支付股利的负担。这两种支付方式各有利弊，企业应进行综合分析，选择最优的支付方式。

【案例4－20】甲公司为股份有限公司，欲合并乙有限责任公司（以下简称乙公司）。甲公司发行在外股票1 000万股（每股面值1元，市价2.5元），假设合并后甲公司每年未弥补亏损前的应纳税所得额为4 000万元，企业适用的所得税税率为25%，合并后甲公司新增固定资产的平均折旧年限为5年。乙公司合并前账面净资产为1 000万元，评估确认的价值为1 500万元，上一年亏损100万元，以前年度无亏损。企业适用的所得税税率也为25%。

【筹划要求】现有以下两种合并方案，请从纳税筹划的角度对这两种方案进行评价。

【筹划思路】根据我国企业所得税法的相关规定，合并企业支付给目标企业的价款方式不同，会影响双方所得税的计算方法与负担水平。如果合并企业支付给目标企业或其股东的收购价款中，股权支付金额不低于其交易支付总额的85%，目标企业股东收到股票时免税，只有在股票出售时才作为资本利得课税。

【筹划过程】

方案一：甲公司发行580万股股票并支付50万元现金购买乙公司。

方案二：甲公司发行400万股股票并支付500万元现金购买乙公司。

如果采用第一种合并方式，甲公司的股权支付金额占交易支付总额的96.67% [580×25÷(580×2.5+50)×100%]>85%。根据税法的规定，被合并企业股东取得合并企业股权的计税基础，以其原持有的被合并企业股权的计税基础确定。股权支付暂不确认有关资产的转让所得或损失，非股权支付应在交易当期确认相应的资产转让所得或损失，并调整相应资产的计税基础。乙公司合并以前的全部企业所得税纳税事项由甲公司承担。以前年度的亏损，如果未超过法定弥补期限，可由甲公司继续按规定用以后年度实现的与乙公司资产相关的所得弥补。则：

乙公司应纳税额＝(1 500－1 000)×50÷1 500×25%＝4.17（万元）

甲公司应纳税额＝(4 000－100＋100)×25%＝1 000（万元）

甲公司税后利润＝4 000－100－1 000－4.17＝2 895.83（万元）

甲公司在进行账务处理时，对乙公司的资产按评估确认价值入账，而税法规定只能以资产的原账面价值为基础确定计税成本，因此，合并后甲公司要进行纳税调整，即对合并资产公允价值1 500万元和原账面价值1 000万元的差额，按5年时间平均每年调增应纳税所得额100万元。

如果采用第二种合并方式，甲公司的股权支付金额占交易支付总额的66.67%[400×2.5÷(400×2.5＋500)×100%]<85%，根据税法的规定，乙公司应视为按公允价值转让、处置全部资产，计算资产的转让所得，依法缴纳所得税。乙公司以前年度的亏损不得结转到甲公司弥补。甲公司接受乙公司的有关资产，计税时可以按经评估确认的价值确定成本。则：

乙公司转让所得＝400×2.5＋500－1 000＝500（万元）

乙公司应纳税额＝500×25%＝125（万元）

甲公司应纳税额＝4 000×25%＝1 000（万元）

甲公司税后利润＝4 000－1 000－125＝2 875（万元）

【筹划结论】 通过以上计算可以看出，第一种合并方式下企业集团（甲、乙公司）合计负担的应纳所得税额为1 004.17万元，税后利润为2 895.83万元；第二种支付方式下企业集团（甲、乙公司）负担的应纳所得税额共计为1 125万元，税后利润为2 875万元。由此可见，甲公司应选择方案一进行合并。

课后练习题

一、单选题

1. 根据企业所得税的相关规定，下列各项属于居民企业的是（　　）。

A. 依照中国法律在中国境内成立的有限责任公司

B. 依照中国法律在中国境内成立的合伙企业

C. 依照外国法律成立且实际管理机构在中国境外的企业

D. 依照中国法律在中国境内成立的个人独资企业

2. 根据企业所得税的相关规定，企业外购资产用于下列情形的，应当视同销售确认收入的是（　　）。

A. 作为原材料投入生产　　B. 作为门市房对外出租

C. 移送至境外分公司用于继续加工　D. 移送至境内分公司用于连续加工

3. 国家需要重点扶持的高新技术企业减按（　　）的税率征收企业所得税。

A. 5%　　B. 10%　　C. 15%　　D. 20%

4. 企业从事下列项目的所得，减半征收企业所得税的是（　　）。

A. 油料作物的种植　　B. 糖料作物的种植

C. 香料作物的种植　　D. 麻类作物的种植

5. 根据企业所得税的相关规定，下列各项中，在计算应纳税所得额时税前扣除的项目是（　　）。

A. 非广告性质的赞助支出　　B. 被司法机关处以的罚金

C. 向投资者支付的股息　　D. 银行企业内营业机构之间支付的利息

6. 根据企业所得税的相关规定，下列资产中，在计算应纳税所得额时计折旧或摊销费用准予在税前扣除的是（　　）。

A. 未投入使用的机器设备　　B. 单独估价作为固定资产入账的土地

C. 自创商誉　　D. 未投入使用的建筑物

7. 下列不属减半征收企业所得税的是（　　）。

A. 花卉、茶叶及其他饮料作物和香料作物的种植

B. 远洋捕捞

C. 企业种植观赏性植物

D. 海水养殖、内陆养殖

8. 某居民企业2022年技术所有权转让收入2 200万元，发生的相关成本、费用、税金合计1 350万元。纳税人转让技术应缴企业所得税为（　　）万元。

A. 550　　B. 212.5　　C. 87.5　　D. 43.75

9. 下列税金在计算企业应纳税所得额时，不得从收入总额中扣除的是（　　）。

A. 土地增值税　　B. 消费税　　C. 增值税　　D. 资源税

10. 根据企业所得税的相关规定，企业所得税的应纳税所得额为（　　）

A. 企业每一纳税年度的收入总额，减除免税收入、各项扣除以及允许弥补以前年度亏损后的余额

B. 企业每一纳税年度的收入总额，减除不征税收入、免税收入、各项扣除以及允许弥补以前年度亏损后的余额

C. 企业每一纳税年度的收入总额，减除不征税收入、各项扣除以及允许弥补以前年度亏损后的余额

D. 企业每一纳税年度的收入总额，减除不征税收入、免税收入、各项扣除后的余额

11. 根据企业所得税法律制度的规定，下列关于企业在生产经营活动中发生的利息支出的税务处理的表述中，不正确的是（　　）。

A. 非金融企业向非金融企业借款的利息支出准予在企业所得税前据实扣除

B. 金融企业的各项存款利息支出准予在企业所得税前据实扣除

C. 金融企业的同业拆借利息支出准予在企业所得税前据实扣除

D. 企业经批准发行债券的利息支出准予在企业所得税前据实扣除

12. 甲公司本年取得主营业务收入 4 000 万元，其他业务收入 1 500 万元，债务重组收益 90 万元，固定资产转让收入 60 万元；本年管理费用中的业务招待费 80 万元。该企业本年度可在企业所得税税前扣除的业务招待费为（　　）万元。

A. 24　　B. 26　　C. 25. 5　　D. 27. 5

13. 本年 A 公司实现商品销售收入 6 000 万元，股权转让收入 800 万元，债务重组收益 200 万元，发生的与收入相配比的成本费用总额为 6 500 万元，其中，业务招待费支出 80 万元。A 公司没有其他企业所得税纳税调整项目。A 公司适用的企业所得税税率为 25% 本年度 A 公司应缴纳企业所得税（　　）万元。

A. 543　　B. 201. 4　　C. 506. 5　　D. 136. 5

14. 根据企业所得税法律制度的规定，下列关于确认收入实现时间的表述中，正确的是（　　）。

A. 股息、红利等权益性投资收益，按照合同约定的被投资方应付股息、红利的日期确认收入的实现

B. 利息收入，按照合同约定的债务人应付利息的日期确认收入的实现

C. 接受报赠收入，按照合同约定的捐赠日期确认收入的实现

D. 采取产品分成方式取得收入的，按照合同约定的分成日期确认收入的实现

二、多选题

1. 根据企业所得税的相关规定，下列属于居民企业的有（　　）。

A. 依法在上海成立的个体工商户

B. 依法在深圳成立的外商投资企业

C. 境外企业在北京设立的办事机构

D. 依照美国法律成立，实际管理机构在我国境内的企业

2. 根据企业所得税法律制度的规定，下列各项中属于企业所得税纳税人的有（　　）。

A. 个人独资企业　　B. 合伙企业

C. 民办非企业单位　　　　　　　　D. 事业单位

3. 企业取得的下列收入，属于企业所得税免税收入的有（　　）。

A. 国债利息收入

B. 金融债券的利息收入

C. 居民企业直接投资于其他居民企业取得的投资收益

D. 在中国境内设立机构、场所的非居民企业连续持有居民企业公开发行并上市流通的股票1年以上取得的投资收益

4. 根据企业所得税法律制度的规定，企业从事下列项目取得的所得中，减半征收企业所得税的有（　　）。

A. 中药材的种植　B. 海水养殖　　C. 远洋捕捞　　D. 花卉的种植

5. 企业（　　）项目的所得免征企业所得税。

A. 坚果种植　　B. 农产品初加工　C. 林木培育　　D. 花卉种植

6. 企业下列项目的所得免征企业所得税的有（　　）。

A. 水果种植　　B. 花卉种植　　C. 中药材种植　　D. 家禽饲养

7. 根据企业所得税法律制度的规定，企业使用或者销售存货的成本计算法，可以在（　　）中选用一种。计价方法一经选用，不得随意变更。

A. 先进先出法　　　　　　　　B. 后进先出法

C. 加权平均法　　　　　　　　D. 个别计价法

8. 根据企业所得税法的相关规定，在中国境内未设立机构、场所的非居民企业从中国境内取得的下列所得，应按收入全额计算征收企业所得税的有（　　）。

A. 股息、红利所得　　　　　　B. 利息所得

C. 租金所得　　　　　　　　　D. 转让财产所得

9. 根据企业所得税法律的规定，下列各项中，属于固定资产的大修理支出，按照固定资产尚可使用年限分期摊销，需要同时符合的条件有（　　）。

A. 修理支出达到取得固定资产时的计税基础40%以上

B. 修理支出达到取得固定资产时的计税基础50%以上

C. 修理后固定资产的使用年限延长1年以上

D. 修理后固定资产的使用年限延长2年以上

10. 本年甲公司取得销售收入8 000万元，当年发生的与生产经营相关的业务招待费60万元，上年因超支在税前未能扣除的与生产经营相关的业务招待费支出为5万元；当年发生的与生产经营相关的广告费为500万元，上年因超支在税前未能扣除的符合条件的广告费为200万元。根据企业所得税法律制度的规定，甲公司在计算当年应纳税所得额时，下列关于业务招待费和广告费准予扣除数额的表述中，正确的有（　　）。

A. 业务招待费准予扣除的数额为39万元

B. 业务招待费准予扣除的数额为 36 万元

C. 广告费准予扣除的数额为 500 万元

D. 广告费准予扣除的数额为 700 万元

11. 下列说法中，正确的有（　　）。

A. 企业纳税年度发生的亏损，准予向以后年度结转，用以后年度的所得弥补，但结转年限最长不得超过 5 年

B. 非居民企业在中国境内未设立机构、场所的，以扣缴义务人所在地为纳税地点

C. 扣缴义务人每次代扣的税款，应当自代缴之日起 15 日内缴入国库

D. 企业发生的公益性捐赠支出，在应纳税所得额 12% 以内的部分，准予在计算应纳税所得额时扣除；超过应纳税所得额 12% 的部分，准予结转以后 3 年内在计算应纳税所得额时扣除

12. 在计算应纳税所得额时，对企业的公益性捐赠支出处理不正确的有（　　）。

A. 应全额调增应纳税所得额

B. 应全额调减应纳税所得额

C. 不需调整应纳税所得额

D. 在年度利润总额 12% 以内的部分，准予在计算应纳税所得额时扣除；超过年度利润总额 12% 的部分，准予结转以后 3 年内在计算应纳税所得额时扣除

13. 根据《中华人民共和国企业所得税法》的规定，下列各项中，不属于企业所得税纳税人的有（　　）。

A. 股份有限公司　　B. 合伙企业

C. 联营企业　　D. 个人独资企业

14. 税务机关（　　）征收企业所得税。

A. 参照当地同类行业或者类似行业中经营规模和收入水平相近的纳税人的税负水平核定

B. 按照应税收入额或成本费用支出额定率核定

C. 按照耗用的原材料、燃料、动力等推算或测算核定

D. 按照其他合理方法核定

三、判断题

1. 根据企业所得税法律制度的规定，企业以买一赠一的方式组合销售本企业商品的不属于捐赠，应按各项商品的公允价值来确认各项商品的销售收入。（　　）

2. 非居民企业仅就其来源于中国境内的所得缴纳企业所得税。（　　）

3. 甲公司是我国的非居民企业且未在我国境内设立机构、场所，其从中国

境内取得财产转让所得，以收入全额减除财产净值后的余额为应纳税所得额。 ( )

4. 符合条件的技术转让所得，免征企业所得税。 ( )

5. 企业债务重组发生债权转股权的，应当分解为债务清偿和股权投资两项业务，确认有关债务清偿所得或损失。 ( )

6. 居民企业和在中国境内设有机构、场所且所得与机构、场所有关联的非居民企业的适用税率为 25%。 ( )

7. 企业所得税法规定，企业实际发生的工资支出均可在企业所得税税前扣除。 ( )

8. 企业的不征税收入用于支出所形成的费用或者财产，准予在计算应纳税所得时扣除。 ( )

9. 按照企业所得税法规定，超支的广告费、业务宣传费、职工教育经费可结转下年，继续在以后年度扣除。 ( )

10. 企业从事国家重点扶持的公共基础设施项目的投资经营的所得，自项目取得第一笔生产经营收入所属纳税年度起，第 1 年至第 3 年免征企业所得税，第 4 年至第 6 年减半征收企业所得税。 ( )

11. 税前扣除项目包括成本、费用、税金、损失和其他支出。 ( )

12. 自行开发的支出已在计算应纳税所得额时扣除的无形资产，不得计算摊销费用扣除。 ( )

13. 企业发生的符合条件的广告费和业务宣传费支出，不超过当年销售（营业）收入 15% 的部分，准予扣除；超过部分，不得在以后纳税年度结转扣除。 ( )

14. 企业纳税年度发生的亏损，准予向以后年度结转，用以后年度的所得（应纳税所得额）弥补，但结转年限最长不得超过 5 年。 ( )

15. 企业直接向受赠人的捐赠不允许在企业所得税税前扣除。企业发生的公益性捐赠支出，在年度利润总额 12% 以内的部分，准予在计算应纳税所得额时扣除；超过年度利润总额 12% 的部分，准予结转以后 5 年内在计算应纳税所得额时扣除。 ( )

16. 国债利息收入免征个人所得税。 ( )

四、案例题

1. 甲公司本年的会计利润预计为 100 万元（扣除捐赠后的利润额），计划通过公益性组织捐赠 8 万元，直接向受赠单位捐赠 4 万元。甲公司没有其他企业所得税纳税调整项目。甲公司适用的企业所得税税率为 25%。请计算甲公司当年应缴纳的企业所得税，并对其进行纳税筹划。

2. 甲公司欲在外地设立乙公司，预计本年乙公司亏损 100 万元，甲公司自身盈利 200 元。假设没有其他企业所得税纳税调整项目，适用的企业所得税税率为 25%。请问乙公司应当选择作为甲公司的子公司还是分公司？

3. 中天企业为树立良好的社会形象，决定通过当地民政部门向某贫困地区捐赠 20 万元，2023 年和 2024 年预计企业会计利润分别为 100 万元和 120 万元，企业所得税税率为 25%。该企业制定了两个方案：方案一，2023 年底将 20 万全部捐赠；方案二，2023 年底捐赠 10 万元，2024 年再捐赠 10 万元。从纳税筹划角度分析两种方案中哪种对中天企业更有利？

第五章　个人所得税的纳税筹划

学习目标

1. 掌握：个人所得税纳税人、征税范围、税率及计税依据的基本规定。根据相关资料计算工资、薪金所得，劳务报酬所得，稿酬所得，特许权使用费所得的应纳税额，经营所得的应纳税额，财产租赁所得的应纳税额，利息、股息、红利所得的应纳税额，偶然所得的应纳税额。

2. 理解：个人所得税筹划的基本思路。

3. 了解：个人所得税的税收优惠及相关政策。

第一节　个人所得税概述

一、个人所得税的简介

个人所得税（personal income tax）是调整征税机关与自然人（居民、非居民人）之间在个人所得税的征纳与管理过程中所发生的社会关系的法律规范的总称。个人所得税是对我国居民个人来源于中国境内外的所得和非居民个人来源于中国境内的所得征收的一种税。

对个人收入课税是世界各国普遍采取的做法，目前世界上已有140多个国家和地区开征了个人所得税。英国是开征个人所得税最早的国家，此后世界各国相继效仿。1799年，英国开始试行差别税率征收个人所得税，并于1874年使其成为一个固定的税种。中华人民共和国成立后，1950年7月公布的《税政实施要则》中，就曾列举对个人所得课税的税种，当时定名为“薪给报酬所得税”和“存款利息所得税”。当时，由于我国生产力和人均收入水平低，实行低工资制，虽然设立了所得税税种，却一直没有得以开征。我国真正意义上的个人所得税开征是在改革开放之后。随着我国经济环境的变迁，经济形势发生了重大变化，社会成员之间的收入水平逐渐拉大，来华工作的外籍人员逐步增多，为了加强调控，防止社会成员的收入差距过于悬殊，我国于1980年9月10日在第五届全国人大第三次会议上通过并公布了《中华人民共和国个人所得税法》（以下简称《个人所得税法》），我国的个人所得税法制度从此开始建立。同年12月14日，经国务院批准，财政部公布了《个人所得税施行细则》，实行了仅对外籍个人征收的个人所得税。此后，我国的个人所得税制度不断完善。1986年1月7日，国务院发布《城乡个体工商户所得税暂行条例》，规定对个体工商户的生产经营所得征收所得税。随着我国国民经济和社会发展的情况，全国人大常委会于1993年10月31日、1999年8月30日、2005年10月27日、2007年6月29日、2007年12月29日、2011年6月30分别对《个人所得税法》进行了六次修订。2011年6月30日，十一届全国人大常委会第21次会议表决通过了《关于修改〈中华人民共和国个人所得税法〉的决定》。个人所得税税率从3%～45%，9级超额累进税率修改为7级。个人免征额从2 000元提高到3 500元。

2016年，我国开始着手建立综合与分类相结合的个人所得税制的改革。全国人大常委会出台修改个人所得税法的决定草案，2018年8月27日提请十三届全国人大常委会第五次会议审议。人大常委会依据决定草案，基本减除费用标准拟确定为每年6万元，个人所得税免征额由每月3 500元提高至每月5 000元，税率依旧是3%～45%的级距不变。2018年8月31日，第十三届全国人民代表大会常务委员会第五次会议通过了第七次修订的《个人所得税法》，此次个人所得税法修改，建立了综合与分类相结合的个人所得税制，对部分劳动性所得实行综合征税，优化调整了税率结构，提高了综合所得基本减除费用标准，设立了专项附加扣除项目，并相应健全了个人所得税征管制度。2018年12月13日，国务院公布了《个人所得税专项附加扣除暂行办法》，同年12月22日，国务院公布了修订后的《中华人民共和国个人所得税法实施条例》。以上三部法律法规均于2019年1月1日起实施。2020年4月1日，国家税务总局发布2019年度个人所得税综合所得年度汇算办税指引。

二、个人所得税的类型

1. 分类所得税制。分类所得税制是针对各种不同性质的所得分别规定不同的税基和税率，分别计算应纳税额的一类所得税。将应税所得分为薪金报酬所得、服务报酬所得、利息所得、财产出租所得等。根据所得类别，分别规定高低不等的税率，分别依率计征。分类所得税在个人所得税中使用较多，其计税依据是法律确定的各项所得，不是个人的总所得，以课源法征收。这类所得税的税率一般采用比例税率或较低的超额累进税率。这种征管简便，可以通过源泉扣缴的方法，一次性征收，减少征纳成本。但是这种制度无法有效地贯彻税收公平。分类征收容易导致纳税人行为的变化，产生逃避纳税问题和经济效率的扭曲。

2. 综合所得税制。综合所得税在19世纪中叶最先在德国实行，现为世界普遍采用。综合所得税制是指归属于同一纳税人的各项所得（如工资、薪金、利息、股息、财产所得等）综合征收。这种税制一般采用累进税率，也有国家采用比例税率。税额计征无论其来源如何都视为一个所得总体，都统一按照一个税率计算税额的税制模式。这种税制模式具备量能课税、公平税负的作用。但是，这种税制需要纳税人具备较高的纳税意识与较强的税收遵从程度，同时征收机关具备先进征管手段与高效的工作效率。

3. 分类综合所得税制。分类综合所得税制最早是法国在1917年第一次世界大战期间开始实行的。分类综合所得税制又称混合所得税制，是将分类所得税和综合所得税的优点综合在一起，实行分项课征和综合计税相结合的一种所得税制度，即对同一纳税人在一定时期内的各种所得分类课征所得税，纳税年度终了时，再将本年度的所有所得加起来，按照累进税率计征所得税，平时所缴纳的分类所得税，可以在纳税年度终了时从应缴纳的综合所得税中扣除。它的主要特点是既坚持了按支付能力课税的原则，对纳税人不同来源的收入实行综合计算征收，又坚持了对不同性质的收入实行区别对待的原则，对所列举的特定收入项目按特定办法和税率课征。

个人所得税制的演进过程大体反映了经济发展水平的递进程度。一般来说，经济发展相对滞后、征管制度并不健全、税法遵从意识较低的国家，大多实行分类或分类综合所得税制。反之，经济发达、征管制度健全、税法遵从意识较强的国家，多实行综合所得税制。

三、个人所得税的特点

个人所得税是世界各国普遍征收的一个税种。目前我国现行的个人所得税主要有以下四个特点。

1. 实行综合与分类相结合的个人所得税制。世界各国的个人所得税制大体可分为三种类型：分类所得税制、综合所得税制和混合所得税制。这三种税制各有所长，各国可根据本国具体情况选择适用本国的类型。我国过去曾经采取分类个人所得税制。由于个人所得税制改革，目前我国采用分类所得税制和综合所得税制两种。居民个人适用3%～45%的七级超额累进税率。个人取得的各种所得划分为九类，包括工资、薪金所得、劳务报酬所得、稿酬所得、特许权使用费所得、经营所得、利息、股息、红利所得、财税租赁所得、财产转让所得、偶然所得。其中将居民个人的工资、薪金所得、劳务报酬所得、稿酬所得、特许权使用费所得作为综合所得。按纳税年度合并计算个人所得税，其他五项采取分类计税方式，分别适用不同的费用减除规定、不同的税率和不同的计税方法。非居民个人取得工资、薪金所得、劳务报酬所得、稿酬所得和特许权使用费所得，按月或者按次分项计算个人所得税，适用3% ~45%的七级超额累进税率。经营所得，利息、股息、红利所得，财产租赁所得和偶然所得，实行分类课征制度；经营所得，适用5% ~35%的五级超额累进税率，利息、股息、红利所得，财产租赁所得，财产转让所得和偶然所得，适用比例税率，税率为20%。

综合计征和分类征收相结合，既可以广泛采用源泉扣缴方法，加强税收征收管理简化纳税手续，方便征纳双方，又可以对不同所得实行不同的征纳方法，有利于国家政策的体现。财产实行综合与分类相结合的个人所得税制，更能体现税负公平，减轻人民税收负担。

2. 超额累进税率与比例税率并用。我国现行个人所得税根据各类个人所得的不同性质和特点，实行两种形式的税率运用于个人所得税制。分类所得税制一般采用比例税率，综合所得税制通常采用累进税率。比例税率计算简便，便于实行源泉扣缴；累进税率合理调节收入分配，体现公平。其中，对综合所得（工资、薪金所得、劳务报酬所得、稿酬所得、特许权使用费所得）采用七级超额累进税率、经营所得采用五级超额累进税率；对利息、股息、红利所得、财产租赁所得、财产转让所得和偶然所得采用比例税率，从而在促进公平的同时兼顾了效率。

3. 费用扣除额方式多样。各国的个人所得税均有费用扣除的规定，只是扣除的方法及额度不尽相同。我国个人所得税制改革，在原有的扣除项目外增加了综合所得的专项附加扣除，允许把与纳税人息息相关的包括子女教育、继续教育、大病医疗、住房贷款利息或者住房租金、赡养老人等支出予以扣除。对于居民个人的综合所得，每一个纳税年度的收入减除费用60 000元，以及专项扣除、专项附加扣除和依法确定的其他扣除。根据情况不同在费用扣除上分别采用定额扣除、定率扣除和会计计算等费用扣除方法。其中劳务报酬所得、稿酬所得、特许权使用费所得每次可以扣除20%的费用；对于财产租赁所得，每次收入不超过4 000元时的费用扣除标准为800元；每次收入在4 000元以上时的费用扣除标准为20%；对经营所得，目前采用会计利润的方法计算；对于财产转让所得，可以减除财产原值和合理费用。整体来看，我国个人所得税的费用扣除标准较宽，且有逐渐增长的趋势。实际上我国居民绝大多数的工资、薪金所得予以免税或只征收很少的税款，也使得提供一般劳动、取得中低劳务报酬所得的个人不用承担或承担较少的所得税。

4. 采取源泉扣除制和自行申报制两种征纳方法。我国《个人所得税法》规定，对纳税人的应纳税额分别采取由支付单位源泉扣缴和纳税人自行申报两种方法。源泉扣缴方式主要是支付人代扣代缴，从而可以降低征管成本。对凡是可以在应税所得的支付环节扣缴个人所得税的，均由扣缴义务人履行代扣代缴义务；对于综合所得采取按月或按次预扣预缴，年末汇算清缴的方法；纳税人取得应税所得没有扣缴义务人的或具备法律法规规定的应自行申报情形的，应在规定的时限内主动向税务机关报送纳税申报表并缴纳税款。取得应税所得，扣缴义务人未扣缴税款；取得境外所得，因移居境外注销中国户籍，非居民个人在中国境内从两处以上取得工资、薪金所得的，由纳税人自行申报纳税。此外，对于其他不便于扣缴税款的，也要由纳税人自行申报纳税。两种征纳方法最大限度地保障了个人所得税的及时、足额入库。

四、个人所得税的作用

个人所得税是国家对本国公民、居住在本国境内的个人的所得和境外个人来源于本国的所得征收的一种所得税。在有些国家，个人所得税是主体税种，在财政收入中占较大比重，对经济有较大影响。

1. 缓解社会分配不均。目前，各国存在城乡居民间、地区间、行业间、不同所有制单位的职工间、高低收入群体间的收入差距扩大等问题。这些问题不仅严重影响社会稳定，而且阻碍社会经济的发展。由于个人所得税一般采取累进税率，在经济繁荣时期，税收增加的速度超过个人收入增加的速度，可以自动遏制通货膨胀趋势；反之，在经济萧条时期，税收减少的速度比个人收入降低的速度还要快，可阻止通货紧缩的趋势。个人所得税以其累进性，被认为是可对社会初次分配的不公平作出普遍矫正的有效手段。

2. 增加财政收入。个人所得税是市场经济发展的产物，已成为我国财政收入的一项重要来源。目前个人所得税在调节收入分配和筹集财政收入方面发挥了重要作用。个人所得税的税收收入随着国家经济的市场化、工业化、城市化程度和人均 GDP 水平的提高而不断增长。目前，一些主要的西方发达国家都实行以所得税为主体的税制，个人所得税的规模和比重较大。我国目前由于个人总体收入水平不高，个人所得税的收入规模还十分有限，个人所得税还处于发展扩大阶段。但是，个人所得税是一个收入弹性和增长潜力较大的税种，是国家财政收入的一个重要来源。随着社会主义市场经济体制的建立和我国经济的进一步发展，我国居民的收入水平将逐步提高，通过对个人所得税的改革和完善，进一步加大税收对个人收入分配的调节力度是满足制度所需。个人所得税的税源将逐步扩大，个人所得税收入占国家税收总额的比重将逐年增加，最终将发展成为具有活力的一个主体税种。

五、个人所得税纳税人

我国税法采用了“住所”和“居住时间”两个标准对居民纳税人和非居民纳税人进行界定。

个人所得税的纳税人包括中国公民、个体工商户、个人独资企业、合伙企业投资者、在中国有所得的外籍人员（包括无国籍人员）和香港、澳门、台湾同胞等。依据住所和居住时间两个标准，区分为居民个人和非居民个人，分别负有不同的纳税义务。居民个人是指在中国境内有住所或者是无住所而在一个纳税年度内在中国境内居住累计满 183 天的个人。居民个人负有无限纳税义务，其所取得的应纳税所得，无论是来源于中国境内还是中国境外任何地方，都要在中国缴纳个人所得税。

1. 根据住所判定纳税人。所谓在中国境内有住所的个人，是指因户籍、家庭、经济利益关系而在中国境内习惯性居住的个人。习惯性居住是判定纳税人属于居民个人还是非居民个人的一个重要依据。“习惯性居住”是判定有住所的结果条件；“户籍、家庭、经济利益关系”是判定有住所的原因条件。一般情况下，根据纳税人的“户籍、家庭、经济利益关系”等具体情况，综合判定是否属于“习惯性居住”这一状态。“习惯性居住”相当于定居的概念，是指个人在较长时间内相对稳定地在一地居住。它是指个人因学习、工作、探亲等原因消除之后，没有理由在其他地方继续居留时所要回到的地方，而不是指实际居住或在某一个特定时期内的居住地。一个纳税人因学习、工作、探亲、旅游等原因，原来是在中国境外居住，但在这些原因消除之后，如果必须回到中国境内居住的，则中国为此人的习惯性居住地。尽管该纳税人在一个纳税年度内，甚至连续几个纳税年度都未在中国境内居住，但他仍是中国居民个人，应就其来自全球的应纳税所得向中国缴纳个人所得税。相反，对于因学习、工作、探亲、旅游等原因在境内居住，但这些原因消除后仍然准备回境外居住的，不属于在境内习惯性居住。从这一点可以看出，“有住所”并不等于“有房产”。

2. 根据居住时间判定纳税人。所谓在境内居住满 183 天，是指在一个纳税年度内在中国境内居住累计满 183 天的个人。在一个纳税年度（自公历 1 月 1 日起至 12 月 31 日止）内在中国境内居住 183 天。在计算居住天数时，按其一个纳税年度内在境内的实际时间确定，不考虑临时离境问题。例如，一个外籍人员从 2021 年 1 月起到中国境内的公司任职，2021 年内虽然曾多次离境回国，但由于该纳税人在 2021 纳税年度在中国境内居住满 183 天，所以该纳税人应为中国的居民个人。

六、个人所得税征税范围

居民纳税义务人应就其来源于中国境内外的所得缴纳个人所得税，非居民纳税义务人仅就来源于中国境内的所得缴纳个人所得税。因此，判断哪些所得为来源于中国境内的所得就显得十分重要。《个人所得税法》及其实施条例对此做了规定。下列所得不论其支付地是否在中国境内，均视为来源于中国境内的所得：

（1）因任职、受雇、履约等在中国境内提供劳务取得的所得；

（2）将财产出租给承租人在中国境内使用而取得的所得；

（3）许可各种特许权在中国境内使用而取得的所得；

（4）转让中国境内的不动产等财产或者在中国境内转让其他财产取得的所得；

（5）从中国境内企业、事业单位、其他组织以及居民个人处取得的利息、股息、红利所得。

个人所得税的征收对象是个人取得的应税所得。我国《个人所得税法》第二条列举了九项个人所得，即工资、薪金所得，劳务报酬所得，稿酬所得，特许权使用费所得，经营所得，利息、股息、红利所得，财产租赁所得，财产转让所得，偶然所得。

1. 工资、薪金所得。《个人所得税法》列举征税的个人所得共有九项征税范围。其中居民个人取得工资、薪金所得，劳务报酬所得，稿酬所得，特许权使用费所得称为综合所得，按纳税年度合并计算个人所得税；非居民个人取得工资、薪金所得，劳务报酬所得，稿酬所得，特许权使用费所得，按月或者按次分项计算个人所得税。纳税人取得经营所得按纳税年度计算个人所得税，利息、股息、红利所得，财产租赁所得，财产转让所得，偶然所得，按次分别计算个人所得税。根据《个人所得税自行纳税申报办法（试行）的通知》的规定，在中国境内有两处或者两处以上任职、受雇单位的，选择并固定向其中一处单位所在地主管税务机关申报。

工资、薪金所得，是指个人因任职或者受雇取得的工资、薪金、奖金、年终加薪、劳动分红、津贴、补贴以及与任职或者受雇有关的其他所得，包括现金、实物、有价证券和其他形式的经济利益。

一般来说，工资、薪金所得属于非独立个人劳动所得。在这类报酬中，工资和薪金的收入主体略有差异。所谓非独立个人劳动是指个人所从事由他人指定、安排并接受管理的劳动，非独立劳动者是工作或服务于公司、工厂、机关、行政事业单位的人员（私营企业主除外）。在通常情况下，把直接从事生产、经营或服务的劳动者（工人）的收入称为工资，即“蓝领阶层”所得；而将从事社会公职或管理活动的劳动者（公职人员）的收入称为薪金，即“白领阶层”所得。但是，在实际立法过程中，各国都从简便易行的角度考虑，将工资与薪金合并为一个项目计征个人所得税。除工资、薪金以外，年终加薪、劳动分红、津贴、补贴也被确定为工资、薪金范畴。

根据国家税务总局的相关通知与批复，下列所得也属于工资、薪金所得征税范围，应征收个人所得税：

（1）机关、企事业单位对未达到法定退休年龄、正式办理提前退休手续的个人，按照统一标准向提前退休工作人员支付一次性补贴；退休人员退休后再任职取得的收入，在减除按税法规定的费用扣除标准后，按“工资、薪金所得”项目缴纳个人所得税。离退休人员按规定领取离退休工资或养老金外，另从任职单位取得的各类补贴、奖金、实物，不属于免税项目，应按“工资、薪金所得”应税项目的规定缴纳个人所得税。

（2）对于个人因解除劳动合同而取得一次性经济补偿收入。

（3）退休人员再任职取得的收入。

（4）公司职工取得的用于购买企业国有股权的劳动分红。

（5）对商品营销活动中，企业和单位对营销业绩突出人员以培训班、研讨会、工作考察等名义组织旅游活动，通过免收差旅费、旅游费对个人实行的营销业绩奖励（包括实物、有价证券等）。

（6）个人因公务用车和通信制度改革而取得的公务用车、通信补贴收入，扣除一定标准公务费用后，按照工资、薪金所得项目计征个人所得税。

（7）出租汽车经营单位对出租车驾驶员采取单车承包或承租方式运营，出租车驾驶员从事客货运营取得的收入，按工资、薪金所得项目征收个人所得税。

（8）个人按照规定领取的税收递延型商业养老保险的养老收入，其中25%部分予以免税，其余75%部分按照10%的比例税率计算缴纳个人所得税，税款计入工资、薪金所得项目，由保险机构代扣代缴后，在个人购买税延养老保险的机构所在地办理全员全额扣缴申报。

（9）公司职工取得的用于购买企业国有股权的劳动分红，按工资、薪金所得项目计征个人所得税。

2. 劳务报酬所得。劳务报酬所得，是指个人从事设计、装潢、安装、制图、化验、测试、医疗、法律、会计、咨询、讲学、新闻、广播、翻译、审稿、书画、雕刻、影视、录音、录像、演出、表演、广告、展览、技术服务、介绍服务、经纪服务、代办服务以及其他劳务取得的所得。是否存在雇佣与被雇佣关系，是判断一种收入是属于劳务报酬所得，还是属于工资、薪金所得的重要标准。

个人担任董事、监事，且不在公司任职、受雇的情形，属于劳务报酬性质，按劳务报酬所得征税。个人在公司任职、受雇同时兼任董事、监事职务，应将取得的董事费、监事费与个人工资收入合并，按“工资、薪金所得”征税。

在校学生因参与勤工俭学活动（包括参与学校组织的勤工俭学活动）而取得属于《个人所得税法》规定的应税所得项目，应按“劳务报酬所得项目”缴纳个人所得税。

在商品营销活动中，企业和单位对营销业绩突出的非雇员以培训班、研讨会、工作考察等名义组织旅游活动，通过免收差旅费、旅游费对个人实行营销业绩奖励（包括实物、有价证券等），应根据所发生费用的全额作为该营销人员当期的劳务收入，按照劳务报酬所得项目征收个人所得税，并由提供上述费用的企业和单位代扣代缴。

个人兼职取得的收入，应按照劳务报酬所得项目缴纳个人所得税。

3. 稿酬所得。稿酬所得是指个人因其作品以图书、报刊形式出版、发表而取得的所得。这里所说的作品，包括文学作品、书画作品、摄影作品以及其他作品。对不以图书、报刊形式出版、发表的翻译、审稿、书画所得归为劳务报酬所得。

作者去世后，财产继承人取得的遗作稿酬，按稿酬所得缴纳个人所得税。

根据国务院《国家税务总局关于个人所得税若干业务问题的批复》的规定，对报刊、杂志、出版等单位的职工在本单位的刊物上发表作品、出版图书取得所得的税务处理如下：

（1）任职、受雇于报刊、杂志等单位的记者、编辑等专业人员，因在本单位的报刊、杂志上发表作品取得的所得，属于因任职、受雇而取得的所得，应与其当月工资收入合并，按“工资、薪金所得”项目计算缴纳个人所得税。除上述专业人员以外，其他人员在本单位的报刊、杂志上发表作品取得的所得，应按“稿酬所得”项目计算缴纳个人所得税。

（2）出版社的专业作者撰写、编写或翻译的作品，由本社以图书形式出版而取得的稿费收入，应按“稿酬所得”项目计算缴纳个人所得税。

4. 特许权使用费所得。特许权使用费所得是指个人提供专利权、商标权、著作权、非专利技术以及其他特许权的使用权取得的所得，不包括提供土地使用权所得；提供著作权的使用权取得的所得，也不包括稿酬所得。

对于将自己的文字作品手稿原件或复印件公开拍卖（竞价）取得的所得，属于提供著作权的使用所得，应按特许权使用费所得项目征收个人所得税。

专利权是由国家专利主管机关依法授予专利申请人或其权利继承人在一定期间内实施其发明创造的专利权。

商标权是指商标注册人享有的商标专利权。

著作权是作者依法对文学、艺术和科学作品享有的专有权。

从2005年5月1日起，编剧从电视剧的制作单位取得的剧本使用费，不再区分剧本的使用方是否为其任职单位，统一按特许权使用费所得项目计征个人所得税。

个人转让专利权、商标权、著作权、非专利技术以及其他特许权的使用权取得的所得，按照特许权使用费所得项目缴纳个人所得税。个人转让专利权、商标权、著作权、非专利技术以及其他特许权的所有权取得的所得，按照财产转让所得项目缴纳个人所得税。

5. 经营所得。经营所得是指个体工商户从事工业、手工业、建筑业、交通运输业、商业、饮食业、服务业、修理业以及其他行业生产、经营取得的所得；个人经政府有关部门批准，取得执照，从事办学、医疗、咨询以及其他有偿服务活动取得的所得。个体工商户以业主为个人所得税纳税义务人。

（1）个体工商户从事生产、经营活动所得，个人独资企业投资人、合伙企业的个人合伙人来源于境内注册的个人独资企业、合伙企业生产、经营的所得。

（2）个人依法从事办学、医疗、咨询以及其他有偿服务活动取得的所得。

（3）个人对企业、事业单位承包经营、承租经营以及转包、转租取得的所得。

（4）个人从事其他生产、经营取得的所得。

此外，个人取得的下列收入或所得，比照“个体工商户的生产经营所得”项目计征个人所得税。

（1）从事个体出租车运营的出租车驾驶员取得的收入。

（2）出租车属个人所有，但挂靠出租汽车经营单位或企事业单位，驾驶员向挂靠单位缴纳管理费的，或出租汽车经营单位将出租车所有权转移给驾驶员的出租车驾驶员从事客货运营取得的收入，按“经营所得”缴纳个人所得税。

（3）个人因从事彩票代销业务而取得的所得。

（4）个人独资企业、合伙企业的个人投资者以企业资金为本人、家庭成员及其相关人员支付与企业生产无关的消费性支出及购买汽车、住房等财产性支出，视为企业对个人投资者利润分配，并入投资者个人的生产经营所得。依照“个体工商户的生产经营所得”项目计征个人所得税。

（5）个人对企事业单位的承包经营。承租经营所得是指个人承包经营或承租经营以及转包、转租取得的所得，还包括个人按月或者按次取得的工资、薪金性质的所得。承包项目可分为多种，如生产经营、采购、销售、建筑安装等各种承包。转包包括全部转包或部分转包。

6. 利息、股息、红利所得。利息、股息、红利所得是指个人拥有债权、股权而取得的利息、股息、红利所得。其中利息一般是指存款、贷款和债券的利息。股息、红利是指个人拥有股权取得的公司、企业分红，按照一定的比率派发的每股息金，称为股息；分派股息之后按持股比例向股东分配的剩余利润，称为红利。

国债利息收入、国家发行的金融债券利息收入、教育储蓄存款利息所得，免征个人所得税。自2008年10月9日（含）起，暂免征收储蓄存款利息所得税。

按照国家或省级地方政府规定的比例缴付的住房公积金、医疗保险金、基本养老保险金、失业保险金存入银行个人账户所取得的利息所得，免予征收个人所得税。

自2015年9月8日起，个人从公开发行和转让市场取得的上市公司股票，持股期限超过1年，股息、红利所得暂免征收个人所得税。个人从公开发行和转让市场取得的上市公司股票，持股期限在1个月以内（含1个月）的，其股息、红利所得全额计入应纳税所得额；持股期限在1个月以上至1年（含1年）的，暂减按50%计入应纳税所得额，上述所得统一适用20%的税率计算个人所得税。

对个人持有的上市公司限售股，解禁后取得的股息、红利，按照上市公司股息、红利差别化个人所得税政策规定计算纳税，持股时间自解禁日起计算；解禁前取得的股息、红利继续暂减按50%计入应纳税所得额，适用20%的税率计征个人所得税。

7. 财产租赁所得。财产租赁所得是指个人出租建筑物、土地使用权、机器设备、车船以及其他财产取得的所得。个人取得的财产转租收入，属于“财产租赁所得”的征税范围。

在确认纳税义务人时，应以产权凭证为依据。对无产权凭证的，由主管税务机关根据实际情况确定；产权所有人死亡的，在未办理产权继承手续期间，该财产出租且有租金收入的，以领取租金的个人为纳税义务人。

房地产开发企业与门市房购买者个人签订协议规定，房地产开发企业按优惠价格出售其开发的门市房给购买者个人，但购买者个人在一定期限内必须将购买的门市房无偿提供给房地产开发企业对外出租使用。其实质是购买者个人以所购商店交由房地产开发企业出租而取得的房屋租赁收入支付了部分购房价款。对购买者个人少支出的购房价款，应视同个人财产租赁所得，按照“财产租赁所得”项目征收个人所得税。每次财产租赁所得的收入额，按照少支出的购房价款和协议规定的租赁月份数平均计算确定。

8. 财产转让所得。财产转让所得，是指个人转让有价证券、股权、建筑物、土地使用权、机器设备、车船以及其他财产取得的所得。

（1）股票转让所得根据《中华人民共和国个人所得税法实施条例》的规定，对股票转让所得征收个人所得税的办法，由财政部另行制定，报国务院批准施行。鉴于我国证券市场的发育还不成熟，股份还处于试点阶段，国务院决定对上市公司股票转让所得暂不征收个人所得税，非上市公司股份转让所得征收个人所得税。自2019年12月5日起至2022年12月31日止，对内地个人投资者通过沪港通、深港通投资香港联交所上市股票取得的转让差价所得，暂免征收个人所得税。

(2) 量化资产股份的转让根据《中华人民共和国个人所得税法实施条例》的规定，对集体所有制企业在改制为股份合作企业时，对职工个人以股份形式取得的拥有所有权的企业量化资产，暂缓征收个人所得税；个人将股份转让时，就其转让收入额减除个人取得该股份时实际支付的费用支出和合理转让费用后的余额，按“财产转让所得”项目计征个人所得税。

(3) 限售股转让所得，自2010年1月1日起，对个人转让限售股取得的所得，按照“财产转让所得”项目征收个人所得税。限售股包括：上市公司股权分置改革完成后股票复牌日之前股东所持原非流通股股份，以及股票复牌日至解禁日期间由上述股份滋生的送、转股（即股改限售股）；2006年股权分置改革新老划断后，首次公开发行股票并上市的公司形成的限售股，以及上市首日至解禁日期间由上述股份滋生的送、转股（即新股限售股）；个人从机构或其他个人受让的未解禁限售股；个人因依法继承或家庭财产依法分割取得的限售股；个人持有的从代办股份转让系统转到主板市场（或中小板、创业板市场）的限售股；上市公司吸收合并中个人持有的原被合并方公司限售股所转换的合并方公司股份；上市公司分立中个人持有的被分立方公司限售股所转换的分立后公司股份以及其他限售股。

(4) 个人出售自有住房。个人出售自有住房取得的所得应按照“财产转让所得”项目征收个人所得税。对个人转让自用5年以上并且是家庭唯一生活用房取得的所得，免征个人所得。对出售自有住房并拟在1年内按市场价重新购房的纳税人，不再减免个人所得税。

(5) 个人转让非货币资产。《财政部国家税务总局关于个人非货币性资产投资有关个人所得税政策的通知》第一条规定，个人以非货币资产投资，属于个人转让非货币性资产和投资同时发生。对个人转让非货币性资产的所得，应按照财产转让所得项目依法计算缴纳个人所得税。

9. 偶然所得。偶然所得，是指个人得奖、中奖、中彩以及其他偶然性质的所得。得奖是指参加各种有奖竞赛取得的奖金；中奖、中彩是指参加各种有奖活动，如有奖销售、有奖储蓄或购买彩票，经过规定程序，抽中、摇中号码而取得的奖金。因此，个人参加有奖储蓄取得的各种形式的中奖所得、个人从境外取得的博彩所得、个人因参加企业的有奖销售活动而取得的赠品所得，均应按“偶然所得”项目计征个人所得税。

房屋产权所有人将房屋产权无偿赠予他人的，除财政部、国家税务总局规定的情形外，受赠人因无偿受赠房屋取得的受赠收入，按照“偶然所得”项目计算缴纳个人所得税。

个人为单位或他人提供担保获得收入，按照偶然所得项目计算缴纳个人所得税。企业对累计消费达到一定额度的顾客，给予额外抽奖机会，个人的获奖所得，按照偶然所得项目全额适用20%的税率缴纳个人所得税。

个人取得单张有奖发票奖金所得超过800元的，应全额按照偶然所得项目征收个人所得税。税务机关或其指定的有奖发票兑奖机构，是有奖发票奖金所得个人所得税的扣缴义务人。

个人取得的所得，难以界定应纳税所得项目的由主管税务机关确定。

七、个人所得税税率

我国个人所得税采用综合与分类相结合的所得税制，不同的应税项目分别采用不同的税率。归纳起来，可分为超额累进税率和比例税率两种。综合所得（包括工资、薪金所得、劳务报酬所得、稿酬所得和特许权使用费所得）按照3%～45%七级超额累进税率；经营所得按照5%～35%的五级超额累进税率；其他所得项目适用税率（利息、股息、红利所得，财产租赁所得，财产转让所得，偶然所得）按照20%的比例税率。具体规定如表5-1所示。

表5-1　　　个人所得税税率表（居民个人综合所得适用）

级数	全年应纳税所得额	税率（%）	速算扣除数（元）
1	不超过36 000元的部分	3	0
2	超过36 000元至144 000元的部分	10	2 520
3	超过144 000元至300 000元的部分	20	16 920
4	超过300 000元至420 000元的部分	25	31 920
5	超过420 000元至660 000元的部分	30	52 920
6	超过660 000元至960 000元的部分	35	85 920
7	超过960 000元的部分	45	181 920

1. 综合所得，包括工资、薪金所得、劳务报酬所得，稿酬所得和特许权使用费所得的适用税率。综合所得适用七级超额累进税率，税率为3%～45%，具体见表5-1。

表5-1所称全年应纳税所得额是指居民个人取得综合所得以每一纳税年度收入额减除费用6万元，以及专项扣除、专项附加扣除和依法确定的其他扣除的余额。居民个人如果各年的综合性所得不均衡，则综合所得高的年份多缴的个人所得税有可能会大于综合性所得低的年份少缴的个人所得税。因此个人可以考虑均衡各年的综合性所得，以便从整体上降低个人所得税税负。

非居民个人取得工资、薪金所得，劳务报酬所得，稿酬所得和特许使用费用所得，依照表5-2按月换算后计算应纳税额。

表5－2　　个人所得税税率表（非居民个人综合所得适用）

级数	应纳税所得额（含税）	应纳税所得额（不含税）	税率（%）	速算扣除数（元）
1	不超过3 000元的部分	未超过2 910元	3	0
2	超过3 000元至12 000元的部分	超过2 910元至11 010元的部分	10	210
3	超过12 000元至25 000元的部分	超过11 010元至21 410元的部分	20	1 410
4	超过25 000元至35 000元的部分	超过21 410元至28 910元的部分	25	2 660
5	超过35 000元至55 000元的部分	超过28 910元至42 910元的部分	30	4 410
6	超过55 000元至80 000元的部分	超过42 910元至59 160元的部分	35	7 160
7	超过80 000元的部分	超过59 160元的部分	45	15 160

表5－2含税级距中应纳税所得额，对非居民个人而言，应纳税所得额＝每月收入金额－5 000（免征额）；含税级距适用于纳税人负担税款的所得，不含税级距适用于由他人（单位）代缴税款的所得。

2. 经营所得适用五级超额累进税率，税率为5%～35%，具体见表5－3。

表5－3　　个人所得税税率表（经营所得适用）

级数	全年应纳税所得额	税率（%）	速算扣除数（元）
1	不超过30 000元的部分	5	0
2	超过30 000元至90 000元的部分	10	1 500
3	超过90 000元至300 000元的部分	20	10 500
4	超过300 000元至500 000元的部分	30	40 500
5	超过500 000元的部分	35	65 500

3. 其他所得项目的适用税率。财产租赁所得、财产转让所得、利息股息红利所得、偶然所得，均适用20%的比例税率。

为了有效调控居民收入分配，我国的个人所得税制度对有关项目做了减征的规定：

（1）稿酬所得的收入额减按70%计算；

（2）为了配合国家级住房制度改革，支持住房租赁市场的健康发展，从2008年3月1日起，对个人按市场价格出租的居民住房取得的所得减按10%的税率征收个人所得税。

八、应纳税所得额的规定

个人所得税的应税项目各有不同，导致取得某项所得所需费用也各不相同，因此，除综合所得外，计算个人应纳税所得额，需按不同应税项目分项计算，即以某项应税项目的收入额减去税法规定的该项目费用扣除标准后的余额，为该应税项目应纳税所得额。

个人所得税的应纳税所得额是指个人取得的各项收入减除税法规定的扣除项目或者扣除金额后的余额，它是正确计算个人所得税应纳税额的基础和前提。

1. 收入形式。个人所得的形式，包括现金、实物、有价证券和其他形式的经济利益。所得为实物的，应当按照取得的凭证上所注明的价格计算应纳税所得额，无凭证的实物或者凭证上所注明的价格明显偏低的，参照市场价格核定应纳税所得额。所得为有价证券的，根据票面价格和市场价格核定应纳税所得额。所得为其他形式的经济利益的，参照市场价格核定应纳税所得额。

2. 费用扣除。在计算个人所得税的应纳税所得额时，除股息、红利、利息所得和偶然所得以及其他所得外，一般允许纳税人从收入总额减除一定的费用。

3. 专项扣除。专项扣除包括居民个人按照国家规定的范围和标准缴纳的基本养老保险、基本医疗保险、失业保险等社会保险费和住房公积金等。

4. 专项附加扣除。专项附加扣除包括子女教育、继续教育、大病医疗、住房贷款利息或者住房租金、赡养老人等支出。个人所得税专项附加扣除在纳税人本年度综合所得应纳税所得额中扣除，本年度扣除不完的，不得结转以后年度扣除。

专项附加扣除的范围包括：

（1）婴幼儿照护。

（2）子女教育。

（3）继续教育。

（4）大病医疗。

（5）住房贷款利息。

（6）住房租金。

（7）赡养老人。

5. 其他扣除。个人将其所得以教育、扶贫、济困等公益慈善进行捐赠，捐赠额未超过纳税人申报的应纳税所得额 30% 的部分，可以从其应纳税所得额中扣除。个人通过非营利性的社会组织和国家机关向红十字事业，福利性、非营利性老年服务机构，公益性青少年活动场所，农村义务教育（含高中）等的公益性捐赠可以从其应纳税所得额中全额扣除。个人向受赠对象的直接捐赠支出，不得税前扣除。其他扣除包括个人缴付符合国家规定的企业年金、职业年金、个人购买符合国家规定的商业健康保险、税收递延型养老保险的支出，以及国务院规定可以扣除的其他项目等。

九、综合所得应纳税额的计算

1. 居民个人应纳税额的计算。居民个人的综合所得以每一纳税年度的收入额减除费用6万元以及专项扣除、专项附加扣除和依法确定的其他扣除后的余额，为应纳税所得额。

劳务报酬所得、稿酬所得、特许权使用费所得以收入额减除20%的费用后的余额为收入额。稿酬所得的收入额减按70%计算。

个人将其所得对教育、扶贫、济困等公益慈善事业进行捐赠，捐赠额未超过纳税人申报的应纳税所得额30%的部分，可以从其应纳税所得额中扣除；国务院规定对公益慈善事业捐赠实行全额税前扣除的从其规定。

专项扣除包括居民个人按照国家规定的范围和标准缴纳的基本养老保险、基本医疗保险、失业保险等社会保险费和住房公积金等；专项附加扣除包括子女教育、继续教育、大病医疗、住房贷款利息或者住房租金、赡养老人等支出，具体范围、标准和实施步骤由国务院确定，并报全国人民代表大会常务委员会备案。

专项扣除、专项附加扣除和依法确定的其他扣除，以居民个人一个纳税年度的应纳税所得额为限额；一个纳税年度扣除不完的，不结转以后年度扣除。

$$\text{应纳个人所得税}=\text{年应纳税所得额}\times\text{适用税率}-\text{速算扣除数}$$

$$=\left(\begin{matrix}\text{每一纳税年}\\\text{度的收入额}\end{matrix}-60\,000-\begin{matrix}\text{专项扣除、专项附加扣除}\\\text{依法确定的其他扣除}\end{matrix}\right)\times\text{适用税率}-\text{速算扣除数}$$

$$=\left\{\begin{matrix}\text{工资薪金}\\\text{收入额}\end{matrix}+\begin{matrix}\text{劳动}\\\text{报酬收入}\end{matrix}\times(1-20\%)+\begin{matrix}\text{稿酬}\\\text{收入}\end{matrix}\times(1-20\%)\times70\%+\begin{matrix}\text{特许权}\\\text{使用费收入}\end{matrix}\times(1-20\%)-60\,000-\begin{matrix}\text{专项扣除、专项附加扣除}\\\text{依法确定的其他扣除}\end{matrix}\right\}\times\text{适用税率}-\text{速算扣除数}$$

表5-4和表5-5分别为个人所得税预扣率和居民个人劳务报酬所得预扣预缴适用情况。

表5-4　　个人所得税预扣率表（居民个人工资、薪金所得预扣预缴适用）

级数	累计预扣预缴应纳税所得额	预扣率（%）	速算扣除数（元）
1	不超过36 000元的部分	3	0
2	超过36 000元至144 000元的部分	10	2 520
3	超过144 000元至300 000元的部分	20	16 920
4	超过300 000元至420 000元的部分	25	31 920

续表

级数	累计预扣预缴应纳税所得额	预扣率（%）	速算扣除数（元）
5	超过420 000元至660 000元的部分	30	52 920
6	超过660 000元至960 000元的部分	35	85 920
7	超过960 000元的部分	45	181 920

表5－5　　　　居民个人劳务报酬所得预扣预缴适用

级数	预扣预缴应纳税所得额	预扣率（%）	速算扣除数（元）
1	不超过20 000元的部分	20	0
2	超过20 000元至50 000元的部分	30	2 000
3	超过50 000元的部分	40	7 000

【例5－1】假定居民个人张先生一年内取得如下所得：

（1）每月应发工资均为15 000元，每月减除费用5 000元，“三险一金”等专项和为1 500元。从2019年1月起享受子女教育专项附加扣除1 000元和赡养老人专项附加扣除2 000元，没有其他减免收入减免税额等情况。

（2）5月取得劳务报酬所得5 000元；

（3）8月取得稿酬所得30 000元；

（4）申报大病医疗支出20 000元；

计算应预扣预缴的个人所得税税额及在汇算清缴时应缴纳的个人所得税税额。

【解析】

（1）工资、薪金所得应预扣预缴的个人所得税税额如下：

1月工资、薪金所得应预扣预缴的个人所得税税额

$=(15\ 000-5\ 000-1\ 500-1\ 000-2\ 000)\times3\%=165$（元）

2月工资、薪金所得应预扣预缴的个人所得税税额

$=(15\ 000\times2-5\ 000\times2-1\ 500\times2-1\ 000\times2-2\ 000\times2)\times3\%-165$

$=165$（元）

3月工资、薪金所得应预扣预缴的个人所得税税额

$=(15\ 000\times3-5\ 000\times3-1\ 500\times3-1\ 000\times3-2\ 000\times3)\times3\%-165\times2$

$=165$（元）

4月工资、薪金所得应预扣预缴的个人所得税税额

$=(15\ 000\times4-5\ 000\times4-1\ 500\times4-1\ 000\times4-2\ 000\times4)\times3\%-165\times3$

$=165$（元）

5月工资、薪金所得应预扣预缴的个人所得税税额

$=(15\ 000\times5-5\ 000\times5-1\ 500\times5-1\ 000\times5-2\ 000\times5)\times3\%-165\times4$

$=165$（元）

6 月工资、薪金所得应预扣预缴的个人所得税税额

$=(15\ 000\times6-5\ 000\times6-1\ 500\times6-1\ 000\times6-2\ 000\times6)\times3\%-165\times5$

$=165$（元）

7 月工资、薪金所得应预扣预缴的个人所得税税额

$=(15\ 000\times7-5\ 000\times7-1\ 500\times7-1\ 000\times7-2\ 000\times7)\times10\%-2\ 520-165\times6=340$（元）

8 月工资、薪金所得应预扣预缴的个人所得税税额

$=(15\ 000\times8-5\ 000\times8-1\ 500\times8-1\ 000\times8-2\ 000\times8)\times10\%-2\ 520-165\times6-340=550$（元）

9 月工资、薪金所得应预扣预缴的个人所得税税额

$=(15\ 000\times9-5\ 000\times9-1\ 500\times9-1\ 000\times9-2\ 000\times9)\times10\%-2\ 520-165\times6-340-550=550$（元）

10 月工资、薪金所得应预扣预缴的个人所得税税额

$=(15\ 000\times10-5\ 000\times10-1\ 500\times10-1\ 000\times10-2\ 000\times10)\times10\%-2\ 520-165\times6-340-550-550=550$（元）

11 月工资、薪金所得应预扣预缴的个人所得税税额

$=(15\ 000\times11-5\ 000\times11-1\ 500\times11-1\ 000\times11-2\ 000\times11)\times10\%-2\ 520-165\times6-340-550-550-550=550$（元）

12 月工资、薪金所得应预扣预缴的个人所得税税额

$=(15\ 000\times12-5\ 000\times12-1\ 500\times12-1\ 000\times12-2\ 000\times12)\times10\%-2\ 520-165\times6-340-550-550-550-550=550$（元）

全年 12 个月合计应预扣预缴的个人所得税税额

$=165\times6+340+550\times5=4\ 080$（元）

（2）劳务报酬所得应预扣预缴的个人所得税税额如下：

收入额 $=5\ 000\times(1-20\%)=4\ 000$（元）

应预扣预缴的个人所得税税额 $=4\ 000\times20\%=800$（元）

（3）稿酬所得应预扣预缴的个人所得税税额如下：

收入额 $=[30\ 000\times(1-20\%)]\times70\%=16\ 800$（元）

应预扣预缴的个人所得税税额 $=16\ 800\times20\%=3\ 360$（元）

（4）汇算清缴应缴纳的个人所得税税额如下：

全年综合所得的应纳税所得额 $=15\ 000\times12+4\ 000+16\ 800-60\ 000-1\ 500\times12-1\ 000\times12-2\ 000\times12-20\ 000=66\ 800$（元）

综合所得应缴纳的个人所得税税额 $=66\ 800\times10\%-2\ 520=4\ 160$（元）

年度合计预扣预缴的税款 $=4\ 080+800+3\ 360=8\ 240$（元）

汇算清缴应退还的个人所得税税额 $=8\ 240-4\ 160=4\ 080$（元）

2. 非居民个人应纳税所得额计算。非居民个人的工资、薪酬所得，以每月收入额减除费用5 000元后的余额为应纳税所得额；劳务报酬所得、稿酬所得、特许权使用费所得，以每次收入额为应纳税所得额，适用按月换算后的非居民个人月度税率表（见表5－6）计算应纳税额。其中，劳务报酬所得、稿酬所得、特许权使用费所得以收入减除20%的费用后的余额为收入额。稿酬所得的收入额减按70%计算。

表5－6　　个人所得税税率表

（非居民个人工资、薪金所得，劳务报酬所得，稿酬所得，特许权使用费所得适用）

级数	应纳税所得额	税率（%）	速算扣除数（元）
1	不超过3 000元的部分	3	0
2	超过3 000元至12 000元的部分	10	210
3	超过12 000元至25 000元的部分	20	1 410
4	超过25 000元至35 000元的部分	25	2 660
5	超过35 000元至55 000元的部分	30	4 410
6	超过55 000元至80 000元的部分	35	7 160
7	超过80 000元的部分	45	15 160

非居民个人工资、薪金所得，劳务报酬所得 ＝应纳税所得额×税率－扣除数速算

非居民个人稿酬所得，特许权使用费所得 ＝应纳税所得额×税率－扣除数速算

非居民个人的工资、薪金所得实行按月计征的方法，其应纳税所得额为月收入减除费用5 000元后的余额。其计算公式为：

应纳税所得额＝月工资、薪金所得－5 000

非居民个人取得工资、薪金所得，劳务报酬所得，稿酬所得和特许权使用费所得，有扣缴义务人的，由扣缴义务人按月或者按次代扣代缴税款，不办理汇算清缴。

十、税收优惠

1. 免税项目。

（1）省级人民政府、国务院部委和中国人民解放军军以上单位，以及外国组织、国际组织颁发的科学、教育、技术、文化、卫生、体育、环境保护等方面的奖金；

（2）国债和国家发行的金融债券利息；

（3）按照国家统一规定发给的补贴、津贴；

（4）福利费、抚恤金、救济金；

（5）保险赔款；

（6）军人的转业费、复员费、退役金；

（7）按照国家统一规定发给干部、职工的安家费、退职费、基本养老金或者退休费、离休费、离休生活补助费；

（8）依照有关法律规定应予免税的各国驻华使馆、领事馆的外交代表、领事官员和其他人员的所得；

（9）中国政府参加的国际公约、签订的协议中规定免税的所得；

（10）国务院规定的其他免税所得。

2. 减税项目。

（1）残疾、孤老人员和烈属的所得；

（2）因自然灾害遭受重大损失的。

3. 暂免征税项目。

（1）外籍个人以非现金形式或实报实销形式取得的住房补贴、伙食补贴、搬迁费、洗衣费；

（2）外籍个人按合理标准取得的境内、境外出差补贴；

（3）外籍个人取得的探亲费、语言训练费、子女教育费等，经当地税务机关审核批准为合理的部分；

（4）外籍个人从外商投资企业取得的股息、红利所得；

（5）个人举报、协查各种违法、犯罪行为而获得的奖金；

（6）个人办理代扣代缴手续，按规定取得的扣缴手续费；

（7）个人转让自用达5年以上，并且是唯一的家庭生活用房取得的所得；

（8）对个人购买福利彩票、赈灾彩票、体育彩票，一次中奖收入在1万元以下的（含1万元）暂免征收个人所得税，超过1万元的全额征收个人所得税；

（9）达到离休、退休年龄，但确因工作需要，适当延长离休、退休年龄的高级专家，其在延长离休、退休期间的工资、薪金所得，视同离休、退休工资免征个人所得税；

（10）符合条件的社会保险和住房公积金；

（11）个人领取原提存的住房公积金、医疗保险金、基本养老保险金及具备条件的失业人员领取的失业保险金；

（12）按照规定比例缴付的“三险一金”的利息所得免税；

（13）个人转让离婚析产房屋的征税问题；

（14）生育妇女按照县以上人民政府根据国家有关规定制定的生育保险办法，取得的生育津贴、生育医疗费或其他属于生育保险性质的津贴、补贴免征个人所得税。

（15）对个人购买符合规定的商业健康保险产品的支出，允许在当年（月）计算应纳税所得额时予以税前扣除，扣除限额为2400元/年（200元/月）。适用商业健康保险税收优惠政策的纳税人，是指取得工资薪金所得、连续性劳务报酬所得的个人，以及取得经营所得的个人。

十一、征收方式

《个人所得税法》规定的征税方法有以下三种。

1. 按年计征，如居民个人的综合所得、经营所得。

2. 按月计征，如非居民个人的工资、薪金所得。

3. 按次计征，如非居民个人的劳务报酬所得、稿酬所得、特许权使用费所得等。

在按次征收情况下，各应税项目对于“次”的界定存在差异，具体如下。

（1）劳务报酬所得，属于一次性收入的，以取得该项收入为一次；属于同一项目连续性收入的，以一个月内取得的收入为一次。

（2）稿酬所得，以每次出版、发表取得的收入为一次。

个人每次以图书、报刊方式出版、发表同一作品（文字作品、书画作品、摄影作品以及其他作品），不论出版单位是预付还是分笔支付稿酬，或者加印该作品后再付稿酬，均应合并其稿酬所得按一次计征个人所得税。

在两处或两处以上出版、发表或再版同一作品而取得稿酬所得，则可分别各处取得的所得或再版所得按分次所得计征个人所得税。

个人的同一作品在报刊上连载，应合并其因连载而取得的所有稿酬所得为一次，按税法规定计征个人所得税。在其连载之后又出书取得稿酬所得，或先出书后连载取得稿酬所得，应视同再版稿酬分次计征个人所得税。

（3）特许权使用费所得，以一项特许权的一次许可使用所取得的收入为一次。纳税人拥有多项特许权或将一项特许权多次转让、分别取得收入的，应分别作为一次征税；如果该次转让取得的收入是分笔支付的，则应将各笔收入相加为一次的收入，计征个人所得税。对个人从事技术转让中所支付的中介费，若能提供有效合法凭证，允许从其所得中扣除。而且是先按规定标准扣除费用后，再扣除中介费。

（4）财产租赁所得，以一个月内取得的收入为一次。

（5）利息、股息、红利所得，以支付利息、股息、红利时取得的收入为一次。

（6）偶然所得，以每次取得该项收入为一次。

以上三种方式汇总形成表5-7。

表 5-7　　个人所得税征收方式

序号	征收项目	征收方式		
		居民个人		非居民个人
		预扣预缴	汇算清缴	
1	工资、薪金所得	按月计算	属于综合所得，按年度合并计算	按月或者按次分项计算，不办理汇算清缴
2	劳务报酬所得	按月或按次分项计算		
3	稿酬所得			
4	特许权使用费所得			
5	经营所得	按月（季）预缴，按年汇算清缴		
6	利息、股息、红利所得	按月或者按次分项计算，不办理汇算清缴		
7	财产租赁所得			
8	财产转让所得			
9	偶然所得			

第二节　个人所得税筹划的主要领域

一、纳税人身份选择的纳税筹划

非居民个人是指不符合居民个人判定条件的纳税义务人，非居民个人承担有限纳税义务。仅就其来源于中国境内的所得，向中国缴纳个人所得税。

（1）依据住所判定纳税人。《个人所得税法》规定。非居民个人是在中国境内无住所又不居住。也就是说，非居民个人是指习惯性居住地不在中国境内，而且不在中国居住。

（2）依据居住时间判定纳税人。无住所且一个纳税年度内在中国境内居住累计不满 183 天的个人。在现实生活中，习惯性居住地不在中国境内的个人，只有外籍人员、华侨或香港、澳门和台湾同胞。因此，实际上非居民个人只能是在一个纳税年度中没有在中国境内居住，或者在中国境内居住不满 183 天的外籍人员、华侨或香港、澳门、台湾同胞。

非居民个人从中国境内取得的所得，依照《个人所得税法》规定缴纳个人所得税。区分以下两各种情况免予缴纳个人所得税。

（1）在中国境内无住所的个人，在一个纳税年度内在中国境内居住累计不超过 90 天的，其来源于中国境内的所得，由境外雇主支付并且不由该雇主在中国境内的机构、场所负担的部分，免予缴纳个人所得税。

（2）在中国境内无住所的个人，在中国境内居住累计满 183 天的年度连续不满 6 年，经向主管税务机关备案，其来源于中国境外且由境外单位或者个人支付的所得，免予缴纳个人所得税；在中国境内居住累计满 183 天的任一年度中有一次离境超过 30 天的。重新计算上述“居住满 6 年”的连续年限。无住所个人一个纳税年度在中国境内累计居住满 183 天的，如果此前 6 年在中国境内每年累计居住天数都满 183 天而且没有任何一年单次离境超过 30 天，该纳税年度来源于中国境内、境外所得应当缴纳个人所得税；如果此前 6 年的任一年在中国境内累计居住不满 183 天或者单次离境超过 30 天，该纳税年度来源于中国境外且由境外单位或者个人支付的所得，免予缴纳个人所得税。

扣缴义务人向非居民个人支付工资、薪金所得，劳务报酬所得，稿酬所得和特许权使用费所得时，应当按以下方法按月或者按次代扣代缴个人所得税：

非居民个人的工资、薪金所得，以每月收入额减除费用 5 000 元后的余额为应纳税所得额；劳务报酬所得、稿酬所得、特许权使用费所得，以每次收入额为应纳税所得额，适用按月换算后的非居民个人月度税率表计算应纳税额。其中，劳务报酬所得、稿酬所得、特许权使用费所得以收入减除 20% 的费用后的余额为收入额。稿酬所得的收入额减按 70% 计算。

【案例 5－1】史丹利任职于美国甲公司，于 2021 年 1 月 1 日首次被美国甲公司派往中国乙公司（美国甲公司的子公司）工作，7 月 8 日回美国甲公司继续工作，史丹利未向主管税务机关备案。史丹利在中国乙公司工作期间，取得中国乙公司支付的工资、薪金收入为人民币 45 万元；史丹利回美国甲公司继续工作期间，美国甲公司支付的工资、薪金收入折合人民币 25 万元。

【筹划要求】按照个人所得税法，判断是居民个人还是非居民个人并进行纳税筹划。

【筹划思路】居民个人无论从中国境内还是境外取得的所得，有无限纳税义务，依照《中华人民共和国个人所得税法》的规定都要在中国缴纳个人所得税。非居民个人承担有限纳税义务，仅就从中国境内取得的所得，依照《中华人民共和国个人所得税法》的规定缴纳个人所得税。外籍人员在中国工作，应就居民个人或非居民个人的规定承担无限纳税义务或有限纳税义务。如果降低个人所得税，非居民个人要考虑免予所得税实现纳税优化。非居民个人在中国境内无住所的个人，在中国境内居住累计满 183 天的年度连续不满 6 年的。经向主管税务机关备案，其来源于中国境外且由境外单位或者个人支付的所得，免予缴纳个人所得税。

【筹划过程】

方案一：史丹利于 2021 年 1 月 1 日首次被美国甲公司派往中国乙公司（美国甲公司的子公司）工作，于 2021 年 7 月 8 日返回美国甲公司继续工作，且史丹利未向主管税务机关备案。

史丹利 2021 年度在中国境内居住累计超过 183 天，按照个人所得税法规定，史丹利为居民个人。其从中国境内和境外取得的所得 70 万元（45＋25），需要依照《中华人民共和国个人所得税法》的规定缴纳个人所得税。

方案二：史丹利于 2021 年 1 月 1 日首次被美国甲公司派往中国乙公司（美国甲公司的子公司）工作，于 2021 年 7 月 8 日返回美国甲公司继续工作，且史丹利已经向主管税务机关备案。

史丹利在中国境内无住所，在中国境内居住累计满 183 天的年度连续不满 6 年，经向主税务机关备案，其来源于中国境外且由境外单位或者个人支付的所得 25 万元，免予在中国缴纳个人所得税；仅从中国境内取得的所得 45 万元，依照《中华人民共和国个人所得税法》的规定在中国缴纳个人所得税。

【筹划结论】根据以上两种方案得出，方案二史丹利在中国不缴纳来源于美国甲公司支付的工资、薪金所得的个人所得税可以实现税负最小化，从纳税筹划角度考虑，则应当优先选择方案二。

二、居民个人按年均衡综合所得的纳税筹划

专项扣除和专项附加扣除。在按月计算居民个人工资、薪金所得的应纳税所得额时，可以扣除居民个人按照国家规定的范围和标准缴纳的基本养老保险、基本医疗保险、失业保险等社会保险费和住房公积金等；可以扣除居民个人的子女教育、继续教育、住房贷款利息、住房租金以及赡养老人等专项附加扣除。居民个人向扣缴义务人提供专项附加扣除信息的，扣缴义务人按月预扣预缴税款时应当按照规定予以扣除，不得拒绝。

【案例 5－2】居民个人刘某对于取得的综合所得，每一纳税年度的收入额减除费用 6 万元，以及专项扣除、专项附加扣除和依法确定的其他扣除后的余额，预计 2020 年、2021 年两年的应纳税所得额共计 420 000 元。根据刘某各年工作所得，现有三种取得所得的方案可供选择。

方案一：2020 年的应纳税所得额为 140 000 元，2021 年的应纳税所得额为 280 000 元；

方案二：2020 年的应纳税所得额为 260 000 元，2021 年的应纳税所得额为 160 000 元；

方案三：2020 年的应纳税所得额为 210 000 元，2021 年的应纳税所得额为 210 000 元。

【筹划要求】请对上述不同方案进行个人所得税纳税筹划。

【筹划思路】居民个人刘某两年的综合所得总额相等，但是各年的综合所得不均衡。综合所得高的年份多缴个人所得税，综合所得低的年份少缴个人所得税。因此，可以考虑均衡各年的综合所得，以便从整体上降低个人所得税。综合所得包括：（1）工资、薪金所得；（2）劳务报酬所得；（3）稿酬所得；（4）特许权使用费所得。居民个人的综合所得，以每一纳税年度的收入额减除费用 6 万

元及专项扣除、专项附加扣除和依法确定的其他扣除后的余额为应纳税所得额。劳务报酬、稿酬所得、特许权使用费所得以收入减除20%的费用后的余额为收入额。稿酬所得的收入额减按70%计算。综合所得个人所得税税率见表5－1。

【筹划过程】

方案一：2020年的应纳税所得为140 000元，2021年的应纳税所得额为280 000元。

2020年综合所得应纳个人所得税＝140 000×10%－2 520＝11 480（元）

2021年综合所得应纳个人所得税＝280 000×20%－16 920＝39 080（元）

刘某两年综合所得应纳个人所得税合计＝11 480＋39 080＝50 560（元）

方案二：2020年应纳税所得暂为260 000元，2021年的应纳税所得额为160 000元。

2020年综合所得应纳个人所得税＝260 000×20%－16 920＝35 080（元）

2021年综合所得应纳个人所得税＝160 000×20%－16 920＝15 080（元）

刘某两年综合所得应纳个人所得税合计＝35 080＋15 080＝50 160（元）

方案三：2020年的应纳税所得额为210 000元，2021年的应纳税所得额为110 000元。

2020年综合所得应纳个人所得税＝210 000×20%－16 920＝25 080（元）

2021年综合所得应纳个人所得税＝210 000×20%－16 920＝25 080（元）

刘某两年综合所得应纳个人所得税合计＝25 080＋25 080＝50 160（元）

【筹划结论】方案二比方案一少缴纳个人所得税400元（50 560－50 160），方案三与方案二个人所得税相等。若以实现税负最小化为纳税筹划目标，则应当选择方案二。居民可以根据各年所得按年均衡综合所得筹划。综合所得多的年份多交所得税，综合所得少的年份少交所得税。如果综合所得合计总额相等，存在多交的所得税大于少交的所得税。则需考虑综合所得的相对均衡性。

三、居民个人奖金扣除方式选择纳税筹划

居民个人取得全年一次性奖金，也可以选择并入当年综合所得计算纳税。自2022年1月1日起，居民个人取得全年一次性奖金，应并入当年综合所得计算缴纳个人所得税。

奖金是指所有具有工资性质的奖金，雇员取得除全年一次性资金以外的其他各种名目奖金，如半年奖、季度奖、加班奖、先进奖、考勤奖等，一律与当月工资、薪金收入合并，按税法规定缴纳个人所得税。免税奖金的范围在税法中另有规定。全年一次性奖金是指行政机关、企事业单位等扣缴义务人根据其全年经济效益和对雇员全年工作业绩的综合考核情况，向雇员发放的一次性奖金。包括年终加薪、实行年薪制和绩效工资办法的单位根据考核情况兑现的年薪和绩效工

资。居民个人取得全年一次性奖金，符合《国家税务总局关于调整个人取得全年一次性奖金等计算征收个人所得税方法问题的通知》规定的，在2021年12月31日前，不并入当年综合所得，以全年一次性奖金收入除以12个月得到的数额，按照月换算后的综合所得税率表，确定适用税率和速算扣除数，单独计算纳税。根据财政部、税务总局发布的《关于延续实施全年一次性奖金等个人所得税优惠政策的公告》，居民个人在2022年1月1日至2023年12月31日取得全年一次性奖金，可以继续选择享受单独计税优惠政策。另外居民个人取得全年一次资金，也可以并入当年综合所得计算缴纳个人所得税。

【案例5－3】居民个人李明2020年12月从单位取得全年绩效奖金48 000元，2020年全年工资120 000元，不考虑“三险一金”，无其他所得收入，专项附加扣除12 000元。考虑绩效资金单独计税或综合所得计算个人所得税。

【筹划要求】请对上述业务进行个人所得税纳税筹划。

【筹划思路】《国家税务总局关于调整个人取得全年一次性奖金等计算征收个人所得税方法问题的通知》规定：全年一次性奖金是指行政机关、企事业单位等扣缴义务人根据其全年经济效益和对雇员全年工作业绩的综合考核情况，向雇员发放的一次性奖金。上述一次性奖金也包括年终加薪、实行年薪制和绩效工资办法的单位根据考核情况兑现的年薪和绩效工资。

目前，全年一次性奖金有两种申报方式，可以选择“并入当年综合所得计算纳税”和“不并入当年综合所得，单独计算纳税”两种计税方式：

全年一次性奖金可以选择单独计算纳税。居民个人取得全年一次性奖金，符合《国家税务总局关于调整个人取得全年一次性奖金等计算征收个人所得税方法问题的通知》规定的，在2021年12月31日前，不并入当年综合所得，以全年一次性奖金收入除以12个月得到的数额，根据按月换算后的综合所得税税率，确定适用税率和速算扣除数，单独计算纳税。按月折算后的综合所得税税率表见表5－8。

表5－8　按月折算后的综合所得税税率表

级数	全月应纳税所得额	预扣率（%）	速算扣除数
1	不超过3 000元的部分	3	0
2	超过3 000元至12 000元的部分	10	210
3	超过12 000元至250 000元的部分	20	1 410
4	超过250 000元至350 000元的部分	25	2 660
5	超过350 000元至550 000元的部分	30	4 410
6	超过550 000元至80 000元的部分	35	7 160
7	超过80 000元的部分	45	15 160

计算公式为：应纳税额＝全年一次性奖金收入×适用税率－速算扣除数

居民个人取得全年一次性奖金，也可以选择并入当年综合所得计算纳税。

自2022年1月1日起，居民个人取得全年一次性奖金，应并入当年综合所得计算缴纳个人所得税。

【筹划过程】

方案一：单独计算全年一次性奖金。

确定适用税率和速算扣除数：48 000 ÷ 12 = 4 000（元）

适用税率10%，速算扣除数210（参照表5 - 8）。

全年一次性奖金应纳个人所得税 = 48 000 × 10% - 210 = 4 590（元）

综合所得应纳个人所得税

= (120 000 - 60 000 - 12 000) × 10% - 2 520 = 2 280（元）

全年应纳个人所得税合计4 590 + 2 280 = 6 870（元）

方案二：将全年一次性奖金并入综合所得。

适用税率20%，速算扣除数2 520（参照表5 - 1）。

全年应纳个人所得税

= (120 000 + 48 000 - 60 000 - 12 000) × 10% - 2 520 = 7 080（元）

【筹划结论】因为每个人工资薪金不一样，适用哪种方式计算出来的税额少，要根据具体收入状况及专项扣除计算分析。本案例中李明采用单独计算全年一次性奖金方式得出的全年个人所得税金额要小于采用全年一次性奖金并入综合所得方式得出的全年个人所得税金额。单独计税适用于工资高于年终奖的员工，合并计税则适用于年终奖较多的员工。个税改革后，将工资薪金、劳务报酬等劳动性所得实行综合计税，避免了类似月度间波动造成的税负不公平现象。

2021年12月29日，国务院常务会议推出了税收减免政策。将全年一次性奖金不并入当月工资薪金所得，实施按月单独计税的政策延至2023年底。

四、居民个人子女教育专项附加扣除方式选择的纳税筹划

居民个人的综合所得以每一纳税年度的收入额减除费用6万元以及专项扣除、专项附加扣除和依法确定的其他扣除后的余额为应纳税所得额。

纳税人的子女接受学前教育和全日制学历教育的相关支出，按照每个子女每月1 000元的标准定额扣除。学前教育是指年满3岁至小学入学前的幼儿教育。学历教育包括义务教育（小学、初中教育）、高中阶段教育（普通高中、中等职业、技工教育）、高等教育（大学专科、大学本科、硕士研究生、博士研究生教育）。父母可以选择由其中一方按扣除标准的100%扣除，也可以选择由双方分别按扣除标准的50%扣除，具体扣除方式在一个纳税年度内不能变更。

纳税人子女在中国境外接受教育的，纳税人应当留存境外学校录取通知书、留学签证等相关教育的证明资料备查。

【案例5-4】居民个人王女士和张先生是一对夫妻，其独生子在上大学。王女士任职于私企甲公司，本年从甲公司获得税前工资、薪金收入共计100 000元，扣减费用为60 000元，“三险一金”等专项扣除合计为20 500元，专项附加扣除只有子女教育这一项符合税法扣除规定。张先生任职于国企乙公司，本年从乙公司获取税前工资、薪金收入共计300 000元，扣减费用为60 000元，“三险一金”等专项扣除合计为60 000元，专项附加扣除只有子女教育这一项符合税法扣除规定。王女士和张先生本年无其他收入。

【筹划要求】请对王女士和张先生的子女教育专项附加项目扣除方式进行纳税筹划。

【筹划思路】学历教育包括义务教育（小学、初中教育）、高中阶段教育（普通高中、中等职业、技工教育）、高等教育（大学专科、大学本科、硕士研究生、博士研究生教育）。根据《个人所得税专项附加扣除暂行办法》，纳税人的子女接受全日制学历教育的相关支出，按照每个子女每月1 000元的标准定额扣除。对于子女教育专项附加扣除可以选择三种方式，父母可以选择由其中一方按扣除标准的100%扣除，也可以选择由双方分别按扣除标准的50%扣除，这三种方式为纳税人家庭整体提供了纳税的筹划的空间。夫妻双方可以选择从综合所得高的一方按扣除标准的100%扣除，这样会降低夫妻双方整体的个人所得税税负。

【筹划过程】

方案一：对于子女教育专项附加扣除，选择由王女士一方按扣除标准的100%扣除。

王女士本年综合所得的应纳税所得额

=100 000－60 000－20 500－1 000×12=7 500（元）

王女士本年综合所得应纳的个人所得税=7 500×3%=225（元）

张先生本年综合所得的应纳税所得额

=300 000－60 000－60 000=180 000（元）

张先生本年综合所得应纳的个人所得税

=180 000×20%－16 920=19 080（元）

王女士和张先生本年综合所得的应纳个人所得税合计

=225+19 080=19 305（元）

方案二：对于子女教育专项附加扣除，选择由张先生一方按扣除标准的100%扣除。

王女士本年综合所得的应纳税所得额=100 000－60 000－20 500=19 500（元）

王女士本年综合所得应纳的个人所得税=19 500×3%=585（元）

张先生本年综合所得的应纳税所得额

=300 000－60 000－60 000－1 000×12=168 000（元）

张先生本年综合所得应纳的个人所得税

=168 000×20% −16 920 =16 680（元）

王女士和张先生本年综合所得的应纳个人所得税合计

=585 +16 680 =17 265（元）

方案三：对于子女教育专项附加扣除，选择由王女士与张先生双方分别按扣除标准的50%扣除。

王女士本年综合所得的应纳税所得额

=100 000 −60 000 −20 500 −1 000 ×12 ×50% =13 500（元）

王女士本年综合所得应纳的个人所得税 =13 500 ×3% =405（元）

张先生本年综合所得的应纳税所得额

=300 000 −60 000 −60 000 −1 000 ×12 ×50% =174 000（元）

张先生本年综合所得应纳的个人所得税

=174 000 ×20% −16 920 =17 880（元）

王女士和张先生本年综合所得的应纳个人所得税合计

=405 +17 880 =18 285（元）

【筹划结论】方案一比方案二张先生和王女士合计多缴纳个人所得税2 040元（19 305 −17 265）。方案三比方案二张先生和王女士合计多缴纳个人所得税1 020元（18 285 −17 265），若以实现税负最小化为纳税筹划目标，则应当选择方案二。对于子女教育专项附加扣除，选择由张先生一方按扣除标准的100%扣除。夫妻双方选择从综合所得高且适用个人所得税边际税率高的一方按扣除标准的100%扣除，实际上降低了夫妻双方整体的个人所得税税率，从而降低了夫妻双方整体的个人所得税税负。

五、建立企业年金的纳税筹划

《个人所得税法实施条例》第十三条规定：个人所得税法第六条第一款第一项所称依法确定的其他扣除，包括个人缴付符合国家规定的企业年金、职业年金，个人购买符合国家规定的商业健康保险、税收递延型商业养老保险的支出，以及国务院规定可以扣除的其他项目。

《财政部 人力资源社会保障部 国家税务总局关于企业年金 职业年金个人所得税有关问题的通知》规定：企业和事业单位（以下统称单位）根据国家有关政策规定的办法和标准，为在本单位任职或者受雇的全体职工缴付的企业年金或职业年金（以下统称年金）单位缴费部分，在计入个人账户时，个人暂不缴纳个人所得税。

个人根据国家有关政策规定缴付的年金个人缴费部分，在不超过本人缴费工资计税基数的4%标准内的部分，暂从个人当期的应纳税所得额中扣除。

超过上述标准缴付的年金单位缴费和个人缴费部分，应并入个人当期的工资、薪金所得，依法计征个人所得税。税款由建立年金的单位代扣代缴，并向主管税务机关申报解缴。

企业年金个人缴费工资计税基数为本人上一年度月平均工资。月平均工资按国家统计局规定列入工资总额统计的项目计算。月平均工资超过职工工作地所在社区城市上一年度职工月平均工资300%以上的部分，不计入个人缴费工资计税基数。

年金基金投资运营收益分配计入个人账户时，个人暂不缴纳个人所得税。

【案例5-5】甲公司有员工1200名，假设每位员工工资、薪金报酬共计200 000元。扣减费用为60 000元，“三险一金”等专项扣除合计为40 000元。企业应纳税所有额为22 000 000元。

方案一：企业不建立企业年金。

方案二：企业建立企业年金，按工资总额的2%计算企业年金。

【筹划要求】请对甲公司不建立企业年金与建立企业年金的纳税筹划。

【筹划思路】企业年金是指企业及其职工在依法参加基本养老保险的基础上，自愿建立的补充养老保险制度。企业根据国家有关政策规定，为在本企业任职或者受雇的全体员工支付的补充养老保险费、补充医疗保险费分别在不超过职工工资总额5%标准内的部分，在计算应纳税所得额时准予扣除；超过的部分，不予扣除。

企业年金或职业年金对于员工来说，能够享受个人所得税递延纳税的优惠政策，即在年金缴费环节和年金基金投资收益环节暂不征收个人所得税，将纳税义务延到个人实际领取年金的环节（即退休、死亡或出国定居时）。企业年金或职业年金中企业为员工缴费的部分，在计算企业所得税时，在国家规定标准以内的部分可以税前扣除。因此，有条件的企业应当设立企业年金或职业年金，以获取税收上的优惠。

【筹划过程】

方案一：企业不建立企业年金。

每位员工本年综合所得的应纳税所得额

=200 000-60 000-40 000=100 000（元）

每位员工本年综合所得应纳的个人所得税

=100 000×10%-2 520=7 480（元）

1 200名员工本年综合所得应纳的个人所得税合计

=7 480×1 200=8 976 000（元）

甲公司应纳企业所得税=22 000 000×25%=5 500 000（元）

方案二：企业建立企业年金。

每位员工企业年金=200 000×2%=4 000（元）

每位员工本年综合所得的应纳税所得额

=200 000 - 60 000 - 44 000 = 96 000（元）

每位员工本年综合所得应纳的个人所得税

=96 000 × 10% - 2 520 = 7 080（元）

1 200 名员工本年综合所得应纳的个人所得税合计

=7 080 × 1 200 = 8 496 000（元）

甲公司应纳企业所得税

=(22 000 000 - 200 000 × 2% × 1 200) × 25% = 4 300 000（元）

【筹划结论】方案二比方案一所有职工当期共少缴纳个人所得税 480 000 元（8 976 000 - 8 496 000），甲公司少缴纳企业所得税 1 200 000 元（5 500 000 - 4 300 000），若以实现税负最小化为纳税筹划目标，则应当选择方案二。

六、非居民个人增加取得劳务报酬所得次数的纳税筹划

非居民个人取得工资、薪金所得，劳务报酬所得，稿酬所得和特许权使用费所得，有扣缴义务人的，由扣缴义务人按月或者按次代扣代缴税款，不办理汇算清缴。

非居民个人的劳务报酬所得、稿酬所得、特许权使用费所得，以每次收入额为应纳税所得额。劳务报酬所得以收入减除 20% 的费用后的余额为收入额。非居民个人取得的劳务报酬所得属于一次性收入的，以取得该项收入为一次；属于同一项目连续性收入的，以一个月内取得的收入为一次。非居民个人取得工资、薪金所得，劳务报酬所得，稿酬所得和特许权使用费所得，有扣缴义务人的，由扣缴义务人按月或者按次代扣代缴税款，不办理汇算清缴。

【案例 5-6】非居民个人美国著名经济学家乔治，本年应邀到中国提供为期两周的经济专题培训讲座。现有两种培训方案可供选择。

方案一：向中国知名高校提供 2 周的培训，可取得税前劳务报酬收入 60 000 元。

方案二：先向中国甲高校提供 1 周的培训，可取得税前劳务报酬收入 30 000 元；然后向中国乙高校提供 1 周的培训，可取得税前劳务报酬收入 30 000 元。假设不考虑增值税因素。

【筹划要求】请对上述两种方案进行个人所得税纳税筹划。

【筹划思路】非居民个人的劳务报酬所得适用七级超额累进税率。因此，在总收入一定的情况下，可以选择通过增加提供劳务报酬的次数来合理地降低每次收入额，便有可能降低其个人所得税税率，进而降低个人所得税税负。

非居民个人工资、薪金所得，劳务报酬所得，稿酬所得，特许权使用费所得的个人所得税税率，见表 5-6。

【筹划过程】

方案一：向中国知名高校提供 2 周的培训，取得税前劳务报酬收入 60 000 元。

从知名高校取得的劳务报酬所得的应纳税所得额

=60 000 ×（1 -20%）=48 000（元）

从知名高校取得的劳务报酬所得应纳的个人所得税

=48 000 ×30% -4 410 =9 990（元）

方案二：先向中国甲高校提供1周的培训，取得税前劳务报酬收入30 000元；然后向中国乙高校提供1周的培训，取得税前劳务报酬收入30 000元。

从甲高校取得的劳务报酬所得的应纳税所得额

=30 000 ×（1 -20%）=24 000（元）

从甲高校取得的劳务报酬所得应纳的个人所得税

=24 000 ×20% -1 410 =3 390（元）

从乙高校取得的劳务报酬所得的应纳税所得额

=30 000 ×（1 -20%）=24 000（元）

从乙高校取得的劳务报酬所得应纳的个人所得税

=24 000 ×20% -1 410 =3 390（元）

从甲高校和乙高校取得的劳务报酬所得应纳的个人所得税合计

=3 390 +3 390 =6 780（元）

【筹划结论】方案二比方案一少缴纳个人所得税3 210元（9 990 -6 780），若以实现税负最小化为纳税筹划目标，则应当选择方案二。非居民个人取得的劳务报酬所得分次计算缴纳个人所得税，不按年合并计算纳税，因此，在总收入一定的情况下，增加取得劳务报酬所得的次数有可能会降低个人所得税的适用税率，从而降低个人所得税税负。但因为居民个人取得综合所得（包括劳务报酬所得），需要按年合并计算个人所得税，所以同样的方法不适用于居民个人。

七、非居民个人费用转移的纳税筹划

非居民个人取得工资、薪金所得，劳务报酬所得，稿酬所得和特许权使用费所得，有扣缴义务人的，由扣缴义务人按月或者按次代扣代缴税款，不办理汇算清缴。

【案例5 -7】非居民个人约翰住在北京，本年12月受邀为广州甲公司的高管刘某讲课，为期7天。有两种方案可供选择。

方案一：去广州甲公司为高管刘某讲课，约翰可从甲公司获取税前劳务报酬收入120 000元，但有关交通费、食宿费等由约翰自理，约翰共支出30 000元；

方案二：广州甲公司的高管刘某去北京听约翰讲课，约翰可从甲公司获取税前劳务报酬收入90 000元，高管刘某去北京的交通费、食宿费30 000元由甲公司承担。假设不考虑增值税因素。

非居民个人工资、薪金所得、劳务报酬所得、稿酬所得、特许经营权使用费所得个人所得税税率见表 5－2。

【筹划要求】请对上述业务进行纳税筹划。

【筹划思路】非居民个人的工资、薪金所得，以每月收入额减除费用 5 000 元后的余额为应纳税所得额；劳务报酬所得、稿酬所得、特许权使用费所得，以每次收入额为应纳税所得额。劳务报酬所得、稿酬所得、特许权使用费所得以收入减除 20% 的费用后的余额为收入额。稿酬所得的收入额减按 70% 计算。

非居民个人在提供劳务时，一般情况下，接受劳务的单位只是定额地支付劳务报酬，非居民个人的相关费用由自己承担。但是，非居民个人也可以和接受劳务的单位进行协商，在合法合理的前提下，通过变换提供劳务的地点等方式，将相关费用转移到接受劳务单位的身上，然后通过适当降低劳务报酬的方法对接受劳务的单位进行补偿。这样做，接受劳务的单位没有损失，非居民个人的实际收入也没有减少，但劳务报酬（名义收入）降低了，于是可以降低个人所得税税负。

【筹划过程】

方案一：约翰去广州的甲公司为高管刘某讲课，约翰可从甲公司获取税前劳务报酬收入 120 000 元，但有关交通费、食宿费等由约翰自理，约翰共支出 30 000 元。

约翰劳务报酬的应纳税所得额＝120 000×(1－20%)＝96 000（元）

约翰应纳个人所得税＝96 000×45%－15 160＝28 040（元）

约翰税后收益＝120 000－30 000－28 040＝61 960（元）

方案二：广州甲公司的高管刘某去北京听约翰讲课，约翰可从甲公司获取税前劳务报酬收入 90 000 元，高管刘某去北京的交通费、食宿费 30 000 元由甲公司承担。

约翰劳务报酬的应纳税所得额＝90 000×(1－20%)＝72 000（元）

约翰应纳个人所得税＝72 000×35%－7 160＝18 040（元）

约翰税后收益＝90 000－18 040＝71 960（元）

【筹划结论】方案二比方案一少缴纳个人所得税 10 000 元（28 040－18 040），多获取税后收益 10 000 元（71 960－61 960），若以实现税负最小化以及税后利润（税后收益）最大化为纳税筹划目标，则应当选择方案二。

通过将费用合理合法地转移到接受劳务的单位身上的同时降低个人的名义报酬，从而降低了个人所得税的计税依据，进而降低了个人所得税税负。应当注意的是，本案例的思路同样适用于居民个人。

八、居民个人综合所得内部项目转换的纳税筹划

劳务报酬所得，是指个人从事设计、装潢、安装、制图、化验、测试、医疗、法律、会计、咨询、讲学、新闻、广播、翻译、审稿、书画、雕刻、影视、

录音、录像、演出、表演、广告、展览、技术服务、介绍服务、经纪服务、代办服务以及其他劳务取得的所得。是否存在雇佣与被雇佣关系，是判断一种收入是属于劳务报酬所得，还是属于工资、薪金所得的重要标准。

【案例5-8】居民个人王某是一名服装设计师，为某服装厂的一名员工，本年有两种获取综合所得的方案可供选择。

方案一：从服装厂获取税前工资、薪金收入共计220 000元，含有加班设计效果图获得的收入40 000元。兼职获取税前劳务报酬收入80 000元；出版专业设计书籍获取税前稿酬收入70 000元。

方案二：王某放弃加班为单位设计服装效果图，少获得收入40 000元，从服装厂获取税前工资180 000元。而选择增加兼职收入，兼职获得劳务报酬120 000元（80 000+40 000）。出版专业设计书籍获取税前稿酬收入70 000元。

王某本年度专项扣除20 000元，专项附加扣除36 000元，无其他扣除项目。假设不考虑增值税因素。综合所得个人所得税见表5-1。

【筹划要求】请对上述业务进行王某的综合所得个人所得税的纳税筹划。

【筹划思路】综合所得包括：（1）工资、薪金所得；（2）劳务报酬所得；（3）稿酬所得；（4）特许权使用费所得。居民个人的综合所得，以每一纳税年度的收入额减除费用6万元及专项扣除、专项附加扣除和依法确定的其他扣除后的余额为应纳税所得额。劳务报酬、稿酬所得、特许权使用费所得以收入减除20%的费用后的余额为收入额。稿酬所得的收入额减按70%计算。根据不同所得的纳税要求，在同等收入金额的情况下，个人应当优先考虑获取稿酬所得，然后是劳务所得、特许权所得，最后是工资、薪金所得。

【筹划过程】

方案一：从服装厂获取税前工资、薪金收入共计220 000元，含有加班设计效果图获得的收入40 000元。兼职获取税前劳务报酬收入80 000元；出版专业设计书籍获取税前稿酬收入70 000元。王某本年度专项扣除20 000元，专项附加扣除36 000元。

本年综合所得的应纳税所得额 $=220\ 000+80\ 000\times(1-20\%)+70\ 000\times(1-20\%)\times70\%-60\ 000-20\ 000-36\ 000=207\ 200$（元）

本年综合所得的应纳个人所得税 $=207\ 200\times20\%-16\ 920=24\ 520$（元）

方案二：王某放弃加班为单位设计服装效果图，少获得收入40 000元，从服装厂获取税前工资180 000元。而选择增加兼职收入，兼职获得劳务报酬120 000元（80 000+40 000）。出版专业设计书籍获取税前稿酬收入70 000元。王某本年度专项扣除20 000元，专项附加扣除36 000元。

本年综合所得的应纳税所得额 $=180\ 000+120\ 000\times(1-20\%)+70\ 000\times$

(1－20%)×70%－60 000－20 000－36 000＝199 200（元）

本年综合所得的应纳个人所得税＝199 200×20%－16 920＝22 920（元）

【筹划结论】 方案二比方案一少缴纳个人所得税 1 600 元（24 520－22 920），如果以实现个人所得税最小化为纳税筹划目标，则应当选择方案二。方案二增加劳务报酬所得费用扣除按照 20% 计算。

九、非居民个人工资、薪金所得与劳务报酬所得相互转换的纳税筹划

非居民个人工资、薪金所得，劳务报酬所得＝应纳税所得额×税率－速算扣除数

非居民个人稿酬所得，特许权使用费所得＝应纳税所得额×税率－速算扣除数

非居民个人的工资、薪金所得实行按月计征的方法，其应纳税所得额为月收入减除费用 5 000 元后的余额。其计算公式为：

应纳税所得额＝月工资、薪金所得－5 000

非居民个人取得工资、薪金所得，劳务报酬所得，稿酬所得和特许权使用费所得，有扣缴义务人的，由扣缴义务人按月或者按次代扣代缴税款，不办理汇算清缴。

【案例 5－9】 非居民个人汤姆（美国人）是一名设计师，本年 1～5 月在中国境内，其他时间回美国。本年 1～5 月有两种工作方案可供选择。

方案一：与中国甲公司签订劳务合同，本年 1～5 月每月可取得税前劳务报酬收入 7 000 元。

方案二：与中国甲公司签订劳动合同，本年 1～5 月每月可取得税前工资、薪金收入 7 000 元。

假设无论确定何种用工关系，对企业和个人的其他方面不产生影响。假设不考虑增值税因素。

【筹划要求】 请对上述业务进行纳税筹划。

【筹划思路】 非居民个人的工资、薪金所得，以每月收入额减除费用 5 000 元后的余额为应纳税所得额；劳务报酬所得、稿酬所得、特许权使用费所得，以每次收入额为应纳税所得额。

劳务报酬所得、稿酬所得、特许权使用费所得以收入减除 20% 的费用后的余额为收入额。稿酬所得的收入额减按 70% 计算。因此，相同数额的收入，是按工资、薪金所得纳税，还是按劳务报酬所得纳税，其应纳税所得额是不同的，由此计算的个人所得税税额也是不同的。非居民个人可以通过测算和比较不同所得的个人所得税税负的大小来选择最佳的工作方案。

非居民个人工资、薪金所得，劳务报酬所得，稿酬所得，特许权使用费所得个人所得税税率见表5-2。

【筹划过程】

方案一：与中国甲公司签订劳务合同。本年1~5月每月可取得税前劳务报酬收入7 000元。

汤姆每月劳务报酬所得的应纳税所得额=7 000×(1-20%)=5 600（元）

汤姆每月劳务报酬所得应纳个人所得税=5 600×10%-210=350（元）

汤姆本年1~5月劳务报酬所得应纳个人所得税合计=350×5=1 750（元）

方案二：与中国甲公司签订劳动合同，本年1~5月每月可取得税前工资、薪金收入7 000元。

汤姆每月工资、薪金所得的应纳税所得额=7 000-5 000=2 000（元）

汤姆每月工资、薪金所得应纳个人所得税=2 000×3%=60（元）

汤姆本年1~5月工资、薪金所得应纳个人所得税合计=60×5=300（元）

【筹划结论】方案二比方案一少缴纳个人所得税1 450元（1 750-300），若以实现税负最小化为纳税筹划目标，则应当选择方案二。

设非居民个人工资、薪金所得和劳务报酬所得的应纳税所得额相等时的收入额为A。令A×(1-20%)=A-5 000，得出A=25 000（元）。也就是说，当非居民个人的税前收入为25 000元时，非居民个人取得工资、薪金所得或者劳务报酬所得，其应纳税所得额是一样的，个人所得税税负也是一样的，此时既可以选择取得工资、薪金所得，也可以选择取得劳务报酬所得；当非居民个人的税前收入大于25 000元时，非居民个人取得劳务报酬所得的应纳税所得额小于工资、薪金所得的应纳税所得额，此时应当选择取得劳务报酬所得；当非居民个人的税前收入小于25 000元时，非居民个人取得工资、薪金所得的应纳税所得额小于劳务报酬所得的应纳税所得额，此时应当选择取得工资、薪金所得。应当注意的是，工资、薪金收入与劳务报酬收入都是劳动所得，两者最大的区别在于提供劳动的个人与接受其劳动的单位或个人签订了存在雇佣关系的劳动合同还是存在非雇佣关系的劳务合同。另外，还应当注意的是，对于属于增值税征收范围的劳务报酬所得和特许权使用费所得，若达到起征点，还需要缴纳增值税；对于达到城市维护建设税、教育费附加、地方教育附加起征点的情况，还需要缴纳城市维护建设税、教育费附加、地方教育附加。因此，纳税人应当综合测算，以作出最终的决策。

十、家庭成员避免一人工作的纳税筹划

个人所得税的应纳税所得额是指个人取得的各项收入减除税法规定的扣除项目或者扣除金额后的余额，它是正确计算个人所得税应纳税额的基础和前提。

1. 收入形式。个人所得的形式，包括现金、实物、有价证券和其他形式的经济利益；所得为实物的，应当按照取得的凭证上所注明的价格计算应纳税所得额，无凭证的实物或者凭证上所注明的价格明显偏低的，参照市场价格核定应纳税所得额；所得为有价证券的，根据票面价格和市场价格核定应纳税所得额；所得为其他形式的经济利益的，参照市场价格核定应纳税所得额。

2. 费用扣除。在计算个人所得税的应纳税所得额时，除股息、红利、利息所得和偶然所得以及其他所得外，一般允许纳税人从收入总额减除一定的费用。

3. 专项扣除。专项扣除包括居民个人按照国家规定的范围和标准缴纳的基本养老保险、基本医疗保险、失业保险等社会保险费和住房公积金等。

4. 专项附加扣除。专项附加扣除包括子女教育、继续教育、大病医疗、住房贷款利息或者住房租金、赡养老人等支出。个人所得税专项附加扣除在纳税人本年度综合所得应纳税所得额中扣除，本年度扣除不完的，不得结转以后年度扣除。

【案例5－10】居民个人王某与刘某是一对夫妻，均兼职做心理咨询工作。由于家庭有老人和孩子需要照顾，因此，王某与刘某必须安排时间来照顾老人与小孩。现有两种工作方案可供选择。

方案一：丈夫王某全职工作，做心理咨询工作，全年可获得税前劳务报酬400 000元，妻子全职在家照顾老人与小孩。

方案二：丈夫王某每月上半月做心理咨询，全年可获得税前报酬200 000元，每月下半月在家照顾老人与小孩。妻子刘某每月下半月做心理咨询，全年可获得税前报酬200 000元，每月上半月在家照顾老人与小孩。当年夫妻俩无其他收入，丈夫王某的专项扣除为30 000元，专项附加扣除是24 000元。妻子刘某的专项扣除为20 000元，专项附加扣除是24 000元。假设不考虑增值税因素。

【筹划要求】请对上述业务进行王某和刘某的综合所得个人所得税的纳税筹划。

【筹划思路】居民个人的综合所得，以每一纳税年度的收入额减除费用6万元及专项扣除、专项附加扣除和依法确定的其他扣除后的余额，为应纳税所得额。家庭中夫妻两人工作或者一个人工作，则收入额扣除6万元的次数不同。两个人工作要扣除两个6万元。因此，在不影响家庭税前综合所得总额的情况下，夫妻双方都应当工作且取得综合所得，以获得最大的税收利益。

【筹划过程】

方案一：丈夫王某全职工作，做心理咨询工作，全年可获得税前劳务报酬400 000元，妻子全职在家照顾老人与小孩。丈夫王某的专项扣除为30 000元，专项附加扣除是24 000元。

本年王某综合所得的应纳税所得额

$=400\,000\times(1-20\%)-60\,000-30\,000-24\,000=206\,000$（元）

本年王某综合所得的应纳个人的所得税

$=206\,000\times20\%-16\,920=24\,280$（元）

由于刘某未工作，本年刘某综合所得的应纳税所得额和个人所得税都为零。

方案二：丈夫王某每月上半月做心理咨询，全年可获得税前报酬200 000元，每月下半月在家照顾老人与小孩。妻子每月下半月做心理咨询，全年可获得税前报酬200 000元，每月上半月在家照顾老人与小孩。当年夫妻俩无其他收入，丈夫王某的专项扣除为30 000元，专项附加扣除是24 000元。妻子刘某的专项扣除为20 000元，专项附加扣除是24 000元。

本年王某综合所得的应纳税所得额

$=200\,000\times(1-20\%)-60\,000-30\,000-24\,000=46\,000$（元）

本年王某综合所得的应纳个人的所得税 $=46\,000\times10\%-2\,520=2\,080$（元）

本年刘某综合所得的应纳税所得额

$=200\,000\times(1-20\%)-60\,000-20\,000-24\,000=56\,000$（元）

本年刘某综合所得的应纳个人的所得税 $=56\,000\times10\%-2\,520=3\,080$（元）

本年夫妻两人综合所得的应纳个人所得税 $=2\,080+3\,080=5\,160$（元）

【筹划结论】 方案二比方案一少缴纳个人所得税19 120元（24 280－5 160），如果以实现个人所得税最小化为纳税筹划目标，则应当选择方案二。家庭成员是否都参加工作以及家庭成员收入影响个人所得税。同等工作时间个人的收入也可能会不同，因而家庭成员需要权衡利弊。

十一、偶然所得临界点的纳税筹划

企业在业务宣传、广告等活动中，随机向本单位以外的个人赠送礼品（包括网络红包），以及企业在年会、座谈会、庆典以及其他活动中向本单位以外的个人赠送礼品，个人取得的礼品收入，按照“偶然所得”项目计算缴纳个人所得税，但企业赠送的具有价格折扣或折让性质的消费券、代金券、抵用券、优惠券等礼品除外。

【案例5－11】 发行体育彩票和社会福利有奖募捐的单位在设立奖项时，有两种方案：一是只设置一等奖，每个11 000元，共5个。二是设置一等奖5个，每个10 000元；二等奖5个，每个1 000元。

【筹划要求】 请对上述业务进行纳税筹划。

【筹划思路】 偶然所得是个人得奖、中奖、中彩以及其他偶然性质的所得，对偶然所得统一按照20%的比例税率缴纳个人所得税。对个人购买福利彩票、赈灾彩票、体育彩票，一次中奖收入在1万元以下的（含1万元）暂免征收个人所得税；超过 1 万元的，全额征收个人所得税。

发行体育彩票和社会福利有奖募捐的单位在设立奖项时，应当考虑税收政策的规定，尽量避免刚刚超过 1 万元的情况出现。

【筹划过程】

方案一：只设置一等奖 5 个，每个 11 000 元。

应纳个人所得税合计 = 11 000 × 20% × 5 = 11 000（元）

税后收益 = 11 000 × 5 − 11 000 = 44 000（元）

方案二：设置一等奖 5 个，每个 10 000 元；二等奖 5 个，每个 1 000 元。

不缴纳个人所得税。

税后收益 = 10 000 × 5 + 1 000 × 5 = 55 000（元）

【筹划结论】方案二比方案一少缴纳个人所得税 11 000 元（11 000 − 0），多获取税后收益 11 000 元（55 000 − 44 000），若以实现税负最小化以及税后利润（税后收益）最大化为纳税筹划目标，则应当选择方案二。

只有当奖金超出 10 000 元的部分达到一定数额时，获奖者才不会感到“吃亏”。下面通过设立方程式求解均衡点。

设奖金为 X，则有：X(1 − 20%) ≥ 10 000，解得：X ≥ 12 500。

也就是说，(10 000，12 500) 是非有效区间，如果奖金设在这个区间，税后收入反而会低于 10 000 元。因此，发行体育彩票和社会福利有奖募捐的单位在设立奖项时，应当考虑税收政策的规定，要么小于或等于 10 000 元，要么超过 12 500 元。

十二、个人捐赠的纳税筹划

财产转让所得，以转让财产的收入额减除财产原值和合理费用后的余额，为应纳税所得额。财产转让所得适用比例税率，税率为 20%。个人将其所得对教育、扶贫、济困等公益慈善事业进行捐赠，捐赠额未超过纳税人申报的应纳税所得额 30% 的部分，可以从其应纳税所得额中扣除。

个人将其所得对教育、扶贫、济困等公益慈善事业进行捐赠，是指个人将其所得通过中国境内的公益性社会组织、国家机关向教育、扶贫、济困等公益慈善事业的捐赠；所称应纳税所得额，是指计算扣除捐赠额之前的应纳税所得额。

个人通过非营利性的社会团体和国家机关向红十字事业，福利性、非营利性老年服务机构，公益性青少年活动场所，农村义务教育（含高中）等的公益性捐赠可以从其应纳税所得额中全额扣除。

个人向受赠对象的直接捐赠支出，不得税前扣除。

纳税人通过公益性社会团体或者县级以上人民政府及其部门，用于《中华人民共和国公益事业捐赠法》规定的公益事业的捐赠，捐赠额不超过其应纳税所得额30%的部分可以据实扣除。

财政部、国家税务总局规定可以全额在税前扣除的捐赠支出项目，按有关规定执行。直接对受益人的捐赠不得扣除。

【案例5-12】 居民个人张某于本年1月转让私有住房一套，取得转让收入270 000元，同时将其中的40 000元用于捐赠。该套住房购进时的原价为200 000元，转让时支付的有关税费为18 000元。张某本年只有转让私有住房这一笔收入。

【筹划要求】 请对上述业务进行纳税筹划。

【筹划思路】 个人不通过公益性社会团体和国家有关部门，而是直接向受灾对象的捐赠，捐赠额不能在个人所得税税前扣除。

个人通过扣缴义务人享受公益捐赠扣除政策，应当告知扣缴义务人符合条件可除的公益捐赠支出金额，并提供捐赠票据的复印件，其中捐赠股权、房产的还应出示财产原值证明。扣缴义务人应当按照规定在预扣预缴、代扣代缴税款时予以扣除，并将公益捐赠扣除金额告知纳税人。

个人自行办理或扣缴义务人为个人办理公益捐赠扣除的，应当在申报时一并报送“个人所得税公益慈善事业捐赠扣除明细表”。个人应留存捐赠票据，留存期限为5年。

个人在选择捐赠对象时，优先选择通过非营利性的社会团体和政府部门进行公益性捐赠；其次选择直接向受灾对象进行捐赠。

【筹划过程】

方案一：直接捐赠40 000元。此时，捐赠额不能在个人所得税税前扣除。

应纳个人所得税 = (270 000 - 200 000 - 18 000) ×20% =10 400（元）

方案二：通过中国境内的社会团体、国家机关捐赠40 000元。此时，捐赠额在缴纳个人所得税税前限额扣除。

允许在个人所得税税前扣除的捐赠限额 = (270 000 - 200 000 - 18 000) × 30% =15 600（元）

王某实际捐赠额（40 000元）大于捐赠限额（15 600元），只能按捐赠限额作为允许扣除的捐赠额，来计算应纳个人所得税税额。

应纳个人所得税 = (270 000 - 200 000 - 18 000 - 15 600) ×20% =7 280（元）

【筹划结论】 方案二比方案一少缴纳个人所得税3 120元（10 400 - 7 280），若以实现税负最小化以及税后利润最大化为纳税筹划目标，则应当选择方案二。

公益性捐赠有时会出现捐赠对象错位、捐赠不及时的情况，有可能会影响捐赠效果。在这种情况下，不如直接捐赠。

课后练习题

一、单选题

1. 根据个人所得税法律制度的规定，在中国境内无住所但取得所得的下列外籍个人中，属于居民纳税人的是（　　）。

A. M国甲，在华工作5个月

B. N国乙，2019年1月10日入境，2019年5月10日离境

C. X国丙，2019年10月1日入境，2021年1月1日离境，其间临时离境28天

D. Y国丁，2019年8月1日入境，2020年3月1日离境，其间临时离境100天

2. 根据个人所得税法律制度的规定，下列各项中，不属于劳务报酬所得的是（　　）。

A. 个人举办展览活动的所得

B. 个人雕刻业务所得

C. 个人担任公司董事长所取得的收入

D. 个人应邀为大学做学术报告取得的收入

3. 根据个人所得税法律制度的规定，下列所得应按特许权使用费所得缴纳个人所得税的是（　　）。

A. 房屋使用权转让所得　　B. 运输工具使用权转让所得

C. 生产设备使用权转让所得　　D. 商标权使用费所得

4. 根据个人所得税法律制度的规定，下列各项中，应缴纳个人所得税的是（　　）。

A. 年终加薪　　B. 托儿补助费

C. 差旅费津贴　　D. 误餐补助

5. 根据个人所得税法律制度的规定，下列各项中，属于稿酬所得的是（　　）。

A. 画家将书画作品以图书的形式出版取得的所得

B. 科研工作者取得的专利补助所得

C. 剧本作者从电视剧制作单位取得的剧本使用费

D. 作者将自己的文字作品手稿原件拍卖取得的所得

6. 某大学教授受某公司委托，翻译一份产品说明书，取得收入24 000元，已知劳务报酬所得每次收入4 000元以上的，减除费用20%，劳务报酬所得预扣预缴应纳税所得额不超过20 000元的部分，适用预扣率20%，超过20 000元至50 000元的部分，适用预扣率为30%，速算扣除数2 000，则该教授取得翻译收入应预缴个人所得税税额的下列计算中正确的是（　　）。

A. 24 000×(1－20%)×30%－2 000＝3 760（元）

B. 24 000×(1－20%)×20%＝3 840（元）

C. 24 000×30%－2 000＝5 200（元）

D. 24 000×20%＝4 800（元）

7. 根据个人所得税法律制度的规定，下列各项中，按照“偶然所得”缴纳个人所得税的是（　　）。

A. 个人为他人提供担保取得的收入

B. 个人举报违法行为而获取的奖金

C. 个人拍卖自己的书画作品取得的收入

D. 个人取得的保险赔偿款

8. 根据个人所得税法律制度的规定，下列各项所得中，按照“财产租赁所得”缴纳个人所得税的是（　　）。

A. 转让商标使用权取得的所得　　B. 转让机器设备使用权取得的所得

C. 转让房屋所有权取得的所得　　D. 转让专利所有权取得的所得

9. 自2019年1月1日起，居民个人的综合所得，以每一纳税年度的收入额减除费用（　　）万元以及专项扣除、专项附加扣除和依法确定的其他扣除后的余额，为应纳税所得额。

A. 5　　B. 6　　C. 8　　D. 12

10. 在中国境内无住所的个人，在中国境内居住累计满183天的年度连续不满（　　）年的，经向主管税务机关备案，其来源于中国境外且由境外单位或者个人支付的所得，免予缴纳个人所得税。

A. 5　　B. 6　　C. 8　　D. 10

11. 我国居民个人李某本年每月取得税前工资、薪金收入10 000元，另外本年5月取得税前劳务报酬收入40 000元。李某本年专项扣除、专项附加扣除和依法确定的其他扣除共计40 000元。李某本年无其他收入，则李某本年应缴纳的个人所得税为（　　）元。

A. 2 280　　B. 2 680　　C. 3 280　　D. 3 680

12. 我国非居民个人汤姆本年1月从我国取得税前工资、薪金收入12 000元，本年1月取得税前劳务报酬收入40 000元。则汤姆本年1月应缴纳的个人所得税合计为（　　）元。

A. 4 560　　B. 4 780　　C. 5 630　　D. 5 830

13. 下列关于大病医疗个人所得税专项附加扣除的说法中，正确的是（　　）。

A. 在一个纳税年度内，纳税人发生的与基本医保相关的医药费用支出，扣除医保报销后个人负担（指医保目录范围内的自付部分）累计超过15 000元的部分，由纳税人在办理年度汇算清缴时，在80 000元限额内据实扣除

B. 纳税人发生的医药费用支出可以选择由本人或者其配偶扣除；子女发生的医药费用支出可以选择由其父母一方扣除

C. 在一个纳税年度内，纳税人发生的与基本医保相关的医药费用支出，扣除医保报销后个人负担（指医保目录范围内的自付部分）累计超过 10 000 元的部分，由纳税人在办理年度汇算清缴时，在 60 000 元限额内据实扣除

D. 纳税人发生的医药费用支出只能由本人扣除

14. 下列各项中，不属于免征个人所得税的是（　　）。

A. 县级人民政府为教师王某颁发的教育奖金

B. 国家发行的金融债券利息收入

C. 按国家统一规定发给职工的安家费

D. 个人取得的拆迁补偿款

15. 非居民个人的工资、薪金所得，以每月收入额减除费用（　　）元后的余额为应纳税所得额。

A. 3 500　　B. 4 800　　C. 5 000　　D. 60 000

二、多选题

1. 根据个人所得税法律制度的规定，下列应按照偶然所得项目征收个人所得税的有（　　）。

A. 参加网络游戏竞技赛拿到冠军获得主办方奖励的汽车一辆

B. 个人取得公司回购股权的收入

C. 个人因参加企业的有奖销售活动而取得的赠品所得

D. 企业年会向职工发放的礼品

2. 根据个人所得税法律制度的规定，下列各项中，免征个人所得税的有（　　）。

A. 陈某获得的保险赔款

B. 钱某出租房屋所得

C. 胡某领取的按照国家统一规定发给的补贴

D. 李某领取的按照国家统一规定发给的退休工资

3. 根据个人所得税法律制度的规定，下列各项中，属于综合所得计算应纳税额时可以扣除的有（　　）。

A. 章某 5 岁儿子和 4 岁女儿的学前教育支出

B. 李某使用商业贷款购买商铺所发生的贷款利息支出

C. 赵某赡养 65 岁父亲的支出

D. 王某在北京郊区拥有一套住房，其在市区工作地附近租房所发生的租金支出所得没有扣缴义务人

E. 取得应税所得，扣缴义务人来扣税款

4. 下列项目中，属于劳务报酬所得的有（　　）。

A. 个人艺术品展销取得的报酬

B. 提供著作的版权而取得的报酬

C. 将国外的作品翻译出版取得的报酬

D. 专家学者受出版社委托进行审稿取得的报酬

5. 根据个人所得税法律制度的规定，下列各项中不属于“工资、薪金所得”的有（　　）。

A. 劳动分红

B. 托儿补助费

C. 独生子女补贴

D. 执行公务员工资制度未纳入基本工资总额的补贴、津贴差额和家属成员的副食补贴

6. 自2019年1月1日起，居民个人的综合所得，以每一纳税年度的收入额减除费用60 000元以及专项扣除、专项附加扣除和依法确定的其他扣除后的余额为应纳税所得额。专项扣除包括（　　）。

A. 居民个人按照国家规定的范围和标准缴纳的基本养老保险

B. 居民个人按照国家规定的范围和标准缴纳的基本医疗保险

C. 居民个人按照国家规定的范围和标准缴纳的失业保险

D. 居民个人所任职的单位为其按照国家规定的范围和标准缴纳的住房公积金

7. 下列关于子女教育个人所得税专项附加扣除的说法中，正确的有（　　）。

A. 纳税人的子女接受全日制学历教育的相关支出，按照每个子女每月1 000元的标准定额扣除

B. 纳税人的子女接受全日制学历教育的相关支出，按照每个子女每月2 000元的标准定额扣除

C. 父母可以选择由其中一方按扣除标准的100%扣除，也可以选择由双方分别按扣除标准的50%扣除，具体扣除方式在一个纳税年度内不能变更

D. 父母只能选择由双方分别按扣除标准的50%扣除

8. 下列关于住房贷款利息个人所得税专项附加扣除的说法中，正确的有（　　）。

A. 纳税人本人或者配偶单独或者共同使用商业银行或者住房公积金个人住房贷款为本人或者其配偶购买中国境内住房，发生的首套住房贷款利息支出，在实际发生贷款利息的年度，按照每月1 000元的标准定额扣除，扣除期限最长不超过240个月

B. 纳税人可以多次享受首套住房贷款的利息扣除

C. 首套住房贷款是指购买住房享受首套住房贷款利率的住房贷款

D. 经夫妻双方约定，可以选择由其中一方扣除，也可以由夫妻双方分别按扣除标准的50%扣除，具体扣除方式在一个纳税年度内不能变更

9. 下列关于个人所得税征收管理的说法中，正确的有（　　）。

A. 居民个人取得综合所得，需要办理汇算清缴的，应当在取得所得的次年3月1日至6月30日内办理汇算清缴

B. 纳税人取得经营所得，在取得所得的次年3月31日前办理汇算清缴

C. 纳税人取得应税所得没有扣缴义务人的，应当在取得所得的次月15日内向税务机关报送纳税申报表，并缴纳税款

D. 纳税人取得应税所得，扣缴义务人未扣缴税款的，纳税人应当在取得所得的次年3月31日前缴纳税款；税务机关通知限期缴纳的，纳税人应当按照期限缴纳税款

10. 下列关于个人发生的公益捐赠支出金额确定的说法中，正确的有（　　）。

A. 捐赠货币性资产的，按照实际捐赠金额确定

B. 捐赠股权的，按照个人持有股权的财产原值确定

C. 捐赠房产的，按照个人持有房产的评估原值确定

D. 捐赠除股权、房产以外的其他非货币性资产的，按照非货币性资产的市场价格确定

三、判断题

1. 有限合伙企业由普通合伙人和有限合伙人组成，普通合伙人对合伙企业债务承担无限连带责任，有限合伙人以其认缴的出资额为限对合伙企业债务承担责任。（　　）

2. 个人所得税的居民个人，就来源于中国境内的所得部分征税；非居民个人，就来源于中国境内和境外的全部所得征税。（　　）

3. 居民个人从中国境外取得所得的，应当在取得所得的次年3月1日至6月30日内申报纳税。（　　）

4. 非居民个人取得工资、薪酬所得、劳务报酬所得，稿酬所得和特许权使用费所得。有扣缴义务人的，由扣缴义务人按月或者按次代扣代缴税款，在取得所得的次年3月1日至6月30日需办理汇算清缴。（　　）

5. 个人审稿取得的收入按稿酬所得计税。（　　）

6. 个人独资企业和个人合伙企业投资者也为个人所得税的纳税义务人。（　　）

7. 个人购买国债和国家发行的金融债券所取得的利息，免征个人所得税；企业购买国债和国家发行的金融债券所取得的利息，也免征企业所得税。（　　）

8. 对个人购买福利彩票、赈灾彩票、体育彩票，一次性中奖收入在1万元以下的（含1万元），暂免征收个人所得税；超过1万元的，按超出部分计算征收个人所得税。（　　）

9. 居民个人取得综合所得，按年计算个人所得税；有扣缴义务人的，由扣缴义务人按月或者按次预扣预缴税款；需要办理汇算清缴的，应当在取得所得的次年 2 月 1 日至 5 月 31 日内办理汇算清缴。 (　　)

10. 个人转让自用达 5 年以上，并且是唯一的家庭生活用房取得的所得，暂免征收个人所得税。 (　　)

11. 公开拍卖文学作品手稿原件所得应按特许权使用费所得缴纳个人所得税。 (　　)

12. 非居民个人在中国境内从两处以上取得工资、薪金所得的，应当在取得所得的次月 15 日内申报纳税。 (　　)

13. 从我国境内两处以上取得综合所得，且综合所得年收入额超过 6 万元的，需要自行到主管税务机关申报纳税。 (　　)

14. 个人取得的财产转租收入不征收个人所得税。 (　　)

15. 扣缴义务人未将扣缴的税款解缴入库的，纳税人不可以申请退税。 (　　)

四、计算题

1. 中国居民个人张某为一自由职业者，本年取得如下收入：

(1) 2 月，出版专著取得税前稿费收入 32 000 元。

(2) 5 月，到甲公司提供培训一次，取得甲公司支付的一次性税前培训收入 80 000 元。

(3) 8 月，取得乙公司支付的一次性税前翻译资料收入 31 000 元、交通费 200 元、餐费 300 元、资料费 80 元、通信费 50 元。

(4) 10 月，取得到期国债利息收入 1 500 元。

(5) 12 月，取得保险赔款 1 200 元。

另外，张某本年专项扣除、专项附加扣除和依法确定的其他扣除共计 40 000 元。

要求：计算张某本年应纳个人所得税合计数。

2. 中国居民个人王某为境内甲上市公司的职员，本年取得下列收入：

(1) 每月取得甲上市公司支付的税前工资、薪金收入 15 000 元。甲上市公司为王某全年代扣代缴（预扣预缴）个人所得税共计 3 786 元，甲上市公司每月为王某代扣代缴（预扣预缴）个人所得税时已经税前扣除专项扣除额 2 745 元 [$15\,000 \times (0.08 + 0.02 + 0.003 + 0.08)$]、专项附加扣除额 2 000 元。王某没有其他专项附加扣除和依法确定的其他扣除。

(2) 2 月，为中国境内乙公司提供咨询取得税前劳务报酬收入 2 000 元。乙公司已经为王某代扣代缴（预扣预缴）个人所得税共计 240 元。

(3) 4 月，出版小说一部，取得中国境内丙出版社支付的税前稿酬收入 3 000 元。丙出版社已经为王某代扣代缴（预扣预缴）个人所得税共计 308 元。

（4）8月，取得中国境内丁公司支付的税前特许权使用费收入1 000元。丁公司已经为王某代扣代缴（预扣预缴）个人所得税共计40元。

（5）11月，购入甲公司债券30 000份，每份买入价为6元，支付相关税费780元；12月，卖出该债券20 000份，每份卖出价为8元，支付相关税费600元。

（6）通过拍卖行将一幅祖传珍藏多年的字画拍卖，取得拍卖收入300 000元，主管税务机关核定王某收藏该字画发生的费用为80 000元，拍卖时支付相关税费30 000元。

要求：

（1）计算王某本年综合所得应纳税所得额。

（2）计算王某本年综合所得应纳个人所得税。

（3）计算王某本年综合所得汇算清缴时应补缴或者申请退回的个人所得税。

（4）计算王某取得转让债券所得应纳个人所得税。

（5）计算王某取得拍卖字画所得应纳个人所得税。

五、案例题

1. 居民个人张某本年为我国甲公司提供设计服务，若与甲公司签订的是劳务合同，则张某预计全年可取得税前佣金收入150 000元；若与甲公司签订的是雇佣合同，则张某预计全年可取得的税前工资、薪金收入也为150 000元。当年张某的专项扣除、专项附加扣除和依法确定的其他扣除合计40 000元。张某本年没有其他收入。无论确定何种用工关系，对企业和个人的其他方面不产生影响。假设不考虑增值税因素。请对其进行纳税筹划。

2. 非居民个人汤姆本年1～3月为我国甲公司提供设计服务，若与甲公司签订的是劳务合同，则汤姆预计每月可取得的佣金收入为40 000元；若与甲公司签订的是雇佣合同，则汤姆预计每月可取得的工资、薪金收入也为40 000元。无论确定何种用工关系，对企业和个人的其他方面不产生影响。上述收入为税前收入，均来源于中国境内，且不享受免税优惠政策。假设不考虑增值税因素。请对其进行纳税筹划。

第六章　其他主要税种的纳税筹划

学习目标

1. 掌握：土地增值税、房产税、契税、印花税的纳税筹划的主要领域。

2. 理解：土地增值税、房产税、契税、印花税的纳税筹划的基本思路。

3. 了解：土地增值税、房产税、契税、印花税的概念、特点、纳税人和征税对象、计税依据与税率。

第一节　土地增值税概述

一、土地增值税的概念

土地增值税，是指对有偿转让国有土地使用权及地上建筑物和其他附着物产权，取得增值收入的单位和个人征收的一种税。

征收土地增值税增强了政府对房地产开发和交易市场的调控，有利于抑制炒买炒卖土地获取暴利的行为，也增加了国家财政收入。

二、土地增值税的特点

与其他税种相比，土地增值税具有以下几个显著的特点。

1. 以转让房地产的增值额为计税依据。土地增值税的增值额是以征税对象的全部销售收入额扣除与其相关的成本、费用、税金及其他项目金额后的余额，与增值税的增值额有所不同。

2. 征税面比较广。不论是企业、事业单位、国家机关、社会团体及其他组织，还是个人，只要有偿转让房地产，都是土地增值税的纳税人；不论是全民所有制企业、集体企业、私营企业、个体经营者，还是联营企业、合资企业、合作企业、外商独资企业等，只要有偿转让房地产，都是土地增值税的纳税人；不论是内资企业还是外商投资企业、外国驻华机构，也不论是中国公民、港澳台同胞、海外华侨，还是外国公民，只要有偿转让房地产 ，都是土地增值税的纳税人；工业、农业、商业、学校、医院、机关等，只要有偿转让房地产，都是土地增值税的纳税人。

3. 采用扣除法和评估法计算增值额。土地增值税的增值额是从转让房地产取得的收入扣除税法规定的扣除项目金额后的金额。

4. 实行超率累进税率。土地增值税的税率是以转让房地产增值率的高低为依据来确认，按照累进原则设计，实行分级计税，增值率高的，税率高，多纳税；增值率低的，税率低，少纳税。

5. 实行按次征收。土地增值税在房地产发生转让的环节，实行按次征收，每发生一次转让行为，就应根据每次取得的增值额征一次税。

三、土地增值税的纳税人和征税对象

（一）纳税义务人

《土地增值税暂行条例》第二条规定：转让国有土地使用权、地上的建筑物及其附着物（以下简称转让房地产）并取得收入的单位和个人，为土地增值税的纳税义务人（以下简称纳税人），应当依照本条例缴纳土地增值税。

《土地增值税暂行条例实施细则》第二条规定：条例第二条所称的转让国有土地使用权、地上的建筑物及其附着物并取得收入，是指以出售或者其他方式有偿转让房地产的行为。不包括以继承、赠与方式无偿转让房地产的行为。

《土地增值税暂行条例实施细则》第三条规定：条例第二条所称的国有土地，是指按国家法律规定属于国家所有的土地。

《土地增值税暂行条例实施细则》第四条规定：条例第二条所称的地上的建筑物，是指建于土地上的一切建筑物，包括地上地下的各种附属设施。条例第二条所称的附着物，是指附着于土地上的不能移动，一经移动即遭损坏的物品。

《土地增值税暂行条例实施细则》第五条规定：条例第二条所称的收入，包括转让房地产的全部价款及有关的经济收益。

《土地增值税暂行条例实施细则》第六条规定：条例第二条所称的单位，是指各类企业单位、事业单位、国家机关和社会团体及其他组织。条例第二条所称个人，包括个体经营者。

（二）征税对象

土地增值税是对转让国有土地使用权及其地上建筑物和附着物的行为征税。

1. 基本征税范围。

基本征税范围包括转让国有土地使用权、地上的建筑物及其附着物连同国有土地使用权一并转让、存量房地产的买卖。不包括国有土地使用权出让所取得的收入。凡土地使用权、房产产权未转让的（如房地产的出租），不征收土地增值税。

2. 特殊征税范围。

除了基本征税范围，还有一些特殊的业务需要考虑缴纳土地增值税。对于土地增值税的特殊征税范围注意区分：什么情况下征税，什么情况不征税，什么情况下免征。具体如表 6－1 所示。

表 6－1　　土地增值税特殊征税范围

具体行为	土地增值税的具体规定
合作建房	建成后按比例分房自用的，暂免；建成后转让的，征税
房地产交换	征税（个人之间互换自有居住用房，经当地税务机关核实，免征）
房地产抵押	抵押期间不征；抵押期满后看产权是否转移，以房地产抵债，征税
房地产出租	权属不变更，不征
房地产评估增值	产权未转移，房屋产权所有人、土地使用权所有人也未取得收入，不征
国家收回国有土地使用权、征用地上建筑物及附着物	权属已变更，原房地产所有人也取得了收入，但按照规定，免征
代建房行为	产权未转移，不征
房地产继承	是指房产的原产权所有人、依照法律规定取得土地使用权的土地使用人死亡以后，由其继承人依法承受死者房产产权和土地使用权的民事法律行为，不予征税
房地产赠与	不征收土地增值税的房地产赠与行为只包括以下两种情况： (1) 房产所有人、土地使用权所有人将房屋产权、土地使用权赠与直系亲属或承担直接赡养义务人的行为（赠与至亲）； (2) 房产所有人、土地使用权所有人通过中国境内非营利的社会团体、国家机关将房屋产权、土地使用权赠与教育、民政和其他社会福利、公益事业的行为（公益赠与）
土地使用者转让、抵押、置换土地	只要土地使用者享有占有、使用、收益或处分该土地的权利，且有合同等证据表明其实质转让、抵押或置换了土地并取得了相应的经济利益，应该征税

四、土地增值税的计税依据与税率

（一）计税依据

土地增值税的计税依据是转让房地产取得的收入减去税法规定的扣除项目金额后的增值额。

1. 应税收入。

纳税人转让房地产所取得的收入（不含增值税）是指包括货币收入、实物收入和其他收入在内的全部价款及有关的经济利益，不允许从中减除任何成本费用，具体如表6－2所示。

表6－2　　纳税人转让房地产取得的收入

实物收入	收入时的市场价格折算成货币收入
无形资产收入	专门评估确定其价值后折算成货币收入
外国货币	取得收入的当天或当月1日国家公布的市场汇率折算
代收的各项费用	(1) 如计入房价向购买方一并收取的，作计税收入，作扣除项目，但不作为加计20%扣除基数； (2) 如未计入房价，在房价之外单独收取的，不作计税收入，不作扣除项目

2. 扣除项目。

依据税法规定，在计算土地增值税的增值额时，准予从房地产转让收入额中减除的项目如表6－3所示。

表6－3　　土地增值税的各项目扣除一览表

转让项目的性质	扣除项目	具体内容
转让未经开发的土地（卖地）	扣除项目 （2项）	(1) 取得土地使用权所支付的金额； (2) 与转让房地产有关的税金
新建房屋（卖新房）	房地产企业 （5项）	(1) 取得土地使用权所支付的金额； (2) 房地产开发成本； (3) 房地产开发费用； (4) 与转让房地产有关的税金； (5) 财政部规定的其他扣除项目（房企）
	非房地产企业 （4项）	
存量房屋（卖旧房）	扣除项目 （3项）	(1) 取得土地使用权所支付的金额； (2) 转让环节缴纳的税金； (3) 房屋及建筑物的评估价格： 评估价格＝重置成本价×成新度折扣率

(1) 取得土地使用权所支付的金额。包括取得土地使用权支付的地价款和缴纳的有关税费（如契税、登记、过户手续费）。如果是以协议、招标、拍卖等出让方式取得土地使用权的，地价款为纳税人所支付的土地出让金；如果是以行政划拨方式取得土地使用权的，地价款为按照国家有关规定补交的土地出让金；如果是以转让方式取得土地使用权的，地价款为向原土地使用权人实际支付的地价款。

(2) 房地产开发成本。房地产开发成本是指纳税人房地产开发项目实际发生的成本，包括土地的征用及拆迁补偿费（含耕地占用税）、前期工程费、建筑安装工程费、基础设施费、公共配套设施费、开发间接费用等。营改增后，对于建筑安装工程费，土地增值税纳税人接受建筑安装服务取得的增值税发票，在发票的备注栏注明建筑服务发生地县（市、区）名称及项目名称，否则不得计入土地增值税扣除项目金额。

（3）房地产开发费用。房地产开发费用是指与房地产开发项目有关的销售费用、管理费用和财务费用。根据现行财务会计制度的规定，这三项费用作为期间费用，直接计入当期损益，不按成本核算对象进行分摊。因此，作为土地增值税扣除项目的房地产开发费用，不按纳税人房地产开发项目实际发生的费用进行扣除，而按《土地增值税实施细则》的标准进行扣除，如表 6－4 所示。

表 6－4　　房地产开发费用中的银行贷款利息扣除规定

能分摊利息支出，并提供金融机构证明的	允许扣除的房地产开发费用＝利息＋(取得土地使用权所支付的金额＋房地产开发成本)×5%以内 注意：利息最高不能超过按商业银行同类同期贷款利率计算的金额
不能分摊利息支出或不能提供金融机构证明	允许扣除的房地产开发费用＝(取得土地使用权所支付的金额＋房地产开发成本)×10%以内 注意：全部使用自有资金，没有利息支出的，按照此方法扣除
两点专门规定： （1）利息的上浮幅度按国家的有关规定执行，超过上浮幅度的部分不允许扣除； （2）对于超过贷款期限的利息部分和加罚的利息不允许扣除	

（4）与转让房地产有关的税金。与转让房地产有关的税金，是指在转让房地产时缴纳的城市维护建设税、印花税。因转让房地产缴纳的教育费附加，也可视同税金予以扣除。具体扣除规定如表 6－5 所示。

表 6－5　　与转让房地产有关的税金

房地产开发企业	与转让房地产有关的税金＝城建税＋教育费附加＋地方教育附加 注意：房地产开发企业按照《施工、房地产开发企业财务制度》有关规定，其在转让时缴纳的印花税已列入管理费用中，故不允许再单独扣除
其他企业	与转让房地产有关的税金＝印花税 0.5‰(产权转移书据)＋城建税＋教育费附加
注意： 营改增后，房地产开发企业实际缴纳的城市维护建设税、教育费附加，凡能够按清算项目准确计算的，允许据实扣除；凡不能按清算项目准确计算的，则按该清算项目预缴增值税时实际缴纳的城市维护建设税、教育费附加扣除	

（5）财政部规定的其他扣除项目。该扣除项目主要有以下两点：一是对从事房地产开发的纳税人，允许按取得土地使用权所支付的金额和房地产开发成本之和，加计 20% 的扣除，此条优惠只适用于从事房地产开发的纳税人，除此之外的其他纳税人不适用，其目的是抑制炒买炒卖房地产的投机行为，保护正常开发投资者的积极性。二是代收费用。代收费用一并收取的计入收入，代收费用可以扣除，但不作为加计扣除的基数；单独收取的代收费用，不影响计税。

（6）旧房及建筑物评估价格。纳税人转让旧房的，应按房屋及建筑物的评估价格、取得土地使用权所支付的地价款或出让金、按国家统一规定缴纳的有关费用和转让环节缴纳的税金作为扣除项目金额计征土地增值税。在进行税务处理时需要注意以下要点。

第一，旧房及建筑物的评估价格，是指在转让已使用的房屋及建筑物时，由政府批准设立的房地产评估机构评定的重置成本价乘以成新度折扣率后的价格。评估价格须经当地税务机关确认。因纳税需要，支付的评估费用允许扣除，但纳税人因隐瞒、虚报房地产成交价格所发生的评估费用，不允许扣除。凡不能取得评估价格、但能提供购房发票，取得土地使用权所支付的金额、旧房及建筑物的评估价格，可按发票所载金额并从购买年度起至转让年度止每年加计5%计算扣除。计算扣除项目时“每年”按购房发票所载日期起至售房发票开具之日止，每满12个月计1年；超过1年，未满12个月但超过6个月的，可以视同为1年。计算公式为：购房发票所载金额×(1+5%×购买年限)。

①营改增前取得的营业税发票：发票所载金额（不扣减营业税）；

②营改增后取得的增值税普通发票：发票所载价税合计金额；

③营改增后取得的增值税专用发票：发票所载不含增值税金额加上不允许抵扣的增值税进项税额之和。

对于转让旧房及建筑物，既没有评估价格，又不能提供购房发票的，地方税务机关可以根据《税收征收管理法》第三十五条的规定，实行核定征收。

第二，转让旧房及建筑物环节缴纳的契税，在计算土地增值税时扣除的不同情形：可能在“取得土地使用权所支付的金额”中扣除，也可能在“房屋及建筑物的评估价格”中扣除，还可能在“与转让房地产有关的税金”中扣除。具体规定如表6－6所示。

表6－6　　转让旧房及建筑物环节缴纳的契税相关规定

<table>
<tr><th colspan="2">契税支付环节</th><th>税务处理</th></tr>
<tr><td colspan="2">取得土地使用权时支付的契税</td><td>视同“按国家统一规定缴纳的有关费用”，计入“取得土地使用权所支付的金额”中扣除</td></tr>
<tr><td rowspan="2">纳税人转让存量房，其原购入环节缴纳的契税</td><td>转让有评估价格的存量房</td><td>已包含在旧房及建筑物的评估价格之中，故计征土地增值税时，不另作为与转让房地产有关的税金予以扣除</td></tr>
<tr><td>转让无评估价格但能提供购房发票的存量房</td><td>凡能提供契税完税凭证的，准予作为“与转让房地产有关的税金”予以扣除，但不作为加计5%的基数</td></tr>
</table>

第三，对取得土地使用权时未支付地价款或不能提供已支付的地价款凭据的，在计征土地增值税时不允许扣除。

（二）税率

土地增值税实行四级超率累进税率，具体税率如表6－7所示。

表 6 – 7　土地增值税税率表

级数	增值额与扣除项目金额的比率	税率（%）	速算扣除系数（%）
1	不超过 50% 的部分	30	0
2	超过 50%，未超过 100% 的部分	40	5
3	超过 100%，未超过 200% 的部分	50	15
4	超过 200% 的部分	60	35

第二节　土地增值税筹划的主要领域

一、利用临界点的纳税筹划

（一）降低销售价格，享受免征土地增值税优惠

【案例 6 – 1】 甲公司（房地产开发企业）建造一栋普通标准住宅，经核算，税法规定的扣除项目金额为 5 000 万元，甲公司原定不含增值税销售价格为 6 100 万元。假定仅考虑土地增值税，不考虑其他税费，请问甲公司应如何进行土地增值税纳税筹划？

【筹划要求】 设计纳税筹划方案，为甲公司节省土地增值税，增加企业利润。

【筹划思路】 甲公司建造一栋普通标准住宅，可充分利用《土地增值税暂行条例》第八条规定的免征土地增值税的条件：纳税人建造普通标准住宅出售，增值额未超过扣除项目金额 20% 的，可免征土地增值税。销售价格根据免税临界值 20% 制定享受免税优惠。

【筹划过程】

纳税筹划方案：建议甲公司通过降低销售价格，使得增值率为免税的临界增值率 20%。具体过程如表 6 – 8 所示。

表 6 – 8　甲公司的纳税筹划前后对比　单位：万元

土地增值税测算	纳税筹划前	纳税筹划后
不含税销售价格	6 100	6 000
增值额	6 100 – 5 000 = 1 100	6 000 – 5 000 = 1 000
增值率	1 100 ÷ 5 000 = 22%	1 000 ÷ 5 000 = 20%
需缴纳的土地增值税	1 100 × 30% = 330	0
利润	6 100 – 5 000 – 330 = 770	6 000 – 5 000 = 1 000

【筹划结论】 通过上述纳税筹划，通过降低销售价格来降低增值率，虽然甲公司销售收入减少了 100 万元，但其节省了 330 万元的土地增值税，实际上增加利润 230 万元。

（二）增加扣除项目，享受免征土地增值税优惠

【案例6－2】 甲公司（房地产开发企业）建造一栋普通标准住宅，经核算，税法规定的扣除项目金额为5 000万元，甲公司原定不含增值税销售价格为6 500万元。假定仅考虑土地增值税，不考虑其他税费，请问甲公司应如何进行土地增值税纳税筹划?

【筹划要求】 设计纳税筹划方案，为甲公司节省土地增值税，增加企业利润。

【筹划思路】 如果按照〖案例6－1〗的筹划思路，根据20%的增值率测算出来的销售价格为6 000万，免征土地增值税，虽然节省了450万元的土地增值税，但是销售价格降低了500万元，价格下降的金额大于节约的税款，得不偿失。

在这种情况下，需要转换筹划思路。《土地增值税暂行条例》第六条规定，增值额的扣除项目包括：取得土地使用权所支付的金额，开发土地的成本、费用，新建房及配套设施的成本、费用，或者旧房及建筑物的评估价格；与转让房地产有关的税金，财政部规定的其他扣除项目。甲公司可以通过增加扣除项目来降低增值率，享受免税，增加利润。

【筹划过程】

纳税筹划方案：建议甲公司加大对住宅的装修，使得扣除项目金额提高至7 500万元，但增值额仍保持1 500万元（加大装修后销售价格定为9 000万元，增值额＝9 000－7 500＝1 500万元）。具体过程如表6－9所示。

表6－9　　甲公司的纳税筹划前后对比　　单位：万元

甲公司	纳税筹划前	纳税筹划后
不含税销售价格	6 500	9 000
增值额	6 500－5 000＝1 500	9 000－7 500＝1 500
增值率	1 500÷5 000＝30%	1 500÷7 500＝20%
需缴纳的土地增值税	1 500×30%＝450	0
利润	6 500－5 000－450＝1 050	9 000－7 500＝1 500

【筹划结论】 甲公司加大对住宅的装修成本属于新建房及配套设施的成本、费用，属于计算增值额的扣除项目。通过纳税筹划，可为甲公司减轻土地增值税负担450万元，利润增加450万元。

二、政府代收费用处理的纳税筹划

【案例6－3】 甲公司（房地产开发企业）开发一套房地产，为取得土地使用权所支付的费用为300万元，土地和房地产开发成本为800万元，允许扣除的房地产开发费用为100万元，转让房地产税费为140万元，房地产出售价格为

2 500 万元，为当地县级政府代收各种费用为 100 万元，甲公司在销售房地产时单独收取代收费用，假定只考虑土地增值税，不考虑其他税费，请问甲公司应如何进行土地增值税纳税筹划?

【筹划要求】降低增值率，节省土地增值税，增加企业利润。

【筹划思路】《财政部 国家税务总局关于土地增值税一些具体问题规定的通知》规定：对于县级及县级以上人民政府要求房地产开发企业在售房时代收的各项费用，如果代收费用是计入房价中向购买方一并收取的，可作为转让房地产所取得的收入计税；如果代收费用未计入房价中，而是在房价之外单独收取的，可以不作为转让房地产的收入。对于代收费用作为转让收入计税的，在计算扣除项目金额时，可予以扣除，但不允许作为加计 20% 扣除的基数；对于代收费用未作为转让房地产的收入计税的，在计算增值额时不允许扣除代收费用。甲公司可以利用这一规定进行纳税筹划。

【筹划过程】

纳税筹划方案：建议甲公司将为当地县级政府代收各种费用为 100 万元的收取方式由单独收取改为计入房价一并收取。具体过程如表 6－10 所示。

表 6－10　　甲公司的纳税筹划前后对比　　单位：万元

甲公司	纳税筹划前	纳税筹划后
收取方式	单独收取	计入房价
可扣除费用	300＋800＋100＋（300＋800）×20%＋140＝1 560	300＋800＋100＋（300＋800）×20%＋140＋100＝1 660
增值额	2 500－1 560＝940	2 500＋100－1 660＝940
增值率	940÷1 560＝60. 25%	940÷1 660＝56. 63%
需缴纳的土地增值税	940×40%－1 560×5%＝298	940×40%－1 660×5%＝293
利润	2 500－1 560－298＝642	2 500－1 560－293＝647

【筹划结论】企业是否将代收费用计入房价，对于企业的增值额不会产生影响，但会影响房地产的增值率，进而影响土地增值税的纳税数额。通过纳税筹划，甲公司减轻土地增值税负担 5 万元（298－293），利润也增加 5 万元。

三、利用利息的不同扣除方式的纳税筹划

【案例 6－4】甲公司（房地产开发企业）开发一处房地产，为取得土地使用权所支付的费用为 1 000 万元，为开发土地和新建房及配套设施花费 1 200 万元，财务费用中可以按转让房地产项目计算分摊利息的银行贷款利息支出为 200 万元，不超过商业银行同类同期贷款利率。

乙公司（房地产开发企业）也开发一处房地产，为取得土地使用权所支付

的费用为 1 000 万元，为开发土地和新建房及配套设施花费 1 200 万元，财务费用中可以按转让房地产项目计算分摊利息的银行贷款利息支出为 80 万元，不超过商业银行同类同期贷款利率。

请问：假定只考虑土地增值税，不考虑其他税费，甲公司、乙公司应如何进行土地增值税的纳税筹划?

【筹划要求】分别为甲公司、乙公司设计对企业有利的纳税筹划方案，减轻其土地增值税负担，增加企业利润。

【筹划思路】根据规定，房地产企业贷款利息扣除的限额分为两种情况：一种是在商业银行同类同期贷款利率的限度内据实扣除；另一种是与其他费用一起按税法规定的房地产开发成本的 10% 以内扣除。这两种扣除方法为房地产企业进行纳税提供了筹划空间，可以根据两种方法所能扣除费用数额决定具体采用哪种扣除方法。而是否提供金融机构证明决定了房地产企业贷款利息扣除方法，可以据此进行纳税筹划。

【筹划过程】

（1）甲公司的纳税筹划方案：建议甲公司在申报纳税时，对于以按转让房地产项目计算分摊利息的银行贷款利息支出为 80 万元，提供金融机构证明。

因为如果不提供金融机构证明，甲公司能扣除的最高费用数额为 220 万元［（1 000 +1 200）×10%］；如果提供金融机构证明，甲公司能扣除的最高费用数额为 310 万元［200 +（1 000 +1 200）×5%］。可以看出，甲公司提供金融机构证明比不提供金融机构证明，扣除金额增加了 90 万元。因此，建议甲公司提供金融机构证明。

（2）乙公司的纳税筹划方案：建议乙公司在申报纳税时，对于以按转让房地产项目计算分摊利息的银行贷款利息支出为 80 万元，不要提供金融机构证明。

因为如果不提供金融机构证明，乙公司能扣除的最高费用数额为：（1 000 +1 200）×10% =220（万元）；如果提供金融机构证明，乙公司能扣除的最高费用数额为：80 +（1 000 +1 200）×5% =190（万元）。可以看出，乙公司不提供金融机构证明比提供金融机构证明，扣除金额增加了 30 万元。因此，建议乙公司不提供金融机构证明。

【筹划结论】房地产企业是否提供金融机构证明的关键在于所发生的能够扣除的利息支出占税法规定的开发成本的比例：如果比例超过 5%，则提供证明；如果没有超过 5%，则不提供证明。通过测算可知，甲公司提供金融机构证明是有利的选择，乙公司不提供金融机构证明是有利的选择。

四、利用土地增值税优惠政策的纳税筹划

【案例 6 -5】乙公司（商贸公司）需购置由甲公司（房地产开发企业）购

置土地并承建的一栋房屋，进行经营用。甲公司打算建成后将房屋的销售价格（不含增值税）定为1 000万元，经测算，甲公司按照税法规定可扣除费用为600万元。请问：假定只考虑土地增值税，不考虑其他税费，甲公司（房地产开发企业）可以如何进行纳税筹划?

【筹划要求】设计纳税筹划方案，减轻甲公司土地增值税负担，增加甲公司利润。

【筹划思路】我国对土地增值税规定了很多优惠政策，企业可以创造条件，充分享受税法规定的优惠政策进行土地增值税的纳税筹划，特别是房地产开发企业。该案例中企业的土地增值税纳税可以根据企业合作建成后按比例分房自用的，暂免土地增值税的规定进行筹划。

【筹划过程】

纳税筹划方案：甲公司（房地产开发企业）和乙公司（商贸公司）可以进行合作建房，甲公司出地，建成后甲公司占用房屋的5%；乙公司出资950万元，占用房屋的95%。具体过程如表6－11所示。

表6－11　　甲公司（房地产开发企业）的纳税筹划前后对比　　单位：万元

甲公司	纳税筹划前	纳税筹划后
增值额	1 000－600＝400	合作建房按比例自用，暂免土地增值税
增值率	400÷600＝66.7%	
需缴纳的土地增值税	400×40%－600×5%＝130	
利润	1 000－600－130＝270	950－600＝350

【筹划结论】经过纳税筹划，甲公司（房地产开发企业）节省了130万元的土地增值税，利润增加了85万元（350－270）。

除了本案例中通过合作建房自用享受免征土地增值税优惠外，还有其他土地增值税的政策性减免税优惠政策，企业可以充分利用政策进行纳税筹划，例如，对于以房地产进行投资、联营的，投资、联营的一方以土地（房地产）作价入股进行投资或作为联营条件，将房地产转让到所投资、联营的企业中时，暂免征收土地增值税。又如，在企业兼并中，对于被兼并企业将房地产转让到兼并企业中的，暂免征收土地增值税。

五、通过分解房地产销售价格进行纳税筹划

【案例6－6】甲公司（房地产开发企业）将其开发的一栋简单装修并安装了简单必备设施的房屋对外出售，不含增值税的销售价格为1 000万元。根据相关税法规定，该业务允许扣除的费用为400万元。假定只考虑土地增值税，不考虑其他税费，请设计甲公司（房地产开发企业）的纳税筹划方案。

【筹划要求】为甲公司（房地产开发企业）销售简单装修的房屋制定土地增值税纳税筹划方案。

【筹划思路】房地产的土地增值税适用的超率累进税率，增值率越高，所适用的税率越高，缴纳税款就越高。甲公司（房地产开发企业）可以把简单装修业务作为纳税筹划点，将简单装修业务作为单独的业务进行单独核算，再对外销售简单装修的房屋，可以通过两个销售业务实现房屋销售（出售房屋、出售装修业务）地产进行纳税筹划。

【筹划过程】

纳税筹划方案设计：甲公司（房地产开发企业）将简单装修的房屋分为两个合同对外出售，一个合同是毛坯房屋的出售合同，不含税销售价格定为700万元，按规定允许扣除的成本为300万元；另外一个合同是房屋装修合同（不涉及土地增值税），不含税装修费用为300万元，按规定允许扣除的成本为100万元。具体过程如表6－12所示。

表6－12　　甲公司（房地产开发企业）的纳税筹划前后对比　　单位：万元

甲公司	纳税筹划前（一份合同）	纳税筹划后（两份合同）
增值额	1 000－400＝600	700－300＝400
增值率	600÷400＝150%	400÷300＝133%
需缴纳的土地增值税	600×50%－400×15%＝240	400×50%－300×15%＝155
利润	1 000－400－240＝360	700－300－155＋300－100＝445

【筹划结论】只考虑土地增值税，不考虑其他税费，经过纳税筹划，甲公司（房地产开发企业）节省了85万元（240－155）的土地增值税，利润增加了85万元。

六、土地增值税清算中的纳税筹划

【案例6－7】甲公司（房地产开发企业）于2020年1月取得房地产销售许可证并开始销售商品房。2021年6月经过企业内部测算，预计2021年年底商品房销售可能达到85%以上，按照正常程序进行土地增值税清算，则除去企业已经预缴的2 000万元后，甲公司在2022年年初需要补缴土地增值税8 000万元。由于甲公司2022年新项目投入资金较大，现金流比较紧张。假定只考虑土地增值税，不考虑其他税费，请为甲公司制定土地增值税的纳税筹划方案。

【筹划要求】设计纳税筹划方案，适当推迟土地增值税清算的时间，暂缓2022年年初8 000万元的税款支出。

【筹划思路】《国家税务总局关于房地产开发企业土地增值税清算管理有关问题的通知》规定：已竣工验收的房地产开发项目，已转让的房地产建筑面积占整个项目可售建筑面积的比例在85%以上，或该比例虽未超过85%，但剩余的可售建筑面积已经出租或自用的，主管税务机关可要求纳税人进行土地增值税清算。通过提前控制房产销售的速度和规模，以比例 85% 为界限，进而推迟土地增值税清算时间。

【筹划过程】

纳税筹划方案：甲公司从 6 月起有意识地控制房产销售的速度和规模，将销售比例控制在 84%，剩余的房产留待 2021 年以后销售或用于出租。这样，甲公司在 2022 年年初就可以不用进行土地增值税清算，将清算时间推迟到 2023 年年初。

【筹划结论】 通过以上纳税筹划方案，甲公司相当于获得了 1 年期的 8 000 万元无息贷款，假设 1 年期资金的成本为 5%，经过纳税筹划节约了 400 万元（8 000 ×5%）的利息。

七、利用企业改制重组进行纳税筹划

【案例 6 – 8】 甲公司（非房地产企业）计划将一栋不动产转让给乙公司，由于该不动产增值金额较大，经过测算，预计土地增值税的税负达到 6 000 万元。假定仅考虑土地增值税，不考虑其他税费，请为甲公司进行纳税筹划。

【筹划要求】 设计纳税筹划方案，减轻甲公司转让不动产的土地增值税负担。

【筹划思路】《财政部 税务总局关于继续实施企业改制重组有关土地增值税政策的公告》规定：2021 年 1 月 1 日至 2023 年 12 月 31 日，企业按照《中华人民共和国公司法》有关规定整体改制，包括非公司制企业改制为有限责任公司或股份有限公司，有限责任公司变更为股份有限公司，股份有限公司变更为有限责任公司，对改制前的企业将国有土地使用权、地上的建筑物及其附着物（以下简称房地产）转移、变更到改制后的企业，暂不征土地增值税。甲公司可以把此次的转让不动产业务置于企业改制重组的框架下进行。

【筹划过程】

纳税筹划方案：甲公司将不动产转作为入股乙公司的出资，持有乙公司一定的股份，然后通过取得股息以及转让乙公司股份等方式获取投资收益，收益金额与不动产转让收益相当。但是通过出资方式，可以享受免缴纳土地增值税。

【筹划结论】 通过以上纳税筹划方案，甲公司可以既减免了公司 6 000 万元的税负，也获得相当于转让不动产的收益。

第三节　房产税概述

一、房产税的概念

房产税是以房屋为征税对象，按房屋的计税余值或租金收入为计税依据，向

房屋产权所有人征收的一种财产税。征收房产税有利于地方政府筹集财政收入，也有利于加强房产管理。

二、房产税的特点

房产税的特点主要有以下三点：

（1）房产税属于财产税中的个别财产税。

（2）限于征税范围内的经营性房屋。

（3）区别房屋的经营使用方式规定不同的计税依据。

三、房产税的纳税人和征税对象

（一）房产税的纳税人

房产税以在征税范围内的房屋产权所有人为纳税人。产权属国家所有的，由经营管理单位纳税；产权属集体和个人所有的，由集体单位和个人纳税；产权出典的，由承典人纳税；产权所有人、承典人不在房屋所在地的，由房产代管人或者使用人纳税。

（二）房产税的征税对象

房产税的征税对象是房产。房产是以房屋形态表现的财产，房屋则是指有屋面和围护结构（有墙或两边有柱），能够遮风避雨，可供人们在其中生产、工作、学习、娱乐、居住或储藏物资的场所。独立于房屋之外的建筑物，如围墙、烟囱、水塔、变电塔、油池油柜、酒窖菜窖、酒精池、糖蜜池、室外游泳池、玻璃暖房、砖瓦石灰窑以及各种油气罐等，则不属于房产。

房产税的征税范围为城市、县城、建制镇和工矿区。具体规定如下：

（1）城市是指国务院批准设立的市。

（2）县城是指县人民政府所在地的地区。

（3）建制镇是指经省、自治区、直辖市人民政府批准设立的建制镇。

（4）工矿区是指工商业比较发达、人口比较集中、符合国务院规定的建制镇标准但尚未设立建制镇的大中型工矿企业所在地。开征房产税的工矿区须经省、自治区、直辖市人民政府批准。

房产税的征税范围不包括农村，主要是因为农村的房屋，除农副业生产用房外，大部分是农民居住用房。对农村房屋不纳入房产税征税范围，有利于减轻农民负担，繁荣农村经济，促进农业发展和社会稳定。

四、房产税的计税依据与税率

（一）计税依据

用途不同的房产计税依据有所区别，具体规定如下所示。

1. 对经营自用的房屋，以房产的计税余值作为计税依据。所谓计税余值，是指依照税法规定按房产原值一次减除10%～30%的损耗价值以后的余额。其中：

（1）房产原值是指纳税人按照会计制度规定，在账簿“固定资产”科目中记载的房屋原价。

（2）房产原值应包括与房屋不可分割的各种附属设备或一般不单独计算价值的配套设施。

（3）纳税人对原有房屋进行改建、扩建，要相应增加房屋原值。

（4）更换房屋附属设备和配套设施的，在将其价值计入房产原值时，可扣减原来相应设备和设施的价值。对附属设备和配套设施中易损坏、需要经常更换的零配件，更新后不再计入房产原值，原零配件的原值也不扣除。

（5）凡在房产税征收范围内的具备房屋功能的地下建筑，征收房产税。

对于与地上房屋相连的地下建筑，应将地下部分与地上房屋视为一个整体按照地上房屋建筑征收房产税。

（6）有免收租金期限的，免收租金期间由产权所有人按照房产原值缴纳房产税（区别无租使用房产的规定）。

（7）产权出典的房产，由承典人依照房产余值缴纳房产税。

（8）房产原值均应包含地价，包括为取得土地使用权支付的价款、开发土地发生的成本费用等。容积率低于0.5的，按房产建筑面积的2倍计算土地面积并据此确定计入房产原值的地价：①宗地容积率＝建筑面积÷土地面积；②容积率低于0.5时，计入房产原值的地价为：应税房产建筑面积×2×土地单价

2. 对于出租的房屋，以租金收入（不含增值税）为计税依据。

3. 投资联营房产的计税依据。

（1）以房产投资联营，投资者参与投资利润分红，共担风险的，由被投资方按房产的余值作为计税依据计征房产税；

（2）以房产投资，收取固定收入，不承担联营风险的，由投资方按不含增值税的租金收入计算缴纳房产税。

4. 融资租赁房产的计税依据。

（1）融资租赁合同约定开始日的次月起依据房产余值计算征收；

（2）未约定开始日的，自合同签订的次月起计算缴纳。

5. 居民住宅区内业主共有的经营性房产的计税依据。

（1）由实际经营的代管人或使用人缴纳房产税；

（2）自营的，依照房产余值计征，没有房产原值或不能将共有住房划分开的，由房产所在地税务机关参照同类房产核定房产原值；

（3）出租的，依照不含增值税租金收入计征。

（二）房产税的税率

房产税的计税方式有从价计税和从租计税两种，适用的税率如下所示：

（1）从价计税：1.2%；

（2）从租计税：12%或4%。个人出租住房，不分用途，按4%的税率征收房产税。对企事业单位、社会团体以及其他组织按市场价格向个人出租用于居住的住房，减按4%的税率征收房产税。

（三）应纳税额的计算

1. 地上建筑物。

（1）从价计征：应纳税额=应税房产原值×(1－扣除比例)×1.2%

（2）从租计征：应纳税额=不含增值税租金收入×12%（个人出租住房为4%）

对于与地上房屋相连的地下建筑，如房屋的地下室、地下停车场、商场的地下部分等，应将地下部分与地上房屋视为一个整体，按照地上房屋建筑的有关规定计算征收房产税。凡是与房产不可分割、不可移动的配套设施（如中央空调等）不论会计上如何核算，一并征税。

2. 独立地下建筑物。

（1）工业用途房产，以房屋原价的50%～60%作为应税房产原值。

（2）商业和其他用途房产，以房屋原价的70%～80%作为应税房产原值。应纳房产税=应税房产原值×(1－原值减除比例)×1.2%。

（3）出租的地下建筑，按照出租地上房屋建筑的有关规定计算征收房产税。

第四节　房产税筹划的主要领域

一、转换计税方式进行纳税筹划

【案例6-9】甲公司（房地产开发企业），将其一栋位于市中心的房屋出租给乙公司，每年不含税租金为200万元，该房屋的计税余值为1 000万元。假定仅考虑房产税，不考虑其他税费，请为甲公司进行纳税筹划。

【筹划要求】设计纳税筹划方案，减轻甲公司的房产税的税负。

【筹划思路】房产税的计税有从价计税和从租计税两种情况，有时候两种计税方式计算出来的应纳税额存在很大的差异，存在一定的纳税筹划空间。

【筹划过程】

纳税筹划方案一：建议甲公司（房地产开发企业）在下次续租前，将该房屋作为自己的一个分支机构，然后将该分支机构以承包的方式承包给乙公司，每年收取承包费用200万元。此时，房屋不再是出租的状态，不再从租计税。具体过程如表6-13所示。

表6-13　　甲公司（房地产开发企业）的纳税筹划前后对比　　单位：万元

甲公司	纳税筹划前	纳税筹划后
计税方式	从租计税	从价计税
需缴纳的房产税	200×12% =24	1 000×1.2% =12

纳税筹划方案二：建议甲公司将该房屋出租业务改为企业重组改制下的投资。以该房屋作为出资资本投入乙公司中，占乙公司一定的股份，每年收取股息。此时，房屋不再是出租的状态，不再从租计税。具体过程如表6-14所示。

表6-14　　甲公司（房地产开发企业）的纳税筹划前后对比　　单位：万元

甲公司	纳税筹划前	纳税筹划后
计税方式	从租计税	从价计税
需缴纳的房产税	200×12% =24	1 000×1.2% =12

【筹划结论】从纳税筹划方案一和方案二的筹划结果可以看出，两种方案采用的不同的方式改变了房屋的出租方式，从而将房产税的计税方式从从租计税转为从价计税，节税效果是一样的，每年节省了12万元的房产税。可见，房产税纳税企业可以通过改变与承租方的合作方式将房屋的出租状态改为非出租状态，房产税的计税方式转为从价计税。

【知识拓展】对于房产税的纳税筹划，纳税人还可以关注并充分利用房产税的税收优惠政策进行纳税筹划。房产税相关的主要减免优惠政策梳理如下。

1. 减免税基本规定。

（1）国家机关、人民团体、军队自用的房产。但上述免税单位的出租房产以及非自身业务使用的生产、营业用房，不属于免税范围。

（2）由国家财政部门拨付事业经费的单位自用的房产。

（3）宗教寺庙、公园、名胜古迹自用的房产。

（4）个人拥有的非营业用的房产。

2. 减免税特殊规定。

（1）企业办的各类学校、医院、托儿所、幼儿园自用的房产免税。

（2）经有关部门鉴定，对毁损不堪居住的房屋和危险房屋，停止使用后可免征房产税。

（3）军队空余房产租赁收入暂免征收房产税。

（4）基建工地临时性房屋，施工期间一律免征房产税。基建工程结束以后，施工企业将这种临时性房屋交还或者估价转让给基建单位的，应当从基建单位接收的次月起，依照规定征收房产税。

（5）纳税人因房屋大修导致连续停用半年以上的，在房屋大修期间免征房产税。

（6）纳税单位与免税单位共同使用的房屋，按照各自使用的部分划分，分别征收或者免征房产税。

（7）老年服务机构自用的房产暂免征收房产税。

（8）按政府规定价格出租的公有住房和廉租住房，暂免征收房产税。

（9）房地产开发企业建造的商品房在出售前不征收房产税，但出售前房地产开发企业已经使用或者出租、出借的商品房应该征税。

（10）国家铁路局所属铁路运输企业自用的房产，免征房产税（地方铁路运输企业自用房产比照此方法）。

（11）对公租房免征房产税，公租房经营管理单位应单独核算公租房租金收入，未单独核算的，不得享受免征房产税优惠政策。

（12）对为高校学生提供住宿服务，按照国家规定的收费标准收取住宿费的高校学生公寓免征房产税。

（13）2019 年 1 月 1 日至 2021 年 12 月 31 日，对农产品批发市场、农贸市场（包括自有和承租）专门用于经营农产品的房产，暂免征收房产税。对同时经营其他产品的农产品批发市场和农贸市场使用的房产，按其他产品与农产品交易场地面积的比例确定征免房产税。

（14）2019 年 1 月 1 日至 2023 年 12 月 31 日对饮水工程运营管理单位自用的生产、办公用房产，免征房产税。

（15）对经营性文化事业单位由财政部门拨付事业经费的文化单位转制为企业，自转制注册之日起 5 年内对其自用房产免征房产税。2018 年 12 月 31 日之前已完成转制的企业，自 2019 年 1 月 1 日起对其自用房产可继续免征 5 年房产税。

（16）2019 年 1 月 1 日至 2023 年供暖期结束，对向居民供热收取采暖费的“三北”地区供热企业，为居民供热所使用的厂房免征房产税；对供热企业其他厂房，应当按照规定征收房产税。

①对专业供热企业，按其向居民供热取得的采暖费收入占全部采暖费收入的比例，计算免征的房产税。对兼营供热企业，视其供热所使用的厂房与其他生产经营活动所使用的厂房是否可以区分，按照不同方法计算免征的房产税：可以区

分的，对其供热所使用厂房，按向居民供热取得的采暖费收入占全部采暖费收入的比例，计算免征的房产税。难以区分的，对其全部厂房，按向居民供热取得的采暖费收入占其营业收入的比例，计算免征的房产税。

②对自供热单位，按向居民供热建筑面积占总供热建筑面积的比例，计算免征供热所使用的厂房及土地的房产税。

（17）2019 年 1 月 1 日至 2021 年 12 月 31 日，由省、自治区、直辖市人民政府根据本地区实际情况，以及宏观调控需要确定，对增值税小规模纳税人可以在 50% 的税额幅度内减征房产税。

（18）2019 年 1 月 1 日至 2021 年 12 月 31 日，对商品储备管理公司及其直属库自用的承担商品储备业务的房产，免征房产税。

（19）2019 年 6 月 1 日至 2025 年 12 月 31 日，为社区提供养老、托育、家政等服务的机构自有或其通过承租、无偿使用等方式取得并用于提供社区养老、托育、家政服务的房产，免征房产税。为社区提供养老、托育、家政等服务的机构税费优惠：

①提供社区养老、托育、家政服务取得的收入，免征增值税。

②提供社区养老、托育、家政服务取得的收入，在计算应纳税所得额时，减按 90% 计入收入总额。

③承受房屋、土地用于提供社区养老、托育、家政服务的，免征契税。

④为社区提供养老、托育、家政等服务的机构自有或其通过承租、无偿使用等方式取得并用于提供社区养老、托育、家政服务的房产、土地，免征房产税、城镇土地使用税。

（20）2018 年 1 月 1 日至 2023 年 12 月 31 日，对纳税人及其全资子公司从事大型民用客机发动机、中大功率民用涡轴涡桨发动机研制项目自用的科研、生产、办公房产，免征房产税。

（21）2019 年 1 月 1 日至 2023 年 12 月 31 日，对纳税人及其全资子公司从事大型客机研制项目自用的科研、生产、办公房产免征房产税。

二、避免成为法定纳税人的纳税筹划

【案例 6－10】 甲公司为了使职工的生活更加便利、提高生活质量，决定自行建造停车场和游泳池。建设方案有两个：一个方案是建造地下停车场、室内游泳池；另一个方案是停车场和游泳池都是露天的。假定只考虑房产税，不考虑其他税费，请问从纳税筹划的角度，甲公司应该选择哪一个建设方案？

【筹划要求】 从纳税筹划的角度，判断甲公司应该选择哪一个建设方案。

【筹划思路】 根据规定可知，独立于房屋之外的建筑物，如围墙、停车场、室外游泳池、喷泉等，不属于房产。甲公司可根据该规定选择不用缴纳房产税的方案进行停车场和游泳池的建设方案。

【筹划过程】

纳税筹划方案：建议甲公司选择建设方案二，建设露天的停车场和游泳池，这样甲公司的该建设项目不属于房产税的纳税范围，甲公司不需要缴纳房产税。

【筹划结论】 转换计税方式，避免成为法定纳税人，也是纳税筹划的方式之一。

第五节　契税概述

一、契税的概念

契税是以在境内转移土地、房屋权属为征税对象，向产权承受人征收的一种财产税。征收契税有利于增加地方财政收入，保护合法产权，避免产权纠纷。

《中华人民共和国契税法》（以下简称《契税法》）自 2021 年 9 月 1 日起施行，《中华人民共和国契税暂行条例》（以下简称《暂行条例》）同时废止。本节印花税的相关内容是以《中华人民共和国契税法》相关规定为依据。

二、契税的特点

契税的特点主要有以下两点：

一是契税属于财产转移税。契税以发生转移的不动产，即土地和房屋为征税对象，具有财产转移课税性质。土地、房屋产权未发生转移的，不征契税。

二是契税由财产承受人缴纳。一般税种都确定销售者为纳税人，即卖方纳税。契税则属于土地、房屋产权发生交易过程中的财产税，由承受人纳税，即买方纳税。

三、契税的纳税人和征税对象

（一）契税的纳税人

契税的纳税义务人是境内转移土地、房屋权属 ，承受的单位和个人。境内是指中华人民共和国实际税收行政管辖范围内。土地房屋权属是指土地使用权和房屋所有权。

（二）契税的征税对象

契税的征税对象是境内转移土地、房屋权属的行为。转移土地、房屋权属行为具体如下。

1. 土地使用权出让。

是指国家或集体以土地所有者的身份将土地使用权在一定年限内让渡给土地使用者，并由土地使用者向国家或集体支付土地使用权出让金的行为。

2. 土地使用权转让。

（1）是指以出售、赠与和交换等方式将土地使用权转移给其他单位和个人的行为。

（2）不包括土地承包经营权和土地经营权的转移。以作价投资（入股）、偿还债务、划转、奖励等方式转移土地、房屋权属的，应当依照规定征收契税。

3. 房屋买卖。

（1）以房产抵债或实物交换房屋：产权承受人按房屋现值缴纳契税。

（2）以房产作投资或作股权转让：由产权承受方按投资房产价值或买价缴纳契税。

（3）买房拆料或翻建新房，应纳契税。

4. 房屋赠与。

（1）个人无偿赠与不动产行为，应对受赠人全额征收契税。

（2）获奖方式取得房屋产权的照章缴纳契税。

5. 房屋交换。

（1）双方交换价值相等，免纳契税。

（2）交换价值不相等，按超出部分由支付差价方缴纳契税。

6. 房屋附属设施有关契税政策。

（1）对于承受与房屋相关的附属设施所有权或土地使用权的行为，征收契税；对于不涉及土地使用权和房屋所有权转移的，不征收契税。

（2）采取分期付款方式购买房屋附属设施土地使用权、房屋所有权的，应按合同总价款计征契税。

（3）承受的房屋附属设施权属如为单独计价的，按当地适用税率计税；如与房屋统一计价的，适用与房屋相同税率。

（4）对承受国有土地使用权应支付的土地出让金，要征收契税，不得因减免出让金而减免契税。

（5）对纳税人因改变土地用途而签订土地使用权出让合同变更协议或者重新签订土地使用权出让合同的，应征收契税。计税依据为因改变土地用途应补缴的土地收益金及应补缴政府的其他费用。

（6）土地使用者将土地使用权及所附建筑物、构筑物等（包括在建的房屋、其他建筑物、构筑物和其他附着物）转让给他人的，应按照转让的总价款计征契税。

（7）土地使用者转让、抵押或置换土地，无论其是否取得了该土地的使用权属证书，无论其在转让、抵押或置换土地过程中是否与对方当事人办理了土地使用权属证书变更登记手续，只要土地使用者享有占有、使用、收益或处分该土地的权利，且有合同等证据表明其实质转让、抵押或置换了土地并取得了相应的经济利益，土地使用者及其对方当事人应当依照税法规定缴纳契税。

四、契税的计税依据与税率

（一）计税依据

由于土地、房屋权属转移方式不同、定价方法不同，因而具体计税依据视不同情况而决定。具体如下所示。

1. 土地使用权出售、房屋买卖，其计税依据为土地、房屋权属转移合同确定的价格，包括承受者应交付的货币、实物、其他经济利益对应的价款。

2. 土地使用权赠与、房屋赠与，以及其他没有价格的转移土地、房屋权属行为，其计税依据为税务机关参照土地使用权出售、房屋买卖的市场价格依法核定的价格。

3. 土地使用权互换、房屋互换，其计税依据为所换取的土地使用权、房屋的价格差额。也就是说，互换价格相等时，免征契税；互换价格不等时，由多交付的货币、实物、无形资产或者其他经济利益的一方缴纳契税。

纳税人申报的成交价格、互换价格差额明显偏低且无正当理由的，由税务机关依照《税收征收管理法》的规定核定计税依据。

4. 国有土地使用权出让，其计税依据为承受人为取得该土地使用权而支付的全部经济利益。具体而言：

（1）以协议方式出让的，其计税依据为土地出让合同确定的成交价格，具体包括土地出让金、土地补偿费、安置补助费、地上附着物和青苗补偿费、拆迁补偿费、市政建设配套费等承受者应支付的货币、实物、无形资产及其他经济利益。没有成交价格或者成交价格明显偏低的，征收机关可依次按下列两种方式确定计税依据：

①评估价格：由政府批准设立的房地产评估机构根据相同地段、同类房地产进行综合评定，并经当地税务机关确认的价格。

②土地基准地价：由县以上人民政府公示的土地基准地价。

（2）先以划拨方式取得土地使用权，后经批准改为出让方式取得该土地使用权的，土地受让方应依法补缴契税，其计税依据为应补交的土地出让金和其他出让费用。

5. 房屋附属设施征收契税的依据。

（1）不涉及土地使用权和房屋所有权转移变动的，不征收契税。

（2）采取分期付款方式购买房屋附属设施土地使用权、房屋所有权的，应按合同规定的总价款计征契税。

（3）承受的房屋附属设施权属如为单独计价的，按照当地确定的适用税率征收契税；如与房屋统一计价的，适用与房屋相同的契税税率。

（二）税率

契税实行3% ~5%的幅度比例税率。

具体适用税率，由各省、自治区、直辖市人民政府在3% ~5%的幅度内提出，报同级人民代表大会常务委员会决定，并报全国人民代表大会常务委员会和国务院备案。

省、自治区、直辖市可以依照规定对不同主体、不同地区、不同类型的住房的权属转移确定差别税率。

第六节　契税筹划的主要领域

一、通过签订等价交换合同进行纳税筹划

【案例6 -11】 甲公司要将其在A市的一块价值为5 000万元的土地出售给乙公司，然后从乙公司那里购入位于B市的一块价值为5 000万元的土地。双方签订土地销售与购买合同，契税适用税率为4%。假设只考虑契税，不考虑其他税费，请问甲、乙公司应如何进行纳税筹划？

【筹划要求】 设计甲、乙公司对于其土地买卖业务设计的契税的纳税筹划方案。

【筹划思路】《财政部 税务总局关于贯彻实施契税法若干事项执行口径的公告》规定：土地使用权互换、房屋互换，互换价格相等的，互换双方计税依据为零；互换价格不相等的，以其差额为计税依据，由支付差额的一方缴纳契税。甲、乙公司可以根据此契税的优惠政策进行纳税筹划。

【筹划过程】

纳税筹划方案：建议甲公司与乙公司改变合同订立方式，签订土地使用权交换合同，约定以5 000万元的价格等价交换土地。具体过程如表6 -15所示。

表6 -15　甲、乙公司（房地产开发企业）的纳税筹划前后对比　单位：万元

公司	纳税筹划前	纳税筹划后
甲公司	5 000 ×4% =200	0
乙公司	5 000 ×4% =200	0

【筹划结论】通过纳税筹划，甲乙公司均减轻了200万元的契税负担。筹划方案主要是根据契税的税收优惠政策进行筹划方案设计。

【知识拓展】除了案例中的优惠政策外，契税的其他优惠政策也值得纳税人关注和利用。契税的相关主要的减免优惠政策梳理如下。

1. 法定减免。

（1）国家机关、事业单位、社会团体、军事单位承受土地、房屋用于办公、教学、医疗、科研和军事设施的；

（2）非营利性的学校、医疗机构、社会福利机构承受土地、房屋权属用于办公、教学、医疗、科研、养老、救助；

（3）承受荒山、荒地、荒滩土地使用权用于农、林、牧、渔业生产；

（4）婚姻关系存续期间夫妻之间变更土地、房屋权属；

（5）法定继承人通过继承承受土地、房屋权属；

（6）依照法律规定应当予以免税的外国驻华使馆、领事馆和国际组织驻华代表机构承受土地、房屋权属；

（7）因土地、房屋被县级以上人民政府征收、征用，重新承受土地、房屋权属；

（8）因不可抗力灭失住房，重新承受住房权属。

上述第（7）条、第（8）条规定的免征或者减征契税的具体办法，由省、自治区、直辖市人民政府提出，报同级人民代表大会常务委员会决定，并报全国人民代表大会常务委员会和国务院备案。

2. 其他减征、免征或不征契税的项目。

（1）售后回租及相关事项的契税政策。

①对金融租赁公司开展售后回租业务，承受承租人房屋、土地权属的，照章征税。对售后回租合同期满，承租人回购原房屋、土地权属的，免征契税。

②以招拍挂方式出让国有土地使用权的，纳税人为最终与土地管理部门签订出让合同的土地使用权承受人。

③市、县级人民政府根据规定征收居民房屋，居民因个人房屋被征收而选择货币补偿用以重新购置房屋，并且购房成交价格不超过货币补偿的，对新购房屋免征契税；购房成交价格超过货币补偿的，对差价部分按规定征收契税。

居民因个人房屋被征收而选择房屋产权调换，并且不缴纳房屋产权调换差价的，对新换房屋免征契税；缴纳房屋产权调换差价的，对差价部分按规定征收契税。

④企业承受土地使用权用于房地产开发，并在该土地上代政府建设保障性住房的，计税价格为取得全部土地使用权的成交价格。

⑤单位、个人以房屋、土地以外的资产增资，相应扩大其在被投资公司的股

权持有比例，无论被投资公司是否变更工商登记，其房屋、土地权属不发生转移，不征收契税。

⑥个体工商户的经营者将其个人名下的房屋、土地权属转移至个体工商户名下，或个体工商户将其名下的房屋、土地权属转回原经营者个人名下，免征契税。

合伙企业的合伙人将其名下的房屋、土地权属转移至合伙企业名下，或合伙企业将其名下的房屋、土地权属转回原合伙人名下，免征契税。

（2）对国家石油储备基地第一期项目建设过程中涉及的契税予以免征。

（3）已缴纳契税的购房者，权属变更前退房的，退税，变更后退房的，不退税。

（4）公租房经营管理单位购买住房作为公租房的，免征契税。

（5）对经营管理单位回购已分配的改造安置住房继续作为改造安置房源的，免征契税。

（6）2019 年 6 月 1 日至 2025 年 12 月 31 日，为社区提供养老、托育、家政等服务的机构，承受房屋、土地用于提供社区养老、托育、家政服务的，免征契税。

（7）2019 年 1 月 1 日至 2023 年 12 月 31 日，对饮水工程运营管理单位为建设饮水工程而承受土地使用权，免征契税。

（8）个人购买住房适用税率的优惠政策如表 6－16 所示。

表 6－16　个人购买住房适用税率的优惠政策

面积	购买唯一住房	购买第二套改善性住房 （除北京市、上海市、广州市、深圳市外）
≤90 平方米	1%	1%
＞90 平方米	1.5%	2%

二、利用企业改制进行纳税筹划

【案例 6－12】2021 年 6 月，A 先生打算用其名下的一栋价值 2 000 万元的商用房产投资设立一家个人独资企业，当地契税税率为 3%，如果 A 先生直接投资，则该个人独资企业需要缴纳契税 60 万元（2 000 × 3%）。假定仅考虑契税，不考虑其他税费。

【筹划要求】设计纳税筹划方案，减轻 A 先生用房产出资设立一人有限责任公司的契税负担。

【筹划思路】《财政部 国家税务关于继续支持企业事业单位改制重组有关契税政策的公告》规定：2021 年 1 月 1 日起至 2023 年 12 月 31 日，同一投资主体内部所属之间土地、房屋权属的划转，包括母公司与其全资子公司之间，同一公司所属全资子公司之间，同一自然人与其设立的个人独资企业、一人有限公司之间土地、房屋权属的划转，免征契税。母公司以土地、房屋权属向其全资子公司增资，视同划转，免征契税。案例中的 A 先生可以利用该公告，通过房屋权属的划转进行纳税筹划。

【筹划过程】

纳税筹划方案：建议 A 先生先成立其个人独资企业，然后再将自己名下的商用房划转到其成立的个人独立企业，这样根据《财政部 国家税务关于继续支持企业事业单位改制重组有关契税政策的公告》的规定：同一自然人与其设立的个人独资企业、一人有限公司之间土地、房屋权属的划转，免征契税。则可以免于缴纳 60 万元的契税。

【筹划结论】通过纳税筹划，可以减少 60 万元的契税负担。

第七节　印花税概述

一、印花税的概念

印花税是以经济活动和经济交往中，书立、领受应税凭证的行为为征税对象征收的一种税。印花税因其采用在应税凭证上粘贴印花税票的方法缴纳税款而得名。

征收印花税有利于增加财政收入、配合和加强经济合同的监督管理、培养纳税意识，也有利于配合对其他应纳税种的监督管理。

《中华人民共和国印花税暂行条例》自 1988 年 10 月 1 日起施行，二十多年来，相关政策已发生了很多变化，国务院及其财政、税务主管部门相继发布的税收政策对原规定进行了多次修改和补充。2021 年 6 月 10 日，第十三届全国人民代表大会常务委员会第二十九次会议通过《中华人民共和国印花税法》，自 2022 年 7 月 1 日起施行。本节印花税的相关内容以《中华人民共和国印花税法》相关规定为依据。

二、印花税的特点

印花税的特点主要有以下四点：

一是兼有凭证税和行为税性质。

二是征税范围广泛。

三是税率低、税负轻。

四是由纳税人自行完成纳税义务。

三、印花税的纳税人和征税对象

印花税的纳税义务人，是在中国境内书立、使用、领受《印花税暂行条例》所列举证并应依法履行纳税义务的单位和个人。

印花税按照的税目进行征税，指《中华人民共和国印花税法》明确规定的应当纳税的项目，它具体划定了印花税的征税范围。一般来说，列入税目的就要征税，未列入税目的就不征税。

四、印花税的计税依据与税率

印花税的计税依据为各种应税凭证上所记载的计税金额。《中华人民共和国印花税法》规定的印花税税目与税率如表 6－17 所示。

表 6－17　　印花税税目、税率表

<table>
<tr><th>类别</th><th>税目</th><th>税率</th><th>备注</th></tr>
<tr><td rowspan="11">合同（指书面合同）</td><td>借款合同</td><td>借款金额的 0.05‰</td><td>不包括同业拆借</td></tr>
<tr><td>融资租赁合同</td><td>租金的 0.05‰</td><td></td></tr>
<tr><td>买卖合同（动产买卖合同）</td><td>价款的 0.3‰</td><td>不包括个人书立的动产买卖合同</td></tr>
<tr><td>承揽合同</td><td>报酬的 0.3‰</td><td></td></tr>
<tr><td>建设工程合同</td><td>价款的 0.3‰</td><td></td></tr>
<tr><td>运输合同</td><td>运输费的 0.3‰</td><td>不包括管道运输合同</td></tr>
<tr><td>技术合同</td><td>价款、报酬或使用费的 0.3‰</td><td>不包括专利权、专有技术使用权转让书据</td></tr>
<tr><td>租赁合同</td><td>租金的 1‰</td><td></td></tr>
<tr><td>保管合同</td><td>保管费的 1‰</td><td></td></tr>
<tr><td>仓储合同</td><td>仓储费的 1‰</td><td></td></tr>
<tr><td>财产保险合同</td><td>保险费的 1‰</td><td>不包括再保险合同</td></tr>
<tr><td rowspan="4">产权转移书据</td><td>土地使用权出让书据</td><td>价款的 0.5‰</td><td rowspan="4">转让包括买卖（出售）继承、赠与、互换、分割</td></tr>
<tr><td>土地使用权、房屋等建筑物和构筑物所有权转让书据（不包括土地承包经营权和土地经营权转移）</td><td>价款的 0.5‰</td></tr>
<tr><td>股权转让书据（不包括应缴纳证券交易印花税的）</td><td>价款的 0.5‰</td></tr>
<tr><td>商标专用权、著作权、专利权、专有技术使用权转让书据</td><td>价款的 0.3‰</td></tr>
<tr><td colspan="2">营业账簿</td><td>实收资本（股本）、资本公积合计金额的 0.25‰</td><td></td></tr>
<tr><td colspan="2">证券交易</td><td>成交金额的 1‰</td><td></td></tr>
</table>

第八节　印花税筹划的主要领域

一、利用不含税金额订立合同的纳税筹划

【案例6－13】甲公司与乙公司订立一项电器购销合同，电器不含税价20 000万元，增值税为2 600万元。合同所载金额的标明有两种方案，第一种方案：直接标明货物含税金额22 600万元；第二种方案：在合同中注明的货物不含税金额20 000万元，增值税额2 600万元。假定只考虑印花税，不考虑其他税费，从纳税筹划的角度甲公司与乙公司的购销合同中应该怎么进行表明更有利?

【筹划要求】从纳税筹划的角度选取有利于节省印花税的合同金额标注方案。

【筹划思路】对于购销合同，应以合同所载金额作为印花税的计税依据：合同中只有不含税金额，以不含税金额作为印花税的计税依据；合同中既有不含税金额又有增值税金额，且分别记载的，以不含税金额作为印花税的计税依据；未分别记载的，以合同所载金额（即含税金额）作为印花税的计税依据。如果购销合同所载金额中包含增值税金额，但未分别记载的，合同所载金额即含税金额作为计税依据。根据此规定进行纳税筹划方案。

【筹划过程】

筹划过程如表6－18所示。

表6－18　**合同所载金额标明方式的纳税对比**　单位：万元

方案	印花税应纳税额
方案一	22 600×0.3‰＝6.78
方案二	20 000×0.3‰＝6
差额	6.78－6＝0.78

【筹划结论】方案一比方案二节省了0.78万元税款，建议选择方案二。

二、根据不同合同印花税率差异进行纳税筹划

【案例6－14】甲公司租用乙公司仓库保管1年，仓储费是200万元，另外购买乙公司的周转容器具100万元，签订一个总合同，并列明了保管合同和购买包装箱的事项，合同支付金额共计300万元。假定只考虑印花税，不考虑其他税费。请问甲公司的这项业务是否存在纳税筹划空间，应如何筹划?

【筹划要求】对甲公司的业务进行印花税纳税筹划。

【筹划思路】不同项目的印花税率不同，在签订合同时要尽可能按每个项目

签订，避免多交印花税情况。在此案例中，租赁合同和购销合同适用不同的印花税率，而且购销合同的印花税率要远小于租赁合同印花税率，那么将一个合同分别签订为两个不同税率的合同就会省税。

【筹划过程】

税务筹划前甲公司应缴纳的印花税 = 300 × 1‰ = 0.30（万元）

纳税筹划方案：建议甲公司与乙公司分别签订 200 万元的仓储租赁合同和 100 万元的容器具购销合同，这样就可以分别计算印花税，降低税负。

纳税筹划后甲公司应缴纳的印花税为：

仓储合同应纳印花税 = 200 × 1‰ = 0.20（万元）

购销合同应纳印花税 = 100 × 0.03% = 0.03（万元）

共计纳印花税 = 0.20 + 0.03 = 0.23（万元）

【筹划结论】纳税筹划前后节税效应对比：纳税筹划前应缴纳印花税 0.30 万元，纳税筹划后应缴纳印花税 0.23 万元，节税金额为 0.07 万元（0.30 - 0.23）。

除了案例〖案例 6 - 13〗和〖案例 6 - 14〗采用的筹划方法外，印花税还可以根据合理运用合同估计金额的正常幅度、不明确合同总金额等方法进行纳税筹划。

课后练习题

一、单选题

1. 下列各项中，属于土地增值税的征税范围的是（　　）。

A. 房地产的出租　　B. 企业间的房地产交换

C. 房地产的代建　　D. 房地产的抵押

2. 在计算土地增值税时，属于允许扣除的利息支出的是（　　）。

A. 超过贷款期限的利息部分和加罚的利息

B. 加罚的利息

C. 向金融机构借款可按项目分摊的利息部分

D. 超过国家规定上浮幅度的利息部分

3. 根据印花税法律制度的规定，下列各项中，不征收印花税的是（　　）。

A. 营业执照　　B. 不动产权证书

C. 专利证书　　D. 卫生许可证

4. 下列各项中，应当征收房产税的是（　　）。

A. 国家机关自用的房产

B. 名胜古迹自用的房产

C. 按政府规定价格出租的公有住房和廉租住房

D. 邮政部门坐落在城市、县城、建制镇、工矿区以内的房产

5. 纳税人发生下列行为，免征契税的是（　　）。

A. 以实物交换房屋

B. 以获奖方式取得房屋产权

C. 合伙企业将其名下的房屋、土地权属转回原合伙人名下

D. 买房用来翻建新房

二、多选题

1. 以下情形中纳税人应进行土地增值税清算的有（　　）。

A. 直接转让土地使用权的

B. 整体转让未竣工决算房地产开发项目的

C. 纳税人申请注销税务登记但未办理土地增值税清算手续的

D. 房地产开发项目全部竣工、完成销售的

2. 根据土地增值税的有关规定，房地产开发企业发生的下列成本、费用可以扣除的有（　　）。

A. 建设公共配套设施，建成后产权属于全体业主所有的

B. 建设公共配套设施，建成后有偿转让的

C. 销售已装修的房屋发生的装修费用

D. 房地产开发企业预提的费用

3. 以竞价方式出让国有土地使用权的，其契税计税价格一般应确定为竞价的成交价格，包括（　　）。

A. 土地出让金　　B. 土地补偿费

C. 青苗补偿费　　D. 市政建设配套费

4. 根据房产税法律制度的规定，下列各项中，应当计入房产原值，计征房产税的有（　　）。

A. 独立于房屋之外的烟囱　　B. 中央空调

C. 房屋的给水、排水管道　　D. 室外游泳池

5. 按照房产租金的收入计算房产税所适用税率的有（　　）。

A. 30%　　B. 4%　　C. 12%　　D. 1.2%

三、判断题

1. 土地增值税的纳税人为转让土地使用权、地上的建筑物及其附着物并取得收入的单位和个人。（　　）

2. 某市政府机关转让办公楼给某企业，应当要缴纳土地增值税。（　　）

3. 产权未确定以及租典纠纷未解决的，暂不征收房产税。（　　）

4. 建设工程合同的印花税计税税率为0.5‰。（　　）

5. 契税的具体适用税率，由各省、自治区、直辖市人民政府在3%～5%的

幅度内提出，报同级人民代表大会常务委员会决定，无须备案。（　　）

四、综合题

1. A公司（房地产开发企业）建造一批普通标准住宅，取得不含税销售收入2 500万元，根据税法规定允许扣除的项目金额为2 070万元。请从土地增值税纳税筹划角度（不考虑其他税费），提出纳税筹划方案。提示：对于普通住宅的房价，因为当增值率不超过20%时，可以免征土地增值税。

2. A建筑公司近几年经营情况不佳，其拥有的写字楼使用率较低，该企业打算将其中两层出租给B公司作为仓库，这两层分摊的房屋原值为2 000万元，预计租金为300万元/年，在这种情况下，计算应缴纳的房产税，并给出筹划方案（当地规定的房产税的扣除比例为30%，不考虑增值税、城市维护建设税、教育费附加及地方教育附加）。提示：出租合同变为仓储合同，改变计税方式。

3. A公司有一块价值3 000万元土地拟出售给B公司，然后从B公司购买其另外一块价值3 000万元的土地。双方签订土地销售与购买合同后，A应缴纳契税120万元（3 000×4%），B应缴纳契税120万元（3 000×4%）。假定不考虑契税之外的其他税费，请为A公司设计纳税筹划方案。

提示：《中华人民共和国契税法》规定：土地使用权、房屋交换，契税的计税依据为所交换的土地使用权、房屋的价格差额，由多交付货币、实物、无形资产或其他经济利益的一方缴纳税款，交换价格相等的，免征契税。

4. 2022年10月，A公司将其一台设备出租给B公司，合同不含税总租金为300万元（包含购买价款250万元、来回运输费用50万元）。假定不考虑印花税之外的其他税费，请为A公司设计纳税筹划方案。提示：分别签订租赁合同、运输合同，并具体约定不含税价款。

第七章　综合纳税筹划的案例分析（以房地产开发企业为例）

学习目标

1. 掌握：房地产开发企业纳税筹划的主要领域。
2. 理解：房地产开发企业纳税筹划的基本思路。
3. 了解：房地产开发企业的产品特点、产品开发环节等相关知识。

第一节　房地产开发企业纳税筹划的相关概述

社会经济的快速发展很大程度上推动了人们生活品质的提升，也推动了城市化进程的发展，我国不断涌现出很多居民楼和商品房项目。随着房地产和相关产业的快速发展与成长，很大程度上带动了当地经济的增长，房地产经济也逐渐成为国民关注的支柱型产业，2021 年，中国房地产开发投资额达 147 602 亿元，较 2020 年增加了 6 159. 0 亿元，同比增长 4. 35%，其中住宅开发投资额为 111 173 亿元，办公楼开发投资额为 5 974 亿元，商业营业用房开发投资额为 12 445 亿元。

房地产领域的涉税问题被认为是纷繁复杂的，在房地产领域进行税收筹划，既有一定的空间，也有不少的难度。税务成本在房地产开发企业的运营成本中占有较大比例，若企业能够科学、合理地进行税务筹划，便可降低企业运营成本，提高企业的经济效益。越来越多的房地产开发企业开始重视其项目开发过程各环节的税收筹划工作，以在日益激烈的市场竞争中最大限度地节约成本，提升企业的市场核心竞争力。

房地产企业所开发产品主要包括立项环节、土地取得环节、开发建设环节、销售环节、项目清算环节、房产持有环节等。各个环节中主要涉及的税种高达 13 个税种。其中增值税、土地增值税、企业所得税被称为房地产领域的“三大税”，纳税额占比达到了房地产开发企业纳税总额的90%，是房地产企业税收筹划的重要筹划税种。除三大税种外，房地产企业涉及的其余税种主要有城镇土地使用税、房产税、城市维护建设税、教育费附加、契税、印花税、耕地占用税、个人所得税（代扣代缴）等。其中房地产税、城市维护建设税、契税和印花税在房地产企业的纳税筹划中也有着非常重要的地位。各个环节中涉及的主要税种如表7-1所示。

表7-1　　　　房地产开发企业各环节涉及的主要税种

取得土地环节	契税	应纳税额 = 土地成交价格 × 适用税率（3% ~5%）
	耕地占用税	应纳税额 = 占用的耕地面积 × 适用税率
	印花税	应纳税额 = 价款 × 0.5‰
	城镇土地使用税	应纳税额 = 土地实际占用面积 × 适用税率
	个人所得税	代扣代缴
开发建设环节	印花税	借款合同：借款金额的0.05‰
	增值税	取得进项发票
	城镇土地使用税	应纳税额 = 土地实际占用面积 × 适用税率
	个人所得税	代扣代缴
销售环节	增值税	一般计税：应预缴税款 = 预收款项（含税）/(1 + 9%) × 3% 简易计税：应预缴税款 = 预收款项（含税）/(1 + 5%) × 3%
	城市维护建设税及教育费附加	应预缴税款 = 预缴的增值税 × 适用税率（城市维护建设税：7%、5%或1%，教育费附加3%，地方教育附加2%）
	土地增值税	应预缴税款 = (预收款项 - 预缴增值税税款) × 预征率
	企业所得税	销售未完工产品取得的收入，先按预计毛利率分季（或月）计算出预计毛利额，计入当期应纳所得税额
	印花税	印花税税额 = 商品房销售合同价款 × 0.5‰
	城镇土地使用税	应纳税额 = 土地实际占用面积 × 适用税率
	个人所得税	代扣代缴
项目清算环节	增值税	一般计税：应纳税款 = (全部价款 - 当期允许扣除的土地价款)/(1 + 9%) × 9% - 进项税 - 预缴税款 简易计税：应纳税款 = 销售额/(1 + 5%) × 5% - 预缴税款
	城市维护建设税及教育费附加	应预缴税款 = 预缴的增值税 × 适用税率（城市维护建设税：7%、5%或1%，教育费附加3%，地方教育附加2%）
	土地增值税	应纳税额 = 增值额 × 适用税率 - 扣除项目金额 × 速算扣除系数 - 预缴税额 其中，增值额 = 清算收入 - (土地出让税金及契税 + 房地产成本) × 120% - 房地产开发费用 - 城市维护建设税及教育费附加
	企业所得税	房地产企业一般采用查账征收，适用税率25%
	城镇土地使用税	应纳税额 = 土地实际占用面积 × 适用税率
	个人所得税	代扣代缴
房产持有	房产税	自用房屋：应纳税额 = 计税余值 × 1.2%/12 × 本期应税月份 出租房屋：应纳税额 = 不含税租金 × 12%
	城镇土地使用税	应纳税额 = 土地实际占用面积 × 适用税率
	个人所得税	代扣代缴

第二节　房地产开发企业纳税筹划的主要领域

大多数人对于纳税筹划的第一反应就是节税，认为只要能把税节省下来，那就是纳税筹划，不管其中的方式方法，只追求节税的结果。更甚者为了少纳税或者不纳税，通过掩盖收入、虚列成本费用等非法手段来降低税负，这些所谓的"纳税筹划"方式都存在很大的税务风险。纳税筹划应尽可能做到规避税务风险的前提下降低税负，不仅降低税负，而且规避涉税风险，但在当前我国的税收从严的大环境下，随着金税四期系统上线，使得税务部门能够动态监督纳税人的纳税行为，纳税人涉税风险也增大了。特别是房地产开发企业，因其项目的规模大、时间长、资金流水多等特点，一直是包括税务等多个部门的重点监管对象，一旦被税务处罚将不仅是一笔不小的支出，而且房地产开发企业的税收信用、企业形象等都会产生不好的影响。因此，房地产开发企业应从长远发展的角度来进行纳税筹划安排，纳税的管理和筹划都应以合法、合理为基本原则，所有的思路与方案都不能违背税法和相关法律规定，同时所有思路和方案必须紧扣经营活动，具备经营上的合理性。因此，本章内容将以房地产企业产品开发的六个环节（立项环节、土地取得环节、开发建设环节、销售环节、项目清算环节、房产持有环节）为主线，进行房地产开发企业各环节的纳税筹划要点及相关案例分析。

一、项目设立环节的筹划

（一）项目公司投资人的筹划

1. 项目公司投资人（股东）的筹划。可选自然人或法人，两者对应分配环节和清算环节所得税政策不同，转股环节相关涉税政策也有很大差别。经营净利润分配方面，自然人投资者按20%缴个人所得税；法人投资者符合居民企业之间分配股息红利免税条件的，免企业所得税。开发过程中或注销清算环节，自然人投资者需按20%缴纳财产转让所得个人所得税；法人投资者需按25%缴纳企业所得税，但作为法人投资主体账面如有亏损可按税法规定弥补亏损。

2. 项目公司设立方式的筹划。成熟的房地产公司一般都会采取对于一个项目设立一家公司进行开发的方式，新设项目公司的优点与缺点见表7-2。

表7-2　新设项目公司的优点与缺点

优点	（1）项目公司结束后，可及时注销公司，同时分散投资风险。 （2）不同项目间，同类产品同期成本可避免对比。 （3）可在项目公司之间对费用类企业管理性支出进行调整。 （4）如果不想自行开发，可按项目进行股权转让；圈地的一般都是会考虑设立独立。 （5）项目公司独立，开发失败的风险可控

续表

缺点	（1）开发资质不能提升，不能满足开发面积持续增长，对融资产生一定影响。 （2）品牌聚集效应不够（这点其实可以忽略不计）。 （3）项目间费用分摊难以操作。 （4）各项目间未分配利润数不能相互抵减、增值税进项税额不能相互抵减。 （5）土地增值税清算时不能转嫁成本。 （6）项目间拆借资金会产生利息收入纳税调整

至于项目公司是以子公司还是分公司形式设立，则要从长远发展的角度进行考虑与筹划。子公司具有独立法人资格，分公司不具有独立法人资格，两者之间主要的区别在于弥补以前年度的亏损上的差异，主要影响在于对企业所得税的影响。在项目公司设立时怎样选择项目公司的设立形式，主要考虑的是房地产开发的涉税风险、公司以前年度的亏损额以及亏损时间等。

由于国家或者地方针对房地产开发企业的优惠政策较少，若没有优惠政策和税率，需要考虑分支机构的盈亏能力。例如，如果预计项目会有较长时间段的亏损，分公司形式能减少盈利的总公司和盈利的其他分公司的应纳税所得额，节约了税收成本，但由于分公司无独立法人资格，在出现债务或者法律纠纷时，会对总公司影响程度较大。而子公司具有独立法人可以以其出资额对其债务承担有限责任，在公司经营的很多问题上会具有更大的优势。

（二）项目人员配备方案的筹划

根据规定：计入开发间接费用的工程人员等费用，在土地增值税清算时可以加计扣除。项目公司可将工程、设计、研发等与项目开发相关人员的费用尽可能地计入项目，但需要注意开发间接费用总额有限制。项目人员配备方案（包括不可缺少的行政、人力资源等管理人员）确立后，应全力推进，密切关注税收政策变化，并及时调整应对方案。

【案例 7－1】乙公司是甲公司（房地产开发企业）为了开发 A 项目而设立的项目公司，其职能部门及总经理室、行政部、人力资源部等在项目运行过程中发生费用 500 万元。假设土地增值税增值额测算为 127 000 万元，扣除项为 100 435 万元。在进行项目人员配备方案时对于乙公司的职能部门在项目运行过程中发生的费用有两种账务处理方案。

方案一：账务处理时，将职能部门费用计入开发间接费用；

方案二：账务处理时，将职能部门费用计入管理费用。

【筹划要求】请问从土地增值税筹划角度（不考虑其他税费），选择哪个账务处理方案对乙公司更有利。

【筹划思路】通过测算两个方案在土地增值税清算时的应纳税额，选出更为节税的方案。

【筹划过程】

不同账务处理方案的土地增值税测算表如表 7－3 所示。

表 7－3　不同账务处理方案的土地增值税测算表　单位：万元

土地增值税测算	方案一：计入开发间接费用	方案二：计入管理费用
增加的扣除项	500×1.3＝650	0
增值额	127 000－100 435－650＝25 915	127 000－100 435＝26 565
增值率	25 915/101 085＝25.63%	26 565/100 435＝26.45%
土地增值税	25 915×30%－101 085×0%＝7 774.5	26 565×30%－100 435×0%＝7 969.5

【筹划结论】两种方案的测算结果显示：方案一比方案二节省了 195 万元（7 969.5－7 774.5）的土地增值税。当然在减少土地增值税缴纳金额的情况下，企业所得税会产生一定程度的增加，但最后企业会获得税收筹划带来的额外利润。因此，建议选择方案一对乙公司职能部门费用进行账务处理。

（三）项目分期及户型选择的筹划

对同一项目尽量分期、分区开发不同类型的房产，如别墅、商业、普通住宅、非普通住宅等。合理的规划项目的分期及物业类型有利于降低企业土地增值税的整体税负。项目分期及户型选择的规划要点如下。

1. 展示区及分期范围的规划。土地成本的分摊以确权物业的占地面积为基数，尽量均衡各分期的范围和容积率，以避免各分期物业单位土地成本的不均衡。

2. 规划证分期。规划证为土地增值税清算单位的重要依据，规划证范围越小，清算越细，无法均衡增值率，引起税负的上升。因此，分期中尽量避免过多拆分规划证。

3. 高增值物业与低增值物业合理搭配。通过合理搭配适当降低企业的潜在税负。

4. 户型的选择。户型规划中考虑小户型住宅土地增值税优惠（住宅社区容积率在 1.0 以上、单套住房套内建筑面积 120 平方米以下或单套住房建筑面积 144 平方米以下，增值额不超过 20%，免土地增值税），避免出现危险面积户型（如 119 平方米、122 平方米套内产品），导致销售未溢价或溢价少，但税负却增高。

（四）项目立项方案的筹划

不同类型的房产（别墅、洋房、商业物业或普通住宅等）对应的增值率和税负有所不同，房地产企业在做项目规划及向有关部门报批时，可通过合理搭配立项来适当降低企业的潜在税负。

根据《国家税务总局关于房地产开发企业土地增值税清算管理有关问题的通知》第一条的规定：土地增值税以国家有关部门审批的房地产开发项目为单位进

行清算，对于分期开发的项目，以分期项目为单位清算。也就是说，如果企业对不同增值率的房产以一个项目或同一期来立项并经批准，则可按一个项目或同一期项目的整体增值率来进行土地增值税清算；如果企业是以分期开发的别墅、洋房、商业物业分别立项的，则按分期项目为单位清算。

因此，房地产开发企业在进行项目立项方案规划时，根据项目的实际情况和相关影响对各个立项方案的增值率进行测算，若整体增值率低于个别房地产的增值率，那么企业的土地增值税的实际税负可能会有所降低。

【案例7-2】甲公司（房地产开发企业）同时开发两处位于城区的房地产，公司测算数据显示：第一处房地产销售价格定为1 000万元，根据税法规定可扣除的费用为400万元；第二处房地产销售价格定为1 500万元，根据税法规定可以扣除的费用为1 000万元。现在甲公司对同时开发的两处房地产的核算方案有两个：一是两处房产分别立项，独立核算；二是按同期项目合并立项，合并核算。假定仅考虑增值税，不考虑其他税费。

【筹划要求】从土地增值税纳税筹划的角度，判断哪个立项方案更有利。

【筹划思路】对两个立项方案的增值率进行测算，若合并立项的增值率低于分别立项的增值率，那么企业的土地增值税的实际税负可能会有所降低。

【筹划过程】不同立项方案的土地增值税的测算过程见表7-4。

表7-4　　不同立项方案的土地增值税测算　　单位：万元

方案	土地增值税
方案一：独立立项	第一处房地产： 增值率600÷400=150% 应该缴纳土地增值税600×50%-400×15%=240 第二处房地产： 增值率500÷1 000=50% 应该缴纳土地增值税：500×30%=150 合计税负：240+150=390
方案二：合并立项	两处房地产的出售价格为2 500万元，根据税法规定可扣除的费用为1 400万元，增值额为1 100万元。 增值率为1 100÷1 400=78.6% 应该缴纳土地增值税：1 100×40%-1 400×5%=370

【筹划结论】建议甲公司合并立项与合并核算，税收负担可减轻20万元（390-370）。

二、土地取得环节的项目筹划

基于土地资源的稀缺性，加之土地政策的不确定性、土地所涉及的拆迁、征用等问题的复杂性，目前房地产行业的最大投资风险在于最初取得项目用地的方式是否合理，成本是否可控，风险是否可规避。而在这个过程中，如何防范和管控法律风险、税务风险成为房地产开发企业关注的重点内容。

（一）拿地开发方式的涉税风险及应对策略

以下内容是以房地产企业常见的拿地、开发方式（母公司拿地、子公司开发）的税收风险展开分析。

1. 税收风险分析。“母公司拿地、子公司开发”方式，是指房地产公司（母公司）先参与土地中标，再成立一个项目公司（一般是母公司的子公司）对其中标的土地进行独立开发。在实践中存在以下两种情况。

第一种情况：房地产母公司出钱拿地，获得土地出让金收据，未办理土地证，拟成立子公司开发。

第二种情况：房地产母公司出钱拿地，获得土地出让金收据，并取得土地证，拟成立子公司开发。

根据国土资源部于2006年5月31日发布的《招标拍卖挂牌出让国有土地使用权规范（试行）》第十条第（二）款第6项的规定：“申请人竞得土地后，拟成立新公司进行开发建设的，应在申请书中明确新公司的出资构成、成立时间等内容。出让人可以根据招标挂牌出让结果，先与竞得人签订《国有土地使用权出让合同》，在竞得人按约定办理完新公司注册登记手续后，再与新公司签订《国有土地使用权出让合同变更协议》；也可按约定直接与新公司签订《国有土地使用权出让合同》。”土地竞得人在提交的《投标（竞买）申请书》中约定成立新公司进行开发建设，并明确新公司的出资构成、成立时间等内容，在竞得人按约定成立新公司后，出让人与新公司签订《国有土地使用权出让合同变更协议》，以新公司名义受让国有土地使用权的，视同出让人将土地使用权直接出让给新公司，按出让国有土地使用权征收有关税款；否则，属于土地竞得人受让国有土地使用权后再将国有土地使用权转让至新公司的行为，应按转让国有土地使用权征收有关税款。

根据上述规定，以上两种情况下的项目公司（子公司）从事该母公司中标地块开发的前提条件是：母公司中标地块的土地使用权必须过户或变更到子公司名下，才能进行立项和开发。否则可能面临一定的税收风险。

税收风险一：由于母公司在土地中标拿地时，土地出让金是母公司出的，国土部门开具的土地出让金行政事业收据上的抬头是母公司的名字，而不是后成立的子公司的名字。因此，子公司在计算土地增值税、增值税和企业所得税时，将面临不能扣除，税收成本增加。

税收风险二：如果母公司将其中标的土地变更到其子公司名下，让其子公司进行后期的开发，将被认定为母公司向子公司转让土地使用权的行为，必须要依法缴纳土地增值税、增值税和企业所得税，企业的税收负担沉重。

2. 税收风险的规避策略。

（1）税收风险一的规避策略一：通过《投标（竞买）申请书》中的约定进行规避。具体策略如下。

第一，母公司（土地竞得人）在向国土部门提交的《投标（竞买）申请书》中约定以下。

①拟成立子公司进行开发建设；

②拟成立子公司的出资构成、成立时间；

③房地产母公司代替拟成立子公司垫付土地出让金，土地出让金的收据等子公司注册成立后直接开给子公司名下。

第二，与国土部门协商一致，根据招标挂牌出让结果，国土部门先与房地产母公司签订《国有土地使用权出让合同》，在房地产母公司办理完子公司注册登记手续后，再与子公司签订《国有土地使用权出让合同变更协议》；或者约定国土部门直接与子公司签订《国有土地使用权出让合同》。

（2）税收风险一的规避策略二：房地产开发企业、项目公司、政府部门签订三方补充协议，将土地受让人变更为项目公司。

如果母公司（土地竞得人）在向国土部门提交的《投标（竞买）申请书》中没有规避策略一中的相关内容，则可以根据《国家税务总局关于明确金融房地产开发 教育辅助服务等增值税政策的通知》第八条的规定："房地产开发企业（包括多个房地产开发企业组成的联合体）受让土地向政府部门支付土地价款后，设立项目公司对该受让土地进行开发，同时符合下列条件的，可由项目公司按规定扣除房地产开发企业向政府部门支付的土地价款。"

①房地产开发企业、项目公司、政府部门三方签订变更协议或补充合同，将土地受让人变更为项目公司；

②政府部门出让土地的用途、规划等条件不变的情况下，签署变更协议或补充合同时，土地价款总额不变；

③项目公司的全部股权由受让土地的房地产开发企业持有。

具体的规避策略如下。

第一，在项目公司的全部股权由受让土地的房地产开发企业持有，而且政府部门出让土地的用途、规划、土地价款总额等条件不变的情况下，房地产开发企业、项目公司、政府部门三方签订变更协议或补充合同，将土地受让人变更为项目公司。

第二，将国土部门开给房地产母公司的土地出让金收据，到国土部门和财政部门协商换成子公司抬头的土地出让金收据。如果换不成子公司抬头的收据，则将国土部门开给房地产母公司的土地出让金收据在子公司进行入账进土地成本。

以上两种规避策略中，考虑到国土部门开给房地产母公司的土地出让金收据，到国土部门和财政部门很难协商一致，换成子公司抬头的土地出让金收据。将在土地增值税前很难扣除。因此，建议采用规避策略一的方法更妥当。

（3）税收风险二的规避策略。房地产母公司将其中标拿的土地，在没有投入进行开发的情况下，要实现将土地过户到其子公司名下，只有以下两种模式选择。一是母公司将其中标拿的土地，评估作价进行投资入股到其子公司名下。二是母公司按照净值无偿划拨到其子公司名下。母公司按照净值无偿划拨到其子公司名下，母公司可以享受更多的税收优惠政策，实现节税的效果。

具体规避策略：建议母公司与子公司签订土地无偿划拨协议，避免母公司与子公司签订土地投资协议。

【案例7-3】甲公司于2016年3月1日，以120万元/亩的价格，通过招投标手续购入白湖片区D8地块共52亩，现国土部门对该片区综合评估约为140万元/亩。2021年3月1日经甲公司领导层商议一致同意：将白湖片区D8地块过户到甲公司100%控股下的具有房地产开发资质的全资子公司乙公司名下进行综合开发。但该地块如何变更到乙公司名下，有以下两种合同签订方案。

方案一：甲公司与乙公司签订土地无偿划拨协议，将该地块按账面净值划转到乙公司名下的土地划转协议。

方案二：甲公司与乙公司签订土地投资协议，将该地块以增资扩股形式的投资入股到乙公司名下的协议。

【筹划要求】请从税收筹划的角度，选出甲公司与乙公司的合同签订方式。

【筹划思路】通过测算两种合同的涉税成本，选出相对节税的合同签订方式。

【筹划过程】具体筹划过程如下。

1. 方案一（资产划转方案）的涉税成本分析。

（1）甲公司（母公司）的涉税成本。

①企业所得税：根据《财政部 国家税务总局关于促进企业重组有关企业所得税处理问题的通知》第三条的规定，对100%直接控制的居民企业之间，以及受同一或相同多家居民企业100%直接控制的居民企业之间按账面净值划转股权或资产，凡具有合理商业目的、不以减少、免除或者推迟缴纳税款为主要目的，股权或资产划转后连续12个月内不改变被划转股权或资产原来实质性经营活动，且划出方企业和划入方企业均未在会计上确认损益的，可以选择按以下规定进行特殊性税务处理。

第一，划出方企业和划入方企业均不确认所得。

第二，划入方企业取得被划转股权或资产的计税基础，以被划转股权或资产的原账面净值确定。

第三，划入方企业取得的被划转资产，应按其原账面净值计算折旧扣除。

基于以上税收政策规定，甲公司按账面净值将土地资产划转到乙公司，甲公司不需缴纳企业所得税。

②增值税、土地增值税：由于本案例中的甲公司是将其名下的土地资产无偿划转乙公司名下。根据《国家税务总局关于资产（股权）划转企业所得税征管问题的公告》第一条第（二）款的规定，100%直接控制的母子公司之间，母公司向子公司按账面净值划转其持有的股权或资产，母公司没有获得任何股权或非股权支付。母公司按冲减实收资本（包括资本公积，下同）处理，子公司按接受投资处理。基于以上税收政策的规定，甲公司的账务处理如下：

借：资本公积/实收资本（土地的账面净值）

　　贷：无形资产——土地使用权（土地的账面净值）

根据会计核算可以看出，甲公司按原账面价值划转其名下的土地资产并无增值，因此，无须缴纳增值税、土地增值税。

③印花税：甲公司将其名下的土地资产无偿划转乙公司名下的行为，按印花税产权转移书据万分之五税率缴纳印花税为：

$120\times52\times0.05\%=3.12$（万元）

（2）乙公司（子公司）的涉税成本。

①契税：《财政部 国家税务总局关于进一步支持企业事业单位改制重组有关契税政策的通知》第六条第二款规定："同一投资主体内部所属企业之间土地、房屋权属的划转，包括母公司与其全资子公司之间，同一公司所属全资子公司之间，同一自然人与其设立的个人独资企业、一人有限公司之间土地、房屋权属的划转，免征契税。"基于此规定，乙公司接受甲公司划转土地资产，不需缴纳契税。

②印花税：甲公司是将其名下的土地资产无偿划转乙公司名下的行为，按印花税产权转移书据万分之五税率缴纳印花税。乙公司缴纳印花税为：

$120\times52\times0.05\%=3.12$（万元）

方案一（资产划转方案）的总税收成本为：

3.12（母公司印花税）+3.12（子公司印花税）=6.24（万元）

2. 方案二（投资扩股方式）的涉税成本分析。

（1）甲公司（母公司）的涉税成本。

①增值税：《关于进一步明确全面推开营改增试点有关劳务派遣服务、收费公路通行费抵扣等政策的通知》第三条第（二）项规定："纳税人转让2016年4月30日前取得的土地使用权，可以选择适用简易计税方法，以取得的全部价款和价外费用减去取得该土地使用权的原价后的余额为销售额，按照5%的征收率计算缴纳增值税。"基于此规定，甲公司以白湖片区D8地块增资扩股到乙公司，需缴纳增值税为：

$(140-120)\times52\div(1+5\%)\times5\%=49.5$（万元）

②印花税：按印花税产权转移书据万分之五税率缴纳印花税：

140×52×0.05%＝3.64（万元）

③土地增值税：根据《中华人民共和国土地增值税暂行条例》的规定，在中华人民共和国境内发生转让国有土地及其地上建筑物的行为，是土地增值税的纳税义务人。《国家税务总局关于房地产开发企业土地增值税清算管理有关问题的通知》第三条第（一）项规定："房地产开发企业将开发产品用于职工福利、奖励、对外投资、分配给股东或投资人、抵偿债务、换取其他单位和个人的非货币性资产等，发生所有权转移时应视同销售房地产。"《财政部 国家税务总局关于企业改制重组有关土地增值税政策的通知》第四条规定："单位、个人在改制重组时以国有土地、房屋进行投资，对其将国有土地、房屋权属转移、变更到被投资的企业，暂不征土地增值税。"第五条规定："上述改制重组有关土地增值税政策不适用于房地产开发企业。"

基于此规定，本案例中的房地产甲公司需缴纳土地增值税：

[140×52÷（1＋5%）－（120×52）÷（1＋5%）＋3.64）]×30%＝296.05（万元）

④企业所得税：《财政部 国家税务总局关于非货币性资产投资企业所得税政策问题的通知》第二条规定："企业以非货币性资产对外投资，应对非货币性资产进行评估并按评估后的公允价值扣除计税基础后的余额，计算确认非货币性资产转让所得。"

基于此规定，甲公司将土地投资扩股到乙公司名下，应缴纳企业所得税：

[（140－120）÷（1＋5%）×52－（3.64＋296.05）]×25%＝172.7（万元）

甲公司（母公司）需缴纳税费合计：

3.64＋296.05＋172.7＝472.39（万元）

（2）乙公司（子公司）的涉税成本。

①契税＝140×52÷（1＋5%）×3%＝208（万元）

②印花税＝140×52×0.05%＝3.64（万元）

乙公司（子公司）需缴纳税费合计：208＋3.64＝211.04（万元）

方案二（投资扩股方式），母子公司缴纳的税费合计为：

472.39＋211.04＝684.03（万元）

但是，乙公司按方案二取得该土地的入账成本比按方案一的土地入账成本高了990.5万元［52×（140－120）÷（1＋5%）］；考虑到加计扣除30%，方案二的开发成本（土地成本加上加计扣除成本）比方案一多了1 020.2万元［990.5×（1＋30%）］，未来乙公司计税时，至少可少缴纳土地增值税（按照最低一档税率30%计算）306.1万元（1 020.2×30%），可少缴纳企业所得税178.53万元［（1 020.2－306.1）×25%］。

基于以上分析，选择方案二的综合税收成本为 199.4 万元（684.03 - 306.1 - 178.53）。

【筹划结论】通过以上涉税成本分析，土地划转方案双方需缴纳的税费比投资方案节约了税款 193.16 万元（199.4 - 6.24）。因此，建议选择方案一。

（二）拆迁安置的涉税筹划

房地产开发企业的拆迁补偿通常涉及面广、事项复杂，企业取得土地涉及拆迁补偿，主要补偿方式有现金补偿和物业补偿。从房地产开发企业的角度来看，支付现金补偿和物业补偿在税务上是存在差异的，以下内容主要从房地产领域的“三大税”进行分析。

1. 增值税。《财政部 国家税务总局关于明确金融 房地产开发 教育辅助服务等增值税政策的通知》第七条规定：房地产开发企业中的一般纳税人销售其开发的房地产项目（选择简易计税方法的房地产老项目除外），在取得土地时向其他单位或个人支付的拆迁补偿费用也允许在计算销售额时扣除。纳税人按上述规定扣除拆迁补偿费用时，应提供拆迁协议、拆迁双方支付和取得拆迁补偿费用凭证等能够证明拆迁补偿费用真实性的材料。根据规定，拆迁补偿的两种方式（现金补偿和物业补偿），都是可以抵扣增值税的。实务中拆迁补偿费在计算增值税的抵减销项税额的方式如下：

$$\begin{matrix}\text{增值税}\\\text{销项税金}\end{matrix}=\left(\begin{matrix}\text{销售房屋收到的全}\\\text{部价款和价外费用}\end{matrix}-\begin{matrix}\text{土地出}\\\text{让金}\end{matrix}-\begin{matrix}\text{拆迁补}\\\text{偿费用}\end{matrix}\right)/(1+9\%)\times 9\%$$

现金补偿：可以计入拆迁补偿费用，在计算销售额前扣除，抵减销项税额。

物业补偿：在实际中，有很多地方的税务局不允许房地产企业将物业补偿支出进入增值税前扣除。例如：深圳不允许物业补偿确认的拆迁补偿费用在销售额前扣除，根据深圳市税务局发布的《深圳市全面推开“营改增”试点工作指引（之四）——房地产业》第三条规定：“实际回迁面积未超过拆迁补偿协议约定的，销售额按照组成计税价格确定。组成计税价格 = 建筑工程成本 ×（1 + 10% 成本利润率）。”也就是房地产开发企业可以按照建筑工程成本 ×（1 + 10% 成本利润率）计算物业补偿的销售额。在这种情况下，房地产开发企业就需要承担物业补偿视同销售的销项税。

从增值税的角度来看，对于物业赔偿性质的拆迁成本能不能在计算增值税时扣除的问题，各地规定不一致。如果当地规定不能扣除，房地产开发企业则要承担物业补偿视同销售的销项税。因此，房地产开发企业筹划拆迁补偿方案时要考虑当地的具体规定，再制定有利纳税筹划的拆迁补偿方案，例如，若不能扣除，房地产开发企业可将物业赔偿分解为先用现金赔偿给被拆迁户，然后被拆迁户再用赔偿所得的现金购买房地产开发企业开发的房屋。

2. 土地增值税。

现金补偿：直接计入拆迁补偿费，在土地增值税税前扣除。

物业补偿：根据《国家税务总局关于土地增值税清算有关问题的通知》第六条的规定，按照市场价确认收入同时确认为拆迁补偿费。

从土地增值税的角度来看，在签订拆迁协议时，现金补偿的金额是固定的；而物业补偿只约定了面积，未来交付物业补偿时的市场价格是未知的，如果房价比预期上涨，考虑土地增值税加计扣除的因素则可降低土地增值税税负，但是如果房地产开发企业同时开发不同类型的物业，那么在不同类型的物业土地增值税税负不同的情况下，可能随着房价的上涨，物业补偿反而会增加土地增值税税负。

3. 企业所得税。

现金补偿：计入拆迁补偿费，计入产品成本在所得税前扣除。

物业补偿：按照公允价值视同销售确认收入，同时计入拆迁补偿费，计入产品成本在所得税前扣除。如果除回迁房外的物业全部用于销售，则回迁房视同销售对销售期间的总体应交企业所得税无影响（收入和销售期可扣除成本同金额增加）；如果项目保留自持物业，则会导致自持物业分摊的拆迁补偿费只能在后期进行折旧时在企业所得税前扣除。即回迁房视同销售确认的收入大于销售期间能在税前扣除的拆迁补偿费，增加了销售期间的应纳税所得额。

从企业所得税的角度来看，如果除回迁房外的物业全部用于销售，则回迁房视同销售对销售期间的总体应交企业所得税并无影响（收入和销售期可扣除成本同金额增加）；如果项目保留自持物业，则自持物业分摊的拆迁补偿费只能通过后期折旧在企业所得税前扣除。即回迁房视同销售确认的收入大于销售期间能在税前扣除的拆迁补偿费，增加了企业销售期间的应纳税所得额。

除了以上税务影响外，现金补偿一般是在项目开发前支付，占用了房地产开发企业的资金，物业补偿仅需回迁房完工后进行移交。因此，对于房地产开发企业来说，不能一概认为是现金补偿好，还是物业补偿好，应进行全面的税负测算及资金预测，选择最优方式。

三、项目开发建设环节的筹划

（一）资金筹集的筹划

1. 筹资方式的筹划。国家对房地产行业的调控政策，房地产行业普遍存在融资困难和融资成本高的情况。房地产开发周期长、投资额大，开发全过程自有资金很难维持，资金流的稳定是开发顺利的基本保障，因而筹资是保证房地产项目开发的重要资金来源。房地产企业往往针对不同项目设立不同项目公司的经营模式，关联方之间相互资金周转在房地产企业中普遍存在。如果关联方资金往来没有计息，则由于税务法规要求关联公司间交易需要符合独立交易原则而存在相应的税务风险；同时，由于贷款利息的进项税无法抵扣，相关增值税即为企业运营的实际成本。因此，在具体操作时，房地产企业应尽可能利用以下的税收优惠政策，以在降低税负的同时控制税务风险。

（1）根据《财政部 国家税务总局关于全面推开营业税改征增值税试点的通知》的规定，在统借统还业务中，企业集团或企业集团中的核心企业以及集团所属财务公司按不高于支付给金融机构的借款利率水平或者支付的债券票面利率水平，向企业集团或者集团内下属单位收取的利息，免征增值税。

（2）根据《财政部 税务总局关于明确养老机构免征增值税等政策的通知》第三条的规定（以下简称“20 号文”），2019 年 2 月 1 日至 2020 年 12 月 31 日，对企业集团内单位（含企业集团）之间的资金无偿借贷行为，免征增值税。“20 号文”对于“企业集团”没有明确的定义，企业可与主管税务机关沟通是否有具体的要求。需要注意的是，对于虽受同一实际控制人控制，但各由不同最终控股公司控股的公司（如隶属不同业务板块下的公司）之间的资金借贷，因不符合上述“企业集团”的要求而可能不能享受免征增值税优惠，因此，从增值税角度分析应充分考虑并减少此类跨业务板块的资金调拨。

2. 利息费用扣除方式的筹划。土地增值税是房产开发中的重要税种之一，很多纳税筹划方案都是以此为起点开展的，利息费用就是其中一个。根据《土地增值税暂行条例实施细则》规定，“财务费用中的利息支出，凡能够按转让房地产项目计算分摊并提供金融机构证明的，允许据实扣除，但最高不能超过按商业银行同类同期贷款利率计算的金额。其他房地产开发费用，按本条（一）、（二）项规定计算的金额之和的 5% 以内计算扣除。凡不能按转让房地产项目计算分摊利息支出或不能提供金融机构证明的，房地产开发费用按本条（一）、（二）项规定计算的金额之和的 10% 以内计算扣除。也就是说，房地产开发企业贷款利息扣除的限额分为两种情况：一种是在商业银行同类同期贷款利率的限度内据实扣除；另一种是与其他费用一起按税法规定的房地产开发成本的 10% 以内扣除。”

这两种扣除方法为房地产开发企业的纳税提供了筹划空间，通过比较两种扣除方法下利息费用扣除的高低，选择扣除利息较高的方法。如果房地产开发利息费用较高，那么按照项目计算分摊利息支出并且能够提供金融机构证明，允许据实扣除，能够获得更多的抵扣金额；如果开发全过程的利息费用较低或不能按转让房地产项目计算分摊利息支出或不能提供金融机构证明，直接按照取得土地成本所支付的金额及开发成本合计的 10% 金额予以扣除，可能会有更好的降税效果。企业判断是否提供金融机构证明，关键在于所发生的能够扣除的利息支出占税法规定的开发成本的比例。如果超过 5%，则提供证明比较有利；如果没有超过 5%，则不提供证明比较有利。

【案例 7-4】甲公司（房地产开发企业）准备开发一个项目，该项目的土地使用权取得成本为 28 200 万元，据甲公司测算可知：该项目的其他开发成本为 42 300 万元，借款利息支出为 2 500 万元，管理费用和销售费用共 930 万元，销售收入 125 300 万元。

【筹划要求】请从土地增值税纳税筹划的角度（假定不考虑其他税费），设计甲公司对利息费用的纳税筹划。

【筹划思路】根据《土地增值税暂行条例实施细则》规定中的房地产开发企业利息扣除的两种情况，测算涉税成本，选择相对节税的方案。

【筹划过程】

不同利息扣除方式下的土地增值税测算如表 7-5 所示。

表 7-5　　不同利息扣除方式下的土地增值税测算　　单位：万元

测算额	方案一：利息据实扣除	方案二：按房地产开发成本 10% 扣除
利息占比	2 500/(42 300 +28 200) =3. 55% <5%	2 500/(42 300 +28 200) =3. 55% <5%
可扣除的开发成本费用	2 500 + (42 300 +28 200) × 5% =6 025	(42 300 +28 200) ×10% =7 050
加计扣除额	70 500 ×20% =14 100	0
增值额	125 300 - (42 300 +28 200 +14 100 + 6 025) =34 675	125 300 - (42 300 +28 200 +14 100 +7 050) = 33 650
增值率	34 675 ÷90 625 =38. 26% <50%	33 650 ÷91 650 =36. 71 <50%
土地增值税	34 675 ×0. 3 =10 402. 5	33 650 ×0. 3 =10 095

【筹划结论】测算结果显示，方案二比方案一的土地增值税节省了 307. 5 万元（10 402. 5 - 10 095），建议甲公司对于关联方之间的借款不要通过商业银行进行委托贷款，从而满足税法规定的“不能提供金融机构贷款证明的”要求，则可在计算应交土地增值税时采用方案二进行利息费用扣除。本案例的筹划结果为房地产开发的利息费用扣除方式提供了筹划思路：企业判断是否提供金融机构证明，关键在于所发生的能够扣除的利息支出占税法规定的开发成本的比例，如果超过 5%，则提供证明比较有利，如果没有超过 5%，则不提供证明比较有利。

（二）开发方式的筹划

城市土地资源分配不均现象普遍存在，地价不断上涨，资源不断向资金雄厚的大的开发企业靠拢，市场竞争极其激烈。而选择何种开发方式，会直接影响税务成本，关系到开发结果，以及后续的竞争实力。具体地，开发方式有自建自销、自建代销、合作开发、代建等，如果获得土地使用权的一方选择自建自销的方式，涉及的税种包括增值税、契税、土地增值税等，整体上税负较重，但如果开发过程中能够寻找到有一定资金实力的合作方出资合建，那么就能以土地使用权作为投资，这样一来只需要按照销售额缴纳增值税，在一定程度上可以达到降税的目的。

1. 自建自销的开发方式。如果选择自建自销的方式，涉及的税种包括增值税、契税、土地增值税等，整体上税负较重。

2. 自建代销的开发方式。如果选择自建代销的方式，涉及的税种包括增值税、契税、土地增值税等，具体根据不同的销售模式所产生的增值税和企业所得税是不同的，具有税务筹划的空间。

3. 合作开发的开发方式。如果开发过程中能够寻找到有一定资金实力的合作方出资合建，那么就能以土地使用权作为投资，这样一来只需要按照销售额缴纳增值税，在一定程度上可以达到降税的目的，这种开发方式同样具有税务筹划的空间。

4. 代建的开发方式。是指房地产开发企业代客户进行房地产开发，开发完成后向客户收取代建收入的行为。

【案例7－5】甲公司（房地产开发公司）拟在其拥有的一地块（2016年3月1日取得）上进行开发建设，其土地成本和开发成本合计为29 280万元，评估公司按照市价给出的评估价格为50 000万元。现有两个开发建设方案如下（均采用营改增后的简易计税法）。

方案一：自建自销，将该项目作为商品房，然后直接销售给乙公司作为其职工住房。

方案二：代建，先将该地块出售给乙公司用于职工住房，甲公司代为建造。

【筹划要求】请从税收筹划的角度，选择有利于甲公司的开发建设方案。

【筹划思路】通过测算两种方案的涉税成本，进而选出更节税的开发建设方案。

【筹划过程】

方案一：自建自销。甲公司（房地产开发企业）将该项目作为商品房用于直接销售。方案的涉税成本测算如表7－6所示。

表7－6　自建自销方式的涉税成本测算　单位：万元

增值税	销售收入（含增值税）＝50 000 销售收入（不含增值税）＝50 000÷(1＋5%)＝47 619 销项税额＝47 619×5%＝2 381
城市维护建设税及教育费附加	2 381×(7%＋3%＋2%)＝286
土地增值税	扣除项＝29 280×(1＋10%＋20%)＋286＝38 350 增值额＝47 619－38 350＝9 269 增值率＝9 269/38 350＝24% 土地增值税：9 269×30%＝2 780
印花税	50 000×0.0005＝25
净收入	47 619－29 280－25－2 780－286＝15 248

方案二：代建。甲公司先将土地转让给乙公司，并将土地使用权证的更名，土地使用权转让价格按评估价格 10 000 万元，土地成本为 7 280 万元。然后与乙公司签订房屋代建协议，工程所需全部建设资金均由乙公司提供，同时乙公司还负责采购大部分的建筑材料（价款约为 1 300 万元），甲公司只负责工程的组织协调，建筑面积为 90 000 平方米，按照每平方米 2 500 元收取代建服务费，共计 22 500 万元。代建服务期间费用预测为 6 500 万元。该方案的涉税成本测算如表 7－7 所示。

表 7－7　　代建方式的涉税成本测算　　单位：万元

转让土地损益	增值税	销售收入（含增值税）＝10 000 销售收入（不含增值税）＝10 000 ÷（1 +5%）=9 524 销项税额：9 524 ×5% =476
	城市维护建设税及教育费附加	476 ×（7% +3% +2%）=57
	土地增值税	扣除项 =7 280 ×（1 +10%）+57 =8 065 增值额 =9 524 －8 065 =1 459 增值率 =1 459 ÷8 065 =18% 土地增值税 =1 459 ×30% =438
	印花税	10 000 ×0. 0005 =5
	净收入	9 524 －7 280 －57 －5 －438 =1 744
代建服务损益	增值税	代建收入（含增值税）=22 500 代建收入（不含增值税）=22 500 ÷（1 +5%）=21 429 代建增值税 =21 429 ×5% =1 071
	城市维护建设税及教育费附加	1 071 ×（7% +3% +2%）=129
	净收入	21 429 －129 －6 500 =14 800
	印花税	21 429 ×0. 000 3 =6
	净收入	21 429 －129 －6 500 －6 =14 794
合计净收入		1 744 +14 794 =16 538

【筹划结论】 根据以上测算，就此项目来说，方案二净收入比方案一多了 290 万元（16 538 －15 248）。因此，建议甲公司采用方案二的代建方式进行开发。

四、销售环节的筹划

（一）商品房预售的筹划

房地产开发企业的开发产品销售可分为两个阶段，即预售未竣工产品和销售已竣工产品。在实务中，很多项目在预售阶段及项目施工过程中，销售已进入尾声。

商品房预售，是指房地产开发企业将正在建设中的房屋预先出售给承购人，由承购人支付定金或房价款的行为。《城市商品房预售管理办法》第五条的规定，商品房预售应当符合以下条件。

（1）已交付全部土地使用权出让金，取得土地使用权证书；

（2）持有建设工程规划许可证和施工许可证；

（3）按提供预售的商品房计算，投入开发建设的资金达到工程建设总投资的25%以上，并已经确定施工进度和竣工交付日期。

房地产企业取得《商品房预售许可证》后，采取预售方式销售可在项目竣工前迅速回笼资金，但预收款需及时足额作相应的税款预缴，避免产生税款滞纳风险。以下将结合房地产预售的相关法律法规以及案例，对房地产的“三大税”的预缴计算、涉税风险进行分析。

1. 增值税。房地产预售环节的增值税的预缴政策规定是比较清晰的，执行中基本没有争议。《国家税务总局关于发布〈房地产开发企业销售自行开发的房地产项目增值税征收管理暂行办法〉的公告》明确规定：一般纳税人采取预收款方式销售自行开发的房地产项目，应在收到预收款时按照3%的预征率预缴增值税。

（1）如果属于一般计税方式下，采取预收款方式销售自行开发的房地产项目，应在收到预收款时按照3%的预征率预缴增值税。

$$应预缴税款 = 预收款 \div (1 + 适用税率) \times 3\%$$

（2）如果属于简易计税方式下，采取预收款方式销售自行开发的房地产项目，应在收到预收款时按照3%的预征率预缴增值税。

$$应预缴税款 = 预收款 \div (1 + 5\%) \times 3\%$$

（3）预缴的时间应该是在取得预收款的次月纳税申报期，向主管国税机关来预缴税款。按季纳税的小规模纳税人应该在税务机关核定的纳税期限向主管国税机关预缴税款。

2. 土地增值税。《国家税务总局关于发布〈关于营改增后土地增值税若干征管规定的公告〉的公告》明确规定：营改增后，纳税人转让房地产的土地增值税应税收入不含增值税。适用增值税一般计税方法的纳税人，其转让房地产的土地增值税应税收入不含增值税销项税额；适用简易计税方法的纳税人，其转让房地产的土地增值税应税收入不含增值税应纳税额。为方便纳税人，简化土地增值税预征税款计算，房地产开发企业采取预收款方式销售自行开发的房地产项目的，土地增值税预征计征依据 = 预收款 – 应预缴增值税税款。

3. 企业所得税。《房地产开发经营业务企业所得税处理办法》第六条规定，企业通过正式签订房地产预售合同所取得的收入，应确认为销售收入，缴纳企业所得税。第九条规定，企业销售未完工开发产品取得的收入，应先按预计计税毛利率分季（或月）计算出预计毛利额，计入当期应纳税所得额。开发产品完工后，企业应及时结算其计税成本并计算此前销售收入的实际毛利额，同时将其实际毛利额与其对应的预计毛利额之间的差额，计入当年度企业本项目与其他项目合并计算的应纳税所得额。

【案例7-6】甲公司（房地产开发企业）为增值税一般纳税人，其开发的A项目2019年4月开始建设，开始接受客户预定并收取诚意金，甲公司把2019年10月以前取得的诚意金1 964万元计入“其他应付款”。2019年10月取得商品房预售许可证，1 964万元诚意金所对应的意向人，均已于2019年10月与企业签订了正式的《房地产预售合同》，合同中约定，以诚意金冲抵购房款。2019年底项目尚未竣工。2020年甲公司共取得A项目预售房款22 236万元，已申报缴纳相应增值税。已知该企业适用土地增值税预征率2%，企业所得税计税毛利率10%。

甲公司在预售环节的税务处理如下。

（1）甲公司2020年度所收取的22 236万元预售房款，均在“预收账款”科目下核算，已按“销售自行开发的房地产项目预收款”开具增值税不征税发票，并申报缴纳相应增值税。

（2）甲公司采用“不含税收入 = 预售房款 ÷（1 +9%）”的公式，计算出不含税收入20 400万元，并据此计算、申报缴纳了土地增值税408万元。

（3）因为该项目已签订的《房地产预售合同》中，约定2020年度应收预售房款合计数应为23 980万元，尚有1 744万元预售房款未按约定取得。所以甲公司在2020年第四季度《企业所得税季度预缴纳税申报表》第4行“加：特定业务计算的应纳税所得额”栏次中，填报本年累计数1 558.56万元，计算公式为：22 236 ÷（1 +9%）×10% –（408 +73.44）=1 558.56（万元），其中，408万元为土地增值税预缴税额，73.44万元为附加税费。

【筹划要求】请为甲公司预售环节的税务处理进行诊断，找出涉税风险点。

【筹划思路】结合预售环节的法律法规分析实际业务，找出风险点。

【筹划过程】

涉税风险点1：甲公司的相关税务处理存在预收款未及时确认收入的风险。

根据规定，房地产开发企业取得预售许可证前，因无法签订《房地产销售合同》或《房地产预售合同》而向购房意向人收取的非正式约定款项（如定金、订金、诚意金和认购金等），其中定金应视为预收款项，诚意金、订金、认购金等不视为预收款项。但是甲公司在2019年10月以前取得的1 964万元诚意金所对应的意向人，均已于2019年10月与其签订了正式的《房地产预售合同》，并在合同中约定，以诚意金冲抵购房款。甲公司在2019年10月以前，不需要就诚意金申报纳税，但 2019 年 10 月合同签订后，诚意金已自动转为购房人预付款，甲公司在 2019 年应就该诚意金申报纳税。

因此，甲公司 2019 年度少计了收入 1 964 万元，面临补缴 2019 年度增值税、土地增值税和企业所得税等相关税金，并按规定缴纳滞纳金的税务处罚。

涉税风险点 2：甲公司存在 2020 年度土地增值税预缴税款不足的风险。

因房地产开发项目在未完工产品预售阶段收取的款项仅需预缴土地增值税。《国家税务总局关于营改增后土地增值税若干征管规定的公告》规定，适用增值税一般计税方法的纳税人，其转让房地产的土地增值税应税收入不含增值税销项税额；为方便纳税人，简化土地增值税预征税款计算，房地产开发企业采取预收款方式销售自行开发的房地产项目的，可按照以下方法计算土地增值税预征计征依据：土地增值税预征的计征依据 = 预收款 - 应预缴增值税税款。土地增值税预缴的计征依据：要么按预收款全额确定，要么按预收款减去增值税预缴税额确定。甲公司 A 项目 2020 年度土地增值税预缴计征依据：要么是 22 236 万元，要么是 21 624 万元（22 236 - 22 236 ÷ (1 + 9%) × 3%），但两者均高于其目前确认的 20 400 万元（甲公司采用“不含税收入 = 预售房款 ÷ (1 + 9%)”的公式，计算出不含税收入 20 400 万元）。对甲公司而言，采取“预收款 - 应预缴增值税税款”作为土地增值税的预缴计征依据，更有利于其减轻前期资金压力。

因此，甲公司存在 2020 年度土地增值税预缴税款不足的风险，其应申报缴纳 2020 年度土地增值税预缴税款为 432.48 万元（21 624 × 2%）。

涉税风险点 3：以实际收到的预售房款额确认应税所得计税，存在未足额确认的风险。

《国家税务总局关于印发〈房地产开发经营业务企业所得税处理办法〉的通知》规定，企业通过正式签订《房地产销售合同》或《房地产预售合同》所取得的收入，应确认为销售收入的实现。采取分期收款方式销售开发产品的，应按销售合同或协议约定的价款和付款日确认收入的实现。付款方提前付款的，在实际付款日确认收入的实现。企业销售未完工开发产品取得的收入，应先按预计计税毛利率分季（或月）计算出预计毛利额，计入当期应纳税所得额。该规定明确了确认企业所得税应税收入的判断标准是“合同或协议约定的价款和付款日”。

根据上述规定，甲公司在季度申报企业所得税时应按《房地产预售合同》所约定的 2020 年度应收合计数 23 980 万元确认应税所得。而甲公司却是以实际收到的预售房款额确认应税所得计税［22 236 ÷ (1 + 9%) × 10% - (408 + 73.44) = 1 558.56 万元］，应按《房地产预售合同》所约定的 2020 年度应收合计数 23 980 万元确认应税所得，存在未足额确认的风险，可能导致税务处罚。因此，甲公司应更正申报其 2020 年第四季度《企业所得税季度预缴纳税申报表》，将第 4 行“加：特定业务计算的应纳税所得额”栏次的数据修改为 1 694.08 万元，计算公式为 23 980 ÷ (1 + 9%) × 10% − (432.48 + 73.44)，其中，432.48 万元为土地增值税预缴税额，73.44 万元为附加税费。

【筹划结论】纳税筹划是规范纳税前提下合理减少企业涉税成本，帮助企业诊断现有涉税业务处理，找出涉税风险点，避免滞纳金等不必要的税务成本也是纳税筹划的一部分。

（二）销售定价的筹划案例

销售定价的筹划重点是土地增值税的筹划。根据《中华人民共和国土地增值税暂行条例》（以下简称《土地增值税暂行条例》）第八条的规定，纳税人建造普通标准住宅出售，增值额未超过扣除项目金额 20% 的，免征土地增值税。因此，对于普通住宅的房价，提高房价可以为企业带来更多收益，但可以通过适当合理确定销售价格，保证增值率不超过 20% 可享受免征土地增值税的优惠。对于豪华住宅，虽然没有免税政策，但有涨价的空间，需注意销售定价应仔细地测量这个空间，避免房价涨幅超过了购买力，造成房产空置。

【案例 7－7】甲公司（房地产开发企业）建造一批普通标准住宅，取得不含税销售收入 2 500 万元，根据税法规定允许扣除的项目金额为 2 070 万元。

【筹划要求】从土地增值税纳税筹划角度（不考虑其他税费），提出纳税筹划方案。

【筹划思路】甲公司建造一栋普通标准住宅，可通过销售定价使增值率达到《土地增值税暂行条例》第八条规定的免征土地增值税的条件，享受免征土地增值税优惠。

【筹划过程】

纳税筹划方案：建议甲公司通过降低销售价格，使得增值率为免税的临界增值率 20%。具体筹划测算过程如表 7－8 所示。

表 7－8　甲公司的纳税筹划前后对比　单位：万元

土地增值税测算	纳税筹划前	纳税筹划后
不含税销售价格	2 500	2 480
增值额	2 500 − 2 070 = 430	2 480 − 2 070 = 410
增值率	430 ÷ 2 070 = 20.77%	410 ÷ 2 070 = 19.81%
需缴纳的土地增值税	430 × 30% = 129	0
利润	2 500 − 2 070 − 129 = 301	2 480 − 2 070 = 410

【筹划结论】通过上述测算结果可知，甲公司降低销售价格后，虽然不含税销售收入减少了 20 万元，但可少缴土地增值税 129 万元，增加税前利润 109 万元。

（三）房产销售改为股权转让的筹划案例

【案例 7－8】 甲公司（房地产开发企业）与某酒店投资公司签订协议，建造一处五星级酒店。工程由该房地产开发公司按照该酒店投资公司的要求进行施工、建造。工程决算后，该酒店投资公司以 140 000 万元的不含税价格购买该酒店。该房地产开发公司需要支付土地出让金 20 000 万元，房地产开发成本 70 000 万元，房地产开发费用 4 500 万元，利息支出 5 000 万元，城市维护建设税为 7%，当地政府允许扣除的房地产开发费用，按照取得土地使用权和开发成本金额之和的 5% 以内计算扣除。

【筹划要求】 请计算该房地产开发公司应当缴纳的土地增值税和企业所得税（不考虑其他税费），并提出纳税筹划方案。

【筹划思路】 将房产销售改为股权转让

【筹划过程】

筹划方案：建议甲公司出资 100 000 万元投资组建全资子公司（乙公司），由乙公司购置土地并自行建造该酒店，需要支付土地价款 20 000 万元、房地产开发成本 70 000 万元、房地产开发费用 9 500 万元。建成之后，该房地产开发公司再将乙公司以 140 000 万元的价格转让给该酒店投资企业。纳税筹划前后甲公司的涉税成本如表 7－9 所示。

表 7－9　纳税筹划前后甲公司的涉税成本测算　　单位：万元

涉税成本测算	纳税筹划前	纳税筹划后
1. 土地增值税测算		
允许扣除项目	20 000 + 70 000 + （20 000 + 70 000）× 5% + 5 000 + （20 000 + 70 000）× 20% + 7 000 + 700 = 125 200	股权转让 不涉及土地增值税
增值额	140 000 － 125 200 = 14 800	
增值率	14 800 ÷ 125 200 × 100% = 11.82%	
土地增值税额	14 800 × 30% = 4 440	
2. 所得税测算		
利润总额	140 000 －（20 000 + 70 000）－ 9 500 － 440 = 36 060	140 000 － 100 000 － 70 = 39 930 其中，印花税 = 140 000 × 0.5‰ = 70
企业所得税额	36 060 × 25% = 9 015	39 930 × 25% = 9 982.5
3. 净利润	36 060 － 9 015 = 27 045	40 000 － 9 982.5 = 29 947.5

【筹划结论】 通过房产销售改为股权转让的筹划后，甲公司的税后净利增加了 2 902.5 万元（29 947.5 －27 045）。

五、项目清算环节的筹划

在房地产清算阶段，作为房地产项目的收尾环节，也应高度重视纳税筹划工作。当前，随着国家税务总局及各地相关文件的不断出台，土地增值税清算采用"三分法"将是必然趋势。所谓"三分法"指的是将普通住宅、非普通住宅和其他类型房地产分别列为清算对象。在此方面，由于各地在土地增值税清算方面的标准与实务不尽相同，房地产企业仍应把握相应的原则进行清算阶段的纳税考虑。一是合理掌握土地增值税清算的时点。虽然土地增值税清算时间条件有具体规定，但房地产企业仍可通过开发周期、剩余业态的把握合理安排清算时间，同时由于各地清算任务繁重，企业也应和税务机关保持合理沟通，安排好相关的成本确认要素的及时完善。二是结合三分法（或各地具体的清算要求）对开发业态进行梳理，合理划分成本核算对象，结合定价策略，做好土地增值税预清算工作，确保各类业态都具有合理的增值率，使税负最优。三是提前预计土地增值税清算当年的实际情况及清算后年度销售房产的情况，并结合房地产项目确认收入的时间以及公司其他财税安排（如其他大额费用的发生），合理对所得税汇算金额进行预计，确保企业整体税负最优。

1. 房产项目分类别清算的筹划方案。

【案例7-9】甲公司（房地产开发企业）需清算的A项目的基本情况如表7-10所示。现有两个清算方案。

项目清算方案一：分两类（即普通住宅、非普通住宅和商务处及车位）进行清算。

项目清算方案二：分三类（即普通住宅、非普通住宅、商务处及车位）进行清算。

表7-10　　清算项目的基本情况　　单位：万元

房产类型	面积（平方米）	销售总额（万元）
住宅	53 299.94	30 849.3
商业	8 555.26	9 019.81
储藏间	4 171.47	1 251.44
地下车位	790	5 135
合计	86 840.71	46 255.57

备注：该项目地下室总建筑减免28 514.04平方米，车位790个

【筹划要求】从土地增值税筹划角度（不考虑其他税费），选出有利的清算方案。

【筹划思路】通过测算两个清算方案的土地增值税纳税额，选择更为节税的方案。

【筹划过程】具体筹划过程如表7－11所示。

表7－11　　项目清算的土地增值税纳税额测算表　　单位：万元

测算明细	方案1：分两类清算		方案2：分三类清算		
	普通住宅	非普通住宅、商务房及车位	普通住宅	非普通住宅	商务房及车位
收入总额	30 849.3	15 376.27	30 849.3	1 251.44	14 226.81
扣除金额	29 811	14 310	29 811	1 000	19 957
增值额	1 038.3	1 066.27	1 038.3	251.44	－5 730.19
增值率	3.4%	7.45%	3.4%	25.44%	－28.71%
适用税率	30%	30%	30%	30%	30%
速算扣除系数	0	0	0	0	0
应纳土地增值税税额	1 074.46	1 145.72	1 074.46	314.66	0
免增值税税额	1 074.46	0	1 074.46	0	0
实际应纳税额	0	1 145.72	0	314.66	0
应纳税额总额	1 145.72		314.66		

【筹划结论】通过测算可以看出，在此案例中，房地产企业进行土地清算时，对房屋类型采用分三类的方式，税负更轻。该案例的筹划思路给房地产企业项目清算阶段关于土地增值税纳税提供了一个筹划方向，实务中应综合考虑企业的实际情况进行纳税筹划。

2. 通过适当推迟土地增值税清算时间的筹划案例。

《国家税务总局关于房地产开发企业土地增值税清算管理有关问题的通知》规定：已竣工验收的房地产开发项目，已转让的房地产建筑面积占整个项目可售建筑面积的比例在85%以上，或该比例虽未超过85%，但剩余的可售建筑面积已经出租或自用的，主管税务机关可要求纳税人进行土地增值税清算。房地产开发企业可以通过提前控制房产销售的速度和规模，以比例85%为界限，进而推迟土地增值税清算时间，获取货币的时间价值。

【案例7－10】甲公司（房地产开发企业）于2020年1月取得房地产销售许可证并开始销售商品房。2021年6月经过企业内部测算，预计2021年年底商品房销售可能达到85%以上，按照正常程序进行土地增值税清算，则除去企业已经预缴的2 000万元后，甲公司在2022年年初需要补缴土地增值税6 000万元。由于甲公司2022年新项目投入资金较大，现金流比较紧张。假定只考虑土地增值税，不考虑其他税费，请为甲公司制定土地增值税的纳税筹划方案。

【筹划要求】设计纳税筹划方案，适当推迟土地增值税清算的时间，暂缓

2022年年初6 000万元的税款支出。

【筹划思路】通过提前控制房产销售的速度和规模，以比例85%为界限，进而推迟土地增值税清算时间。

【筹划过程】

纳税筹划方案：建议甲公司从6月起有意识地控制房产销售的速度和规模，将销售比例控制在84%，剩余的房产留待2021年以后销售或由于出租。这样甲公司在2022年年初就可以不用进行土地增值税清算，将清算时间推迟到2023年年初。

【筹划结论】通过以上纳税筹划方案，甲公司相当于获得了一年期的6 000万元无息贷款，假设一年期资金的成本为6%，经过纳税筹划节约了360万元（6 000×6%）的利息。

六、持有房产出租的筹划

房地产开发企业“先租后售（将项目清算后尚未出售的住宅、商铺暂时用于出租）”越来越常见，特别是在办公、酒店、商场等商业地产。对于房地产开发企业将自持房产出租的税收筹划不仅要节税避税，而且要规避涉税风险，避免税务处罚。以下内容从节税和涉税风险两个方面的案例进行自持房产出租的税收筹划分析。

（一）自持房产出租的节税案例分析

【案例7－11】甲公司（房地产开发企业）有未售完的闲置房产共2.5万平方米，公司决定按照每平方米每月110元对外出租，该价格包含了物业管理费和水电费，假定每月从客户处收取的物业管理费和水电费合计为60万元，现有两个租金收取方式方案可供选择。

方案一：与客户签订一份房屋租赁合同，每月按照从承租方收取的总价款275万元，不区分房租收入与物业管理收入。

方案二：与客户签订两份合同，一份是以甲公司名义签订的金额为215万元的商品房出租合同，另一份是以其下设物业公司名义签订的金额为60万元的物业管理合同，每月从承租方处收取的总收入仍为275万元。

【筹划要求】请从纳税筹划的角度，分析哪个方案更能节省税款。

【筹划思路】通过对两种方案的涉税成本进行测算，选择更为节税的方案。

【筹划过程】具体筹划过程如表7－12所示。

表7－12　两种方案的涉税成本测算表　　单位：万元

涉税成本	方案一	方案二
每月收入	房屋租金：275	房屋租金：215 物业管理费：60

续表

涉税成本	方案一	方案二
房产税	275 × 12% = 33	215 × 12% = 25.8
增值税	275 × 9% = 24.75	甲公司：215 × 9% = 19.35 物业公司：60 × 6% = 3.6
城市维护建设税及教育费附加	24.75 × (7% + 3%) = 2.475	甲公司：19.35 × (7% + 3%) = 1.935 物业公司：3.6 × (7% + 3%) = 0.36
应纳税金额总计	33 + 24.75 + 2.475 = 60.225	25.8 + 19.35 + 3.6 + 1.935 + 0.36 = 51.045

【筹划结论】在总收入一样的情况下，方案二比方案一节省了9.18万元（60.225 − 51.045）的税款。建议甲公司选择方案二，与客户分别订立出租合同与物业管理合同。

（二）自持房产出租的涉税风险案例分析

1. 自持房产出租的土地增值税风险。房地产开发企业将自持房产出租可能导致出租开发产品不小心成为旧房的土地增值税风险。

关于新旧房的界定。《财政部 国家税务总局关于土地增值税一些具体问题规定的通知》规定："新建房是指建成后未使用的房产。凡是已使用一定时间或达到一定磨损程度的房产均属旧房。使用时间和磨损程度标准可由各省、自治区、直辖市财政厅（局）和地方税务局具体规定。"由于各省份对于新旧房的规定存在一定的差异，因而房地产开发企业在对自持房产出租业务处理要根据房产项目所在的省份对于新旧房界定的具体规定进行相关涉税处理及筹划，避免在缴纳土地增值税时出现"旧房新卖"（即销售旧房按销售新房缴纳土地增值税），导致企业面临税务处罚。各省份关于新旧房界定的具体规定如下。

（1）北京市：关于转发《财政部、国家税务总局关于土地增值税一些具体问题规定的通知》规定："凡是已使用一年以上的房产均属旧房"。

（2）广东省：《广东省地方税务局转发财政部 国家税务总局关于土地增值税一些具体问题规定的通知》规定："新建房是指建成后未使用、未转让的房产，凡已使用或转让过的房产均属旧房"。

（3）深圳市：《深圳市地方税务局关于印发土地增值税征管工作规程的通知》规定："单位和个人自建或购买的房地产1年后转让适用旧房转让政策，不包括房地产开发企业二级市场开发销售房产。自建房迄止时间为房产证登记时间至转让合同签订，购买房地产起止时间为购买合同签订至转让合同签订。从房地产三级市场购买的房产均认定为旧房。"

（4）安徽省：《关于明确房产税、土地增值税等税种若干政策问题的通知》第七条规定："凡是已使用一定时间达到一定磨损程度的房产均属于旧房。并应包括：

①新建成的房产使用时间满一年的，在转让时应作为旧房；

②购买新房再转让的，不论其是否使用，均作为旧房；

③个人新建房产转让，不论其建成后使用时间长短，均作为旧房。”

（5）湖北省：《财政部、国家税务总局关于土地增值税一些具体问题的通知》第七条关于新房与旧房的界定问题明确规定：“凡是建成未交付使用的房产均属新建房；凡是已经交付使用，不论时间长短或磨损程度大小，均属旧房。”此外，《湖北省地方税务局关于明确财产行为税若干具体政策问题的通知》规定：“房地产开发企业销售旧房，包括以下几种形式：

①销售自有自用房屋；②销售购入的商品房；③销售购入的已竣工结算或已转入开发产品但尚未办理商品房预售手续的成品房；

前述第①、②、③项情形均不适用《中华人民共和国土地增值税暂行条例实施细则》第七条第（六）款关于加计20%扣除的规定，在计征土地增值税时不允许加计20%扣除。”

（6）重庆市：《重庆市地方税务局 重庆市财政局关于新旧房界定的通知》规定“新建房建成后使用时间超过一年的为旧房”。

（7）上海市：《关于土地增值税一些具体问题规定的通知及本市具体补充规定》：“新建商品房未投入使用，三年以内也未出售的，可以按新建房的实际成本费用扣除，计征土地增值税；如超过三年出售的，均按旧房重新评估价格扣除，计征土地增值税。新建房投入使用在一年以上或达到磨损程度3%左右的均属旧房，在转让时均按评估价格扣除，计征土地增值税。”

（8）海南省：《关于土地增值税有关问题的通知》规定：二手房、房地产开发企业所开发的商品房已转为自用，作为固定资产核算的房产、非房地产开发企业自建自用超过一年的房产，均适用转让旧房的土地增值税政策。

（9）湖南省：关于转发《转发财政部 国家税务总局关于土地增值税一些具体问题规定的通知》规定：“一、凡新建房交付使用后，不论时间长短和磨损程度如何，均为旧房。二、新建房从竣工之日起一年（12个月）内，尚未转让的亦视同旧房。”

（10）河南省：《财政厅 河南省地方税务局关于土地增值税中新旧房划分标准的通知》规定：“一、凡房屋建成后，使用时间在一年（含一年）以内的视为新房。二、凡房屋建成后，使用时间在一年（不含一年）以上的为旧房。如果房屋使用在一年以内由于磨损程度较大或遭受重大损坏的，由市地方税务局上报省地方税务局审批后，也可视为旧房。”

（11）山西省：《关于土地增值税中新旧房划分标准的通知》规定：“新建房是指建成后未使用或使用未满一年的房产；凡是已投入使用满一年的房产均属

旧房。”

2. 转让新旧房的土地增值税计税相关规定及差异。

（1）清算后转让新建房（尾房）的根据：《国家税务总局关于房地产开发企业土地增值税清算管理有关问题的通知》第八条关于清算后再转让房地产的处理规定，在土地增值税清算时未转让的房地产，清算后销售或有偿转让的，纳税人应按规定进行土地增值税的纳税申报，扣除项目金额按清算时的单位建筑面积成本费用乘以销售或转让面积计算。

（2）清算后转让旧房的根据：《财政部　国家税务总局关于土地增值税一些具体问题规定的通知》第十条规定，转让旧房的，应按房屋及建筑物的评估价格、取得土地使用权所支付的地价款和按国家统一规定交纳的有关费用以及在转让环节缴纳的税金作为扣除项目金额计征土地增值税。对取得土地使用权时未支付地价款或不能提供已支付的地价款凭据的，不允许扣除取得土地使用权所支付的金额。旧房及建筑物的评估价格，是指在转让已使用的房屋及建筑物时，由政府批准设立的房地产评估机构评定的重置成本价乘以成新度折扣率后的价格。评估价格须经当地税务机关确认。

（3）新旧房的扣除项目差异。

旧房扣除项目金额包括：①取得土地使用权所支付的金额；②旧房及建筑物的评估价格（重置成本×成新度折扣率）；③转让时缴纳的税金；④其他扣除项目（例如按国家统一规定交纳的有关费用）。

与新建房销售比较有以下差异：①土地成本和开发成本不得加计扣除20%；②不得扣除房地产开发费用（相当于土地成本和开发成本不得加计扣除10%）；③建造成本（不含土地成本）按重置成本×成新度折扣率计算。

从新旧房的扣除项目差异可以看出：旧房在计算土地增值税扣除项目时少了30%的扣除。看起来加重持有房产的房地产企业的土地增值税负担。但是其实房地产开发企业使用过的产品按新房或旧房申报增值税，并不存在哪种计算方式一定更划算。例如，对于比较早期的开发产品，房价经历了巨幅的上涨，但原始的扣除项目金额很低，按新房计算土地增值税反而是不利的。这种情况下，虽然按旧房计算土地增值税时少了30%的扣除，但采用重置成本价能够消除一部分房地产价格上涨的影响，反而是有利的。因此，自持出租的税收筹划重点在于防控土地增值税申报错误的风险，避免税务处罚。

【案例7－12】甲公司（房地产开发企业）2015年开发的某商业大厦项目土地增值税清算时，有2万平方米商业面积企业出租未计入已售面积，会计核算由开发产品转为投资性房地产。2022年12月因资金紧张，将该2万平方米商业面积对外出售，取得出售收入20 000万元。

甲公司申报土地增值税过程中，根据《国家税务总局关于房地产开发企业土地增值税清算管理有关问题的通知》第八条关于清算后再转让房地产的处理规定，在土地增值税清算时未转让的房地产，清算后销售或有偿转让的，纳税人应按规定进行土地增值税的纳税申报，扣除项目金额按清算时的单位建筑面积成本费用乘以销售或转让面积计算。具体计算过程如下：

单位建筑面积成本费用 = 清算时的扣除项目总金额 ÷ 清算的总建筑面积 = 0.5 万元/平方米。

可扣除项目成本 = 20 000 × 0.5 = 10 000（万元）。

可扣除的税金及附加 = 20 000 ÷ (1 + 5%) × 5% × 12% = 114.29（万元）

申报土地增值收入 = 20 000 ÷ (1 + 5%) = 19 047.62（万元）

可扣除项目金额 = 10 000 + 114.29 = 10 114.29（万元）；

增值额：19 047.62 − 10 114.29 = 8 933.33（万元）；

申报土地增值税：8 933.33 × 40% − 10 114.29 × 5% = 3 067.62（万元）

【筹划要求】 请问 A 公司的申报方法是否正确？是否存在涉税风险？

【筹划思路】 甲公司转让的房产属于旧房，需根据转让旧房的规则计算土地增值税。

【筹划过程】

案例中，该企业前期清算中未售商业面积现今出售，因出租多年（2015 ~ 2022 年），不管按照哪个省份的新旧房界定规则，都应界定为旧房转让。甲公司应依据旧房转让的相关规定进行纳税申报，而不是依据新建房（尾房）的计算规则缴纳土地增值税。

假设当地政府批准设立的房地产评估机构的评估结果显示：该企业 2 万平方米商业面积所对应分配的土地价款为 1 500 万元，房屋及建筑物的重置成本为 13 000 万元，成新度折扣率 85%，旧房及建筑物的评估价格 11 050 万元 (13 000 × 85%)，评估费用 50 万元，印花税 10 万元。甲公司应该交的增值税计算结果应该为：

扣除项目金额 = 1 500 + 11 050 + 50 + 114.29 + 10 = 12 724.29（万元）

增值额 = 19 047.62 − 12 724.29 = 6 323.33（万元）

应申报缴纳土地增值税 = 6 323.33 × 30% = 1 897（万元）

【筹划结论】 经过测算可知，甲公司的申报方法是存在错误的，其自行申报金额减少税额 1 170.62 万元，可能面临补交税款，并被处滞纳金等风险。

（三）自持房产出租的其他税种风险

房地产开发企业除了关注出租开发产品不小心成为旧房的土地增值税风险，还要关注出租涉及其他税种的风险。

【案例 7 − 13】 甲公司（房地产开发企业，一般纳税人）拟对外出租其开发的清算后尚未售出的一处商业房产，拟定的出租方案如下：甲公司为了弥补物业公司亏损，先把房产低价出租给物业公司（小规模纳税人），再由物业公司高价转租；承租人须一次性签订租赁合同12个月，一次性预付租金540万元，折合每月租金45万元，可送免租期6个月。

【筹划要求】请帮助甲公司分析该业务的涉税风险。

【筹划思路】根据相关法律法规的规定，分析甲公司的出租方案的涉税风险。

【筹划过程】主要从增值税、房产税、企业所得税三个主要税种进行涉税风险分析，具体过程如下。

1. 增值税：增值税税负加重的风险。

按照《国家税务总局关于土地价款扣除时间等增值税征管问题的公告》第七条规定，纳税人出租不动产，租赁合同中约定免租期的，不属于《营业税改征增值税试点实施办法》第十四条规定的视同销售服务。即免租期不缴纳增值税，没有增加增值税及附加的税收负担。

但甲公司将自持房产出租的方式是：先把房产低价出租给物业公司，再由物业公司以出租方的身份把房产高价转租给承租方。按照《财政部 税务总局关于建筑服务等营改增试点政策的通知》第二条的规定，《营业税改征增值税试点实施办法》第四十五条第（二）项修改为“纳税人提供租赁服务采取预收款方式的，其纳税义务发生时间为收到预收款的当天”。且该案例中物业公司一次性收取承租方540万元房租，年度收入超过500万元，物业公司的身份有变为一般纳税人的风险。物业公司最大的成本为人工成本，不能取得增值税进项，以一般纳税人的身份进行缴纳增值税，导致其增值税税负增加。

2. 房产税：房产税税负加重的风险。

《财政部 国家税务总局关于安置残疾人就业单位城镇土地使用税等政策的通知》第二条规定：“对出租房产，租赁双方签订的租赁合同约定有免收租金期限的”，免收租金期间由产权所有人按照房产原值缴纳房产税。因此，从房产税的角度考虑，可以建议将出租方案中的免租期去掉，收取租金540万元，出租18个月，每月租金30万元。

3. 企业所得税：合理选择收入确认方式，缓解资金压力。

《国家税务总局关于贯彻落实企业所得税法若干税收问题的通知》第一条规定：根据《实施条例》第十九条的规定，企业提供固定资产、包装物或者其他有形资产的使用权取得的租金收入，应按交易合同或协议规定的承租人应付租金的日期确认收入的实现。其中，如果交易合同或协议中规定租赁期限跨年度，且租金提前一次性支付的，根据《实施条例》第九条规定的收入与费用配比原则，出租人可对上述已确认的收入，在租赁期内，分期均匀计入相关年度收入。也就是说，出租方提前收取的租金，在税务处理时可以选择一次性确认收入，也可以选择分期确认。出租企业选择分期确认，可以起到递延纳税的作用。

【筹划结论】看似简单的出租业务，却隐藏着这么多涉税风险。说明税收筹划不仅是节税，而且包括涉税风险（追征、罚款、滞纳金等）的规避。

课后练习题

一、单选题

1. 下列各项中，不属于新设项目公司的优点的是（　　）。

A. 项目公司结束后，可及时注销公司，同时分散投资风险

B. 不同项目间，同类产品同期成本可避免对比

C. 可在项目公司之间对费用类企业管理性支出进行调整

D. 项目间拆借资金会产生利息收入纳税调整

2. 下列各项中，不属于房地产开发项目的特点是（　　）。

A. 投资大　　B. 周期长

C. 纳税筹划复杂　　D. 对金融机构的依赖性较弱

3. 房地产开发企业（一般纳税人）在预售环节的土地增值税预缴额计算公式为（　　）。

A. 应预缴税款 = 预收款 ÷ (1 + 适用税率) × 3%

B. 应预缴税款 = 预收款 ÷ (1 + 5%) × 3%

C. 应预缴税款 = 预收款 ÷ (1 + 13%) × 13%

D. 应预缴税款 = 预收款 ÷ (1 + 9%) × 9%

4. 房地产开发企业取得预售许可证前，向购房意向人收取的非正式约定下列款项中，应视为预售款项的是（　　）。

A. 定金　　B. 诚意金　　C. 认购金　　D. 订金

5. 房地产开发企业销售商品房，付款方提前付的部分购房款，应在什么时候确认为企业所得税的应税收入（　　）。

A. 交付房产日　　B. 实际收款日

C. 房产证办理日　　D. 收到最后一笔尾款日

二、多选题

1. 旧房扣除项目金额包括（　　）。

A. 取得土地使用权所支付的金额　　B. 旧房及建筑物的评估价格

C. 转让时缴纳的税金　　D. 其他扣除项目

2. 房地产企业所开发产品主要包括（　　）。

A. 立项环节与地取得环节　　B. 开发建设环节与销售环节

C. 项目清算环节　　D. 房产持有环节

3. 房地产开发企业取得土地涉及拆迁补偿，主要补偿方式有（　　）。

A. 现金补偿　　B. 人情补偿　　C. 物业补偿　　D. 工作安排补偿

4. 房地产开发企业在房产持有环节，可能涉及的主要税种包括（　　）。

A. 房产税　　B. 城镇土地使用税

C. 个人所得税　　D. 消费税

5. 房地产开发企业的房产开发方式常见的有（　　）。

A. 自建自销　　B. 自建代销　　C. 合作开发　　D. 代建

三、判断题

1. 只要能把税节省下来，就是纳税筹划。（　　）

2. 甲房地产开发公司将自己开发的尚未售出的商品房出租了 2 个月后出售，根据广东省的相关规定，甲公司可以按照新房进行土地增值税申报。（　　）

3. 对于房地产开发企业来说，不能一概认为是现金补偿好，还是物业补偿好，应进行全面的税负测算及资金预测，选择最优方式。（　　）

4. 房地产开发企业在进行项目立项方案规划时，根据项目的实际情况和相关影响对各个立项方案的增值率进行测算，若整体增值率低于个别房地产的增值率，那么企业的土地增值税的实际税负可能会有所降低。（　　）

5. 纳税人建造普通标准住宅出售，增值额未超过扣除项目金额 20% 的，免征土地增值税。因此，房地产开发企业可以利用临界点进行土地增值税纳税筹划。（　　）

四、综合题

1. A 房地产开发企业进行一个房地产项目开发，为取得土地使用权而支付金额 300 万元，房地产开发成本为 500 万元，利息费用为 30 万元。请从土地增值税纳税筹划角度（不考虑其他税费），提出纳税筹划方案。提示：土地增值税额计算时对利息费用有两种扣除方式。

2. B 房地产开发企业本月预收房款 8 000 万元，签订购房合同金额 2.38 亿元（其中含合同约定分期付款当月应收而未收到的房款 800 万元）。次月申报期内，财务人员仅将预收房款 8 000 万元确认收入并申报了企业所得税，合同约定分期付款当月应收未收房款 800 万元未确认销售收入。请分析 B 房地产开发企业以上税务处理的涉税风险。

提示：《国家税务总局关于印发〈房地产开发经营业务企业所得税处理办法〉的通知》明确了确认企业所得税应税收入的判断标准是“合同或协议约定的价款和付款日”。

参考文献

1. 1990~2023年中华人民共和国相关财经、会计、税收等法律法规文件。

2. 蔡昌．税收筹划实战（2版）[M]．北京：机械工业出版社，2013.

3. 陈龙．纳税筹划、管理层股权激励与企业价值[J]．财会通讯，2023(4)：54-58.

4. 盖地．税务筹划学（7版）[M]．北京：中国人民大学出版社，2021.

5. 高允斌．公司税制与纳税筹划[M]．北京：中信出版社，2011.

6. 葛长银．中国企业减税方案设计[M]．北京：电子工业出版社，2012.

7. 国税务师职业资格考试教材编写组．税法（Ⅰ）[M]．北京：中国税务出版社，2019.

8. 国税务师职业资格考试教材编写组．税法（Ⅱ）[M]．北京：中国税务出版社，2020.

9. 黄燕芬．业务背景下的税务管理及筹划路径分析[J]．财会学习，2023(5)：138-140.

10. 姜飞．基于税费减免政策的小微企业所得税纳税筹划探究[J]．财会通讯，2023（6）：143-146.

11. 李宗民．基于“区块链+大数据”的企业数智纳税系统构建[J]．财会月刊，2023，44（10）：140-145.

12. 梁文涛，耿红玉．税务管理及筹划[M]大连：东北财经大学出版社，2020.

13. 梁文涛，彭新媛．税务会计实务（4版）[M]．大连：东北财经大学出版社，2021.

14. 梁文涛，彭新媛，等．纳税筹划实务（5版）[M]．大连：东北财经大学出版社，2021.

15. 梁文涛，苏杉，吴朋波．税法（4版）[M]．大连：东北财经大学出版社，2021.

16. 梁文涛，苏杉．纳税筹划实务（7版）[M]．北京：清华大学出版社，北京交通大学出版社，2019.

17. 梁文涛，苏杉. 企业纳税实务（3 版）[M]. 北京：高等教育出版社，2019.

18. 梁文涛，苏杉. 企业纳税实务习题与实训（3 版）[M]. 北京：高等教育出版社，2019.

19. 梁文涛，苏杉. 税法技能与拓展训练手册（2 版）[M]. 大连：东北财经大学出版社，2019.

20. 梁文涛. 财税名家手把手教你算税、报税和缴税（实战与操作版）[M]. 合肥：中国科学技术大学出版社，2014.

21. 梁文涛. 纳税筹划（第 6 版）[M]. 北京：中国人民大学出版社，2022.

22. 梁文涛. 纳税筹划实务（第 5 版）[M]. 大连：东北财经大学出版社，2021.

23. 梁文涛. 企业纳税筹划方案设计 [M]. 北京：中国人民大学出版社，2015.

24. 梁文涛. 企业纳税方案优化设计 120 例 [M]. 北京：中国税务出版社，2014.

25. 石海艳. 企业资产重组过程中的会计处理和纳税筹划建议实践探究 [J]. 财会学习，2023（11）：128－130.

26. 税务师职业资格考试教材编写组. 涉税服务实务 [M]. 北京：中国税务出版社，2020.

27. 苏海梅. 消费税的纳税筹划相关问题探讨 [J]. 商讯，2020（20）：160－162.

28. 王萍，胡艳梅，李文静. AL 化妆品有限公司消费税纳税筹划 [J]. 现代企业，2022（3）：146－147.

29. 王意林. 四川水井坊股份有限公司消费税纳税筹划 [J]. 中国管理信息化，2018（24）：29－30.

30. 文涛、苏杉. 纳税筹划实务 [M]. 大连：东北财经大学出版社，2019（8）.

31. 翟继光，李亚雄. 新税法下企业纳税筹划（第 7 版）[M]. 北京：电子工业出版社，2021.

32. 翟继光，项国. 纳税实战 101 例（第 2 版）[M]. 北京：电子工业出版社，2022.

33. 翟继光. 纳税筹划实战 101 例 [M]. 北京：电子工业出版社，2020.

34. 张鑫. 房地产开发企业土地增值税纳税筹划分析 [J]. 财会学习，2023（10）：134－136.

35. 中国注册会计师协会. 财务成本管理 [M]. 北京: 中国财政经济出版社, 2023.

36. 中国注册会计师协会. 会计 [M]. 北京: 中国财政经济出版社, 2023.

37. 中国注册会计师协会. 税法 [M]. 北京: 中国财政经济出版社, 2023.

38. 庄粉荣. 纳税筹划实战精选百例 (5 版) [M]. 北京: 机械工业出版社, 2014.